Cynthia hat die täglichen Erfahrungen ihrer Mutter während ihres Pflichtdienstes in der Hitlerjugend auf überzeugende und leicht verständliche Weise und mit viel Detail dargestellt. Von der Zeit ihrer Aufnahme bis hin zu ihrer Ausbildung im Landjahr Lager Seidorf bietet das Buch nicht nur neue Perspektiven, sondern auch eine genaue Darstellung des Zwecks, der Ideologie und der täglichen Gepflogenheiten der Hitler-Jugend, einer Bewegung wie sie Gertrude Kerschner aus erster Hand miterlebt hat. Diese Details werden die vielen möglichen Missverständnisse über den Bund Deutscher Mädchen zerstreuen.

~ Paul E. Fischer, Präsident ~
Die Deutsche kulturelle Gesellschaft Erie, PA

"In den Bann gezogen" ist die faszinierende Biographie der Gertrude Kerschner und ihrer Zeit als Pflichtmitglied im BDM und ihrer Teilnahme im Elite Programm für ländliche Bildung, im Volksmund auch Landjahr genannt. Ich war fasziniert von der stetigen Indoktrination die Gertrude erleben musste, als sie sich von ihrer Zeit im Jungmädelbund zu einem «Mädel im Dienst» entwickelte. Der Leser erhält einen chronologischen Bericht über den Fortschritt dessen, was die BDM-Mädchen auf jedem Schritt dieses Weges gelernt haben und meistern mussten. Jedes Kapitel baut auf dem vorherigen auf und gibt einen Einblick in Gertrudes persönliche Welt."

~ Jeanne M. Onuska ~
CEO – European Military Historical Society, Conneaut, Ohio
Ehemaliger Sponsor & Promoter von D-Day Conneaut,
Conneaut, Ohio

In den Bann gezogen

Gertrude Kerschner – Eine Biographie

Cynthia A. Sandor

Aufgrund der Dynamik des Internets können sich die in diesem Buch enthaltenen Webadressen oder Links seit der Veröffentlichung geändert haben oder möglicherweise nicht mehr aktuell sein.

Veröffentlicht durch: BDM History
                          427 Oakleaf Blvd.
                          Oldsmar, FL34677
                          (813)895-2516

www.bdmhistory.com

ISBN: (Taschenbuch) 979-8-9854567-1-4
ISBN: (Fester Einband) 979-8-9854567-0-7

Übersetzung aus dem Amerikanischen: Vera Filthaut
Design: BDM History

Erste Originalausgabe erschien in den USA – 2012 – Balbo Press
Überarbeitete Fassung – April 20, 2018

Dieses Buch ist meinen Eltern gewidmet.

Gertrude und Robert Sandor

Inhalt

«Die Aufgabe des Bundes Deutscher Mädel ist es, unsere Mädchen als Fackelträgerinnen der nationalsozialistischen Welt zu erziehen. Wir brauchen Mädchen die mit ihrem Körper, Seele und Geist in Einklang stehen. Außerdem brauchen wir Mädchen, die durch gesunde Körper und einen ausgeglichenen Geist die Schönheit der göttlichen Schöpfung verkörpern. Wir wollen Mädchen großziehen, die an Deutschland und unsere Führung glauben und diese Überzeugungen an ihre zukünftigen Kinder weitergeben.»[2]

Dr. Jutta Rüdiger
Deutsche Psychologin
Reichsreferentin des Bundes Deutscher Mädel
(BDM)
1937–1945

---

[1] Foto: André Hüsken, Deutschland
[2] Bund Deutscher Mädel

VORWORT

GERTRUDE KERSCHNER lag im Krankenhaus. Sie war an Knochenkrebs erkrankt. Ihre Tochter Cynthia, zu diesem Zeitpunkt im Hause ihrer Mutter, suchte für ihre Mutter ein paar Sachen zusammen, als sie in deren Nachtschrank ein handgeschriebenes Journal mit einem zerrissenen roten Stoffemblem fand. Das Stoffemblem, welches in die untere rechte Ecke geklebt war, wies die Form eines Schwertes auf, das eine Odal-Rune durchbohrt. Auf der linken Seite war das Tagebuch mit einer einfachen grünen Schnur zusammengebunden.

Als Cynthia das Journal aufschlug, fand sie auf der ersten Seite den Namen ihrer Mutter. Vorsichtig blätterte sie die inzwischen verblassten Seiten um, studierte die Schrift und betrachtete die eingeklebten Fotos. Bilder von einem großen Herrenhaus, und jungen Mädchen in Uniform, wie sie aufgereiht, ja fast militärisch stramm, da standen, wie sie mit kleineren Kindern spielten oder sich um das Vieh kümmerten. Das Foto dass sie am meisten erstaunte zeigte die Fahne des deutschen Reiches mit dem Hakenkreuzemblem.

Das Journal ist in schwarzer Tinte geschrieben. In Sütterlin. Einer Schreibweise die zwischen 1935 bis 1941 an allen deutschen und österreichischen Schulen gelehrt wurde. Gertrude hatte Zitate, Geschichten, Gedichte, Lieder und auch Bilder in diesem Tagebuch festgehalten.

Viele Fragen schwirrten durch Cynthias Kopf. Wo war dieses Haus? Wer waren diese Mädchen? Wann wurde dieses Tagebuch geschrieben und was stand dort geschrieben? Diese und noch viele andere Fragen durchkreuzten ihre Gedanken als sie sich mit samt der Kladde auf den Weg zurück zu ihrer Mutter ins Krankenhaus machte. Sie wusste, dass nur ihre Mutter ihre Wissbegierde stillen und die Herkunft dieses außerordentlichen Fundes erklären konnte.

Cynthia trat leise in das Krankenzimmer ihrer Mutter ein. «Hi, Mom! Wie geht es Dir?»

Gertrude antwortete mit einem seichten Lächeln und einem schwachen «Hello» Cynthia ging auf ihre Mutter zu, strich ihr über das dicke schwarze Haar und küsste sanft ihre Stirn. Doch dann konnte sie ihre Aufregung nicht weiter zurück halten. «Mom! Schau, was ich gefunden habe!»

"Wo hast Du das her?" Gertrude schnappte ungläubig nach Luft.

"Ich fand es in deinem Schlafzimmer als ich einige Sachen für Dich zusammen suchte. Gleich neben dem Nachtisch. Was ist das? Kannst Du das lesen? Hast Du das etwa geschrieben?» fragte Cynthia und reichte ihr die Aufzeichnungen.

Gertrudes leicht zitternde Hand nahm das Zeugnis aus vergangenen Zeiten vorsichtig entgegen. Sie blätterte durch die Aufzeichnungen und runzelte mit der Stirn. Cynthia zog einen Stuhl heran und wartete bis sich ihre Mutter wieder gesammelt hatte.

Dabei konnte sie beobachten wie sich die Haltung ihrer Mutter plötzlich grundlegend änderte. Ihre Mutter setzte sich auf, es war als wäre sie von einer ungeahnten Kraft getrieben. Es schien als würden ihr die Erinnerungen an diese längst vergangene Zeit inneren Auftrieb geben. Und dann erklärte Gertrude mit klarer, unverkennbarer Stimme: «Natürlich kann ich das lesen. Ich habe es ja selber zu Papier gebracht. Damals, als ich in der Hitlerjugend war.»

Cynthia dachte zuerst sie hätte sich verhört. Ihre Mutter in der Hitlerjugend? So unfassbar das auch war, es warf gleich weitere Fragen auf. Sie beobachtete wie ihre Mutter weiter durch die Kladde blätterte und wie ihr bei dem Anblick einiger Fotos ein Lächeln über das Gesicht huschte und ihre braunen Augen zu funkeln begannen.

Cynthia erwartete eine weitere Geschichte über die Heimat ihrer Mutter und die Kindheit auf dem Hof in Kleinzell. Über Ausflüge in die Tiroler Berge oder einen Spaziergang durch die Gärten von Schloss Mirabell in Salzburg, dort wo der Film «Die Trapp Familie» gefilmt worden war. Doch die Orte, von denen ihr ihre Mutter jetzt erzählen würde waren Orte die Cynthia später selbst besuchen würde, Orte fern ab von Gertrudes Heimatland Österreich. Der nächste Satz jedoch riss Cynthia abrupt aus ihren Gedanken und es wurde ihr klar, dass sie ihre Herkunft und auch die ihrer Eltern zutiefst hinterfragen und jeden Stein umdrehen musste.

Gertrude hatte das Journal wieder verschlossen und schaute ihr tief in die Augen. «Das darfst Du niemanden zeigen, hörst Du. Es stamm aus einer verbotenen Zeit. Du wirst viel Ärger bekommen.»

Und damit war Cynthias Neugierde geweckt. «Also gut, dann erzähl mal.» Sie rieb ungeduldig ihre Hände zusammen. «Was steht denn drin, in diesem Buch?» Gertrude, ihre Mutter, kannte dieses Verhalten nur zu gut. Sie hatte diese Neugierde und die Sucht nach Abenteuer, die ihre Tochter von Zeit zu Zeit befiel, niemals so ganz verstanden, besonders nicht als diese im Alter von 20 Jahren das erste Mal aus einem Flugzeug sprang, und das sogar gleich zweimal hintereinander.

Über die nächsten Monate, der kurzen Zeit, die den beiden noch blieb, berichtete Gertrude über einen Abschnitt ihres Lebens, der von vielen heute nicht mehr gerne erwähnt wird. Die Zugehörigkeit zur Hitlerjugend, auch wenn sie nicht immer ganz freiwillig war.

Auf Grund von Gertrudes Krankheit blieben den beiden nur vier Monate, um das Geheimnis zu lichten. Leider nicht genug Zeit um Cynthias Fragen komplett zu beantworten. So begab sich diese nach dem Ableben ihrer Mutter daran weiter zu recherchieren und herauszufinden was es bedeutete dem Bund Deutscher Mädel – BDM - anzugehören.

Ihre Tante Mitzi aus Kleinzell half ihr dabei die Schrift ihrer Mutter zu entziffern. Jahre später wurden von den Alliierten die ersten, damals beschlagnahmten Akten freigegeben und auch Chris Crawford und Stephan Hansen trugen mit ihrer Webseite "Bund Deutscher Mädel — A Historical Research Page and Online Archive" (bdmhistory.com). wertvolle Informationen bei. Cynthias Nachbarin Irma Nagengast-Rosich verbrachte ein ganzes Jahr damit hunderte von deutschen Dokumenten zu übersetzen.

Als Kind, in Österreich, wurde Gertrude oft «Trudel», genannt, besonders von ihren Freundinnen. In Amerika hörte sie auf den Namen «Trudy». Cynthias Mutter hatte sich dem amerikanischen Lebensstil angepasst und ihre Kinder mit Integrität, strengen Prinzipien und einer guten Arbeitshaltung erzogen. Eigenschaften die sie damals im BDM erlernt hatte.

Dieses Buch basiert auf Gertrudes persönlichen Aufzeichnungen, die sie während ihres Landjahrs im Lager Seidorf gemacht hat, sowie auf Originaldokumenten des JM/BDM und bereits freigegebener Kriegsaufzeichnungen, Recherchen im Internet, sowie aus einschlägiger Literatur und Gesprächen mit den letzten überlebenden Teilnehmerinnen des Landjahrlagers in Seidorf: Ellie, Nelli, Steffi, und Marie. Sie alle waren Gertrudes Zimmergenossinnen in Seidorf, dem heutigen Sosnówka, Polen, gewesen, wo Gertrude ihr Landjahr absolviert hatte.

Cynthia glaubt fest daran, dass es im Leben eine Zeit gibt, in der wir unsere Herkunft und unsere Identität in Frage stellen sollten. Der Werdegang der hier beschrieben wird, findet sich auch in Cynthias Selbstentfaltung wieder. Die Prinzipien nach der sie ihr Leben lebt, wurden ihr von ihrer Mutter beigebracht. Prinzipien, über die ihre Mutter in ihren Aufzeichnungen berichtet. Prinzipien die sie in ihrer Zeit im BDM gelernt hat.

Dabei muss jedoch auch erwähnt werden, dass das volle Ausmaß des nach dem Zweiten Weltkrieg geprägten amerikanischen Begriffs «Nazi-Ideologie» das Wesen ihrer Mutter nicht durchdrängt hatte. Stattdessen bewahrte sie sich das Gute, aus einer der schrecklichsten Zeiten in der Geschichte der Menschheit, und bemühte sich ständig, ein besserer Mensch, eine bessere Frau und eine bessere Mutter zu sein. Sie hat ihr ganzes Leben ihrem Ehemann, ihren Kindern, ihren Freunden und ihrer Gemeinde gewidmet.

Es hat immer wieder Zeiten gegeben, wo Cynthia sich über die Prinzipien ihrer Mutter gewundert hat. Prinzipien wie: «Hör nicht auf. Gib niemals auf.» Die wahre Bedeutung dieser Worte wurde Cynthia erst jetzt klar.

Die Kinder, die vor und während des Zweiten Weltkriegs geboren wurden, durchlebten diesen Teil ihres Lebens dank ihrer eigenen Unschuld. Sie waren sich weder der Gräueltaten bewusst, die um sie herum stattfanden, noch waren sie sich der internen Maßnahmen ihrer Regierung und deren Politik bewusst. Gertrude wurde nie von der Rassenideologie erfasst. Sie behandelte alle Menschen mit Respekt und ohne Urteil. Sie lebte ihr Leben mit absoluter Integrität.

Dieses Buch ist keine wissenschaftliche Analyse der Hitlerjugend.

Es ist die Biographie eines in Österreich aufgewachsenen Mädels, das in den BDM eingezogen wurde. Ein kleines Mädchen aus Kleinzell namens Gertrude Kerschner.

Danksagungen

Um ein Buch zum Leben zu erwecken bedarf es einer Gruppe kreativer und engagierte Köpfe. Mein Dank gilt Irmgard M. Nagengast-Rosich, für die Übersetzung von hunderten von deutschen Dokumenten. Ein besonderes Dankeschön geht an Randall Bytwerk, Professor für Kommunikationskünste und Wissenschaft für seine wertvollen Beiträge und die Erlaubnis mich auf seine Arbeiten zu beziehen.

Weiterer Dank geht an *Chris Crawford* und *Stephan Hansen* für ihre historische Dokumentation auf ihrer Webseite bdmhistory.com, «Bund Deutscher Mädel—A Historical Research Page and Online Archive.» Die Erlaubnis ihr Material zitieren zu dürfen wurde dankbar angenommen.

Ebenfalls danken möchte ich *Winfried Schön* für seine Beiträge und Unterstützungen bei meiner historischen Recherche sowie *Arek Kubala*, der das alte Herrenhaus in Sosnówka, Polen ausfindig gemacht hat. Mein Dank geht auch an *Malgorzata Jackiewicz*, die derzeitige Besitzerin des vormaligen Landjahr Lagers Seidorf, jetzt als Monte Cassino bekannt, und besonders für die Zeit, die sie sich genommen hat, um mir die Orte zu zeigen über die meine Mutter in ihren Aufzeichnungen schrieb, sowie für die Führung durch das Haus und dessen Nebengebäude.

Besonderer Dank geht auch an *Lotte Landl*, *Ernst Birke*, *Peter Dubiel*, *Dennis Weidner* und an meine Familie; *Tante Mitzi*, *Onkel Franz*, und *Tante Anita* so wie meine Freundin *Elin Toona Gottschalk*, und auch *Jeanne Onuska*, Präsidentin der European Military Historical Society.

Nicht zu vergessen sind die noch lebenden BDM Mädels die so manche bemerkenswerte Geschichte mit mir teilten, und besonders *Hedwig Kraushofer-McLeod*, *Gertrude Lippenberger*, *Gertrude Hödlmaier*, *Gretel Reisinger*, *Gertrude Niederhuber*, und die Landjahr Seidorf Mädchen *Marie Mikolasz-Dubiel*, *Eleanor Mohler*, *Steffi Pucks*, und *Elli Musial*. Ich danke ihnen für ihre historisch wertvollen Beiträge.

Und schliesslich möche ich auch Vera Filthaut für ihre erstklassige Uebersetzung ins Deutsche sowie Dr. Andreas Forrer für das Korrekturlesen danken. Die deutsche Übersetzung hat gewissermassen den Kreis der Geschichte selbst geschlossen. **Arvo Vercamer**

Dies ist das Buch meiner Mutter.

Teil 1

Vorbereitungen zum Eintritt in die Hitler Jugend

Einleitung

Kurze Einführung in die Geschichte der HJ

Es wird viel über die Hitlerjugend (HJ) geschrieben. In den letzten zehn Jahren hat die Nachfrage nach Informationen über das Engagement der Mädchen dieser Organisation und deren Schwesterorganisation Bund Deutscher Mädel (BDM) stark zugenommen.

Das Wachstum und der Erfolg der beiden Organisationen, HJ und BDM, sollte jedoch nicht ohne einen generellen Hinweis auf die Geschichte der deutschen Jugendbewegung erwähnt werden. Die deutsche Jugendbewegung begann bereits zur Zeit des deutschen Kaiserreiches. Die Zeit zwischen 1890 und 1900 wird als Frühzeit der deutschen Jugendbewegung bezeichnet. Eine Zeit in der Pädagogen erkannten, dass sich die Jugendlichen «austoben» mussten. Bereits 1896 erhielt der Pädagoge Herman Hoffmann Fölkersamb, damals Lehrer am Gymnasium in Steglitz, die Erlaubnis mit seinen Jugendlichen einen Wandertag durchzuführen.

1901 wurde am selbigen Gymnasium dann auch die erste Jugendgemeinschaft «Wandervogel» gegründet, dessen Zielsetzung es war eine eigene Lebensart zu entwickeln.

Die Jugendlichen waren begeistert, dass sie sich ungehindert von der älteren Generation ausdrücken konnten. Sie formierten sich in Gruppen, die sich dadurch auszeichneten, dass sie kurze Hosen und Wanderschuhe trugen und nicht die gestärkten Hemden und steifen Hosen der Mittelklasse. Sie begrüßten sich mit dem Gruß «Heil» der bereits zweitausend Jahre zuvor von den alten Römern benutzt wurde.[3]

Diese Gruppierung «Wandervogel» bestand also aus einigen unschuldigen Jungen aus Berlin-Steglitz, die sich nach einem einfacheren Leben sehnten, in dem die Natur und die Körperertüchtigung im Mittelpunkt ihrer Gruppentreffen standen. Dies war die Geburt der

---

[3] Deutsche Jugendbewegung vor dem 1. Weltkrieg – Peter Suhrkamp Verlag

Bewegung «Jugend, die Jugend führt».[4] Die Aktivitäten umfassten Wandern, Camping, Abendveranstaltungen, Vorträge und Diskussionen. Es wurde viel Wert auf das traditionelle deutsche Volksgut gelegt. Es wurde musiziert und gesungen, um den Stolz der jungen Menschen auf Land und Tradition zu wecken. Das ursprüngliche Ethos bestand darin, die gesellschaftlichen und elterlichen Beschränkungen abzuschütteln und sich stattdessen mit der Natur und dem Land zu verbinden.

1913 fand dann die erste große Jugendkundgebung auf dem, im Hessischen gelegenen „Hohen Meißner" statt. Dort wurde auch die sogenannte Meißner-Formel proklamiert:

> Die Freideutsche Jugend will nach eigener Bestimmung, vor eigener Verantwortung, in innerer Wahrhaftigkeit ihr Leben gestalten. Für diese innere Freiheit tritt sie unter allen Umständen geschlossen ein. Zur gegenseitigen Verständigung werden „Freideutsche Jugendtage" abgehalten. Alle gemeinsamen Veranstaltungen der Freideutschen Jugend sind alkohol- und nikotinfrei.

Diese Erklärung definierte die allgemeine Politik der inneren Freiheit der Bewegung. Es war eine Reaktion gegen die Selbstzufriedenheit und die Einschränkungen des bürgerlichen deutschen Lebens, mit all seinen Vorurteilen und seiner engen Denkweise.

Nach dem Ende des Ersten Weltkriegs stand die Jugendbewegung schnell wieder auf. Was vor dem Krieg noch Wandervogel hieß, wurde jetzt als «Bündische Jugend» bezeichnet.

Etwa zur gleichen Zeit, im Jahre 1922, gründete die Nationalsozialistische Deutsche Arbeiterpartei (NSDAP) eine eigene Jugendorganisation. Die Initiative zur Gründung dieser Jugendorganisation ging aber nicht von der Parteiführung aus, sondern von dem NSDAP Mitglied Adolf Lenk.[5]

Die Hitlerjugend selbst wurde vier Jahre später, auf dem 2. Parteitag der NSDAP, vom 3. und 4. Juli 1926, gegründet. Gegenüber anderen politischen oder konfessionellen Jugendorganisationen blieb die HJ während der Weimarer Republik eher unbedeutend. Erst nach der nationalsozialistischen Machtübernahme 1933 verwandelte sich die HJ durch das Verbot sämtlicher konkurrierender Jugendverbände von einer Parteijugend zur Staatsjugend. Die anfangs noch formell freiwillige Mitgliedschaft wurde am 1. Dezember 1936 durch das «Gesetz über die Hitler-Jugend» und am 25. März 1939 durch die Einführung der «Jugenddienstpflicht» zur Zwangsmitgliedschaft.

---

[4] David Littlejohn, Seite 4
[5] Geschichte der NSDAP

Die Zahl der HJ-Mitglieder stieg von ca.100.000 im Jahr 1932, auf 8.7 Millionen im Jahr 1939. Nach Einführung der Zwangsmitgliedschaft waren nahezu alle Jugendlichen Mitglied der HJ.

Ebenfalls kam es 1923 zu der Gründung einer nationalsozialistischen, monarchistischen Frauenorganisation genannt «Bund Königin Luise», kurz auch Luisenbund genannt. Gegründet wurde die Organisation von Else Reichenau in Halle an der Saale. Sie stand der konservativen DNVP nahe und wurde durch das Haus Hohenzollern unterstützt. Schirmherrin des Bundes war Cecilie von Preußen. Diese hochgebildeten Frauen lehnten die Demokratie entschieden ab, begrüßten die deutsche Aufrüstung und forderten die Rückgabe der ehemaligen deutschen Kolonien, die durch den Vertrag von Versailles aufgegeben werden mussten. Der Luisenbund orientierte sich an den Werten und Tugenden der ehemaligen Königin von Preußen, Luise von Mecklenburg-Strelitz. Die weiblichen Mitglieder dieser Gruppe idealisierten die weiblichen Tugenden der Königin, und ahmten deren Entschlossenheit und Liebe zu ihrem Land nach.[6] Die Mitgliedschaft des Luisenbundes wurde in drei Kategorien eingeteilt: Frauen, junge Mädchen und Kinder.

Der erste Führer der Hitlerjugend war Kurt Gruber, der das Amt 1926 antrat und dann 1931 durch Theodor Adrian von Renteln ersetzt wurde. Letzterer war bereits Leiter des NS Schülerbundes. Von Renteln wurde 1932 von Baldur von Schirach abgelöst.[7]

Obwohl die HJ einen Großteil seiner Lehren und auch einige der Symbole der alten deutschen Jugendbewegung übernommen hatte, fügte er eine nationalistische und entschieden militaristische Note hinzu.

So gab es bereits 1925 einen Vorläufer der HJ, die Jungmannschaft und den Jugendbund. Beide waren der SA unterstellt und unterstanden der Leitung des jungen Hans Ulrich Klintzsch. Getreu nach dem Motto «Die Jugend, die die Jugend führt» zog diese Bewegung viele Anhänger an. Besonders auch da die Bewegung gegen Schule, Kirche und Zuhause stand.

1928 versammelten sich im bayrischen Bad Steben rund sechshundert Jungen zur der ersten nationalen HJ-Kundgebung. Im folgenden Jahr fand dann der erste Nürnberger Parteitag statt, an dem bereits über 2500 Jungen teilnahmen. Im Dezember des Jahres hielt der nationale Jugendleiter Kurt Gruber ein Treffen mit den regionalen Leitern der HJ ab und erklärte sich bereit, eine Abteilung namens «Schwesternschaft der Hitlerjugend»

---

[6] Bündnis Königin Luise
[7] Xufanc - NSS

einzurichten, der vierzehnjährige Mädchen beitreten und Mitglieder werden könnten.[8]

Im Juli 1929, als die «Schwesternschaft der Hitlerjugend» zum ersten Mal öffentlich auftrat, schlossen sich sofort 67 Mädchen der neuen Vereinigung an.

1930 hatte die HJ bereits neunhundert örtliche Vertretungen, die über ganz Deutschland verteilt waren. Zur gleichen Zeit wurde die Schwesternschaft der HJ umbenannt und erhielt den offiziellen Titel «Bund Deutscher Mädel in der Hitlerjugend. »

1931, im April, wurden zwei weitere neue Organisationen geschaffen, die es auch den Jüngeren, den zehn bis vierzehn Jährigen ermöglichte, der Jugendorganisation beizutreten. Diese beiden neuen Gruppen wurden Deutsches Jungvolk/DJ und Jungmädelbund/JM genannt. Zu diesem Zeitpunkt zählte die Organisation bereits über fünfzehntausend Mitglieder.

Im Mai 1931 hat die Reichsjugendführung dann die «HJ-Gruppe Österreich» offiziell in ihre Organisation eingegliedert.[9] Obwohl Österreich erst 1938 Teil des Deutschen Reiches wurde, durften die Mitglieder der HJ Gruppe Österreich die gleiche Uniform tragen wie ihre Kameraden im Reich. Es würde jedoch nicht lange dauern, bis die österreichische Regierung jede Existenz der HJ innerhalb seiner Grenzen verbieten würde. Völlig aus der Öffentlichkeit verschwunden, würde die Gruppe schließlich unter einem anderen Deckmantel wieder auftauchen.[10]

Am ersten Reichsjugendtag, 1932 in Potsdam stieg die Anzahl der Mitglieder dann auf über einhunderttausend an.[11] Zu dieser Zeit befanden sich ca. 5,184 Mädchen im BDM, während 750 Mädchen dem Jungmädelbund angehörten. Elisabeth Greiff-Walden leitete die weibliche Abteilung der Jugendorganisation. Als erste deutsche nationalsozialistische Funktionärin fungierte sie von 1931 bis 1932 als Reichsführerin des Bundes Deutscher Mädel (BDM) und danach als «Referentin für Mädelfragen» in der Reichsleitung der Hitlerjugend.[12] Bis zum Herbst desselben Jahres wuchs die Mitgliedschaft im BDM auf über fünfzehntausend Mädchen heran. Obwohl der BDM weniger Mitglieder als die Hitlerjugend hatte, war die Liga von einer wachsenden Anziehungskraft für weibliche Jugendliche geprägt, da sie bestimmte Bedürfnisse einer immer größeren Anzahl jugendlicher Mädchen zu befriedigen schien.[13]

---

[8] David Littlejohn, Seite 177

[9] David Littlejohn, Seite 290

[10] Ibid, Seite 291

[11] The History Place – Hitler Jugend– Verfall der Demokratie 317

[12] Landjahralbum – Der BDM vor 1933

[13] Dagmar Reece, Seite 31 - 32

Am 30. Januar 1933 wurde Adolf Hitler zum Reichskanzler ernannt. Seine Regierung war eine „Ein Parteien Diktatur", die auf der totalitären und autokratischen Ideologie des Nationalsozialismus beruhte.

Am 20. Mai 1933 schloss sich die Nationalsozialistische Schulliga (NSS) offiziell mit der HJ zusammen. Dieser Tag wurde von einer großen Jugendgruppenfeier geprägt, bei der Adrian von Renteln durch Baldur von Schirach als Hitler-Jugendführer abgelöst wurde. Als die nationalsozialistische Regierung ein Verbot konkurrierender Jugendbewegungen aussprach, schwollen die Reihen der HJ unter der Führung von Baldur von Schirach weiter an.

Das Luisenbündnis wurde unter diesem Verbot ebenfalls aufgelöst und die Mitglieder in den Bund Deutscher Mädel und die Jungmädelschaft integriert.

Am 23. März 1933 verabschiedete der deutsche Reichstag das von Hitler vorgetragene Ermächtigungsgesetz zur Behebung von Not und Volk in Reich. Präsident Paul von Hindenburg erteilte Adolf Hitler mit einem Federstrich die Vollmacht zur Errichtung einer neuen Regierung.

Am 2. August 1934 verstarb Paul von Hindenburg und Adolf Hitler wurde unter dem Titel «Der Führer» zum absoluten Diktator Deutschlands.

Am 1. Dezember 1934 wurde die HJ zu einer von der Regierung geförderten Jugendorganisation erklärt, deren Mitgliederzahl zu diesem Zeitpunkt bereits auf über sechs Millionen Jugendliche herangewachsen war. Die Organisation teile sich in die Zweige Hitler Jugend (HJ), Deutsches Jungvolk (DJ), Bund Deutscher Mädel (BDM) und Jungmädel (JM) auf.

Ein weiteres Dekret vom 1. Dezember 1936, welches den Pflichtdienst aller jungen Menschen in Deutschland vorsah, legalisierte nicht nur die Existenz der HJ, sondern verbot auch noch die letzten verbleibenden kirchlichen Jugendorganisationen Deutschlands. Ab jetzt gehörten alle Kinder dem deutschen Staat und deren Pflichterfüllung gegenüber ihrem Land wurde im Rahmen des Dekrets unter den drei folgenden Hauptpunkten festgelegt:

1. Alle deutschen Kinder werden Mitglied in der HJ

2. Zweck dieser Mitgliedschaft ist es, alle deutschen Jugendlichen körperlich, geistig und moralisch für den nationalen Dienst im Geiste des Nationalsozialismus auszubilden. Schule und Zuhause sind den Interessen des Staates untergeordnet.

3. Der Reichsjugendführer ist mit allen Phasen der Erziehung der deutschen Jugendlicher betraut und direkt dem Führer unterstellt.

Am 12. März 1938 stimmten 98% der Österreicher für den Anschluß mit Deutschland. Österreich wurde zur Ostmark. Es wurde in eine weitere Verwaltungseinheit umgewandelt, bevor es dann unter der NSDAP in sieben Provinzen aufgeteilt wurde. Diese vorübergehende Umstrukturierung war ein Versuch, Verwaltungsstreitigkeiten beizulegen, die sich aus den sich überschneidenden Gerichtsbarkeiten und unterschiedlichen Grenzen im ehemaligen Österreich ergeben hatten.[14] Dadurch ist das Deutsche Reich von fünfunddreißig auf zweiundvierzig Bezirke gewachsen.

Jedes Kind im Alter von zehn Jahren wurde registriert und musste Mitglied der HJ oder des BDM werden. Die etwa achtunddreißigtausend Mitglieder, die den in Österreich zuvor verbotenen NSDAP Organisationen angehört hatten, organisierten sich neu und trugen ihre Parteizugehörigkeit wieder offen zur Schau.[15]

1939 war die Hitlerjugend auf nationaler, regionaler und örtlicher Ebene in 42 Gaue eingeteilt worden. Diese waren umfangreich organisiert und wurden, von der Exekutive hin bis zur Verwaltung und den einzelnen Abteilungen überwacht.

Die DJ und HJ Abteilungen der Jungen waren in Regimenter, Stämme, Kompanien, Züge, Kameradschaften und Gruppen unterteilt.[16]

Der BDM oblag der gleichen Organisationsstruktur wie die der Jungen. Auch sie wurde in Regionen, Bezirke, Unterbezirke, und örtliche Gruppierungen unterteilt.[17]

Die Reichsjugendführung (RJF) überwachte die Kommandostruktur und kontrollierte die Politik, sowie die Verwaltung der gesamten HJ. Die RJF wurde vom Nationalen Jugendleiter geleitet und von einem Adjutanten und einem Stabschef unterstützt. Die Nationale Jugendleiterin für Frauen kontrollierte die Abteilungen BDM und JM und war dem Reichsjugendführer der NSDAP direkt unterstellt.[18] Trude Mohr, eine ehemalige Postangestellte, löste Elisabeth Grieff-Walden als Reichsjugendführerin ab, gab ihr Amt jedoch 1937 auf, als sie sich verheiratete. Sie wurde durch die 27jährige Dr. Jutta Rüdiger ersetzt, eine persönliche Bekannte von Baldur von Schirach. Rüdiger unterstand Schirach und Schirach unterstand Hitler. Rüdiger, eine promovierte Psychologin aus Düsseldorf, war durchsetzungsfähiger als ihre Vorgängerin. Sie widersetzte sich den Bemühungen von Gertrud Scholtz-Klink, der leidenschaftlichen Leiterin der Nationalsozialistischen Frauenliga, die Kontrolle über den BDM

---

[14] Der Anschluss

[15] David Littlejohn, Seite 293

[16] Die Hitler Jugend

[17] Bund Deutscher Mädel - Aufteilung

[18] Die Hitler Jugend

zu erlangen versuchte. Klink war eine gute Rednerin und ihre Hauptaufgabe war es, die männliche Vormachtstellung und die Bedeutung der Kindererziehung zu fördern. In einer ihrer Reden äusserte sich Klink wie folgt: «Die Hauptaufgabe einer Frau ist es, zu Hause und in ihrem Beruf, vom ersten bis zum letzten Moment ihrer Existenz an, für die Bedürfnisse ihres Mannes zu sorgen.»[19] Die Aufgabe des BDM war es, Mädchen zu Kameradschaft, Ehre und Glauben zu erziehen. Sie sollten sich ihrer Pflicht als deutsche Mädchen bewusst werden, gute Hausfrauen werden und so viele Kinder wie möglich gebären. Der Erfolg der weiblichen Sparte der HJ verlief nicht ohne Widerspruch von Gertrud Scholtz-Klink, die sich die Kontrolle über den BDM wünschte, aber nie erhielt. 1938 wurde zudem auch noch die Sparte Glaube und Schönheit gegründet. Diese Organisation diente als Bindeglied zwischen dem BDM und der Nationalsozialistischen Frauenliga der NSDAP. Die Mitgliedschaft war freiwillig und stand Mädchen im Alter von siebzehn bis einundzwanzig Jahren offen. Der allgemeine Grundgedanke war, dass Mädchen sich an der Arbeit zum Wohle des deutschen Volkes beteiligen sollten, bevor sie in die Arbeitswelt eintraten oder heirateten und Kinder bekamen. Die Mitgliederinnen des Bundes Deutscher Mädchen konnten der NSDAP erst mit 18 Jahren beitreten. [20] Im Januar 1938 wurde Clementine zu Castell-Rüdenhausen, Gräfin und Mitglied der fränkischen Adelsfamilie, die erste Frau, die zur Leiterin der Organisation Glaube und Schönheit gewählt wurde. Sie verließ die Organisation als sie sich 1939 verheiratete. Danach wurde die in Österreich geborene Annemarie Kaspar kurz vor ihrem zweiundzwanzigsten Geburtstag zur Leiterin der Organisation Glaube und Schönheit ernannt. Sie wurde entlassen, als sie 1941 heiratete. Im Juni 1941 wurde sie durch Martha Middendorf ersetzt, die dann später auch wegen ihrer Heirat zurücktrat. Im Februar 1942 übernahm Dr. Jutta Rüdiger die Leitung der Organisation, zusätzlich zur Leitung des BDM und hielt bis 1945 den Vorsitz inne.[21]

---

[19] Gertrude Scholtz-Klink
[20] Chris Crawford
[21] Bund Deutscher Mädel

Gertrude war in der Region (Gebiet) # 28 – Niederdonau zu Hause
Das Landjahr Lager Seidorf befindet sich im Gebiet # 4 – Schlesien

Gliederung des BDM und der HJ

Deutsches Jungvolk	Hitlerjugend	Jungmädel	Bund Deutscher Mädel
Gebiet		Obergau	
Bann		Untergau	
Jungstamm	Stamm	Jungmädelring	Mädelring
Fähnlein	Gefolgschaft	Jungmädelgruppe	Mädelgruppe
Jungzug	Schar	Jungmädelschar	Mädelschar
Jungenschaft	Kameradschaft	Jungmädelschaft	Mädelschaft

Eine «Mädelschaft» umfasste etwa zehn bis 15 Mädchen, eine «Mädelschar» drei Mädelschaften, eine «Mädelgruppe» wiederum drei Mädelscharen, ein «Mädelring» vier Mädelgruppen (etwa 360 bis 540 Mädchen). Die «Untergau» bestanden aus fünf Mädelringen, die «Obergau» aus etwa 25 Untergauen und der «Gauverband» aus etwa fünf Obergauen (insgesamt etwa 225.000 bis 337.500 Mädchen). Vom Obergau aus waren für BDM und JM gemeinsame Dienststellen eingerichtet.

Ihr seid die Zukunft Deutschlands
Wo ihr seid, werdet ihr bleiben.
Ich bin die Zukunft Deutschlands.
So ist und muß es sein.

~ Gertrude Kerschner ~

1931

KLEINZELL, ÖSTERREICH. Das kleine Mädchen schaute auf sein Geschwisterchen herab, wie es da zufrieden in seiner Strohwiege lag. Sie zog das kleine Federbettchen zurück und nahm ihre Schwester auf den Arm. Anita trägt warme Kleidung, ihre kleine Schwester hingegen nur ein dünnes Leinenhemdchen. Die Kleine zittert mit dem ersten kühlen Luftzug, der durch den Raum zieht. Anita weiß nicht wie todkrank ihre kleine Schwester ist, als sie diese der Wärme der Wiege entnimmt. Gertrude leidet an Tuberkulose, sie wird voraussichtlich nicht mehr lange zu leben haben.

Anita hüllt Gertrude in eine dünne Decke. Sie hält ihre sterbenskranke Schwester im Arm und schleicht sich mit ihr zur Tür. Sie greift die rote Mütze, die ihre Mutter gehäkelt hat und setzt sie sich auf den Kopf. Sie hält noch einmal kurz inne, bevor sie das Haus verlässt und überlegt, ob sie ihren Vater einfach allein lassen kann, denn auch er liegt schwerkrank im Bett.

Anita schaut zum Schlafgemach hoch, dort wo der Vater seinen Körper tief unter ein dickes Federbett gelegt hat. Die schweren dunklen Übergardinen sind zugezogen und halten das Sonnenlicht außen vor. Er hustet. Sie schaute sich um und sieht wie die Flammen des offenen Feuers den Wohnraum ihres Fachwerkhauses erwärmen. Anitas Vater Emmerich, Vater ihrer Geschwister, insgesamt fünf, Anita eingeschlossen, wirkte trotz seines erst mittleren Alters, bereits alt und gebrechlich. Sein schwarzes Haar war mit grauen Strähnen durchzogen. Sein Körper von Fieber und Husten ausgemergelt. Der einst so starke, schöne Mann, der im 1. Weltkrieg für die Monarchie gekämpft hatte, schlug sich bei jedem Hustenanfall gegen die Brust. Die Bettdecke, die seine Frau so schön bestickt hatte, ist mit Blutflecken übersäht.

Anita legt ihre Hand vorsichtig auf den Türknauf der schweren Eichentür. Sie dreht ängstlich daran, leise, leise, um den Vater nicht zu wecken. Das Schloss klickt zweimal, bevor sich die Tür endlich knarrend öffnet und das gleißende Sonnenlicht offenbart. Sie dreht sich noch einmal um. Nein, sie hatte ihn nicht geweckt. Ihre kleine Schwester fest an sich gedrückt, hält sie sich schützend die Hand vor die Augen bis sich diese an das Sonnenlicht gewöhnt haben. Dann tritt sie ins Freie, die Tür leise hinter sich schließend.

Sie steht vor dem Haus und hält nach dem Rest ihrer Familie Ausschau. Der frische Schnee hatte der Landschaft eine atemberaubende Schönheit verliehen, wie er so auf den Tannenzweigen liegt und auch der Boden ist mit dem glitzernden Weiß völlig bedeckt. Etwas weiter steht ein Reh unter einer

Tanne, neben ihr zwei kleine Kitze, die an einem Salzstein lecken, während der etwas seitlich stehende Rehbock über seine Familie Wache hielt. Die schneebedeckte Reisalpe steht majestätisch in der Ferne und strahlt Schutz und Geborgenheit aus. Anita setzte sich in Bewegung. «Was für ein schöner Tag», denkt sie. «Ideal zum Ski fahren.»

Anita geht längs des großen Holzstapels entlang, den ihr Vater im Frühjahr aufgeschichtet hatte. Der Schnee knirscht unter ihren wadenlangen Wildlederstiefeln, als sie sich in Richtung Scheune begibt. Er glitzert unter ihren Füssen in der strahlenden Sonne.

«Woher das glitzern wohl kommt?» fragt sie sich.

So in Gedanken versunken, stolpert sie über einen schneebedeckten Holzscheit und fällt samt ihrer kleinen Schwester zu Boden. Die Kleine fängt sofort zu weinen an. Anita springt erschrocken auf und hebt Gertrude vom Boden hoch. Sie reibt ihre kalten fiebrigen Glieder und hüllt sie wieder fest in die wärmende Decke ein. Ihre Augen wandern ängstlich zum Himmel empor. «Bitte lieber Gott, bitte, lass sie nicht sterben.»

Anita setzt sich auf den Wetzstein vor dem Schuppen und wiegt die Kleine sanft in ihren Armen. Sie singt ihr ein altes österreichisches Wiegenlied um sie zu beruhigen: «Still, still, still, weil's Kindlein schlafen will. Maria thuat es niedersingen. Ihre keusche Brust darbringen. Still, still, still, weil's Kindlein schlafen will.»

Gertrudes Tränen und ihre Schreie versiegten bald. Die Geborgenheit, die sie in den Armen ihrer Schwester verspürt, wirkt Wunder. Anita gibt Gertrude einen Kuss auf die Stirn und zieht die Decke noch einmal fest um sie. Sie steht auf und kann gerade noch dem dicken Eiszapfen ausweichen, der in der gleißenden Sonne zu Boden tropft.

Sie muss ihr ganzes Körpergewicht gegen die Scheunentür stemmen um diese zu öffnen. Sie tritt ein und wieder dauert es einen Moment bis sich ihre Augen an das schummrige Licht in der Scheune gewöhnt haben. Während sie so da steht, hörte sie wie ihre Mutter, in ihrem niederösterreichischen Akzent, Anweisungen an ihre Brüder verteilt. Denn da der Vater krank im Bett liegt, obliegt es der Mutter, und ihren beiden älteren Brüdern Hans und Emmerich, zusammen mit dem jüngeren Bruder Franzl den kleinen Hof zu bewirtschaften.

«Hans, der Stall muss ausgemistet werden und die Kühe brauchen neues Stroh. Nun mach schon. Es sieht aus wie in einem Saustall hier! Emmerich, nach oben auf den Heuboden, wirf einen Ballen herunter, aber Vorsicht, pass auf dass du nicht selbst herunter fällst. Und wenn Du damit fertig bist, dann geh nach den Hühnern sehen. Nun macht schon Kinder!» kommandiert Josefa, während sie sich wieder dem Melken zuwendet.

Anita steht wie angewurzelt im Türrahmen und beobachtet wie ihre Brüder wortlos ihren Aufgaben nachgehen. Die Mutter hat sie noch nicht bemerkt. Sie hängt ihren eigenen Gedanken nach. Die Sorge um die Gesundheit ihres Mannes steht ihr ins Gesicht geschrieben. Wie soll sie das alles nur schaffen ohne ihn? Der Hof, die Tiere, fünf Kinder.

Josefa ist in Kleinzell aufgewachsen. Die schwere Arbeit und die im Winter oft widrigen Bedingungen haben sie von Kind auf an geprägt. Sie ist klug und entschlossen. Ihre Willenskraft ist bewundernswert. Keine Aufgabe ist zu schwer. Sie war achtzehn als der erste Weltkrieg ausbrach und sie hat die drastischen politischen, kulturellen und auch ökonomischen Veränderungen, die der Zahn der Zeit mit sich gebracht hatte, gesehen. Das Entstehen neuer Länder und neuer Ideologien. Etwas, von dem sie hofft, dass keines ihrer fünf Kinder dies noch einmal erleben muß.

Anita hatte sich nicht vom Fleck gerührt. Sie wollte ihre Familie nicht unterbrechen. Doch da dreht Josefa den Kopf und sieht die kleine Anita im Rahmen der Scheunentür stehen. Sie springt auf und reißt dabei fast den Melkschemel um. Sie stürmt mit zwei Sätzen auf Anita zu. Kaum hatte sie diese erreicht hebt sie die Hand und versetzt ihr eine schallende Ohrfeige.

«Ja sag einmal, wie kommst du denn nur darauf, deine kleine Schwester durch die Kälte zu schleppen?» schreit sie erbost.

«Mutter, ich—», Anita fängt an zu weinen und drückt die kleine Gertrude noch fester in ihre Arme.

«Ja, bist Du denn von allen guten Geistern verlassen, deine Schwester durch die Kälte zu schleppen. Willst Du denn, dass sie umkommt?» schreit Josefa weiter, ohne auf Antwort zu warten.

«Ich … Ich», schluchzt Anita, «brauche Hilfe… in der Küche. Ich kann den Kessel nicht vom Feuer heben», schluchzte sie weiter. «Bitte sei mir nicht böse, Mutter. Ich wollte Dich nicht erzürnen.» Eine dicke Träne rollt über Anitas Wange und landet in Gertrudes Gesicht, die darauf wieder zu weinen anfängt.

«Hans!» Josefa ruft nach dem Jungen. «Sieh zu dass Trudel sofort wieder in ihr Bett kommt und danach hilfst Du Anita mit dem Kessel.»

Anita trocknet sich die Tränen ab und schaut kurz nach oben. Ihr Bruder Emmerich beobachtet sie vom Heuboden aus. Ein paar Strohhalme rieselten leise auf den Boden herunter. Hans lehnt seine Heugabel an die Wand und eilt auf Anita zu. Vorsichtig nimmt er die kleine Gertrude aus Anitas Armen und steckte sie unter seine dicke Jacke. Anita läuft schluchzend aus der Scheune und Hans folgt ihr zusammen mit Gertrude zurück ins Haus.

Blind vor Tränen und voller Schuldgefühle stolpert Anita über die Türschwelle und fällt zu Boden. Ihr Bruder hilft ihr mitleidig hoch. Er nimmt sie in den Arm und flüstert ihr leise zu: «Mutter hat im Augenblick viele Sorgen und wir müssen ihr helfen so gut wir können. Du musst erst denken und dann handeln!»

«Ich weiß», antwortet Anita schluchzend. Die beiden klopften sich den Schnee von den Stiefeln und betreten die Küche.

«So, nun nimm die Kleine und lege sie in ihr Bett zurück.» befiehlt Hans und zieht Trudel unter seinem Mantel hervor. «Ich kümmere mich derweil um den Kessel.» Er hängt seinen Mantel auf einen der grob geschnitzten Kleiderhaken und geht zum Feuer hinüber.

Anita streichelt ihrer Schwester über den Kopf. Sie geht zum Ende der Wohnstube und legt ihre Schwester vorsichtig in die Wiege zurück. Sie streichelt ihre kleinen Hände und wischt sich dann die Tränen aus dem Gesicht.

Siebenundfünfzig Jahre später steht Anita noch einmal am Bett ihrer Schwester und streicht ihr über ihr dickes schwarzes lockiges Haar. Auch diesmal stehen ihr die Tränen in den Augen. Sie war nur wenige Stunden zuvor aus Linz eingeflogen, um ihrer Schwester in ihren letzten Stunden Beistand zu leisten. Anita ist es als ob ihr Herz zerbricht wie sie ihre kleine Schwester dort so todkrank vor sich liegen sieht. Siebenundfünfzig Jahre ist es her als sie damals ihre kleine Schwester in den Schnee fallen ließ und ihr damit ungeahnt das Leben rettete, denn die Kälte brach das von der Tuberkulose verursachte Fieber.

Trudels älteste Tochter Cynthia beobachtet wie ihre Mutter zum ersten Mal seit vier Jahren wieder mit ihrer Schwester vereint ist.

«Ich kann es kaum glauben, dass Du hier bist,» flüstert sie in ihrer Heimatsprache. Die beiden umarmen sich. Cynthia schaut und lauscht wie sich die beiden leise unterhalten. Dann zieht Trudel plötzlich die grüne Kladde unter ihrer Bettdecke hervor. Sie klappt sie auf und sieht Anita fragend an:

«Erinnerst Du dich noch?» fragt sie.

«Ach Du meine Güte!» fährt es aus Anita hervor. «Du hast dein BDM Tagebuch all diese Zeit über aufgehoben? Du wirst Ärger bekommen, wenn sie das finden.»

«Das ist jetzt egal. Ich sterbe sowieso bald.»

Es ist das letzte Mal, dass die beiden Schwestern in den gemeinsamem Erinnerungen ihrer Jugend schwelgen können. Dem Elternhaus, der Schul- und Jugendzeit und natürlich auch der Zeit im BDM.

Leben in der Angliederung

«Unsere Fahne flattert uns voran
In die Zukunft ziehen wir Mann für Mann
Wir marschieren für Hitler
Durch Nacht und durch Not
Mit der Fahne der Jugend
für Freiheit und Brot.
Unsere Fahne flattert uns voran,
Unsere Fahne ist die neue Zeit!
Unsere Fahne führt uns in die Ewigkeit!
Ja die Fahne ist mehr als der Tod!»

APRIL 1941 - Es ist genau 7:00 Uhr an diesem schönen Morgen in Niederschlesien, als die drei Leiterinnen des Landjahres mit ausgestreckten Armen im Innenhof des Lager zum Fahnenappell angetreten sind. Vierzig junge Mädchen, darunter auch Gertrude Kerschner, die unter ihren Freundinnen als Trudel bekannt ist, tragen stolz wie jeden Morgen ihre BDM-Uniformen. Diese jungen Mädchen wurden speziell ausgewählt, um an dieser staatlichen Bildungseinrichtung ihr Landjahr zu verbringen. Sie sind verantwortungsbewusste junge deutsche Mädchen, die körperlich und geistig darauf vorbereitet werden ihrem Land zu dienen. Die Teilnahme am Landjahr ist eine große Ehre. [22]

Die 21jährige Gruppenleiterin, Fräulein Dieter zitiert das allmorgendliche Motto «Ihr seid die Zukunft Deutschlands. Wo ihr seid, werdet ihr bleiben. Ihr seid die Zukunft Deutschlands. So ist und muss es sein.» Mit donnernder Stimme verlangt sie dass die Mädchen diesen Schwur wiederholen.

Fräulein Dieter und die stellvertretende Leiterin des Lagers, Fräulein Grüber, die Wirtschafterin tragen ebenfalls ihre BDM-Uniformen. Diese ist unter anderem an dem schwarzen Halstuch zu erkennen, das von einem geflochtenen Lederknoten zusammengehalten wird, der vorne einem Krawattenknoten ähnelt. Das Halstuch wird unter dem Kragen ihrer weißen Bluse eingeschlagen. Das grünweiße, dreieckige Abzeichen mit der Aufschrift «Landjahr» befindet sich am oberen linken Ärmel, mittig zwischen Schulter und Ellbogen. Über ihrer Bluse trägt die Anführerin die

---

[22] Annemarie Leppien, S. 50

15

traditionelle geknöpfte, hellbraune Kletterweste. Sie trägt eine grüne Kordel um den Hals, die sich unter dem schwarzen Halstuch verbirgt, das durch den Lederknoten vorne zusammengehalten wird. Das silberne Verschlussende der Kordel steckt in der linken Brusttasche. Der Rang von Fräulein Dieter, sie ist Scharführerin, die höchste Stellung in diesem Lager, wird durch die grüne Kordel angezeigt. Der dunkelblaue knielange Wollrock, der schwarze Gürtel mit Schnalle, die weißen Socken und die schwarze Schuhe mit flacher Sohle und Schnürung vervollständigen die Dienstuniformen genau wie vom Führer vorgeschrieben. Die jungen Mädchen tragen dieselben Uniformen, jedoch ohne Kordel und ohne Kletterweste.

Die Lagerleiterin Fräulein Albrecht ist bestrebt auch im Lager einen Hauch von Glanz zu bewahren. Somit trägt sie ihr schulterlanges blondes Haar in der damals so beliebten Wasserwelle. Ihre Wimpern sind leicht getuscht. Die Wirtschafterin Fräulein Grüber gleicht sich dem Stil ihrer Lagerleiterin an.

Die Scharführerin wurde auf Grund ihrer disziplinierten Haltung, ihrer persönlichen Fähigkeiten und Loyalitäten in diese Position gewählt und von der Organisation entsprechend ausgebildet. Ihr stetiger Aufstieg begann vor sieben Jahren, als sie gerade mal erst dreizehn Jahre alt war, und den niedrigsten Rang der Organisation als Mädelschaftsführerin in Schleswig-Holstein innehatte. Nachdem sich Fräulein Dieter in dieser Stellung bewährt hatte, wurde sie als Führungskandidatin erkannt und erhielt weitere Ausbildung und Förderung, bevor sie ihre derzeitige Position einnehmen konnte. Nach Erreichen ihres Ranges erfolgte eine weitere sechswöchige Ausbildung. Dort erhielt sie Anweisungen zu ihrer Führungsrolle und ihren Aufgaben, wurde geschult Veranstaltungen zu organisieren, einschließlich der Durchführung von Sporttreffen und der Durchführung wöchentlicher Abendveranstaltungen. Vor Abschluss dieser Ausbildung durfte sie dann dem Vaterland über ihre zukünftigen Ambitionen und Absichten berichten.

Fräulein Dieter war von ihren Kolleginnen als Lagerleiterin empfohlen worden. Sie hatte bereits vor einem Jahr beantragt nach Niederschlesien wechseln zu dürfen. Dies war nun ihr zweites Jahr im Landjahrlager Seidorf. Sie war eine aufstrebende Natur, die hoffte in die höchste regionale Stellung zu gelangen, solange der Krieg ihr nicht ein Garaus daraus machen würde. Sie hatte es sich zum Ziel gesetzt Seidorf zu dienen, ihre Ausbildung fortzusetzen und schließlich eine regionale Führungsstellung einzunehmen. Es wurde jedoch von ihr erwartet, sich entsprechend der Rangfolge nach oben zu arbeiten.

Ihr Plan war es, nächstes Jahr Ringführerin zu werden und dann innerhalb der nächsten zwei Jahre Führerin eines Untergaus. Sie hatte sich bereits zum Ende des Jahres für die dreiwöchentliche Ausbildung an der örtlichen Gauschule angemeldet. Sobald ihre Ausbildung abgeschlossen war, konnte sie vier Scharen mit jeweils einhundertsechzig Mitgliedern beaufsichtigen und verwalten. Später, als Gauleiterin würden ihr über achthundert Mädchen direkt unterstehen.

Um die Stellung einer Untergauleiterin einnehmen zu können, würde sie die Nationale Führungsschule in Potsdam besuchen müssen. Von dort aus würde sie an der jährlichen Führungskonferenz der Sportakademie in Weimar teilnehmen. Führende Personen aus Partei, Staat und Verwaltung werden dort Präsentationen abhalten und Vorträge zu Themen wie Politik, Gesetzesänderungen, neuen Vorschriften oder anderen Ereignissen im Zusammenhang mit der HJ stehen. Da dies eine überregionale Konferenz ist, wird sie die Gelegenheit haben BDM-Führer aus den anderen 42 Bezirken des Reiches kennenzulernen. Sobald sie die Anforderungen ihrer Ausbildung erfüllt hat, wird Fräulein Dieter fünf regionale Kreise mit mehr als dreitausend Mitgliedern leiten dürfen.

Die Stellung als Untergauleiterin ist die höchste Stellung, die sie erreichen kann, bevor sie auf die nationale Ebene wechselt. In dieser Stellung wird sie bis zu fünfundsiebzigtausend Mädchen beaufsichtigen und an vierteljährlichen Schulungskonferenzen teilnehmen, die von der Reichsführerin des BDM oder dem HJ-Jugendleiter abgehalten werden, da diese Konferenzen sowohl für Männer als auch für Frauen abgehalten werden. Ihre jeweiligen Kollegen werden Vorträge halten, ihre Arbeit diskutieren und aktuelle Themen behandeln.

Wie auch Fräulein Dieter werden alle jungen BDM Frauen, die eine Führungsrolle anstreben, in allen Aspekten der Charakterbildung geschult. Dies schließt verschiedene Themen ein, wie Sport, insbesondere Gymnastik, Philosophie und Kultur. Sie werden sich mit deutschen Traditionen, klassischen Komponisten, Kunsthandwerk, Liedern und Volkskunst auseinandersetzen. Sie werden an verschiedenen Vorträgen ihrer Regionen teilnehmen und sich verschiedenen Arbeitsgruppen anschließen, die sich mit den spezifischen Aspekten ihrer gewünschten Ausbildungsebene befassen. Das Erlernen der körperlichen Entwicklung, sowie des sozioemotionalen und kognitiven Verhaltens von Mädchen mittleren bis jugendlichen Alters, hilft diesen zukünftigen Führungskräften, die jungen, zukünftigen Mütter des Staates in Disziplin, Gehorsam und Loyalität zu schulen. Bei dieser Arbeit erweist es sich dann auch als förderlich mit den Eltern zusammenzuarbeiten, um das gemeinsame Ziel zu erreichen, stets und immer im Dienst des Führers zu stehen.

An diesem Morgen begutachtet Fräulein Dieter die Mädchen, die sich vor ihr in Formation aufgestellt haben. Sie muss sich innerhalb kürzester Zeit mit dem Verhalten, der Disposition und der Begabung der jungen Mädchen vertraut machen. Sie denkt an gestern Nachmittag zurück, als sie zum ersten Mal auf die Gruppe aus St. Pölten traf, von wo aus diese nach zweitägiger Reise im Lager eingetroffen waren.

Die Gruppenführerin Fräulein Albrecht war mit zwanzig Mädchen angekommen. Zusammen mit ihrem Gepäck, waren die Mädchen die fünf Kilometer vom Bahnhof zu ihrer neuen Unterkunft, hoch oben auf dem Hügel mit Blick auf Seidorf, marschiert. Da sich die Mädchen bereits im Zug kennengelernt hatten, mussten sie sich nun nur mit den täglichen Aufgaben und Gepflogenheiten vertraut machen, bevor sie sich in den ihnen zugewiesenen Schlafsälen niederließen. Morgenappell in Lager Seidorf fand jeden Morgen um 6:00 Uhr statt und wurde durch ein scharfes Pfeifen mit der Trillerpfeife eingeleitet. Um 7:00 Uhr wurde sich dann im Hof zum allmorgendlichen Fahnenappell versammelt.

Als Trudel am ersten Morgen zum Fahnenappell antrat, musste sie an den Tag des Anschlusses, den 12. März 1938 zurückdenken, als ihr Heimatland Österreich von der Karte gewischt wurde und von nun an als die „Ostmark" in die Geschichtsbücher einging. Sie war damals gerade 10 Jahre alt, und als sie nach der Schule das Haus betrat fand sie ihre Mutter Josefa mit Tränen in den Augen am Küchentisch sitzen. Im Hintergrund spielte im Radio das Volkslied «Aus grauer Städte Mauern.»[23]

«Was ist passiert, Mama?» fragt Trudel als sie in die Küche tritt. Sie zieht ihren Mantel aus und hängt ihn über den Stuhl neben dem Ofen. Sie geht auf ihre Mutter zu und schlingt ihre kleinen Arme um deren Hals. «Warum weinst Du denn, Mama. Habe ich Dich zum Weinen gebracht?»

«Setz Dich Trudel.» Josefa zieht ein Taschentuch aus ihrer Kittelschürze und tupft sich die Augen trocken. Sie sammelt sich, um mit ihrer Tochter zu reden.

«Es hat im Radio gerade eine besondere Meldung gegeben. Unser geliebtes Heimatland Österreich ist an Deutschland angegliedert worden und wir sind jetzt als Ostmark bekannt. Verstehst Du was das bedeutet?»

«Nein Mama. Ich verstehe es nicht. Was bedeutet es denn?»

«Es bedeutet, dass es in Zukunft viele Veränderungen geben wird. Wir wollen nur hoffen, dass alle zum Guten sind.» antwortet Josefa und versucht ihrer Tochter die neue Lage zu erklären.

«Österreich befindet sich derzeit in einer sehr tiefen Wirtschaftskrise. Die Menschen haben wenig zu essen, kaum Geld, und Arbeitslosigkeit ist weit verbreitet. Die Hyperinflation hat eingesetzt und die Zinsen für Bankdarlehen liegen bei 25 Prozent. Tag für Tag melden Landwirte oder andere Unternehmer Insolvenzen an und es gibt einfach nicht genug Arbeitsplätze.»

---

[23] Volkslied Hans Riedel, Herman Löns, Melodie Robert Götz

Josefa hatte es sich zum Motto gemacht so vielen Menschen wie möglich zu helfen, wenn diese an ihre Tür klopften.

In Wien werden ganze Häuserblöcke durch Plünderer zerstört. Ebenso in Linz und in Graz. Im Gegensatz zu den Menschen auf dem Lande haben die Stadtbewohner kaum etwas zu Essen. Sie sind verzweifelt und haben die Regierung gebeten die Wirtschaft zu stabilisieren.

Der Bundeskanzler der ehemaligen Republik Österreich, Kurt Schuschnigg, verachtet Hitler und dessen Ehrgeiz, Österreich in das Dritte Reich aufzunehmen. Um die turbulenten Gewässer zu beruhigen, trifft sich Schuschnigg im Berghof in Berchtesgaden mit dem Reichskanzler Adolf Hitler. Die Verhandlungen scheiterten und die politischen Beziehungen verschlechterten sich. Hitler überreicht Schuschnigg eine Reihe von Ultimaten. Schuschnigg musste demnach seine Macht abgeben. Es wurde ihm sogar mit dem Tode gedroht. So wurde Schuschnigg gezwungen, ein Abkommen zwischen beiden Ländern zu unterzeichnen und damit seine Macht aufzugeben, ohne dass die politische Lage Österreichs dadurch gelöst wurde. Schuschnigg wollte, dass sein geliebtes Österreich die Unabhängigkeit von Hitler und dem dritten Reich bewahren sollte, konnte aber dem Druck der bereits organisierten Nationalsozialisten von Innen und dem Druck Hitlers von Aussen nicht standhalten. Schuschnigg musste sein Amt niederlegen. Er wurde verhaftet und in ein Arbeitslager gebracht.[24]

Die Menschen in Österreich waren verzweifelt. Sie hatten den ökonomischen Aufstieg Deutschlands der letzten Jahre beobachtet und wollten es dem gleich tun. Dem österreichischen Volk wurde bekannt gegeben, dass Deutschland keine Arbeitslosigkeit, kein Verbrechen und grundsätzlich einen höheren Lebensstandard habe als die Österreicher. Gerüchte verbreiten sich, dass jeder der arbeiten wollte, Arbeit bekam. In Deutschland sind alle glücklich, und Österreich will das Gleiche. Österreich will seine Souveränität dabei jedoch nicht aufgeben. Österreich will unabhängig bleiben und das Wohl seiner Bürger trotz alledem garantieren.

Der deutsche Führer Adolf Hitler hat die Industrie wiederbelebt und seinem Volk zum Wohlstand verholfen. Als Hitler Österreich in das dritte Reich annektiert, verspricht er den Unternehmern die gleiche Unterstützung die auch die Deutschen erhalten haben. Die Landwirte erhalten das Land zurück, dass ihnen weggenommen wurde, und auch in Österreich werden die ersten Autobahnen gebaut. Jedem der es will, wird Arbeit garantiert, und aus diesem Grund stimmten achtundneunzig Prozent der Menschen für den Anschluß. Das österreichische Volk stimmte für den Nationalsozialismus und lehnte den Kommunismus ab. Josefa jedoch möchte dass ihr Land unabhängig bleibt.

---

[24] Kurt Schuschnigg

Die Menschen in Kleinzell feiern das Ereignis drei Tage lang und tanzen in den Straßen. Der Biergarten vor dem Gasthaus von Rupert Scheichl ist voller Menschen, Speisen und Gesang. Fackeln erleuchten die Straßen und noch bevor viel Zeit vergeht, hat das kleine Dorf Kleinzell wieder genügend Arbeit und auch die Hungersorgen sind vorbei.

Deutsche SS-Offiziere kommen in die Stadt und sorgen für Recht und Ordnung. Innerhalb weniger Wochen stehen alle Einwohner in Kleinzell wieder in Arbeit. Der örtliche Holzbetrieb bietet den meisten Männern eine Stellung an und die Frauen werden zum größten Teil von dem Hotel in Salzerbad angeheuert, das für sein erfrischendes Quellwasser bekannt ist, das jetzt nicht nur die Touristen, sondern auch die in der Region stationierten deutschen Truppen versorgt. Das Leben in Österreich ändert sich schnell und immerzu.

Auch das Leben in der Schule verändert sich. Ein Porträt von Adolf Hitler hängt in jedem Klassenzimmer und das Hakenkreuz ersetzt die Kruzifixe die einst an der Wand eines jeden Schulzimmers hingen. Der Unterricht wird morgens nicht mehr mit einem Gebet begonnen sondern mit einem Lied für den Führer. Alle Kinder, die älter als zehn Jahre sind, müssen sich nun bei der Hitlerjugend anmelden.

Die Teilnahme ist Pflicht für alle Kinder, nicht nur die österreichischen. Sollte ein Kind nicht teilnehmen, erhalten die Eltern eine strenge Abmahnung vom Reichsministerium für Bildung, Wissenschaft und Kultur. Josefa ist mit dieser Regelung nicht besonders zufrieden, da ihre Kinder doch auf dem Hof mithelfen müssen. Gerüchte verbreiten sich, dass, wenn die Eltern ein zweites Mal ablehnen, sie eine empfindliche Geldstrafe zahlen müssen. Wenn die Eltern dieser Anweisung dann auch nicht nachkommen, droht eine Gefängnisstrafe.

Josefa war nicht besonders begeistert, dass ihre Kinder in die HJ eintreten sollten. Sie war kein Nationalsozialist und sie glaube auch nicht, dass jemand anderes als ihr Kanzler das Land regieren sollte. Josefa war der Meinung, dass die ganze Sache allen noch teuer zu stehen kommen würde.

Am nächsten Tag, während Trudel in der Schule war, begab Josefa sich in den örtlichen Krämerladen und kaufte weißes Leinentuch und blaues Wolltuch und machte sich, wenn auch nicht aus Überzeugung, daran, ihrer Tochter eine Uniform zu nähen. Als Trudel aus der Schule kam überreichte ihr die Mutter ein kleines Paket.

«Es ist nicht viel, aber ich habe eine kleine Überraschung für dich.» sagte Josefa und reichte ihr das Paket, dass sie auf einem Stuhl unter dem Küchentisch versteckt hatte.

Zitternd vor Freude nahm Trudel das Paket entgegen, löst die kleine rote Schleife und schlug das weiße Krepppapier zurück. «Eine BDM Uniform!» ruft sie begeistert.

«Gefällt sie Dir?» fragt Josefa.

«Ja, Mama, sehr sogar! Vielen Dank!» Trudel umarmt ihre Mutter und drückt sie fest an sich.

«Warum probierst Du sie nicht gleich einmal an und siehst, dass sie auch richtig sitzt. Morgen früh werden wir dich dann im BDM Büro beim Jungmädelbund anmelden und da kannst Du sie zum ersten Mal tragen.»

Trudel konnte ihre Begeisterung nicht weiter zurückhalten. Sie springt von einem Fuß auf den anderen, hält sich gleichzeitig die Bluse an und stürmt dann voller Freude auf ihre Mutter zu und gibt ihr einen Kuss auf jede Wange.

«Alle, aber auch alle reden von einer Mitgliedschaft im Bund, Mama. Die waren heute sogar in der Schule und haben mit uns darüber gesprochen. Ausserdem haben sie in der ganzen Stadt Flugblätter verteilt. Die sehen so adrett aus, in ihren Uniformen, und die scheinen so viel Spaß zusammen zu haben. Ich habe dieses Mädchen kennengelernt, ihr Name ist Erika. Sie ist ein bisschen älter als ich und sie hat mir erzählt, dass sie alle zusammen aus Lilienfeld hierher gelaufen sind.» Trudel kann ihre Begeisterung kaum verbergen.

«Stell dir mal vor, den ganzen weiten Weg von Lilienfeld. Das ist aber eine ganz schöne Strecke.» antwortet Josefa.

«Naja … vielleicht sind sie ja auch auf dem Laster hergekommen. Auf jeden Fall sind sie hier gewesen und haben uns allen erzählt was sie so zusammen unternehmen und dass wir beitreten sollen. Sie haben uns von ihren wöchentlichen Treffen und ihren Ausflügen erzählt und all die Lieder die sie dort lernen. Und sie haben uns zum Abschied sogar noch ein Lied gesungen. Das war so schön Mama. Die sehen so adrett aus. Ich freu mich schon so. Ich kann kaum erwarten, es meinen Freunden zu erzählen!»

«Warum gehst Du nicht einfach nach oben und probierst Deine neue Uniform an, und zeigst Deiner Mutter wie gut sie passt?»

«Oh, Mutter!» ruft Trudel aufgeregt. «Ich verspreche Dir, Du wirst immer stolz auf mich sein, und ich werde das beste Jungmädel im ganzen großen Vaterland. Du wirst schon sehen!»

Sie salutiert ihrer Mutter und rennt die Treppe hoch nach oben in ihre Stube.

Josefa hingegen schaut sich das ganze Gehabe hilflos und auch mit etwas Sorge an. Bis zum 20. April müssen alle Kinder der HJ beigetreten sein. Josefa stellt das Radio an und hört nur die kreischende Menge: *«Heil, Hitler! Heil, Hitler!* Und dann beginnt er zu sprechen.

«Ihr gehört zu mir. Wir werden lernen, in meinem Reich zusammen zu stehen. Ihr seid Fleisch von unserem Fleisch, Blut von unserem Blut und in eurem jungen Kopf brennt derselbe Geist, der uns beherrscht. Ihr könnt nicht anders sein als mit uns verbunden. Vor uns liegt Deutschland, in uns marschiert Deutschland und hinter uns kommt Deutschland. Die Zukunft Deutschlands gehört Euch!»[25]

Die Massen jubeln, als Josefa diese Wiederholung einer Ansprache Hitlers vom 5. September 1934 in Nürnberg, im Radio hört. Josefa stellt das Radio ab. Sie lässt die über 70.000 Stimmen gerne verstummen. Sie versucht sich abzulenken. Sie ist entsetzt dass ihre Kinder so vom Staat vereinnahmt worden sind. Die Stille in ihrer Küche wirkt beruhigend. Sie lehnt sich gegen die Anrichte und legt ihre Hände gegen ihre Brust. Sie denkt über die Zukunft ihrer kleinen Tochter nach. Wie sie diese anschreien, fast sogar schütteln möchte, um sie aus dieser Ideologie herauszuholen. Sie mag Hitler nicht. Und sie traut ihm nicht.

Josefas ältester Sohn Emmerich ist bereits sechzehn und der zweitälteste Hans ist vierzehn. Sie laufen in der HJ bereits richtig mit. Auch ihre zwölfjährige Tochter Anita ist voll im Jungmädelbund in Heinsfeld aktiv. Anita wohnt nicht mehr zu Hause. Sie hat die letzten drei Jahre bei ihren Großeltern in Halbach verbracht. Ein Ort unweit von Kleinzell. Im Alter von 38 Jahren und ohne einen Ehemann kann Josefa ihre fünf Kinder nicht mehr alleine ernähren. So hat sie Anita zu ihren Eltern, Johann und Anna Kandlhofer, auf deren Hof geschickt. Der jüngste, der kleine Franzl ist erst acht Jahre alt. Er lebt so wie Trudel bei seiner Mutter und hat noch zwei Jahre Zeit bevor er der Hitlerjugend beitreten muss.

In der Nacht vor der Anmeldung im BDM macht Trudel kaum ein Auge zu. Sie wirft sich von einer Ecke in die andere, unfähig fest zu schlafen, aus Angst dass die den morgendlichen Termin verschläft. Leise kriecht sie aus dem Bett und schleicht zum Fenster hinüber. Sie schiebt die Vorhänge beiseite, macht den Riegel los und stößt beide Flügel weit auf. Sie atmet die kühle Nachtluft tief ein. «Ach wenn es doch schon morgen wäre.» seufzt sie. Sie lehnt ihren Ellbogen auf das Fensterbrett und schiebt ihre Hand unter ihr Kinn. Sie schaut seufzend auf den zunehmenden Mond und stellt sich all die schönen Erlebnisse vor und die neuen Freunde, die sie ab morgen machen wird.

Früh am nächsten Morgen läutet Josefa die große Kuhglocke und ruft frohlockend nach oben. «Aufstehen, Du Schlafmütze!»

«Ich komme ja schon, Mutter!» ruft Trudel zurück. Müdigkeit wird sie heute von nichts abhalten. Sie reckt und streckt sich, atmet tief ein, faltet ihre Hände über ihrem Kopf zusammen und streckt sich nach oben. Danach reibt sie sich den Schlaf aus den Augen, springt von der Bettkante auf und geht zu ihrem Kleiderschrank hinüber. Sie holt ihr bestes Kleid aus dem Schrank und hängt es über die Tür. Sie zieht ihr weißes Nachtgewand aus

---

[25] Triumph des Willens

und wirft es auf das Bett. Trudel verspürt einen gewissen Stolz als sie in ihr rot kariertes Kleid mit den kurzen Ärmeln und der handgemachten Spitze steigt, das ihre Mutter für sie genäht hat. Das Kleid reicht ihr bis zu den Knien. Sie greift in den Schrank und zieht ein paar weiße Kniestrümpfe heraus. Und ausserdem die Sonntagsschuhe. Sie setzt sich auf die Bettkante und zieht sich die Strümpfe und die Schuhe an. Jetzt noch schnell das Bett gemacht und schon geht es die Treppe hinunter und wie jeden Morgen schlingt sie ihre kleinen Arme um ihre Mutters Taille.

«Guten Morgen, Mutter.»

«Guten Morgen, Trudel. Möchtest Du nicht Deine neue Uniform tragen?» fragt Josefa ihre Tochter.

«Nein», antwortet Trudel. «Ich möchte lieber warten bis ich offiziell aufgenommen worden bin. Ich will mich nicht vorher schon schmutzig machen.»

«Gut, dann lass uns jetzt frühstücken. Musst Du Dir vorher noch die Hände und das Gesicht waschen?» fragt Josefa.

Trudel läuft in den Waschraum gleich neben der Küche. Sie gießt etwas Kamillenwasser aus der Kanne in die Waschschale, wäscht ihr Gesicht mit handgemachter Seifenlauge und spült es dann mit dem Kamillenwasser ab. Danach reibt sie ihr Gesicht mit einem Handtuch trocken, putzt ihre Zähne mit einer Paste aus Minze, trocknet sich die Hände ab und läuft wieder in die Küche zurück.

«Wo ist denn der Franzl?» fragt Trudel, als sie sich auf die Eckbank setzt.

«Der ist im Hühnerstall und holt die Eier für unser Frühstück und ausserdem ein bisschen frische Ziegenmilch.» antwortet Josefa.

Franzl kommt durch die Hintertür direkt in die Küche hinein. Er stellt einen Korb voll mit Eiern und eine Blechkanne warmer Ziegenmilch auf den Tisch. Er trägt wegen des kühlen Morgens seine Winterjacke, die er von seinem älteren Bruder geerbt hat. Zusammen mit Franzl ist unbeobachtet auch eine Henne in die Küche gekommen. Josefa, die sich eigentlich auf den Speck in der schmiedeeisernen Pfanne konzentriert, kann die Henne gerade noch aus ihrem Augenwinkel sehen. Ohne auch nur einen Moment zu zögern, nimmt sie ein Küchentuch und versucht die schneeweiße Henne aus der Küche zu verscheuchen.

«Pfui Teufel! Schu! Schu!» ruft Josefa und wedelt mit dem Tuch umher. Die Henne fliegt entsetzt in die Luft, landet wieder auf dem Boden, rennt unter den Tisch und hackt Trudel ins Bein. Franzl bringt die Milch und die Eier in Sicherheit, zieht seine Jacke aus, und fängt an das Huhn quer durch die Küche zu jagen. Welch eine Aufregung so früh am Morgen. Die Henne ist ziemlich schnell und auch nicht dumm. Immer gerade dann wenn Franzl meint, jetzt hat er sie, fliegt sie hoch, lässt ein paar von ihren Federn herab regnen und dann fängt das Spiel von vorne an. Aber diesmal will Franzl sich nicht austricksen lassen. Er schleicht sich an das Huhn heran und wirft sein Jacke darüber.

«Hab ich dich endlich.» Franzl nimmt die Jacke zusammen mit dem Huhn auf und wickelt diese fest zu.

«Franzl» schreit Josefa ihn an, als sie wieder zu ihrem Herd zurück kehrt. «Wie oft habe ich Dir schon gesagt, dass Du die Tür hinter Dir schliessen sollst wenn Du von draussen herein kommst. Nun sieh zu, dass Du das Huhn wieder nach draussen beförderst, und zwar sofort.»

Franzl geht auf die Tür zu und wirft das Huhn in den Hof . Er schließt die Tür und setzt sich zu seiner Schwester.

«Und heute ist also der große Tag für mein großes Schwesterlein?» fragt er mit einem breiten Grinsen.

«Richtig!» antwortet Trudel und zieht ihr Kleid zurecht. «Und ich werde meinem Führer immer treu dienen und immer brav sein, nicht so wie Du,» neckt sie ihn.

«Was hast Du da gerade gesagt?» fragt Josefa mit einem drohenden Unterton und schaut ihre Tochter prüfend an.

«Ich werde meinem Führer immer treu sein.» wiederholt Trudel. «Das haben wir so in der Schule gelernt.»

Franzl fängt an durch die Küche zu marschieren und tut so als würde er eine Brigade anführen. Josefa unterbricht ärgerlich die Zubereitung des Frühstücks und setzt sich für einen Augenblick ganz dicht neben ihre kleine Tochter. Sie schaut sie ernst an und spricht:

«Lerne was Du lernen musst, aber eines darfst Du nie vergessen, mein liebes Kind: Deine Familie kommt immer zuerst. Du brauchst Deine Familie und Deine Familie braucht dich. Beides geht Hand in Hand. Es geht nicht ohne.»

Josefas Liebe zu ihrer Tochter war trotz der ermahnenden Worte klar zu erkennen.

«Ja, Mama.» antwortet Trudel und senkt ihr Haupt in Scham.

Josefa nimmt ihren Zeigefinger und hebt das Kinn ihrer Tochter wieder an.

«Und jetzt lass uns frühstücken und dann kannst Du dich in den Bund Deutscher Mädel einschreiben.»

Die Anmeldung

JOSEFA steht auf und küsst ihre Tochter kurz auf die Stirn. Sie kehrt an den Herd zurück, um das Morgenmahl aufzutischen. Franzl beendet seinen Marsch und setzt sich an den Tisch und wartet gespannt auf sein Frühstück. Die Kinder sehen nicht, wie Josefa ihren Schürzenzipfel nimmt und sich eine Träne aus dem Augenwinkel wischt. Nach dem Frühstück geht die Familie zusammen los, um Trudel in den Jungmädelbund der Hitlerjugend aufnehmen zu lassen.

Die Mutter hält Trudel fest an der Hand, während diese die Schotterstraße hinunter hüpft. Vor vier Tagen noch war Trudel ein unschuldiges Kind, das sich lieb und brav um ihre Hausarbeit kümmerte oder glücklich und zufrieden vor sich hin spielte, während die Welt um sie herum sich weiter drehte. An diesem schönen Frühlingstag jedoch wird sie über eine Schwelle schreiten, die sie lehren wird den Glauben eines Mannes aufrecht zu erhalten, den sie nicht kennt. Jemanden, den sie niemals treffen wird und dem sie trotzdem ihre Jugend widmen wird. Sie versteht weder die Ideologie des Nationalsozialismus, noch die aktuelle politische Lage, und sie hat auch keine Ahnung, was das alles bedeutet. Ein Konzept, das den Egalitarismus ablehnt und stattdessen eine geschichtete Wirtschaft mit Klassen unterstützt, die auf Verdiensten und Talenten basieren. Sie weiß nur, dass ihre Freunde im Jungmädelbund sind und sie mit ihnen in dieser aufregenden neuen Organisation mithalten möchte.

Auch Franzl geht neben seiner Mutter die Straße hinunter. Und zwar im Stechschritt. Er marschiert so gut es seine kurzen Beine zulassen.

Die kleine Familie biegt am Krämerladen ab, geht am Bürgermeisterhaus vorbei und betritt das Kleinzeller Hauptquartier der HJ. Dort verharren sie einen Moment im Eingangsbereich, während Josefa die im Aushang hängenden Bekanntmachungen liest, um herauszufinden in welchem Zimmer sich die Anmeldung befindet. Sie gehen den Korridor hinunter und klopfen an einer Tür an, die mit der Aufschrift BDM versehen ist. Hier werden sie von der örtlichen Leiterin des BDM, Fräulein Schmidt, begrüßt.

Das Fräulein, mit ihren schwarzen Haaren und den strengen dunklen Augen, die hinter einer runden Brille hervorgucken, trägt eine einfache BDM Uniform, die ihr eine gewisse Autorität verleiht. Sie verkörpert zwar nicht die arischen Rassenideale, blonde Haare und blaue Augen, kann jedoch ihre germanische Abstammung durchaus nachweisen. Sie wird streng nach den

Anweisungen des Reichsministeriums für Wissenschaft, Erziehung und Volksbildung handeln. . «Guten Morgen,» sagt sie. «Wie kann ich ihnen helfen?»

«Ich bin hier um meine Tochter anzumelden.» antwortet Josefa

«Der Name bitte?» fragt Fräulein Schmidt.

«Ihr Name ist Gertrude Kerschner. Hier …»Josefa macht eine kleine Pause während sie einen Brief aus ihrer Tasche zieht. «Hier bitte, wir haben diese Vorladung erhalten.» fährt sie fort und überreicht dem Fräulein das Schreiben.

«Sie können sehr stolz auf ihre Tochter sein Frau Kerschner. Ab heute wird sich Gertrudes Leben zum Guten wenden. Sie wird in den Jungmädelbund aufgenommen werden. Ich, als ihre Leiterin, bin vom Führer beauftragt worden, alle Mädchen in ihren zukünftigen Aufgaben zu unterweisen, und dass sie sich ihrer Verantwortung gegenüber unseres Vaterlandes bewusst werden.»

Fräulein Schmidt nimmt Josefa das Schreiben ab und liest es sorgfältig durch. Sie hakt Gertrudes Namen in ihrem Register ab, stempelt den Brief mit einem Dienstsiegel und reicht diesen wieder an Josefa zurück.

«Nachdem wir die Anmeldeformalitäten erledigt haben wird Gertrude noch an einer ärztlichen Tauglichkeitsuntersuchung teilnehmen müssen, und danach werden Sie draussen Platz nehmen, bis Sie weitere Anweisungen erhalten.» Fräulein Schmidt stellt noch einige weitere Fragen an Josefa und notiert die Antworten sorgfältig in ihrem Aufnahmebuch.

«So, und nun folgen Sie mir bitte!» sagt sie und hebt die Hand zum Gruß.

Fräulein Schmidt salutiert Josefa zu, schlägt die Hacken zusammen und marschiert Mutter und Tochter in Richtung Untersuchungszimmer. Sie läßt die beiden in das Zimmer eintreten und schließt dann die Tür fest hinter ihnen zu.

Trudel schaut sich in dem sterilen Raum um. In der Mitte steht ein Untersuchungstisch und an der Wand hängt ein Sehtest. Neben der Tafel steht eine Waage und daneben auf einen Tisch, zwischen der Waage und einem Waschbecken platziert, liegen viele medizinische Instrumente, dessen Anblick Trudel etwas Angst einflößen.

Josefa beugt sich zu Franzl hinunter und weist ihn an auf einem Stuhl draußen im Korridor Platz zu nehmen. «Es dauert bestimmt nicht lange. Setz dich und benimm Dich und rühr Dich nicht von der Stelle.»

«Mama?» fragt Trudel.

«Ja, Gertrude?» erwidert die Mutter.

«Mama, wer war diese Frau?» Trudel zögert einen Moment während sie nach den richtigen Worten sucht.

«Die ist so streng, Mama. Warum Mama?»

«Pssst … Ruhe jetzt. Das sagt man nicht.» befiehlt Josefa.

«Mama, ich verstehe nicht.» antwortet Trudel verwirrt.

«Weil man seine Vorgesetzten immer respektieren muss. Ich muss ebenfalls tun was mir von den Behörden befohlen wird. Und Du musst nun auch auf Deine Anführerinnen hören und genau das tun was sie Dir sagen. Verstehst Du dass?» antwortete Josefa

«Ich habe Angst.» flüstert Trudel mit verhaltenem Atem.

«Wovor denn nur meine Kleine ?» fragt Josefa.

«Was sind denn das für Dinger da auf dem Tisch, neben dem Waschbecken?»

«Das sind medizinische Instrumente damit der Arzt Dich gründlich untersuchen kann. Es gibt überhaupt keinen Grund Angst zu haben. Es ist alles gut.» antwortet Josefa und versucht ihre Tochter zu beruhigen.

«Wenn Du meinst. Ich weiß nicht. Es ist alles so anders.» antwortet Trudel und schüttelt den Kopf. Die beiden müssen nicht lange warten, bis der Doktor das Zimmer betritt.

Als er die Tür hinter sich schließt, versteckt Trudel sich hinter ihrer Mutter.

«Guten Tag meine Damen, ich bin Doktor Herbert Meyer und Du bist sicher die Gertrude.» sagt er und schenkt Trudel ein strahlendes Lächeln.

Er ist ein attraktiver Mann mit hohen Wangenknochen, fast zwei Meter groß, mit schwarzem Haar und dunkelblauen Augen. Er trägt ein weißes Oberhemd mit steifem Kragen und einen schwarzen Schlips unter seinem weißen Kittel. Ein Stethoskop baumelt lose um seinen Hals. Die schwarze Hose und seine blank geputzten schwarzen Schuhe unterscheiden ihn von den hiesigen Männern.

«Dies ist meine Tochter Gertrude.» antwortet Josefa und zieht die Kleine hinter ihrem Rücken hervor.

«Nun komm schon Trudel. Der Herr Doktor möchte Dich jetzt untersuchen.»

Trudel kommt hinter dem Rücken ihrer Mutter hervor und schaut an dem Arzt hoch. Sie lächelt ihn an. «Und dies ist meine Mutter, Frau Kerschner, nur dass sie keine Frau mehr ist, da mein Vater starb als ich vier Jahre alt war.» antwortet Trudel impulsiv und versucht dem Doktor ihre Mutter ans Herz zu legen.

«Ja, er ist an einem Jagdunfall gestorben als Trudel noch sehr jung war.» unterbricht Josefa. Sie will nicht, dass heraus kommt, dass ihr Mann in Wirklichkeit an Tuberkulose verstorben ist. «Wir sind reiner deutscher Abstammung. Meine Eltern sind die Kandlhofers aus Halbach. Mein Großvater ist ein Bernhard, ein entfernter Cousin der Habsburger und meine Mutter ist Sulzer Abstammung.» Josefa leiert ihren Stammbaum herunter soweit sie sich daran erinnern kann.

«Machen Sie sich darüber mal keine Sorgen Frau Kerschner. Wir werden die Abstammung ihrer Familie selber noch einmal erforschen, um sicher zu gehen dass ihre Tochter aus reinstem deutschen Blut geschaffen ist.» antwortet der Doktor ruhig. «So Gertrude, nun lass uns Dich mal anschauen. » Josefa tritt zur Seite und wohnt der Untersuchung bei.

Nach der Untersuchung erledigen Josefa und Trudel die restlichen Formalitäten mit Fräulein Schmidt. Franzl sitzt derweil immer noch auf dem Korridor und wartet ungeduldig bis die Frauen endlich zu sprechen aufhören.

«Wie ich sehe hat Trudel die Untersuchung mit «sehr gut» bestanden. Hier sind ihre Papiere. Darin enthalten sind auch Anweisungen bezüglich des Werdegangs ihres Kindes. Beginnend, am Montag dem 21.März, wird Trudel zusammen mit allen anderen neuen Mitgliedern an einem Vorbereitungskurs teilnehmen, wo sie in ihre Aufgaben und Verantwortungen eingewiesen wird. Das Treffen findet hier im Gebäude statt und beginnt pünktlich um 3 Uhr nachmittags. Am Samstag dem 26. März wird dann auf dem Sportplatz eine Sportveranstaltung durchgeführt. Dort werden Ausdauer, Mut und Fähigkeiten festgestellt. Am Mittwoch, dem 30. März treffen wir uns dann zu einem Heimabend und dort werden die Mädchen erfahren, ob sie die Pimpfenprobe, die Aufnahme in die Hitlerjugend bestanden haben. Und zum Schluss werden am 20. April alle Jungmädels in der HJ Halle offiziell in die JM aufgenommen werden. And diesem Tag wird ihnen der Treuschwur abgenommen werden und sie erhalten ihre offiziellen Mitgliedsausweise.[26] Wir erwarten, dass all unsere Mitglieder immer pünktlich erscheinen und sich in ihrer neuen Uniform adrett präsentieren.» Fräulein Schmidt überreicht Josefa weitere Unterlagen. «Hier ist eine Liste mit der Ausstattung die Ihre Tochter benötigen wird. Alle Artikel können im Laden der Reichszeugmeisterei (RZM) in Rohrbach erworben werden. Noch Fragen?» Josefa schüttelte mit dem Kopf. «Gut. Die Versammlung ist aufgelöst!» erklärt Fräulein Schmidt und hebt erneut den Arm zum Gruß.

Josefa hebt ebenfalls den Arm, jedoch nicht ganz so schwungvoll, und verabschiedet sich.

Trudel kann ihre Begeisterung kaum noch zurück halten. Sie bemerkt nicht, wie sich ihre Mutter um die Zukunft ihrer Tochter sorgt. Auch versteht sie nicht wie sehr sich ihr Leben von heute an ändern wird. Die Anmeldung und die ärztliche Untersuchung hinter sich, nimmt Josefa ihre Kinder an die Hand und macht sich auf den Heimweg. Sie sind kaum ein

---

[26] Ibid

paar Meter gegangen, als sie eine Stimme hinter sich hört. «Frau Kerschner! Frau Kerschner!»

Als sie sich umdreht, sieht sie Frau Bauer, ihre Nachbarin, auf sie zu kommen.

Josefa hat es nicht immer leicht

DIE BAUER FAMILIE betreibt den größten Hof im Dorf. Frau Bauer selbst ist eine kräftige, fleißige Frau von etwa 35 Jahren. Sie ist im Dorf zudem für ihre schönen Dirndl bekannt. Das kalte Wetter scheint ihr nichts weiter auszumachen. Sie und Josefa sind schon von Kindesbeinen an befreundet. Sie sind zusammen in die Schule gegangen. Das war noch vor dem großen Krieg. Sie spielten oft zusammen und halfen sich gegenseitig auf ihren Höfen aus. Nach dem großen Krieg konnte sich die österreichische Wirtschaft nicht so richtig stabilisieren. Das Land erlebte einen drastischen Umschwung. Nicht nur im politischen Sinne, sondern auch wirtschaftlich und kulturell. Das Habsburger Reich brach zusammen und Österreich wurde mit den Deutschen in einen Topf geworfen. Ein Anschluss an das Deutsche Reich war jedoch gemäß des Vertrages von Versailles ausgeschlossen. Und somit wurde 1919 die erste österreichische Republik ausgerufen.

1922 waren die Verbraucherpreise vierzehntausend Mal höher als vor dem Ausbruch des großen Krieges.

1924 hatte eine schwere Hyperinflation die österreichisch-ungarische Krone vollständig entwertet und die Österreicher selbst hatten das Vertrauen in ihre Regierung und ihre Währung verloren. Viele internationale Organisationen nutzen die Möglichkeit im Land Fuss zu fassen und in den Köpfen der Menschen machten sich viele neue Ideologien breit. Um die Lage zu stabilisieren wurde der österreichische Schilling eingeführt. Ein Schilling für zehntausend Kronen. Die beiden Frauen überstanden all diese Widrigkeiten. Sie hielten zusammen. Gingen durch dick und dünn, hielten an ihren Werten, Traditionen und ihren Familien fest.

Als sie Anfang zwanzig waren, heirateten sie, gebaren Kinder und zogen diese auf. Frau Bauer und ihr Mann konnten damals einen großen Hof am Randes des Dorfes erwerben. Sie arbeiteten schwer und es dauerte nicht lange bis ihr Hof das größte Anwesen der Gegend war. Sie hatten über sechs hundert Stück Vieh. Kühe, Schafe, Ziegen, Schweine und Hühner. Die Bauer Familie und deren Angestellten mussten nie Hunger leiden. Sie arbeiteten von früh morgens bis spät abends, um den Hof in Stand zu halten.

Josefa und ihr Ehemann Emmerich hatten während der Weltwirtschaftskrise ihren kleinen Hof verloren und sich danach ein Anwesen am Rande von Kleinzell gepachtet. Der Gemüsegarten war groß genug um die Familie zu ernähren und die kleine Scheune bot genügend Platz für eine Milchkuh, zwei Schweine, eine Ziege und einige Hühner. Josefa hatte damals ihrer ältesten Tochter Anita beigebracht wie man einen Haushalt führt. Anita, gerade mal sieben Jahre alt, kochte, wusch und bügelte, weckte Konserven ein und erledigte alle sonst noch anfallenden Arbeiten.

Und wenn Vater Emmerich nicht gerade bei der Waldarbeit war, brachte er seinen beiden ältesten Söhnen das Melken bei, die Stallarbeit, das Schlachten und auch das Räuchern. 1931 jedoch erkrankte Emmerich schwer. Josefa war einunddreißig Jahre alt, als er sie zur Witwe machte.

Sie versuchte die nächste Zeit zu überstehen. Sie stand noch vor Sonnenaufgang auf, und machte sich dann mit all ihrer Kraft an die schwere Arbeit. Sie versuchte so gut es eben ging, den Hof mit Hilfe ihrer Kinder zu bewirtschaften. Nach der morgendlichen Arbeit schickte sie die beiden ältesten Kinder in die Schule. Abends ging sie oft völlig erschöpft ins Bett. Und jeden Abend schickte sie ein Stoßgebet zum Himmel und flehte den lieben Gott um Hilfe an. Aber die Hilfe blieb aus. Nur ein paar Monate später waren auch die letzten finanziellen Reserven aufgebraucht und sie musste sich Gedanken machen, wie sie ihre Kinder ernähren sollte. Als die nächste Pacht fällig war, verlor sie ihre Milchkuh und wenig später auch ihre Ziegen. Als nächstes nahm der Verpächter ihr die Schweine und dann auch ihre Hühner ab und als alles weg war setzte er Josefa samt ihrer Kinder auf die Straße.

Josefa war nicht bereit sich durch ihre missliche Lage ausnutzen zu lassen. Ohne Bleibe zu sein war etwas schreckliches, aber sie beschloß gerade jetzt keine Schwäche zu zeigen. So packte sie ihr restliches Hab und Gut in einen Leiterwagen und marschierte zusammen mit ihren Kinder die Straße hinunter. Die jüngsten oben auf dem Leiterwagen, in den Mantel der Mutter gehüllt.

Als sie an dem Anwesen der Familie Bauer vorkamen, schaute Frau Bauer gerade aus dem Fenster. Sie lief auf Josefa zu und bot ihr an bei den Bauers zu bleiben. Überwältigt von dem großzügigen Angebot ihrer ehemaligen Schulkameradin willigte Josefa ein, Unterkunft mit Arbeit zu vergelten. Sie gelobte fleißig zu sein und sich gewissenhaft um die Tiere zu kümmern und auch im Haushalt zu helfen. So stand sie von jetzt an jeden Morgen noch früher auf und am frühen Nachmittag, nachdem sie die Tiere versorgt hatte, half sie Frau Bauer bei der Hausarbeit.

Auch Josefas Kinder wurden zur Arbeit herangezogen. Auch sie mussten sich ihre Unterkunft durch harte Arbeit verdienen. Unglücklich über die schwere körperliche Arbeit, verließen Josefas ältesten Söhne, Hans und Emmerich, bald den Hof und suchten sich bezahlte Arbeit in einem

Nachbarsort. Sie lernten dann bald auch ein paar Mädchen kennen und beschlossen, sich dort nieder zu lassen.

Anita, Josefas älteste Tochter hatte das Landleben schon lange satt. Sie war bereits schon ein paarmal von zu Hause fortgelaufen. Sie glaubte fest daran, dass es im Leben besseres gab als Schweinemist und Schmeißfliegen. Sie hasste es, arm zu sein und hatte ihre Augen fest auf Wien gerichtet.

Als sie das letzte Mal weggelaufen war, hatte Josefa die Polizei alarmiert. Die fanden Anita heulend am Grabe ihres Vater sitzen. Daraufhin hatte Josefa ihre Tochter zu ihren Eltern auf den Kandlhofer Hof in Halbach geschickt. Anita wusste genau, was ihr jetzt blühen würde. Die Arbeit hier würde zweimal so schwer sein wie bei der Bauer Familie. Sie war zu jung um zu verstehen warum sich ihr Leben so verändert hatte. Anitas Großvater Johann sah Kinder eher als ein notwendiges Übel an. Er verlangte, dass das Mädchen ihrer Großmutter zur Hand ging, während er selbst seine Zeit in der guten Stube mit einem selbst gebrannten Schnaps verbrachte.

Eines Tages stahl Anita sich davon, um mit Freunden Ski zu fahren. Als sie abends zurückkehrte, hatte sie sich den Knöchel gebrochen. Als Bestrafung musste sie mit ansehen wie ihr Großvater ihre Skier zersägte und in den Ofen steckte. Die ganze Sache kam für Anita einem traumatischen Erlebnis gleich und sie hat nie wieder ein Paar Skier angefasst.[27]

Josefa selbst war sich des inneren Tumultes ihrer Tochter nie bewusst. Sie hatte ja noch für Trudel und Franzl zu sorgen, und ausserdem arbeitete sie sechs Tage die Woche, zwölf Stunden am Tag. An ihrem freien Tag würde Josefa mit dem Fahrrad zu ihren Eltern fahren und ihre Tochter besuchen. Über die Gegebenheiten und Bestrafungen die Anita dort erlebte wurde nie gesprochen. Alles was Josefa am Herzen lag, war ein Dach über dem Kopf und ein voller Magen für ihre Kinder. Es sollte acht Jahre dauern bis Anita sich endlich ihre Freiheit erarbeitet hatte. Acht schwere Jahre und Josefa hat nie so ganz verstanden warum ihre Tochter die angebliche Großzügigkeit ihrer Großeltern nicht annehmen wollte. Anderseits verstand Anita jedoch auch nicht die schwere wirtschaftliche Lage, in der sich ihre Mutter befand und dass Josefa immer nur das Beste für ihre Kinder wollte.

Nach dem Anschluss befahl Hitler der Reichbank mehr Geld zu drucken. Dieses Geld wurde an die österreichischen Witwen verteilt, die ihre Kinder alleine aufzogen. Die einzige Bedingung war, dass die Ehemänner im großen Krieg gekämpft hatten. Josefa erhielt von der neuen Regierung einen grossen Umschlag mit 1.000 Reichsmark.[28] Der Bürgermeister von Kleinzell verlieh Josefa das Ehrenkreuz der deutschen Mutter in Bronze, welches für

---

[27] Anita Leugner
[28] Franz Kerschner

das Gebären von wenigsten vier Kinder für das Vaterland verliehen wurde. Josefa hatte fünf.[29]

Dank der finanziellen Hilfe konnte Josefa sich im Ort eine kleine Bleibe mieten und von der Bauer Familie wegziehen. Statt der schweren Hofarbeit nahm sie einen Posten als Postzustellerin an. Die Post wurde zweimal am Tag zugestellt und dies war ebenfalls mit Knochenarbeit verbunden. Josefa stand morgens um sechs Uhr auf, sortierte die Briefe und legte pro Tag gut zwanzig Kilometer zurück, bevor sie mit dem leeren Postsack nach Hause zurückkehrte. Wenn das Wetter schlecht war, kam sie oft erst kurz vor Mitternacht nach Hause und musste dann am nächsten Morgen gleich wieder raus.

Der Hauptpostmeister war von Josefas Zähigkeit beeindruckt, und als er von der neuen Regierung ein größeres Budget bekam, stellte er Josefa ein Auto zur Verfügung und half ihr, ihren Führerschein zu erwerben. Jetzt, nach dem Machtwechsel, hatte plötzlich jeder wieder ein Auskommen und langsam aber sicher kam auch Österreich aus der Wirtschaftskrise heraus.[30]

Josefa vergaß jedoch nie, wie Frau Bauer ihr in ihrer schwersten Stunde beigestanden hatte. Die beiden hatten damals bereits einen Weltkrieg und zwei Wirtschaftskrisen hinter sich gebracht. Frau Bauer lebt immer noch auf der Nordseite von Kleinzell während Josefa sich im Ort selbst niedergelassen hat.

Damals war es normal dort zu bleiben wo man aufgewachsen war. Und in einem so kleinen Dorf, da gab es keine Geheimnisse. Frau Bauer und Josefa galten als integer und diskret und gleichzeitig auch als freundlich und voller Mitgefühl.

Josefa drehte sich zu ihr um. «Na Frau Bauer, was gibt es denn?»

«Ich muss mit Ihnen sprechen.» antwortete Frau Bauer und schaute sich nervös um.

«Alleine.»

Josefa fing an sich zu wundern was noch schlimmer sein konnte als der Anschluss. Sie beugte sich zu ihren Kinder hinunter.

«Ihr zwei, lauft doch schon mal vor» sagte sie in einem mütterlichen Ton, «und wenn ihr zu Hause angekommen seid, zieht euch gleich um. Legt eure guten Sachen in den Schrank zurück und begebt euch an eure Arbeit. Es dauert nicht lange. Ich komme gleich nach.»

«Komm! Los! Laß uns um die Wette rennen.» ruft Franzl der Trudel zu und kaum hat er es ausgesprochen, ist er auch schon weg.

«Nah.» gibt Trudel zurück und läuft dann aber doch hinter ihm her.

---

[29] Irmgard Weirather
[30] Franz Kerschner

Frau Bauer und Josefa gehen ein Stück gemeinsam. Sie unterhalten sich leise, fast flüsternd und hin und wieder werfen sie einen Blick über ihre Schulter, um sicherzustellen, dass ihnen auch wirklich keiner zuhört.

Beide Frauen sind zutiefst beunruhigt. Die Propagandamaschine des dritten Reiches gewinnt in Österreich immer mehr Einfluss. Die Menschen werden durch Radio, Zeitung und Aushängen auf den örtlichen Bekanntmachungstafeln nur so mit Parolen bombardiert. Frau Bauer war sogar von anderen Eltern angesprochen worden, die sich sorgten, dass ihre Söhne zu jungen Kämpfern ausgebildet werden würden.

Josefa teilt die Sorge ihrer Freundin und fügt noch hinzu, dass es schon beunruhigend ist, dass die Fabriken jetzt ohne Pause produzieren. Ausserdem hatte sie in einer Radiosendung gehört, dass die Kinder jetzt ihr ganzes Leben dem Führer schenken sollten. Beiden Frauen mussten mitansehen wie die österreichische Flagge, durch die mit dem Hakenkreuz ausgetauscht wurde. Das Mutterland, dass beide so sehr lieben, ist schnell zum deutschen Vaterland geworden.

Die beiden unterhalten sich vorsichtig weiter. Man weiß ja gar nicht mehr so richtig wem man in diesen ungewissen Zeiten noch trauen kann. Doch unternehmen können sie nichts, die fahnentreuen Österreicher. Ihre Zukunft wird auf dem Berghof in Berchtesgaden geschmiedet.

Gerade als die beiden Frauen ihre Unterhaltung beendet haben, kommt Fräulein Schmidt auf sie zu.

Fräulein Schmidt schaut Josefa an. «Kann ich kurz mit Ihnen sprechen, Frau Kerschner?»

«Auf Wiedersehen Frau Kerschner.» Frau Bauer nickt ihr kurz zu.

«Einen guten Tag noch Frau Bauer.» antwortet Josefa mit einem warmen Lächeln. «Ja, Fräulein Schmidt? Wie kann ich ihnen helfen?»

Einführung in die Jungmädelschaft

AM NACHMITTAG des 21. März 1938 gibt Trudel ihrer Mutter zum Abschied noch schnell einen Kuss auf die Wange und stürmt dann aus dem Haus, um sich mit ihren Freundinnen zu treffen. Die Mädchen laufen ungeduldig die Straße hinunter und kommen pünktlich um 15 Uhr nachmittags zu ihrem ersten Jungmädeltreffen an. Trudel trägt ihre neue Uniform, graue Kniestrümpfe und schwarze Lederschuhe. Sie hat ein breites Lächeln auf ihrem Gesicht, ihre braunen Augen strahlen vor Freude.

Der nationalsozialistische Plan zur Erziehung unschuldiger junger Mädchen wie Trudel und ihrer Freundinnen bestand darin von ihrer natürlichen Begeisterung, ihrem Handlungsbedürfnis und ihrem Wunsch nach Anerkennung durch Gleichaltrige zu profitieren. „Dabei sein ist alles." Den Mädchen wird beigebracht, dass der Jungmädelbund (JM) ihr neues Zuhause ist.

Als Trudel das letzte Mal durch die Tür in das Gebäude trat, war sie noch ein einfaches österreichisches Mädchen. Aber heute fühlt sie sich als etwas Besonderes. Denn von heute an ist sie ein Teil der neuen Ostmark, ein Teil des Anschlusses. Die Mädchen folgen den Schildern zum Veranstaltungsraum.

Dort angekommen setzen sie sich zu den anderen bereits Anwesenden und blättern durch die, auf jedem Platz ausgelegte, Jungmädel Broschüre. Ihre neue Anführerin Fräulein Schmidt sitzt hinter einem großen, aus Eichenholz geschnitzten Schreibtisch und wartet geduldig bis alle anwesend sind

Anstelle von einzelnen Pulten, wie sie es aus der Schule gewöhnt sind, sitzen die Mädchen hier auf fünf langen Bänken, die in einer Reihe aufgestellt sind, mit langen Tischen davor. Sie sitzen nicht mehr einzeln sondern in einer Gemeinschaft. Sie werden lernen als Gemeinschaft zu fungieren.

Ein einzelnes großes Fenster wirft Licht auf die mit weißen Stuck verzierte zwölf Meter hohe Decke. Eine aufgemalte grüne Ranke schmückt die Wände ringsum. Mittig von der Decke hängt eine starke Glühbirne und erhellt den Raum. An der rückwärtigen Wand hängt eine Karte von Österreich, die allerdings noch vor dem Anschluß gedruckt wurde. Daneben in einem Holzrahmen eine Abbildung, wie Kalkstein und Asbest mit Beton vermischt, neue Ziegel schaffen, aus denen Häuser gebaut werden. An der vorderen Wand, hinter dem Schreibtisch von Fräulein Schmidt befindet sich eine große Schiefertafel auf der folgendes Motto geschrieben steht:

«Die oberste Aufgabe der Schule ist die Erziehung aller Jugendlichen zum Dienst am Volkstum und Staat im nationalsozialistischen Geist.»[31]

Gleich daneben hängt eine Karte, auf der das Reich in 26 Gaue unterteilt ist, zusammen mit den sieben, neu geschaffenen, Gauen der Ostmark. Ein Portrait des Führers hat das dort seit Jahren hängende Christuskreuz ersetzt und wird rechts und links von zwei NSDAP Standarten eingerahmt. Fräulein Schmidt, eine gläubige Katholikin, war zwar nicht besonders glücklich darüber gewesen, dass sie das Kreuz hatte entfernen müssen, aber sie ist sich ihrer neuen Pflichten bewusst und handelt wie es von ihr erwartet wird. Es ist jetzt ein Verstoss gegen das Gesetz religiöse Gegenstände in Klassenzimmern darzustellen. Auch der wöchentliche Religionsunterricht wurde durch politischen Unterricht ersetzt. Alle JM Führer gehörten jetzt der Lehrervereinigung der NSDAP an und sollte auch nur der geringste Verdacht entstehen, dass keine Regimetreue vorhanden ist, würde man sofort entfernt werden.[32]

Fräulein Schmidt erhebt sich von ihrem Stuhl und richtet sich an die Klasse.

«Willkommen zum ersten Teil der Vorbereitung zum Dienst im Jungmädelbund, meine Damen. Ich bin hier um euch auszubilden. Mein Name ist Fräulein Erika Schmidt und ich werde eure Jungmädelschaft führen.» Sie schreibt ihren Namen an die Tafel. «Ich freue mich, Euch so zahlreich begrüßen zu dürfen.» Sie war darum bemüht dass sich jedes Mädchen als etwas Besonderes fühlen sollte. Dabei war jedoch auch noch der Ausbildungsplan zu beachten. Jede JM Führerin hatte zu lehren und die Mädchen hatten gehorsam zu lernen. Schließlich waren sie hier nicht in der Schule sondern in der Hitlerjugend.

Trotz aller geforderten Härte schlug Fräulein Schmidt hin und wieder einen weicheren Ton an wenn sie sich an ihre Gruppe richtete. «Ab heute beginnt der Ernst des Lebens. Ich werde Euch auf euren Dienst in den Bund Deutscher Mädel vorbereiten. Bevor wir anfangen, werde ich jedoch noch kurz die Anwesenheitsliste durchgehen.» Sie beugte sich über ihren Schreibtisch und hob eine Namensliste auf. «Wenn ich Euren Namen aufrufe, erwarte ich dass ihr aufsteht, und mit «hier» antwortet, danach könnt ihr Euch dann setzten. Sie nahm die Liste und fing an zu lesen:

«Gretchen Ackermann, Margarita Bauer, Gretel Fuchs, Hanni Gottlieb, Gertrude Kerschner, Maria Kline, Erika Koch, Mitzi Rotheneder, Helga Schreiber und Irma Schumacher. Gut, es sind alle beisammen.»

---

[31] Diane Evans
[32] Chris Trueman

Fräulein Schmidt legt die Anwesenheitsliste wieder auf ihren Schreibtisch zurück und nimmt eine Broschüre auf, um den Vorbereitungsunterricht zu beginnen.

«Vor mir liegt die Führungsbroschüre für junge Mädchen. Diese wurde mir von dem Reichsministeriums für Wissenschaft, Erziehung und Volksbildung zugestellt. [33] Die Broschüre bildet die Grundlage euer Ausbildung. Von jetzt an werden wir unser Leben nach den hier bestimmten Regeln und Gesetzen leben. Die ist eure neue Bibel. Ich erwarte von euch, dass ihr diese Broschüre in und auswendig könnt. Und über den Rest macht ihr Euch entsprechende Notizen. Und vergesst nicht, dass Euch am Ende dieser Grundausbildung eine Prüfung bevorsteht. So, und nun schlagt bitte die erste Seite auf.»

Die Mädchen tun wie geheißen..

«Ab dem heutigen Tage müssen alle zehnjährigen Mädchen in der ganzen Ostmark am offiziellen Vorbereitungsdienst zur Aufnahme in den BDM teilnehmen, bevor sie dann am 20. April offiziell in die Jungmädelschaft aufgenommen werden. Während dieser Zeit müsst ihr drei Anforderungen erfüllen.»

Fräulein Schmidt wendet sich ein weiteres Mal ihrer Tafel zu und zählt die wichtigsten Punkte des heutigen Nachmittags auf.

«Den ersten Punkt habt ihr bereits mit unserem heutigen Treffen erfüllt. Es ging darum die Geschichte der Jungmädelschaft und dessen Aufgaben zu erlernen und auch darüber, was von Euch erwartet wird, damit ihr später als gute Frauen dem Reich dienen werdet.»

«Als zweiten Punkt werdet ihr am Samstag und an jedem weiteren Samstag an einem Sportnachmittag teilnehmen. Dort werden wir unter anderem für das Leistungsabzeichen der Jungmädel trainieren. Ihr habt insgesamt sechs Monate Zeit, um die Anforderungen des Abzeichens zu bestehen.»

«Als Drittes werdet ihr an einem Heimabend teilnehmen. Des Weiteren werden wir uns ab sofort jeden Mittwoch pünktlich um 15.00 Uhr hier treffen.»

«So und jetzt noch einmal in allen Einzelheiten. Der Jungmädelbund ist eine Vereinigung des Bundes Deutscher Mädel, kurz auch BDM genannt und für Mädchen von 10 bis 14 Jahren gedacht. Die Teilnahme ist Pflicht. Der BDM ist die weibliche Division der Hitlerjugend. Der BDM hat seine Ursprünge bereits in den 1920er Jahren als Schwesternschaft der Hitlerjugend gefunden. 1930 gab es dann die erste weibliche Division der Hitlerjugend und 1931 wurden alle weiblichen Divisionen direkt der

---

[33] Jungmädel Führerinnen Dienst – Januar 1941

Hitlerjugend unterstellt.[34] Seit 1936 ist die Mitgliedschaft in der Hitlerjugend Pflicht und in den Reichsgesetzen verankert.»[35]

«Der Name unserer höchsten Vertreterin im deutschen Reich ist Dr. Jutta Rüdiger und sie waltet über alle Mädchen unserer Vereinigung.[36] Sie untersteht dem Reichsjugendführer Baldur von Schirach, und dieser wiederum untersteht dem Führer direkt.»

«Die Hitlerjugend ist innerhalb des Reiches in 34 Regionen unterteilt. Jede dieser Regionen ist in Gaue, Untergaue, Stämme, Gefolgschaften, Scharen und Kameradschaften so wie unsere hier unterteilt. Wir befinden uns hier in der Region 28, der Region Niederdonau Süd und im Abschnitt 20. Wir gehören zum Unterbezirk Lilienfeld und unsere Gruppennummer ist 11. Unsere Jungmädelschaftnummer selber ist 527. Unser örtliches Hauptquartier ist in Lilienfeld und das regionale Hauptquartier befindet sich in Wien.»

«Der Zweck des Jungmädelbundes ist es, Euch zu Kameradschaft, Ehre, Treue und Glauben zu erziehen. Bei uns werdet ihr Pflichtbewusstsein und Verantwortung erlernen. Nach den ersten vier Jahren steigt ihr dann automatisch in den Bund Deutscher Mädel auf. Dort werdet ihr dann weitere vier Jahre dienen. Wenn ihr euren Dienst im BDM abgeschlossen habt, habt ihr dann die Möglichkeit, der Organisation für Glaube und Schönheit beizutreten. Die Zugehörigkeit ist freiwillig und schließt die Lücke bis ihr dann mit 21 Jahren in die NS Frauenschaft eintreten könnt. Hier könnt ihr Euch weiterbilden, euch auf das Berufsleben vorbereiten oder auch auf Ehe und Familie. Die Kurse reichen von Modedesign bis hin zu gesundem Leben. Der allgemeine Lehrplan besteht jedoch darin, Euch darin zu unterrichten, wie man ordnungsgemäß einen Haushalt führt, ernährungsbewusst kocht und wie man Kinder erzieht. Wenn ihr dann das Alter von einundzwanzig Jahren erreicht habt, könnt ihr, wie gesagt, der NS Frauenschaft beitreten, in der ihr euch weiterbilden könnt, um echte deutsche Frauen zu werden.»

«Bis zum heutigen Tag gibt es bereits über vier Millionen Mädchen, die ihr Leben dem Führer gewidmet haben, und wenn man die Jungen dazuzählt, dann sind es bereits mehr als acht Millionen Jugendliche, die zusammen in der Hitlerjugend unserem Volk dienen. Ihr könnt also stolz auf Euch sein. Unser Führer hat euch auserwählt zu den Besten zu gehören! Es spielt keine Rolle, ob es in der Schule ist, zu Hause bei Euer Mutter oder in der Gemeinde, ihr werdet überall die Besten sein, ihr werdet immer für die besonderen Aufgaben herangezogen werden, weil ihr echte deutsche

---

[34] Dennis Weidner

[35] Jungmädelbund

[36] Bund Deutscher Mädel

Mädchen seid. Es wird eure freudige Pflicht sein, dem Vaterland zu dienen. Die gesamte Ausbildung ist darauf ausgelegt und euer Verhalten und euer Auftreten gehören ebenso dazu wie Eure Leistungen.»

«So, und nun nehmen wir uns einen Moment Zeit, um den ersten Eurer Treueschwüre zu lernen. Der Einfachheit halber habe ich ihn an die Tafel geschrieben. Bitte schreibt ihn in Euer Heft, und wenn ihr fertig seit dann legt Euren Stift hin und schaut auf, damit ich weiß dass ihr fertig seid.» Fräulein Schmidt setzte sich wieder an ihren Schreibtisch und wartete geduldig bis die Mädchen den ersten Treueschwur abgeschrieben hatten. «Fertig? Gut, dann lasst uns diesen Eid jetzt alle zusammen laut vorlesen.»

«Ich werde meinem Staat dienen. Getreu, gehorsam und mit Disziplin. Ich werde meine Aufgaben immer mit Freude erfüllen. Ich werde immer ein treues, ehrliches, deutsches Mädchen sein.»

«Sehr gut! Das habt ihr sehr schön gesagt. Und ich erwarte von Euch, dass ihr diesen Schwur auswendig lernt. Der Führer erwartet Euren Gehorsam. Und auch gegenüber Euren Leiterinnen müsst ihr Gehorsam zeigen, und Disziplin. Sollte jemand dabei erwischt werden, gegen die Regeln zu verstoßen oder gar gegen den Führer zu reden, so müsst ihr das sofort melden, egal ob es sich hier um Freunde, Kameraden oder sogar Familie handelt.»

Die Mädels schauten sich skeptisch an. Trudel hob die Hand.

«Ja, Trudel. Bitte. Hast Du eine Frage?»

«Fräulein Schmidt gilt das für alle?» fragt Trudel vorsichtig.

«Wie ich bereits gesagt habe. Wenn jemand schlecht über unseren Führer, die Hitler Jugend oder das Deutsche Reich spricht, dann müsst ihr das umgehend melden. Habe ich das jetzt klar genug ausgedrückt?»

«Ja, Fräulein Schmidt,» antwortete Trudel schüchtern.

«Gut, dann können wir jetzt weiter machen. Wir haben eure Abstammung zurückverfolgt um sicher zu stellen, dass ihr alle richtige Deutsche seid. Was ich damit meine ist, dass das Blut, das in Euch fließt von deutschen Ahnen stammt. Ihr mögt zwar nichts über eure Ahnen wissen, aber deren Blut fließt in dem Blut eurer Eltern, und das Blut eurer Eltern in Euch. Dieses Blut hat Euch zum Leben gebracht. Ihr könnt es nicht ändern. Und ihr habt nun die Ehre dieses reine deutsche Blut an Eure Kinder weiter zu vererben. Nur so wird das reine deutsche Blut weitergeleitet. Ihr tragt das Geheimnis der Schöpfung in Euch und euer Blut ist heilig.»

Fräulein Schmidt legte eine Pause ein um sicher zu stellen, dass die Mädchen ihr auch folgen können.

«Im Dienst des Jungmädelbundes zu stehen bedeutet, dass von Euch erwartet wird, dass ihr alle eure Pflichten freiwillig und immer mit freudiger Bereitschaft erfüllen werdet. Ihr werdet geloben, dass ihr euch niemals euren Verpflichtungen entziehen werdet. Ihr werdet jederzeit fest und aufrecht zu Euren Pflichten stehen. Ihr werdet für alle eure Handlungen zur Rechenschaft gezogen werden und ihr werdet euren Führer ehren und respektieren. Für immer und auf alle Tage. Ihr werdet euch immer treu bleiben, und euch niemals der Bestechung oder der Schmeichelei hingeben, besonders nicht wenn es um die verschiedenen Abzeichen und Auszeichnungen geht. Alle Beförderungen und Auszeichnungen, die ihr erhaltet, werden ausschließlich auf Grund eurer persönlichen Fähigkeiten und Kompetenzen verliehen. Die grundlegenden Befehle für jedes junge Mädchen sind Rechtschaffenheit und Ehre. Es liegt an Euch zu wissen was es bedeutet für die Hitlerjugend im Dienst zu stehen. Ihr seid jetzt Kameradinnen und ich erwarte von Euch, dass ihr Euch dementsprechend verhaltet. Hier ist euer zweiter Eid, den ihr auch auswendig lernen müsst. Nehmen wir uns einen Moment Zeit, um diesen auch in unsere Notizbücher zu schreiben. Sobald wir fertig sind, werden wir ihn gemeinsam rezitieren.»

«Ich bin ein treues und gehorsames junges Mädel, das im Dienst des Deutschen Reiches steht. Ich werde meine Pflichten gerne erfüllen und meine Uniform stets mit Stolz tragen. Ich bin ehrlich und rein und ein jederzeit rechtschaffenes junges deutsches Mädel.»

«Sehr gut. Ich erwarte von Euch, dass Ihr stets danach handelt. Denkt daran, dass ihr unter ständiger Beobachtung steht, besonders dann wenn ihr Eure Uniform tragt. Es wird sich in den nächsten sechs Monaten zeigen wie rechtschaffend ihr seid und wie sehr ihr bemüht seid, dem Vaterland zu dienen.»

«Diesen Samstag werden wir mit dem Training für unsere Jungmädelleistungsabzeichen beginnen. Diese Herausforderung besteht aus zwei Teilen. Für den ersten Teil der Herausforderung müsst ihr an einen Sportsnachmittag teilnehmen. Der zweite Teil besteht aus einer Wanderung.» Trudels horcht auf. Sie liebt es wandern zu gehen.

«Wir werden uns ab sofort jeden Samstag pünktlich um 14 Uhr treffen, um für die Jungmädelprobe zu trainieren. Als erstes werden wir damit beginnen 50 Meter in weniger als 15 Sek. zu laufen. Danach werdet ihr lernen weiter als 2.50 Meter zu springen. Und zu guter Letzt werdet ihr einen Schlagball weiter als 12 Meter werfen. [37] Ich werde diese Leistungen

---

[37] Reinhold Sautter, p. 166-167

beurteilen und feststellen ob ihr in guter körperlicher Verfassung seid. Und natürlich auch, ob ihr bereit seid Euch einer Herausforderung zu stellen. Die Ergebnisse werden in eurem Leistungsbuch festgehalten werden. Um das Leistungsabzeichen zu bestehen, müsst ihr in den ersten sechs Monaten mindestens drei der beschriebenen Herausforderungen erfolgreich absolviert haben.»

«Und wenn ihr diese Anforderungen erfolgreich absolviert habt, dann wird Euch am 2. Oktober in Potsdam bei dem ersten Jugendkongress offiziell das schwarze Halstuch und der dazugehörige Lederknoten verliehen. Erst dann werdet ihr als vollwertiges Mitglied des Jungmädelbundes angesehen werden.»[38]

«Sollte eine von Euch diese Herausforderungen nicht erfüllen, so könnt ihr die Prüfung wiederholen. Solltet ihr die Prüfung dann immer noch nicht bestehen, werden wir die Mitgliedschaft für ein Jahr aussetzen und ihr werdet eure Tauglichkeit von einem Arzt untersuchen lassen müssen.»

«Der zweite Teil der Jungmädelprobe ist die Teilnahme an einem Wandertag. Aber das werden wir nächste Woche besprechen, an unserem Heimabend. Aber ihr könnt euch ja schon mal das Datum notieren. Der Wandertag wird am 9. April stattfinden.»

«So, und jetzt bitte noch einmal gut zuhören. Am nächsten Mittwoch werdet ihr dann die letzte Veranstaltung dieses Vorbereitungskurses absolvieren, und zwar durch die Teilnahme an unserem Heimabend. Wir werden uns pünktlich um 15 Uhr hier treffen. Alle weiteren Treffen finden danach immer Mittwochs zur gleichen Zeit statt.»

«Am 20. April, dem Geburtstag unseres Führers, werdet ihr dann offiziell in die Hitler Jugend aufgenommen. Da bekommt ihr dann auch eure Mitgliedskarte und die Anstecknadel der HJ. Gibt es noch Fragen?»

Margarete, ein junges Mädchen mit blonden Haaren, blauen Augen und hohen Wangenknochen hebt ihre Hand. «Wo bekommen wir denn unsere Uniform her?» fragt sie.

«Gut dass du gefragt hast, Margarete. Wie bereits in euer Broschüre beschrieben, kann Eure Uniform in der Reichszeugmeisterei (RZM) Zweigstelle Rohrbach erworben werden. Eure Eltern werden wissen wo sich der Laden befindet. Alle Uniformteile müssen mit den Etiketten der RZM versehen sein. Darauf solltet ihr achten. Billige Imitate werden nicht akzeptiert.» Die Scharführerin hält einen Moment inne und wendet sich dann Trudel zu.

«Schaut Euch einmal Gertrude an. Sie scheint im Augenblick die einzige zu sein, die bereit ist, ihrem Führer zu dienen, denn sie trägt bereits ihre

---

[38] Bund Deutscher Mädel - "Die Jungmädelprobe"

Uniform. Gertrude stehe bitte auf und trete vor die Gruppe so dass wir deine Uniform begutachten können.»

Gertrude errötet. Ihr war die ganze Sache sehr unangenehm, wusste sie doch, dass ihre Mutter die Uniform selbst genäht hatte. Aber das behielt sie für sich.

«Sehr schön Gertrude. So nun drehe dich bitte einmal um, damit alle Deine Uniform genau sehen können.»

Gertrude tat wie geheißen.

«Danke Gertrude. Du kannst Dich jetzt setzen.»

«Damit es auch allen klar ist werde ich mit euch jetzt noch einmal die Uniformteile durchgehen.»

Fräulein Schmidt blätterte durch ihre Anweisungen und gab sie dann wie folgt an die Mädchen weiter:

«Hier ist es ja. Ihr benötigt eine kurzärmelige weiße Bluse mit zwei Brusttaschen, einen dunkelblauen Wollrock mit Gürtelschlaufen, der in der Mitte eine einzige Falte schlägt die vom Saum bis zur Mitte der Schenkel reicht, einen schwarzen Gürtel mit silberner Schnalle, eine wildlederne kurze Kletterweste und zwei Dreiecke der Gau "Südost Niederdonau". Wichtig ist, dass es zwei Dreiecke sind. Eines müsst ihr auf eure Bluse aufnähen, das andere auf die Jacke. Bei unserem nächsten Treffen erwarte ich das ihr alle eure Uniform tragen werdet. Ausserdem müsst ihr Euch ein schwarzen Halstuch und einen Lederknoten kaufen. Ihr dürft eure eigenen weißen Knöchelsocken und braune oder schwarze flache Schuhe tragen. Solltet ihr keine solchen Schuhe besitzen, dann könnt ihr diese selbstverständlich auch in der Reichszeugmeisterei erwerben. Solltet ihr neue Schuhe kaufen, dann empfehlen wir euch, diese sofort einzulaufen, damit ihr euch am Wandertag keine Blasen lauft. Und vergesst nicht, dass eure Schuhe immer sauber und geputzt sein sollten. Ich werde persönlich darauf achten, dass ihr immer sauber und gepflegt ausseht. Und zwar bei jedem Treffen.»

Die Mädchen folgen den Anweisungen ihrer Scharführerin, während Fräulein Schmidt die notwendigen Uniformteile aufzählt.

«Was noch wichtiger ist, ist dass ihr am Wochenende euer Sportzeug bereit haben müsst. Zwei weiße Sporthemden, beide mit dem HJ Abzeichen versehen. Das müsst ihr vor Samstag noch auf euer Turnhemd aufnähen. Ausserdem braucht ihr eine schwarze Sporthose und ein Paar Turnschuhe. Eure Uniformschuhe dürfen zum Sport nicht getragen werden. Sie eignen sich nicht dazu. Also kommt mit der richtigen Kleidung, macht euch bitte nicht lächerlich. Ich erwarte von Euch dass ihr immer korrekt gekleidet seid. Euer Führer wird stolz auf Euch sein.»

«Ja, Fräulein Schmidt." » antworteten die Mädchen in Chor.

«Gut, lasst mich es noch einmal kurz wiederholen. Ich erwarte, dass ihr bei dem nächsten Treffen in euer Uniform antretet. Frisch gebügelt, und geschniegelt und gestriegelt. Vergesst nicht, dass ihr jetzt dem Jungmädelbund angehört und diesen repräsentiert sobald ihr die Uniform tragt. Also muss euer Auftreten immer Tipp-Top sein. Kein Schmutz und keine Flecken. Unordentlichkeit wird nicht geduldet. Ein gutes deutsche Mädchen wird immer sauber und adrett auftreten, und dass betrifft auch die Haare.»

Euer Haar muss gekämmt und zu zwei Zöpfen geflochten sein, die dann nach vorne über eure Schultern gelegt werden. Ihr dürft Eure Haare nicht hoch stecken, jetzt noch nicht. Erst wenn ihr in den BDM aufgenommen werdet.»

«Und ausser eurer HJ Nadel dürft ihr keinen weiteren Schmuck tragen. Keine Halsketten, Armbänder oder Ohrringe, und die jenigen von uns die meinen kleine Prinzessinnen zu sein…» Fräulein Schmidt hält inne und läßt ihren Blick durch den Raum schweifen, «…müssen ihre Krone auch zu Hause lassen.»

Die Mädchen lachten und schauten sich heiter an.

Fräulein Schmidt fährt fort. «Ich werde es nicht zulassen, dass ihr wie ein buntes Huhn herum läuft. Ein deutsches Mädchen hat sich bieder und anständig zu kleiden und ebenso zu verhalten, und sollte ich einmal feststellen, dass ihr gegen die Kleiderordnung verstößt, so werde ich einen Vermerk in euer Anwesenheitsheft machen.[39] Habt ihr das verstanden?»

«Ja, Fräulein Schmidt.» antworteten die Mädchen wieder im Chor.

«Gut. Dann ist es jetzt Zeit für euren dritten Treuschwur. Ich habe den Eid ebenfalls an die Tafel geschrieben. Wir werden ihn jetzt zusammen laut vorlesen. Bitte jetzt.»

«Ich bin ein ordentliches deutsches Mädchen und stehe im Dienste des Reiches. Ich werde meine Uniform zu jeder Zeit mit Stolz tragen. Ich werde anderen immer ein Vorbild sein.»

«Sehr gut. Aufschreiben bitte.» Die Scharführerin lächelt. «Und wenn ihr heute Abend nach Hause geht, dann drängt Eure Eltern, dass Sie eure Uniform kaufen. Ich erwarte, dass ihr bei unserem nächsten Treffen alle in Uniform antretet, zusammen mit allen Abzeichen.»

«Ich weiß, dass ihr den Gruß bereits gelernt habt, aber auch das werden wir jetzt noch einmal durchnehmen. Also bitte. Aufstehen.»

Die Mädchen stehen gemeinsam auf.

«Der Gruß muss zu jeder Zeit korrekt ausgeführt werden. Während des Grusses muss euer rechter Arm nach vorne ausgestreckt werden. Eure Hand sollte in Höhe eurer Augen sein, die Handfläche ist offen, zeigt nach unten

---

[39] Jungmädel Führerinnen Dienst – January 1941

und die Finger werden zusammengehalten.» Fräulein Schmidt hebt die Hand zum Gruß und die Mädchen machen es ihr nach.

«Ihr werdet immer wie vorgeschrieben grüßen. Alles andere wäre eine große Beleidigung für den Führer. Wenn ihr den Arm hebt, salutiert ihr nicht nur dem Führer sondern auch unserem Vaterland. Und der Gruß wird immer verwendet. Bei jeder Person die ihr trefft! Verwandte, Bekannte, Lehrer, Freunde, Kameraden. Scharführer, Mitglieder der HJ, der SA, die Mädchen des BDM, Leiterinnen, Scharführerinnen, einfach alle. Sogar wenn ihr euch untereinander begrüßt. Und da ihr die jüngsten seid, müsst ihr immer zuerst grüßen. Das gleiche gilt bei dem morgendlichen Fahnenappell, «Die Fahne hoch.» sowie bei dem Singen des Liedes «Unsere Fahne flattert uns voran…" oder beim Singen des Deutschlandliedes.

Euer Arm muss sich immer in der richtigen Stellung befinden.»[40]
«Danke. Setzen.»
Die Mädchen gehorchten.

«Habt ihr das alle richtig verstanden?»
Die Mädchen nickten.

«Gut und jetzt werde ich noch kurz über eure Mitgliedsbeiträge sprechen. Jede von Euch muss eine Aufnahmegebühr von 10 Pfennig leisten und danach beträgt die Mitgliedschaft 35 Pfennig im Monat. Eine Unfallversicherung ist im Beitrag enthalten. Außerdem benötigt ihr ein Leistungsbuch, in dem alle eure Leistungen eingetragen werden. Das kostet 30 Pfennige. Bitte denkt daran, dass der Mitgliedsbeitrag pünktlich bezahlt werden muss. Euer Taschengeld ist jetzt nicht mehr da um Zuckerwaren zu kaufen. Ihr müsst sparen lernen, lernen euch euer Geld einzuteilen. Ausserdem kann es sein, dass ihr Euren Kameradinnen helfen müsst, falls diese sich ihren Mitgliedsbeitrag nicht leisten können. Wenn ihr Euren Beitrag bezahlt habt, werde ich eine Beitragsmarke in eurer Mitgliedsbuch einkleben.»[41]

«Euer Mitgliedsausweis fungiert gleichzeitig auch als euer Personalausweis, er zeigt ein Foto von Euch in Eurer BDM Uniform und darin verzeichnet sind Name, Geburtsdatum, Heimatadresse und Euer Eintrittsdatum in unsere Vereinigung. Der Ausweis ist nur dann gültig, wenn er ausser dem Foto des Inhabers den Stempel unserer Gau und die Unterschrift des Ausweisinhabers trägt, und auch dann nur wenn alle Mitgliedsbeiträge bezahlt worden sind. Ihr müsst immer gut auf euren Ausweis aufpassen. »

«Und nun lasst uns über Anwesenheit sprechen. Es gibt keinen Grund nicht anwesend zu sein. Ich erwarte von Euch, dass ihr zu jedem Treffen

---

[40] Bund Deutscher Mädel
[41] Jungmädel Führerinnen Dienst – January 1941

erscheint, pünktlich und mit Freuden. Ich akzeptiere Euer Fehlen nur dann wenn ihr schwer krank seid oder ein wahrer Notfall vorliegt. Selbst dann müsst ihr mich vorher verständigen. Habe ich mich klar ausgedrückt?»

«Ja, Fräulein Schmidt.» Die Mädchen waren sehr bemüht ihrer Scharführerin zu gefallen.

«Euer Verhalten wird ständig beobachtet werden. Nicht nur von mir, sondern auch von anderen. Nicht nur ihr, sondern auch unsere ganze Gruppe wird an eurem Verhalten gemessen werden. Also erwarte ich absolute Gehorsamkeit. Diese Gruppe ist jetzt ein Teil euer Familie. Habt ihr mich verstanden?»

«Ja, Fräulein Schmidt.» rufen die Mädchen im Chor.

«Gut. Als nächstes gehen wir jetzt die zehn wichtigsten Verhaltensregeln durch. Die müsst ihr in- und auswendig lernen und immer befolgen. Es kann sein, dass sie eines Tages euer Leben retten werden! »

1) Der Mitgliedsausweis, der Gesundheitspass, ein Stift und Notizpapier sind stets mitzuführen.

«Verstanden?» fragt Fräulein Schmidt.

«Ja!» antworten alle zusammen.

2) Nach acht Uhr abends ist der Aufenthalt in einem Gasthaus oder auf der Straße verboten.

.«Ihr seid noch jung und ich glaube nicht, dass ihr das tun würdet, aber sagen muss ich es Euch trotzdem.»

3) Das Tragen der Uniform in einer Spielhalle oder auf einem Jahrmarkt ist untersagt.

4) Betteln oder nach Geld fragen ist verboten.

5) Lagerfeuer ohne Aufsicht von Erwachsenen oder Führerinnen sind verboten.

6) Bei Ausflügen und Fahrten per Bahn, Bus oder Schiff müsst ihr den Anweisungen eurer Anführer folgen.

7) Als Anhalter mitzufahren oder sich die Fahrt zu erschleichen ist verboten.

8) Schwimmen findet nur in den dafür vorgesehenen Bereichen statt. Alleine schwimmen ist verboten.

«Und wer noch nicht schwimmen kann, der wird es bei uns lernen.»

9) Im Straßenverkehr müssen die Verkehrsregeln jederzeit befolgt werden.

10) Die Ausführung des oben genannten Verhaltens ist zu jederzeit erforderlich.

«Verhaltet Euch einfach immer so als müsstet ihr eine Prüfung bestehen.

Dann werdet ihr Euch schnell an die Regeln gewöhnen [42]
Noch Fragen?»
Die Mädchen hatten keine weiteren Fragen.

«Gut dann machen wir weiter.» Die Scharführerin stand auf und stellte sich vor ihren Schreibtisch. Sie hielt ein Leistungsabzeichen hoch.

«Ich habe hier das Leistungsabzeichen in Silber. Dieses Abzeichen kann Euch verliehen werden, sobald ihr das zwölfte Lebensjahr erreicht habt. Es ist aus Silber und auf dem rechteckigen Abzeichen sind die Buchstaben JM graviert, mit einem rotem Band im Hintergrund. Um dieses Abzeichen zu erhalten müsst ihr über den Zeitraum von einem Jahr verschiedene Prüfungen bestehen. Unter anderen in der Pflege, erster Hilfe sowie körperliche und sportliche Übungen, und natürlich auch Kenntnisse über unsere Organisation. [43] Alle Prüfungsergebnisse werden in eurem Leistungsbuch vermerkt werden. Wenn ihr alle Prüfungen bestanden habt, wird euch das Abzeichen von dem Führer der nationalsozialistischen Jugend selbst verliehen. Am aller wichtigsten jedoch ist, dass euch dieses Abzeichen erst dann verliehen wird wenn ihr an den weltanschaulichen Schulungen teilgenommen habt. [44] Auch hier gilt es eine Prüfung zu bestehen, in der Euer Wissen über unseren Führer, seine politischen Bewegungen und was es bedeutet Deutsch zu sein geprüft wird.»

«Ausserdem werdet ihr alles über unseren Führer lernen. Wo er geboren wurde und wo er aufgewachsen ist. Und wie er zu unserem Führer wurde. Ihr werdet die Geschichte der Hitlerjugend lernen, dem Sinn und Zweck der Bewegung überhaupt, über die Kämpfe der SA und so weiter und so fort. [45] Wir werden gemeinsam das Deutschlandlied, das Horst Wessel Lied und „Vorwärts, Vorwärts lernen und singen. Ihr werdet die Bedeutung dieser Lieder und auch die Bedeutung unserer Feiertage lernen.»

«Ihr werdet über die HJ-ler hören, die bereits ihr Leben gelassen haben und warum sie uns als Vorbilder gelten. Ausserdem werden wir unseren eigenen Jungmädelschaft Wimpel gestalten.»

«Ihr werdet die deutsche Karte aus dem Kopf zeichnen können und die deutschen Kolonien aufzählen können. Ihr werdet über geschichtlich bedeutende Männer und Frauen lernen und auch über solche, die außerhalb der Grenzen des Reiches leben, besonders die, die im Sudetenland angesiedelt sind. Ihr werdet über mutige Deutsche lernen, die euch allzeit ein Vorbild sein sollen.»

---

[42] Jungmädel Führerinnen Dienst – January 1941

[43] Bund Deutscher Mädel – Leistungsabzeichen

[44] Dienstvorschrift der Hitler Jugend: Die weltanschauliche Schulung im Winterhalbjahr 1938/39 (Gültig für die Zeit vom 1.10.1938 bis 31.5.1939) (Berlin: Reichsjugendführung, Amt für weltanschauliche Schulung, 1938).

[45] SA - Sturmabteilung

«Ihr werdet allen Prüfungen stolz entgegen sehen und jederzeit bereit sein eure Leistungen unter Beweis zu stellen. Ihr werdet euch diese Abzeichen verdienen, nicht nur des Verdienstes wegen, sondern auch um eure Zugehörigkeit in der Jungmädelschar immer wieder zu beweisen und zu erneuern.»[46]

«Aber wir sind noch nicht fertig! Sobald ihr dreizehn Jahre alt seid, könnt Ihr euch auf eure erste Ehrenposition als meine Assistentin bewerben! Wenn ihr auf der unteren Organisationsebene beginnt könnt ihr euch langsam hocharbeiten. Ist das nicht aufregend?»

Trudel nickte zustimmend.

«Ihr seid die Zukunft des deutschen Reiches und wir werden Euch in den nächsten vier Jahren dementsprechend ausbilden. Als zuverlässig und selbstständig und stets im Dienste des Vaterlandes. Eine Aufgabe, die ihr nicht alleine bewältigen könnt. Wir werden Euch zu einem produktiven Mitglied der Gesellschaft machen.»

«Wir werden noch viele gemeinsame Stunden zusammen verbringen. Wir werden Volkslieder singen und Flöte spielen, Geschichten hören und Volkstänze lernen. Kurz gesagt wir werden das deutsche Brauchtum pflegen. Einen Maibaum schlagen und Erntedankfeste feiern. Wir werden soziale Stunden innerhalb der Gemeinde ableisten und dabei ist es auch wichtig, dass ihr eure eigenen Bedürfnisse zurück stellt. Gemeindearbeit ist wichtig, egal ob für die Wohlfahrt, das Winterhilfswerk oder das Deutsche Rote Kreuz. Und natürlich haben wir auch Ausflüge und Zeltlager geplant.»

Trudel setze sich auf. Zeltlager, vielleicht sogar zusammen mit ihrer Schwester. Das hörte sich gut an.

«Wir werden Naturkundeunterricht durchführen. Ihr werdet alles über eure Heimat lernen. Pflanzen, Tiere, Geschichte und mehr. Und ausserdem habt ihr in dem Zeltlager die Gelegenheit Mädchen aus anderen Mädelschaften und Scharen kennenzulernen und mit ihnen bei verschieden Spielen um die Wette zu eifern.»

«Im Sportunterricht werden wir euch nicht nur lehren wie euer Körper funktioniert sondern auch wie man sich einer jungen Dame entsprechend anmutig bewegt. Ihr werdet lernen immer nach dem Besten zu streben, denn erst dann könnt ihr euch ein echtes deutsches Mädel nennen.»

Fräulein Schmidt schaute auf die Uhr.

«Unser Nachmittag ist fast zu Ende. Wenn ihr keine weiteren Fragen habt, dann ist damit das erste Vorbereitungstreffen jetzt beendet.» Fräulein Schmidt schaut in die Runde, um sicherzustellen dass es keine Fragen mehr gibt.

---

[46] Jungmädel Führerinnen Dienst – Januar 1941

«Lasst uns aufstehen, den Arm zum Gruß heben und gemeinsam unser Deutschlandlied singen.» "

Draussen auf der anderen Straßenseite, bei dem Ehrenmal für die verlorenen Söhne des ersten Weltkrieges, wartet Josefa geduldig auf ihre Tochter. Sie kann die Kinder das Lied der Deutschen singen hören:

Deutschland, Deutschland …..[47]*

Trudel verspürt ein inneres Gefühl von Stolz und Freude in ihrer kleinen Seele. Zu keinem anderen Zeitpunkt in ihrem Leben hatte sie so sehr den Wunsch verspürt, so viel über ihre Pflicht gegenüber ihrem Land zu lernen. Sie denkt weder an die Zukunft noch an die Vergangenheit. Sie genießt einfach den Augenblick und verdaut was sie in ihrem ersten Vorbereitungstreffen für junge Mädchen gelernt hat. Wie kann sie ihre Anforderungen mit freudigem Gehorsam perfekt erfüllen? Trudel ist erst zehn Jahre alt, aber ihre Fantasie entzündet sich mit dem Gedanken, ein junges Mädchen zu werden, das zukünftig im Dienst ihres Führers stehen wird. Sie kommt sich plötzlich sehr wichtig vor!

Nachdem Trudel und Kameradinnen von ihrem Unterricht entlassen worden sind, sind alle Manieren schnell vergessen und sie stürmen aufgeregt aus dem Gebäude. Trudel sieht ihre Mutter auf der Bank bei der Gedenkstätte sitzen und rennt auf sie zu. Sie umarmt ihre Josefa so stürmisch dass diese beinahe von der Bank gefallen wäre.

«Na, meine Kleine.» lacht Josefa und schließt sie in ihre Arme. «Wie war denn dein erstes Treffen?»

«Klasse. Mutter. Wirklich Klasse. Wir haben schon so viel gelernt!»

«Ach so, was habt ihr denn alles gelernt?»

«Nun, wir haben über unseren Führer gesprochen und darüber, was es bedeutet, ein junges Mädchen im Dienst des Reiches zu sein, und dass wir am Samstag unseren Sportnachmittag haben. Über unsere Uniformen, den Fahnenappell, die Mitgliedsbeiträge, Auszeichnungen und wir haben sogar ein Lied gesungen!»

Die Worte sprudeln aus Trudel nur so heraus, so dass es ihrer Mutter schwer fällt der Aufregung ihrer Tochter zu folgen.

«Nun aber Mal schön langsam, Trudel. Ich bin sicher, dass du und die anderen Mädchen eine schöne Zeit hatten. Komm jetzt, lass uns nach Hause gehen. Deine JM-Anführerin ist heute Abend zum Abendessen eingeladen und wir müssen noch das Essen zubereiten. Es soll doch etwas Besonderes sein, oder nicht?»

---

[47] Das Lied der Deutschen – August Heinrich Hoffmann von Fallerleben
*Das Zitieren oder Singen der ersten Strophe ist heute per Gesetz verboten

Hand in Hand gehen Josefa und ihre Tochter zu ihrem kleinen Hof zurück.

Josefa steht in der Küche und brät zur Feier des Tages Wiener Schnitzel, als Trudel mit einem kleinen Korb frisch geerntetem Gemüse in die Küche tritt.

«Trudel, bitte sei so gut und putze das Gemüse für mich.»

«Ja, Mutter.» antwortet Trudel gehorsam und stellt den Korb auf den Küchentisch. Dann geht sie wieder hinaus und holt sich eine Schüssel Wasser von der Pumpe vor dem Haus. Wieder am Küchentisch, wäscht und putzt sie das Gemüse.

«Warum kommt uns Fräulein Schmidt heute Abend besuchen?» fragt Trudel. «Das hat Sie doch noch nie gemacht.»

Josefa wendet gerade das erste Kalbschnitzel in etwas Mehl um es dann in etwas geschlagenem Eigelb einzutunken. «Sie hat etwas mit mir zu besprechen.»

«Was habt ihr denn zu besprechen, Mutter?»

«Ach, Dinge die nur Erwachsene etwas angehen. Du musst Dir keine Sorgen machen.»

Trudel verwirft den Gedanken und die damit verbundenen Fragen und hilft ihrer Mutter weiter in der Küche. Als das Essen fast fertig ist, klopft es an der Tür.

«Ich komme schon.» ruft Josefa aus der Küche während sie ihre Hände an ihrer Schürze abwischt. Sie nimmt die Schürze auf dem Weg zur Haustür ab, hängt sie an einen der Kleiderhaken im Flur und wirft noch schnell einen Blick in den Spiegel und streicht ihre Haare glatt. Danach öffnet Sie die Tür.

«Fräulein Schmidt, guten Abend. Bitte treten sie doch ein. Bitte.» Josefa begrüßt die Jungmädelschaftleiterin ganz formell.

«Vielen Dank, dass sie mich so nett empfangen Frau Kerschner, ich freue mich den Abend bei ihnen verbringen zu dürfen.“

«Ich habe uns eine Kleinigkeit zu Essen vorbereitet. Aber bitte legen Sie doch ab. Darf ich ihren Mantel nehmen?» Auch Josefa verspürt eine gewisse Nervosität, dass eine Führerin des BDM in ihren Haus den Abend verbringen wird.

Fräulein Schmidt reicht ihr den Mantel und Josefa hängt ihn auf den Garderobenhaken.

«Schön haben Sie es hier. Es ist alles so ordentlich und gut organisiert. » Fräulein Schmidt macht sich in Gedanken eine Notiz für ihre Unterlagen.

«Vielen Dank Fräulein Schmidt.» lächelt Josefa. «Ich habe zwar nur ein bescheidenes Einkommen, versuche aber das Beste daraus zu machen. »

Josefa kann ihre Aufregung nicht verbergen. Obwohl sie eine verantwortungsbewusste fleißige Frau und Mutter ist, die ihre Kinder auf das Tiefste liebt, kann Sie sich dennoch des Eindrucks nicht verwehren, dass mehr hinter diesem Besuch steckt als nur eine freundliche Unterhaltung. Schließlich ist Fräulein Schmidt eine Autorität im Dorf und in der Umgebung. Josefa weiß, dass sie auf keinem Fall etwas über die neue Regierung äussern darf, dass ihr später als regimefeindlich unterstellt werden könnte. Dafür könnte sie ins Gefängnis kommen.

«Darf ich ihnen etwas zu trinken anbieten?»

«Eine Tasse Kaffee wäre nett.»

«Wo ist denn Trudel?» erkundigt sich Fräulein Schmidt.

Josefa nahm ihre Küchenschürze wieder in die Hand. «Trudel ist in der Küche. Sie putzt das Gemüse. Möchten Sie mit ihr sprechen?»

«Nein, aber ich habe etwas mit ihnen zu besprechen.»

«Trudel.» Josefa ruft ihre Tochter zu sich.

Trudel kommt aus der Küche und als sie ihre Jugendschaftleiterin sieht, hebt sie den Arm zum Gruß.

«Hast Du mich gerufen. Mutter?»

«Trudel, sei doch mal bitte so nett und putze das Gemüse draussen weiter.»

Trudel hebt die Hand zum Gruß, nimmt das Gemüse vom Küchentisch und geht damit in den Garten.

Josefa atmet tief durch. «Und, Fräulein Schmidt, was gibt es denn zu besprechen. Hoffentlich nichts Ernstes?"

«Ich konnte mich heute des Eindrucks nicht verwehren, wie adrett ihre Tochter angezogen war. Besonders gleich bei dem ersten Treffen. Sie ist sehr aufmerksam und scheint ihre Pflichten sehr ernst zu nehmen und scheint auch sehr gewissenhaft zu sein. Und gerade deshalb möchte ich schon jetzt über Trudels Zukunft mit Ihnen sprechen. Mädchen wie Trudel werden im Reich gebraucht. Der Führer ist gerade dabei die Gauen neu zu organisieren und es wäre sehr schön wenn wir ihre Tochter zum Landjahr nach Niederschlesien schicken könnten. Es dauert zwar noch eine Weile bis sie alt genug ist, aber wir brauchen Mädels wie sie…"

Trudel hat draussen das Gemüse vorbereitet. Ihr kleines graues Kätzchen läuft auf sie zu um sich eine paar Streicheleinheiten zu holen. Auch die Hühner kommen neugierig herbei. Trudel schneidet ein Stück Gemüsegurke in kleine Stücke und wirft es den Hühnern zu, die eifrig daran picken. Als Trudel wieder aufblickt, beobachtet sie wie der kleine Franzl zusammen mit seinen Freunden im Feld gegenüber das Marschieren und Salutieren übt.

Der Sportnachmittag

FRÜHJAHR 1938. An diesem Samstag, dem 26. März ist es ungewöhnlich warm als Trudel am HJ Sportplatz eintrifft. Sie geht sofort in die Umkleidekabine und zieht ihr Sportzeug an. Das weiße Turnhemd mit dem HJ Abzeichen und die schwarze Turnhose. Danach geht sie zum Sportplatz hinaus. Im Geist ist sie bereit, die ersten Herausforderungen zu bestehen.

Fräulein Schmidt und die Sportlehrerin vom BDM gehen im Gleichschritt auf die Mädchen zu. Die Sportlehrerin scheint Anfang zwanzig zu sein und auch sie trägt das vorgeschriebene Sportszeug.

Fräulein Schmidt pfeift auf ihrer Trillerpfeife. «Aufstellen. Aufstellen!» so lautete der Befehl. «Dies ist Fräulein Brückner, Eure Sportlehrerin Sie wird jetzt übernehmen. Ich erwarte, dass ihr gehorsam ihren Anweisungen folgt.»

Danach hebt Fräulein Schmidt den Arm zum Gruß und kehrt in das angrenzende HJ Gebäude zurück.

Fräulein Brückner wurde von der der Nationalen Jugendleitung ausgebildet. Sie war aufgrund ihrer Fähigkeiten und ihres persönlichen Charakters sowie ihrer Einstellung ausgewählt worden, die sportliche Leitung der Gruppe zu übernehmen. Sie hat einen unternehmerischen Geist, besitzt die Fähigkeit, sich zu behaupten und verfügt über starke Führungsqualitäten.[48] Sportliche Aktivitäten spielen in der nationalen Jugendbewegung eine große Rolle. Sie werden als wichtiger Bestandteil der körperlichen und geistigen Erziehung angesehen.

«Alle mal herhören!» befiehlt die Sportlehrerin. «Die nächste halbe Stunde werden wir uns erstmal mit Aufwärmübungen beschäftigen. Danach werden wir mit dem Training für die Pimpfenprobe beginnen. Es ist wichtig, dass ihre alle Übungen konzentriert durchführt, denn wir wollen ja Körper und Geist stärken.[49] Also lasst uns anfangen. Stellt Euch in einer Reihe auf. Kopf hoch, Brust raus.»

Trudel fühlt von Anfang dass sie dazu gehört. Sie fühlt sich als festes Mitglied ihrer Gruppe. Sie ist zu jung, um zu verstehen wie sehr dieses Gefühl der Zugehörigkeit Einfluss auf sie und ihre Kameradinnen hat.[50] Es wird nicht mehr lange dauern, bis sie ihre persönlichen Gedanken mit ihren

---

[48] Bund Deutscher Mädel – Ausbildung zur Leiterin
[49] Mädel im Dienst, Seite 8
[50] John W. Santrock - Lifespan Development

Kameradinnen und Anführerinnen teilen wird. Sie wird ihren Anführerinnen und Kameradinnen blind vertrauen.

Die positiven Rückmeldungen die Trudel bekommt helfen ihr dabei ein Selbstbildnis mit hoher Wertschätzung und einem Sinn des Lebens aufzubauen.[51] Einige der Mädchen erhalten innerhalb ihrer Familie keine Wertschätzung und kein Selbstwertgefühl. Sie werden lediglich dazu erzogen die tägliche Hausarbeit zu erledigen und ansonsten haben sie zu gehorchen. Die neue Regierung hat sich dies zu Nutze gemacht und wird diese Mädchen stärken. In Körper und Geist und wird sie so zu getreuen Dienerinnen des Reiches erziehen.

«Sehr gut, sehr gut. Die Aufwärmübungen sind damit abgeschlossen. Nun lasst uns unsere Muskeln strecken. Wenn wir uns recken, und strecken schicken wir Sauerstoff in unsere Muskeln, Fasern und unser Gewebe. Damit beugen wir Verletzungen vor. Muskelschmerzen und Verstauchungen werden so verhindert. So, und nun setzen wir uns auf den Boden und führen unsere Streckübungen durch. »

Die Mädchen setzten sich wie befohlen auf den Boden und ahmen die Streckübungen nach, die Fräulein Brückner ihnen vormacht. Danach machen sie sich an das Training für das Sportabzeichen, um die Aufnahmeanforderungen zu erfüllen.

Fräulein Brückner lässt die Mädel in Reih und Glied aufstellen. "Während eures Dienstes müsst ihr euch immer wieder beweisen. Nicht nur durch euren Charakter sondern auch durch eure körperlichen Fähigkeiten. Ihr habe jetzt sechs Monate Zeit, um zu beweisen, dass ihr ein Jungmädel werden wollt, und dass ihr in die Gemeinschaft passt. Ihr werdet eure körperlichen Fähigkeiten und eure Bereitwilligkeit, jede von euch erwartete Aufgabe erfüllen zu können, unter Beweis stellen. Danach werdet ihr erfahren ob ihr die Pimpfenprobe bestanden habt. Die Pimpfenprobe besteht aus zwei Prüfungen. Als erstes gibt es den Leistungstest und dann noch den Geschicklichkeitstest. Im ersten Teil werdet ihr einen Kurzstreckenlauf absolvieren, einen Weitsprung machen und einen Schlagball werfen. Der Geschicklichkeitstest wird aus Seilspringen und Radschlagen bestehen.[52] So, und jetzt lasst uns anfangen.»

«Bei dem Kurzstreckenlauf werdet ihr 50m in weniger als 15 Sekunden zurücklegen. Wenn ihr das schafft erhaltet ihr 40 Punkte. Schafft ihr es in weniger als 9 Sekunden bekommt ihr sogar 80 Punkte.»[53]

Fräulein Brückner ruft die Mädchen in alphabetischer Reihenfolge auf. Eine nach der anderen stellen sie sich in einer Reihe an der Startlinie auf. Die

---

[51] Mädel im Dienst, Seite 291
[52] Bund Deutscher Mädel – Die Pimpfenprobe
[53] Jungmädel-Dienst im Monat Mai 1939, Seite 17

Sportlehrerin begibt sich mit Trillerpfeife und Stoppuhr an die Ziellinie. Mit dem ersten Pfiff läuft das erste Mädchen los. Dann das zweite, dann das dritte und so weiter….

Sport wird als Mittel für das körperliches Wohlbefinden der Mädchen eingesetzt. Abhängig vom Tonus ihrer Muskeln, der Stärke ihrer Knochen, einschließlich ihres Gewichts, ihrer Größe und ihres Schrittes werden diese Mädchen lernen mit einer Schnelligkeit von bis zu 22 km/h zu laufen.

Für Trudel selbst ist es nicht so ganz einfach kurze Strecken schnell zurückzulegen. Das Laufen liegt ihr nicht besonders. Aber sie wird ihr Bestes geben. Trudel war acht Jahre zuvor an Tuberkulose erkrankt. Ihre Lungen sind nicht die stärksten und die alten Narben hindern sie daran tief durchzuatmen.

Die Sportlehrerin ruft Trudels Namen auf. Trudel begibt sich an die Startlinie und stellt sich auf. Das rechte Bein nach hinten gestreckt, die Spitze ihres Turnschuhes zum besseren Abstoß tief in den Boden gesteckt, das linke Knie befindet sich in Höhe der Brust, den ganzen Körper nach vorne gelehnt, drei Finger jeder Hand stützen sich vom Boden ab. Das Herz schlägt ihr vor lauter Aufregung bis zum Hals. Es scheint ewig zu dauern bis sie endlich den erlösenden Pfiff der Trillerpfeife hört. Desto länger sie warten muss, desto mehr versteift sie sich.

Da ist der Pfiff!

Trudel rennt so schnell sie kann. Die Mädchen feuern sie, bei jedem Meter den sie zurücklegt, an. Sie läuft mit all ihrer Kraft. Sie spürt wie ihre Muskeln zu Brennen anfangen und ihre Beine müde werden. Sie hat ihre Augen fest auf die Ziellinie gerichtet. Und sie schafft es.

Die Sportlehrerin drückt auf die Stoppuhr und lächelt, Sie schreibt 23 Sekunden in Trudels Leistungsbuch ein.

Dankbar dass dieser Teil des Trainings für heute vorüber ist, legt Trudel ihre Hände auf die Knie und schnappt nach Luft. Ihre Kameradinnen klopfen ihr auf die Schulter und gratulieren ihr zu ihrem Ergebnis.

Fräulein Schmidt beobachtet Trudel und die anderen vom Spielfeldrand. Sie ist stolz darauf, dass all ihre Mädchen ihr Bestes gegeben haben. Für das erste Mal sind die Ergebnisse bereits sehr gut und sie ist sicher dass alle ihre Schützlinge mit etwas mehr Training die Pimpfenprobe bestehen werden.

Die Gruppe legt eine kleine Pause ein, bevor es mit dem Weitsprung weiter geht. Ein kurzer Anlauf, dann drei große Schritte gefolgt von einem kraftvollem Abstoß mit dem Sprungbein und hinein in die Sandkiste. Ein Sprung von 2.50 Meter wird mit einer Punktzahl von 40 Punkten belohnt, ein Sprung von 3 Metern gibt volle 80 Punkte.[54] Wichtig ist es mit den

---

[54] Jungmädel-Dienst im Monat Mai 1939, S. 17

Hacken zu landen und nicht nach rückwärts zu fallen. Wenn man mit den Händen oder einem anderen Körperteil den Sand berührte wird man disqualifiziert.

Trudel gibt wie immer ihr Bestes. Die Mädchen wechselten sich beim Springen ab. Maria und Gretel messen den Abstand und rufen Fräulein Brückner die Ergebnisse zu, die diese dann in die Leistungsbücher der Kinder einträgt. Der Sand wird nach jedem Sprung gewissenhaft gehakt, damit auch keine Verwechslungen passierten.

Der letzte Teil der Pimpfenprobe besteht darin einen Schlagball mindestens 15 Meter weit zu werfen. Dafür gibt es 40 Punkte. Wird der Ball weiter geworfen werden 80 Punkte vergeben.[55] Die Wurftechnik wird der Werferin selbst überlassen.

«Wie wirst Du den Ball werfen, Gretel?» fragt Trudel ihre Kameradin

«Ich werde Anlauf nehmen und dann werfen. » antwortet Gretel.

Trudel dreht sich um und fragt Mitzi, «Und Du Mitzi, wie wirst Du werfen?» «Ich werde aus dem Stand heraus werfen.» antwortet Mitzi.

Die Mädchen wechseln sich ab. Maria und Gretel messen wieder den Abstand und rufen Fräulein Brückner die Ergebnisse zu. Diese trägt die Ergebnisse in die Leistungsbücher ein.

Der erste Trainingsabschnitt ist beendet. Die Mädchen wissen jetzt was sie zu üben haben. Entweder zu Hause oder beim nächsten Sportnachmittag. «Als nächstes werden wir uns auf eure Beweglichkeit konzentrieren. Macht bitte eine Rolle vorwärts und landet dann im Stand auf euren Füßen, ohne euch mit den Händen abzustützen, und macht dann sofort danach eine Rolle rückwärts. Hinfallen ist nicht erlaubt. Lasst mich kurz vormachen was ich meine.» Fräulein Brückner macht kurz vor was sie von den Mädchen erwartet. «So, auf geht's, nun zeigt Mal was ihr könnt.» Trudel konzentriert sich auf die gewünschte Übung. Sie ist entschlossen, nur gute Leistungen zu zeigen. *Ich kann das! Ich kann das!* » redet sie sich immer wieder ein. Sie schaut zu, wie es die anderen Mädchen machen. Und während die Mädchen sich gegenseitig beobachten entsteht das Gefühl das sie untereinander miteinander konkurrieren. Aber das Ganze ist gar nicht so einfach. Einige Mädchen fallen zu Boden, andere stützen sich mit ihren Händen ab. Einige fangen zu weinen an. Sie feuern sich gegenseitig an und trösten sich wenn der gewünschte Erfolg ausbleibt. Fräulein Brückner trägt die Ergebnisse in die Leistungsbücher ein. Als nächstes ist Seilhüpfen angesagt. Die Mädchen müssen von der Seite in das Seil laufen und dann im Takt über das Seil springen. «Gretchen nimm doch Mal das Seil, das drüben auf dem Tisch liegt. Du und Mitzi, ihr könnt das Seil schlagen während die anderen springen.» befiehlt Fräulein Brückner.

---

[55] Ibid

Die beiden Mädchen nehmen das Seil und beginnen es zu schlagen. Fräulein Brückner ruft die anderen Mädchen der Reihe nach auf, um in das Seil zu springen. Jedes Mädchen zählt bis drei, läuft dann in das Seil und springt im Takt mit. Eine leichte Übung, da das Seilspringen doch eines der Lieblingsspiele der Mädchen ist, der sie in ihrer Freizeit oft frönen. Laut dem Reichsministerium für Erziehung ist dies jedoch eine bedeutende Übung, da sie nicht nur die Beweglichkeit der Mädchen sondern auch die Körperkoordination und Gleichgewicht und Ausdauer fördert.

«Und damit ist der heutige Sportnachmittag beendet.» verkündet Fräulein Brückner. «Ich bin sehr stolz auf Euch und da ihr bereits beim ersten Mal so gute Leistungen gezeigt habt, haben Fräulein Schmidt und ich eine besondere Überraschung für euch.» Fräulein Schmidt geht auf die Gruppe zu.

Obwohl die Mädchen jeden Muskel in ihrem Körper spüren, rennen sie freudig auf den Waschraum zu. Dort ziehen Sie sich aus, falten ihr Sportzeug ordentlich zusammen und legen es auf den Boden. Sie bilden Paare, und je ein Paar stellt sich bei den großen Zinkbadewannen auf. Die eine setzt sich zum Baden hinein, die andere hebt die große Waschkanne auf und gießt sie ihrer Kameradin über den Kopf. Danach wird getauscht. Frisch gewaschen und abgetrocknet ziehen sie ihre BDM Uniformen an und heben ihr Sportzeug auf. Danach treten sie wieder in Reih und Glied zur Versammlung an.

Gretchen und Mitzi sind als erstes fertig. Sie beschließen, sich ein bisschen umzusehen, während die anderen noch am Baden sind. Sie schleichen sich hinaus und machen sich auf den Weg in den Keller.

Sie gehen auf Zehenspitzen die Treppe hinunter und den langen Korridor entlang. Sie drücken jede Türklinke herunter, um zu sehen, ob die Tür offen oder verschlossen ist. Am Ende des Flures stehen sie plötzlich vor einer Doppeltür mit der Aufschrift "Zutritt für Unbefugte verboten". Mitzis Neugierde ist geweckt und sie will unbedingt herausfinden was sich hinter der Tür befindet.

«Lass das. Wir dürfen da nicht rein!» Gretchen versucht Mitzi zurückzuhalten. «Laß dass. Das gibt nur Ärger!»

«Ach quatsch, hier ist doch keiner. Wer soll uns denn sehen.» antwortet Mitzi und drückt die Klinke herunter und öffnet die Tür. Kaum war die Tür geöffnet schlug ihr bereits der Geruch von frischem Brot, Gebäck und Teilchen entgegen, das zusammen mit etwas frischem Obst in kleine Körbchen gefüllt sind.

"Schau mal!" ruft Mitzi aufgeregt

Gretchen zieht an Mitzis Arm. «Nun komm schon. Und fass ja nichts an. Wir werden ganz schön Ärger bekommen wenn uns hier jemand erwischt. Nun komm endlich. Wir müssen zurück.»

Aber Mitzi kann der Versuchung nicht wiederstehen und ausserdem knurrt ihr der Magen. Sie greift zu.

«Der schmeckt aber gut!» ruft sie entzückt als sie in einen Butterkeks beißt. «Komm schon. Gretel. Probier doch mal.»

«Nein. Auf keinem Fall. Nun komm schon. Die suchen sicher schon nach uns.» bettelt Gretchen. Im nächsten Augenblick hören sie Schritte. «Also ich haue jetzt ab.» ruft sie Mitzi zu, dreht sich um und läßt Mitzi allein in dem Saal stehen.

«Du weißt ja gar nicht wie gut das schmeckt.» murmelt Mitzi und kaut zu Ende und greift sich dann noch einen weiteren Keks und steckt ihn in ihre Rocktasche. Sie hat Hunger. Sie hat den ganzen Tag noch nichts gegessen. Als sie sich umdreht, sieht sie Fräulein Schmidt, die Arme verschränkt, mit ernstem Gesicht im Türrahmen stehen. Gretchen hat mittlerweile wieder die anderen erreicht.

«Wo wart ihr denn?» fragte Trudel. «Wir haben Euch schon überall gesucht. Fräulein Schmidt hat eine Überraschung für uns.»

Fräulein Brückner geht vor und die Mädchen folgen. Die Treppe hinunter, den Korridor entlang bis zu der großen Doppeltür. Es riecht nach Kuchen. Als die Mädchen in den Speisesaal eintreten, können sie ihr Glück kaum fassen. Sie bemerken nicht wie Mitzi mit hoch rotem Gesicht neben Fräulein Schmidt steht.

«Weil ihr Euch heute so ins Zeug gelegt habt und ich mit euren Leistungen sehr zufrieden bin, habe ich mir eine kleine Überraschung für Euch ausgedacht. Da ich jedoch eure Kameradin Mitzi zwischenzeitlich dabei erwischt habe, wie sie sich von den Keksen genommen hat, kann ich euch eure Belohnung leider nicht mehr geben. Ihr werdet daher jeder einen Korb nehmen und in der Nachbarschaft verteilen, an Familien von denen ihr wisst, dass diese nur wenig zu Essen haben. Lasst mich dies nur einmal sagen: Ehrlichkeit ist eine hohe Tugend und ich erwarte sie von jedem von euch wenn ihr der Jungmädelschaft angehören wollt. Leider hat Mitzi aus Selbstsucht gehandelt und nur an ihre eigenen Bedürfnisse gedacht. Sie hat keine Sekunde auch nur an euch gedacht oder welche Konsequenzen ihr Verhalten haben könnte. Das wird hier nicht geduldet. Solch ein Verhalten ist nicht zum Wohle Deutschlands oder eurer Gemeinschaft. Ihr dürft niemals auf eigene Faust handeln. Ein solches Verhalten wird streng bestraft. Und es wird nicht nur das Fehlverhalten des Einzelnen bestraft, sondern die ganze Gruppe. Ihr seid für Euch verantwortlich. Und nun macht, nehmt die Körbe und seht zu dass ihr raus kommt!»

Die Mädchen waren verwundert. Und auch geknickt. Der Stolz den sie den ganzen Nachmittag über empfunden hatten war vergessen. Sie schämten sich. Aber es war gegen die Regeln negative Empfindungen zu äussern, also blieben sie still. Als sie eine nach der anderen mit ihren Körben an Fräulein Schmidt und Mitzi verbeigingen, schießen sie Mitzi böse Blicke zu. Mitzi rollen Tränen über die Wangen. Sie wagt es nicht, sich zu rühren. Sie schämt sich sehr und ihr Verhalten tut ihr unendlich leid. Aber Fräulein Schmidt ist noch nicht fertig. «Ich hoffe ich habe mich klar ausgedrückt. Wenn eine von Euch durchfällt, dann fallt ihr alle durch. Wenn eine von euch bestraft wird, dann werdet ihr alle bestraft. Lass Euch das eine Lehre sein. Denkt an Eure Kameradschaft.» Die Mädchen schauen sie ängstlich an. Jedes auch nur so kleine Gefühl etwas Besonderes zu sein ist wie weggeflogen. Ein jedes Kind schwört in Gedanken dass so etwas niemals vorkommen wird und viele beschließen, Mitzi ausschließen zu wollen. Gretchen und Trudel sind die beiden letzten, die nach den Körben greifen. Sie gehen durch die große Tür in den Korridor hinaus. Trudel dreht sich noch einmal um. Sie beobachtet wie Fräulein Schmidt Mitzi mit der einen Hand am Arm packt und ihr mit der anderen Hand eine gehörige Backpfeife verpasst. Fehlverhalten gleich welcher Art wurde in der Jungmädelschaft schwerstens bestraft. [56]

---

[56] Mitzi Rotheneder

Der erste Heimabend

AN DIESEM MITTWOCHABEND heißt Fräulein Schmidt die Jungmädelschaft zu ihrem ersten Heimabend willkommen. Dieser Heimabend bildet den letzten Teil der Aufnahmevoraussetzungen, bevor die Mädchen am 20. April in den Bund deutscher Mädel aufgenommen werden. Die Mädchen tragen bereits die vom Reich vorgeschriebene Uniform, mit Ausnahme des schwarzen Halstuches und des Lederschlupfknotens. Diese beiden Teile werden ihnen in einer speziellen Zeremonie am 2. Oktober überreicht werden, sechs Monate nach ihrer Aufnahme und nachdem sie die Pimpfenprobe bestanden haben.

Auf der Schiefertafel steht ein neues Lied geschrieben. Dieses Lied wird zu Anfang eines jeden Treffens gesungen werden. Auch in diesem Versammlungsraum steht rechts und links neben der Tafel die deutsche Fahne. Über der Tafel hängt ein Bildnis des Führers. Sein ernster Blick verspricht die Zukunft. Dieser Mann hat es in kurzer Zeit geschafft; Millionen von Deutschen in seinen Bann zu ziehen. Er hat dem Land neue Wertvorstellungen und eine neue Zukunft gegeben. Man ist wieder wer![57]

Über der Tafel hängt ein rotes Banner mit weißer Schrift «Heute Deutschland und morgen die ganze Welt» [58]

Nachdem die Anwesenheitsliste geführt worden ist und niemand fehlt, befiehlt Fräulein Schmidt, dass sich die Mädchen aufstellen. Den Arm zum Gruß gestreckt müssen sie das neue Lied singen.

Eine Trommel schlägt in Deutschland ...[59]

«Ihr dürft euch setzen. Wir werden am heutigen Abend über Glück und Stolz reden. Ihr seid nur ein kleiner Teil des Reiches, aber eines Tages werdet ihr und Eure Kameradinnen Mütter großer, mutiger, starker Söhne werden. Ihr werdet den Stolz der Nation aufziehen und das Volk vertraut euch und baut auf euch. Wir sind ein Reich und werden ein Reich bleiben. Daher werden wir euch bilden und auf eure zukünftige Rolle vorbereiten. Ihr müsst Gehorsam und Disziplin üben und Eurem Land und Eurem

---

[57] Lanzinger
[58] Deutsches Volkslied Auszug aus „Es zittern die morschen Knochen"
[59] Wir Mädel Singen, "Der Führer," Seite 31

Führer immer treu sein. Egal was wir heute schaffen, unser tausendjähriges Reich wird noch lange nach unserem Tod weiterleben. Die Menschheit hängt von uns ab! Wir können die Dominanz des Reiches nur aufrechterhalten, wenn wir unsere Reinheit und unseren inneren Drang zur Selbsterhaltung bewahren. [60]Am heutigen Abend werdet ihr zunächst noch einige neue Schwüre lernen, danach werden wir darüber sprechen was ein gutes, ehrwürdiges Jungmädel ausmacht. Zum Schluss werden wir noch einige Vorbereitungen für die formelle Aufnahmezeremonie besprechen. Seid ihr bereit, den nächsten Schwur zu lernen?» fragt Fräulein Schmidt.

«Steht er da, unter dem Lied des Führers geschrieben?» fragt Trudel.

«Ja, genau. Sehr gut Trudel. Gut beobachtet. Bitte schreibt den Satz in euer Heft. Wenn ihr fertig seid, legt den Stift auf den Pult und hebt eure Hand.»

Unter den Mädchen bricht ein kleiner Wettbewerb aus. Wer die Regeln wohl am schnellsten abschreiben kann? Nach und nach heben die Mädchen die Hand.

«Sehr gut. Dann wollen wir diese Regel jetzt alle zusammen laut vorlesen.»

> Ein Wille muss uns beherrschen,
> eine Einheit müssen wir bilden,
> eine Disziplin muss uns zusammenschmieden,
> ein Gehorsam, eine Unterordnung muss uns erfüllen,
> denn über uns steht eine Nation.[61]

«Sehr gut. Ich bin stolz auf Euch.» Fräulein Schmidt ist heute besonders gut gelaunt. Sie hat in den letzten Tagen eine Nachricht vom Reichsministerium für Erziehung erhalten, dass sie für eine Beförderung vorgeschlagen wurde. Ein Vertreter des Erziehungsministeriums wird kommen und vor Ort eine Inspektion durchführen. Fräulein Schmidt hat sich als Scharführerin beworben. Sie hat es sich zum Ziel gesetzt 3 Gruppen von Jungmädelschaften zu führen und träumt bereits davon eines Tages die ganze Gau Niederdonau leiten zu dürfen.

Die jungen Mädchen himmeln ihre Mädelschaftführerin an. Die rot-weiße Kordel um ihren Hals bestätigt ihre Stellung in der Rangordnung des BDM.[62]

---

[60] Joseph W. Bendersky

[61] Annemarie Leppien, Seite 44

[62] Bund Deutscher Mädel – Organisation der Hitler Jugend

«Euer Ziel ist es, ein vorbildliches deutsches Mädchen zu werden, und dies erfordert Hingabe und Engagement.» Fräulein Schmidt ermutigt die Mädchen, indem sie diese durch die klar artikulierte nationalsozialistische Weltanschauung führt.

Diese neuen Grundsätze bilden die Grundlage für eine größere Weltanschauung, die darauf ausgerichtet ist, den Geist der Bürger auf Gehorsam, Disziplin und Treue gegenüber ihrem Land vorzubereiten. Die Stärke der Nation beginnt mit der Erziehung der Kinder und deren Vorbereitung auf die neue Weltordnung. Ein Großteil dessen, was von den Mädchen als Frauen erwartet wird, werden sie während ihrer Mitgliedschaft im Bund Deutscher Mädel erlernen. Dabei werden die Eltern nicht um ihr Einvernehmen gefragt. Die Mädchen werden mit der bestehenden Hierarchie vertraut gemacht solange sie noch jung sind. Die neue Weltanschauung wird mit den in dem Buch «Mein Kampf» dargelegten Richtlinien begründet.

«Ein wenig gebildeter, aber körperlich gesunder Mensch mit einem gesunden, festen Charakter, voller Entschlossenheit und Willenskraft ist für die völkische Gemeinschaft wesentlich wertvoller als ein intellektueller Schwächling.» fügt Fräulein Schmidt noch hinzu.[63]

Die erste und strengste Doktrin, die die Mädchen lernen müssen, ist das Führungsprinzip, das die Position der Jungmädelschaftsführerin bestärkt, und dass ihr die absolute Kontrolle über die Mädelschaft gibt. Jede Anführerin ist für seine eigene Mädelschaft oder Mädelschar verantwortlich und erwartet von ihrer eigenen Truppe nichts anderes als absoluten Gehorsam und Disziplin.

Die zweite wichtige Doktrin die die Mädchen lernen mussten sind die drei K— Kinder, Küche und Kirche. Im Dritten Reich sind die Frauen den Männern untergeordnet. Indem sie zu Gehorsam, Pflicht, Selbstaufopferung, Disziplin und Selbstbeherrschung erzogen werden, lernen sie den Stellenwert der deutschen Frau, Hausfrau und Mutter kennen. Sie werden zur perfekten Hausfrau und Mutter geschult und lernen diese Tugenden an ihre Kinder weiterzugeben. Die höchste Anerkennung, die eine Frau erhalten kann, ist das «Ehrenkreuz der deutschen Mutter» das denjenigen verliehen wird, die Redlichkeit und vorbildliche Mutterschaft zeigen und mindestens vier oder mehr Kinder geboren und großgezogen haben.[64]

Es ist unbedingt erforderlich, dass diese Prinzipien erlernt werden, während die Mädchen noch jung sind.

---

[63] Dennis Weidner– "Anti-Intellektualismus"

[7] Ibid

[64] Ehrenkreuz der deutschen Mutter

Fräulein Schmidt setzt das Treffen fort. «Wir werden uns alle anstrengen und hart an uns arbeiten. Zum Wohle Deutschlands und zum Wohle des Volkes. Betrachtet es als eine Ehre dass ihr diese Möglichkeit bekommen habt. Jede von euch besitzt einen einzigartigen Geist. Es ist der Geist des Volkes! Dieser Geist wird euch lehren, dass es eine Ehre ist, eurem Land zu dienen. Wir sind ein Volk, ein Reich, wir stehen unter einem Führer.[65] Unser Führer hat uns durch die schwerste Wirtschaftskrise gebracht, die es je gegeben hat, als er 1933 an die Macht kam. Er hat in sich in weniger als zwei Jahren das Vertrauen seines Volkes verdient und über zwanzig Millionen Menschen wieder zur Arbeit verholfen. Er hat unserem Volk seinen Stolz wiedergegeben, Autobahnen gebaut und neue Fabriken gegründet. Er ehrt seine Arbeiter mit Festen und Feiertagen. Er hat Hilfswerke geschaffen damit Menschen nicht weiter verarmen und dringend benötigte Hilfe und Unterstützung bekommen. Er hat sich seinem Volk bedingungslos verschrieben. Er hat gelobt seinem Land für immer zu dienen. Er ist das Reich. Die Fähigkeiten die ihr von heute an lernen werdet, sind Fähigkeiten die unser deutsches Volk stark und rein machen werden. Denn dies sind die Werte unseres Landes, wie sie von unserem Führer geprägt wurden.»

«Ihr werdet den Volksgeist in Euch spüren, besonders dann wenn ihr eure Aufgaben mit Eifer und Freude erfüllt. Dieser Geist wird euch ein Leben lang begleiten, selbst wenn ihr älter werdet oder verheiratet seid. Und ihr werdet diesen Volksgeist an Eure Kinder weitergeben. Durch Arbeit, Gehorsam und Disziplin. Dieser Volksgeist wird uns dazu anhalten, uns gegenseitig zu helfen. Er wird uns anhalten unsere Körper und unseren Geist sauber, gesund und rein halten. Er wird uns helfen, uns, unseren Nachbarn und unserem Volk immer treu zu sein.»

«Wenn der Geist jedoch krank ist, wir nennen das «Geisteskrank», dann wird es sich dadurch bemerkbar machen, dass er möchte, dass ihr gegen alle Regeln und Gesetze verstoßt. Schlechte Dinge tut. Und wenn ihr schlechte Dinge tut, dann werdet ihr verrückt. Ihr werdet gedankenlos und ohne Geist herumwandern. Eine gute Ausbildung wird euch jedoch davor bewahren. Ihr müsst immer euer Bestes geben und euch stets an die Regeln halten!

Das fängt damit an, Körper und Geist gesund zu halten. Und dass werdet ihr bei uns lernen. Wer dabei vorbildliche Fähigkeiten zeigt, wird vom Reichsministerium für Wissenschaft, Bildung und Kultur belohnt werden. Einige von euch werden speziell ausgewählt, um ihre Ausbildung in einem elitären Bildungsprogramm fortzusetzen und werden an einem Landjahr teilnehmen dürfen. Über die Zeit hinweg wird eure Generation ihr Leben dem Volk widmen, dem Reich und zum allgemeinen Wohl

---

[65] Nationalsozialismus

Deutschlands beitragen. Deshalb müsst ihr jederzeit körperlich fit und gehorsam sein.»

«Und dann ist da noch etwas.» Fräulein Schmidt verzieht ihren strengen Mund zu einem leichten Lächeln. «Ich habe beschlossen, dass wir einen Wandertag durchführen werden.»

Trudels Augen leuchten auf. Ihre Aufmerksamkeit ist geweckt und sie richtet sich besonders gerade auf. Einen Wandertag mit ihrer Jungmädelschaft. Wie schön. Sie freut sich sehr über diese Nachricht.

«Und das ist sicher nicht der einzige Ausflug den wir in den nächsten acht Jahren unternehmen werden. Es wird zahlreiche weitere Ausflüge geben. Ihr werdet aus erster Hand über eure Heimat, die Natur die Euch umgibt und über unser deutsches Kulturgut lernen. Ihr werdet Volkslieder lernen, Volkstänze tanzen und das Gedankengut Deutschlands größter Dichter und Poeten lesen und dabei lernen das Deutschtum zu pflegen!»

Trudel schwirrt schon fast der Kopf bei dem Gedanken wie ihre Zukunft aussehen wird. Die Mitgliedschaft in der nationalsozialistischen Jungendbewegung hört sich immer aufregender an. Und noch viel aufregender ist die Kameradschaft unter Gleichaltrigen und auch die Perspektive des persönliches Engagement für verschiedene Zwecke, zum Wohle des deutschen Volkes. Sie würde sich nicht länger mit all den langweiligen Arbeiten zu Hause, auf dem Hof befassen müssen. Stattdessen würde sie gefordert werden. Eine neue Welt wird sich vor ihr auftun! Sie wird zu einer jungen Frau heranwachsen, die die neuen Verhaltenstrukturen und Denkprozese bis auf das i-Tüpfelchen kennen und mit dem deutschen Kulturgut bestens vertraut sein wird. Das Deutsche Reich erzieht seine Kinder bereits im Alter von 10 Jahren zu wertvollen Mitgliedern der Gesellschaft.

Trudels beste Freundin Irmgard, von Trudel und den anderen auch Irma genannt, hebt ihre Hand. Sie hat eine Frage. Irma und Trudel sind bereits seit der ersten Klasse die besten Freundinnen. Sie spielen zusammen und sind auch schon zusammen durch die Hügel und Auen unweit von Kleinzell gewandert. Natürlich helfen sie ihren Müttern auch bei der Hausarbeit. Irma ist ein lebhaftiges und wissbegieriges Mädchen. Sie läßt sich nicht für dumm verkaufen und sie läßt sich auch von nichts und niemanden zurückhalten.

«Warum nehmen wir an so vielen Ausflügen teil?» fragt sie Fräulein Schmidt.

«Eine gute und berechtigte Frage.» antwortet das Fräulein. «Die Wandertage und Gruppenausflüge werden euch lehren euch in einer Gemeinschaft zu bewegen. Unsere allererste Wanderung werden wir bereits in zwei Wochen unternehmen. Wir werden auf die Reisalpe hochsteigen. Aber bevor wir überhaupt irgendwo hingehen, werden wir üben wie man sich in einer Formation bewegt. Und das geht so:….»

Bevor sie ihren Satz zu Ende sprechen konnte, waren die Mädchen schon von ihren Bänken gerutscht und unter den Tischen hervorgekrochen.

«Moment mal. Ich bin ja noch gar nicht fertig. Euer Feuereifer in allen Ehren, aber ihr sollt euch auch diszipliniert verhalten. Darum werdet ihr euch jetzt in Geduld üben und mir genau zuhören. Und erst dann werden wir nach draußen gehen und üben.»

Die Mädchen setzen sich wieder auf ihre Plätze.

«Wenn wir uns aufstellen dann steht die Kleinste der Gruppe immer vorne und die Größte immer hinten. Wie die Orgelpfeifen. So und nun könnt ihr nach vorne kommen und wir werden uns aufstellen.»

Diesmal stürmten die Mädchen nicht nach vorne, sondern begeben sich ruhig und ordentlich zur Tür. Sie verbringen die nächsten Minuten damit sich unter dem wachsamen Auge von Fräulein Schmidt in Reih und Glied aufzustellen.

«Dreht Euch, schaut mich an. Kopf hoch, Brust raus. Ich erwarte von Euch dass ihr euch von jetzt an immer so aufstellt, wenn ich Euch darum bitte. Fräulein Schmidt tritt einen Schritt zurück um die Formation abzunehmen. Und wenn ich sage «Augen links!», dann schaut ihr nach links. Und bei «Augen rechts!» schaut ihr nach rechts. So nun lasst uns das mal probieren.

Die Mädchen taten wie befohlen.

«Gut so. Und vergesst nicht wo ihr zu stehen habt. Merkt euch neben wem ihr steht, das macht es einfacher. Und jetzt wieder zurück an euren Platz.»

Fräulein Schmidt verbringt noch etwas Zeit damit, Einzel- und Doppelformationen zu erläutern. Sie zeichnet diese sogar an der Tafel auf. Sie zieht zwei Linien, und die Kreise auf den Linien stellen die Marschierenden da, die Pfeile, die Marschrichtung. Sie erklärt wie Abbiegungen und Drehungen durchgeführt werden und weist darauf hin, dass bei jedem Treffen auch das Marschieren geübt werden wird.[66] Dann erklärt sie noch die Bedeutung verschiedener Pfiffe. Ein Pfiff wird die Mädels zum Appell rufen, bei zwei Pfiffen wird losmarschiert. Ein langer und ein kurzer Pfiff bedeutet Halt, Stillgestanden.

Als nächstes lernen die Mädchen die Sprachkommandos, wie Achtung, Stillgestanden, Abmarsch und so weiter, und dass sie im Gleichschritt zu gehen haben.

Danach verlassen sie das Klassenzimmer zusammen mit der JM Standarte und gehen auf den Hof zum Üben.

---

[66] Mädel im Dienst, Seite 21-23

Und da war er schon, der Pfiff. «Achtung!» rief Fräulein Schmidt. Trudel steht eine Armeslänge weit von ihren Kameradinnen entfernt. Die Mädchen stehen, wie geheißen, stramm.

«Das ist die Formation in Einzellinie. In dieser Formation werdet ihr euch versammeln und so werdet ihr marschieren wenn wir unterwegs sind. Auf dem Sportplatz, auf der Straße und auch an Wandertagen, wenn wir uns auf engen Pfaden bewegen. Als nächstes gehen wir zur doppelten Formation über. Trudel fang bitte an, zähle durch. Kommt schon Mädchen. Trudel eins, Irma zwei und so weiter.... Ja, gut so. Und jetzt treten alle Mädchen mit gerader Zahl einen Schritt zurück.

Jawohl. Gut.

Und jetzt treten die Mädchen der hinteren Reihe einen Schritt nach links. Merkt Euch wo ihr zu stehen habt. Diese Marschformation werden wir benutzen wenn wir durch das Dorf marschieren. Und jetzt werden wir das marschieren üben. »

«Augen rechts! Brüllt die Jugendmädelführerin.

Die Gesichter der Mädchen drehen nach rechts.

Fräulein Schmidt geht auf die Gruppe zu. Wenn der Pfiff zum Marschieren ertönt setzt ihr den rechten Fuß nach vorne, und der linke Arm schwingt mit. Achtet auf euren Vordermann. Ihr müsst immer im Gleichschritt mit eurem Vordermann sein. So und jetzt werden wir zehn Schritte nach vorne marschieren und dann stehenbleiben.»

Die Trillerpfeife schallt und die Mädchen setzen den rechten Fuß vor.

Margarete und Helga haben Probleme mit den anderen Schritt zu halten. Margarete setzt beim Losmarschieren den linken Fuß vor, und Helga zögert zu lange. Erika hat bereits aufgeholt und tritt ihr in die Hacken.

«So nicht!» Fräulein Schmidt pfeift einmal lang und einmal kurz. Das Signal zum Anhalten. «Also wie die Gänse wollen wir hier aber nicht herumwackeln! Und eure Haltung ist einfach fürchterlich. Hab ihr bereits vergessen was ich Euch gesagt habe? Brust raus. Bauch rein. Den Rücken gerade halten, die Augen gerade aus und los.» Und damit marschiert sie an den Mädchen vorbei. «Vergesst nicht daß wir für unseren Führer marschieren.»

«So und jetzt noch einmal. Und diesmal werden wir dabei unser Heimatlied singen. »

> Mit Gott im Herzen treten wir zusammen
> Marschieren durch unser wunderschönes Land
> Die Luft ist frisch und rein
> Das Wasser klar
> Das Brot von unseren Bauern

> Die Säulen unserer Jugend stehen hoch und stark
> Und so marschieren wir den ganzen Tag.
> Wir, die Jungmädchen von Kleinzell.

Wenn die Mädel bereit sind wird Fräulein Schmidt mit ihnen durch das Dorf marschieren. Das hebt nicht nur das Selbstwertgefühl der Mädchen, sondern wird auch den Respekt der Dorfbewohner auf sich ziehen.

Und es dauert auch nicht lange bis die Mädchen singend und marschierend durch die Dorfstraße ziehen. Die Dorfbewohner können die Mädchen bereits aus der Ferne kommen hören. So kommen sie aus ihren Häusern und Läden, säumen den Straßenrand und begrüßen die Heranmarschierenden mit freudigem Gesicht. Alte Männer strecken lächelnd ihre Arme zum Gruß nach oben und einiger der Mütter winken mit weißen Taschentüchern, andere lehnen aus ihren Fenstern oder grüßen von ihrem Vorgarten aus.

Die Mädchen sind überrascht von dem Empfang, den sie erhalten, sie verspüren einen gewissen Stolz.

Josefa ist gerade im Garten als sie die singenden Mädchen kommen hört. Sie stellt den Korb mit den Bohnen auf den Boden, nimmt den kleinen Franz an die Hand und eilt vor ihr Haus. Sie erreicht den Straßenrand gerade noch im richtigen Augenblick. Die Mädchen marschierten geradewegs auf sie zu. Allen voran ihre Trudel, die stolz die Flagge schwenkt. Diese schenkt ihrer Mutter im Vorbeigehen ein strahlendes Lächeln, ihre braunen Augen und ihr Gesicht leuchten voller Stolz. Franzl steht neben seiner Mutter und hebt seinen Arm zu Gruß und marschiert in kindlicher Naivität auf der Stelle.

Josefa zieht ebenfalls ein weißes Taschentuch aus ihrer Kittelschürze und winkt der vorbeimarschierenden Jungmädelschaft gehorsam zu. Man kann seinen Nachbarn ja schließlich nicht nachstehen. In Wirklichkeit ist sie jedoch zutiefst beunruhigt, ihre Tochter an der Spitze der Gruppe zu sehen. Sie nimmt den kleinen Franz an die Hand und kehrt zu ihrem Gemüsebeet zurück.

Marschieren ist nicht nur ein gutes Ausdauertraining, sondern es fördert auch den Zusammenhalt und Kameradschaft. Singen hebt das Selbstbewusstsein. Die Regeln für beides sind einfach: „Fliegt die Flagge so hoch ihr könnt, marschiert zusammen und singt mit freudiger Kehle."

Die Gruppe biegt nach rechts ab und begibt sich in den Park. Sie marschieren an dem kleinen Bach vorbei, von dem viele glauben, dass er Heilwasser enthält. Weiter geht es an dem kleinen Wasserfall vorüber und den Forellenteichen. Über die gebogene hölzerne Brücke und zurück zu ihrem Hauptquartier. Dort angekommen bläst Fräulein Schmidt die Trillerpfeife und befiehlt den Mädchen anzuhalten.

Die Mädchen rührten sich und schauten sich aufgeregt an. Sie hatten den Marsch und die Anerkenntnis der Dorfbewohner vollends genossen. Sie waren stolz auf sich.

Diese Anerkennung war auch von ihrer Jungmädelschaftführerin bemerkt worden.

«Sehr gut. Für das erste Mal war das schon ganz ausgezeichnet. Die Dorfbewohner haben Euch gesehen und sind sogar aus ihren Häusern gekommen, um Euch zu begrüßen. Ihr habt euch stolz und aufrecht gehalten, habt aus lauter Kehle gesungen und habt auch beim marschieren kaum Fehler gemacht. Ich freue mich, dass ihr euch so bemüht habt. Ihr dürft stolz auf euch sein.» Die Mädchen lösen ihre Formation auf und klopfen sich gegenseitig auf die Schultern.

«So, nun geht es zurück ins Klassenzimmer wo wir den Rest unseres Heimabends verbringen werden.»

Die Mädel sind nicht mehr aufzuhalten, so sehr hatte der Marsch ihre Sinne beflügelt und vor allem empfinden sie einen starken Sinn für den neuen Patriotismus. Ein neues magisches Glaubenssystem beginnt sich zu bilden, während sie das Leben mit Enthusiasmus, Neugier und Abenteuer erkunden. Es dauert nicht lange bis die Mädchen wieder auf ihren Plätzen sitzen. Trudel steckt die Flagge in die Halterung zurück.

Fräulein Schmidt läßt sich einen Moment Zeit bevor sie in das Klassenzimmer zurück kehrt. Sie weiß, dass die Mädchen einen Moment brauchten um ihre Erlebnisse untereinander auszutauschen. Die Mädchen verstummen als Fräulein Schmidt den Raum betritt. Sie tritt vor die Bänke und hebt den rechten Arm zum Gruß.

Der Gruß wird von den Mädchen ohne zu zögern erwidert.

Fräulein Schmidt tritt hinter ihren Schreibtisch und schaut die Mädchen ernst an.

«Setzen.»

Im Klassenzimmer herrscht Totenstille, aber die Aufregung der Mädchen ist trotzdem spürbar.

«Wir werden jetzt noch einmal kurz über unseren Marsch durch das Dorf sprechen. Wer möchte anfangen?» Sie schaut in den Raum und sieht, dass Maria sich bereits gemeldet hat. «Bitte Maria, du darfst anfangen. Was hat dir denn am besten an unserem Marsch gefallen?»

«Mir hat besonders gefallen, dass die Dorfbewohner uns begrüßt haben. Es hat mir ein Gefühl der Zusammengehörigkeit gegeben und gezeigt welche wichtige Rolle wir hier spielen.»

«Gut. Schön, dass du ein Zusammengehörigkeitsgefühl entwickelt hast. Was ist denn mit dir Margarete?»

«Ich bin stolz auf meine Uniform.» antwortet Margarete und setzt sich besonders gerade auf.

«Wir sollten immer stolz auf unsere Uniform sein und diese auch immer stolz präsentieren. Darum müsst ihr sie auch pflegen. Sie sollte immer sauber und ordentlich sein. Gewaschen und gebügelt. Die Uniform symbolisiert unsere Zugehörigkeit zum dritten Reich.»

Fräulein Schmidt nutzt die Validierung um den Mädchen ihre neue Verantwortung einzuprägen.

Während die Mädchen eine neue Bindung aufbauen, entwickeln sie natürlich auch ein stärkeres Interesse am Erlernen neuer Aktivitäten. Die Kinder, die dabei am leistungsorientiertesten sind, sind diejenigen, die, was ihre eigenen Leistungen betrifft, einen hohen persönlichen Standard haben und sich somit als sehr wettbewerbsorientiert hervortun werden. Wenn ein Kind nicht kompetent ist, sich langweilt oder eine negative Einstellung hat, kann es sich lohnen, über Anreize oder Strafen nachzudenken um die Motivation zu verbessern. Fräulein Schmidt versteht genau, wann sie einen Anreiz bieten muss, um die Kinder zu Leistungen zu motivieren. Sie erkennt aber auch, dass Belohnungen eventuell der eigenen Selbstmotivation im Wege stehen können. Indem sie die Kinder lernen lässt sich selbst die Ursache für ihren Erfolg oder Misserfolg zuzuschreiben, impliziert sie, dass die interne Motivation gefördert und externe Faktoren zurückgedrängt werden sollten.[67]

In dieser Phase ihrer Entwicklung wird ihnen eine leistungsorientierte Ausbildung dabei helfen im späteren Leben mit einer Vielzahl von Erfahrungen umzugehen. Guten sowohl als auch schlechten. Wann immer sie beobachten können wie gleichaltrige Kameradinnen ihre Aufgaben erledigen, werden sie entdecken, dass auch sie die Fähigkeit besitzen solche Herausforderungen zu meistern. Verbale Ermutigung, in Form einer Bestätigung durch ihren Ausbilder, hilft den Mädchen ihre Selbstzweifel zu überwinden. Die Kinder konzentrieren sich auf die hervorragenden Leistungen, weil sie als reife und selbstbewusste junge Mädchen wahrgenommen werden möchten.

Trudel hebt ihre Hand und wartet geduldig bis sie an die Reihe kommt.

«Und was hat dir an unserem Marsch gefallen, Trudel?»

Fräulein Schmidt schaut sie prüfend an.

«Ich fand es gut wie wir alle zusammen marschiert sind und mir hat es auch gut gefallen dass ich die Flagge tragen durfte, aber...»

Trudel legt eine kleine Pause ein. Sie ist sich unsicher ob sie das was ihr auf der Zunge liegt überhaupt erwähnen soll.

«Ja, Trudel? Was ist denn?» fragt die Jugendschaftsführerin.

---

[67] John W. Santrock, Seite 295

«…naja, die Flagge wird nach einer Weile ganz schön schwer.» Trudel senkt beschämt den Kopf.

«Darüber brauchst du dir überhaupt keine Sorgen zu machen, Trudel. Wir werden diese Fahne nicht auf unsere Ausflüge mitnehmen. Wir werden unseren eigenen Wimpel kreieren. Wir werden gleich im Anschluss damit anfangen.» Fräulein Schmidt steht von ihrem Pult auf und baut sich, beide Hände hinter dem Rücken verschränkt, vor den Mädchen auf.

«Wir alle sind mit unserem Heimatland eng verbunden. Wir werden viele Ausflüge in die freie Natur unternehmen, nicht nur in unsere nähere Umgebung, sondern sogar durch ganz Deutschland. Wir müssen also nicht nur marschieren können, sondern auch wandern, und was noch viel wichtiger ist, wir werden so etwas wie ein kleines Überlebenstraining lernen. Unsere Natur ist voller Heilpflanzen und auch voll von essbarem Gut, dass an jedem Wegesrande wächst. Ihr werdet lernen damit entsprechend umzugehen.»

«Unser Führer möchte, dass ihr zu eigenständigen Frauen und Müttern erzogen werdet, denn eines Tages, wenn ihr groß seit werdet ihr diese Fähigkeiten dann an eure Kinder weitergeben können, und diese dann wieder an ihre Kinder. So werden unser Kulturgut und auch die deutschen Werte immer weiter vererbt werden. Euer Führer will, dass ich euch die besten praktischen Fähigkeiten beibringe. Und was noch viel wichtiger ist, unser Führer baut auf euch und vertraut darauf dass ihr seine Vorstellungen jederzeit nach bestem Wissen und Gewissen ausführen werdet. Und vergesst nicht, dass ihr schwer bestraft werdet, solltet ihr dieses Vertrauen einmal missbrauchen. Verstanden?»

Die Mädchen nicken.

Als nächstes werde ich den Treueschwur an die Tafel schreiben. Bitte schreibt diese Worte in euer Heft. Ihr müsst den Schwur auswendig lernen.» Fräulein Schmidt dreht sich zur Tafel und schreibt den Schwur auf.

«Bitte, steht jetzt auf und schaut auf das Bildnis des Führers. Hebt eure Hand zum Gruß und wiederholt mir nach:

> Ich schwöre Dir, Adolf Hitler, als Führer und Kanzler des Deutschen Reiches, meine Treue. Ich gelobe Dir und den von Dir bestimmten Vorgesetzten allergrößten Gehorsam. »[68]

Fräulein Schmidt wird die Loyalität der Mädchen, die gerade mit erhobenen Armen vor ihr stehen, festigen, indem sie aus ihren jüngsten Erlebnissen Profit schlägt. Dazu muss sie die Gefühle der Mädchen, deren Glauben und Vertrauen in die Jugendbewegung, durch aktive Teilnahme

---

[68] Die Hitler Jugend

verstärken. Nur wenn diese Tugenden ineinander verschmelzen, werden die Mädchen vollkommen treu sein. Sie spricht mit ernstem Gesicht weiter:

«Unser Führer möchte, dass ihr die innere Kraft und den Mut haben werdet, alles das, was von Euch erwartet wird, zu verinnerlichen. Unser Führer möchte auch, dass alle Deutschen friedliebend und mutig sind. Auch ihr sollt jederzeit friedliebend und mutig sein. Wenn von uns nichts übrig bleibt dann müsst ihr Kinder für uns eintreten. Wir werden nicht von unserer Flagge gerissen werden!»

Sie hebt den Arm zum Gruß und die Kinder machen es ihr nach.

«Setzt Euch.»

Ziel für alle Kinder im Dritten Reich ist es, eine neue arische Rasse zu bilden deren einziger Zweck es ist, ohne Frage oder Zögern die Ideologie des Nationalsozialismus zu akzeptieren. Die Bedürfnisse des Reiches haben Vorrang vor allen anderen Bedürfnissen die zehnjährige Kinder sonst haben könnten. Die nationalsozialistische Indoktrination wird diese jungen Mädchen in einen unbestreitbaren Dienst für ihr Land führen.

Fräulein Schmidt fährt fort.

«Wie ihr bereits wisst ist die Zugehörigkeit im Jungmädelbund eine Pflicht die Hingabe und Engagement erfordert. Nach eurer offiziellen Aufnahme am 20. April finden jeden Mittwoch nach der Schule hier in diesem Raum unsere gemeinsamen Heimabende statt. Nehmt euch von zu Hause etwas zu Essen mit, und esst bevor ihr hierherkommt. Ich will nicht, dass ihr durch einen knurrenden Magen abgelenkt werdet. Neben den Lehren unseres Führers werde ich euch auch verschiedene Handarbeiten beibringen. Wir werden neue Lieder lernen, zusammen musizieren und Spiele spielen! Samstags treffen wir uns dann auf dem Sportplatz zu unserem Sportnachmittag. Vorausgesetzt, dass das Wetter gut ist natürlich, bei schlechtem Wetter treffen wir uns in der Turnhalle der Schule.»

«Manchmal werde ich Euch bestimmte Aufgaben zuteilen. Das kann zu Beginn oder während eines Treffens sein, oder auch während der Schulzeit, sollten Botengänge zu erledigen sein. Es kann auch sein, dass ich euch eine besonders wichtige Aufgabe zu teile, so wie Trudel heute als Fahnenträgerin. Wichtige Aufgaben werden jedoch nur denjenigen zugeteilt, die sich durch besondere Leistungen hervorgehoben haben.»

Als Trudel ihren Namen hört, setzt sie sich besonders gerade auf. Sie freut sich, dass ihr heutiger Dienst noch einmal Beachtung gefunden hat. Einige der Mädchen werfen ihr jedoch einen eifersüchtigen Blick zu.

«Des Weiteren erwarte ich, dass ihr immer pünktlich seid. Pünktlichkeit ist eine große Tugend und ihr müsst euch bewusst sein, dass ihr ein Vorbild für andere seid. Und nicht nur das, vergesst nicht, dass eure Kameradinnen auf euch zählen werden, besonders wenn ihr mit wichtigen Aufgaben betreut worden seid. Und denkt nicht, dass ihr euch auf euren Lorbeeren ausruhen könnt, denn diese besondere Stellung könnt ihr genauso schnell verlieren wie ihr sie bekommen habt. So und jetzt machen wir weiter. Die Zeit drängt und wir haben noch viel zu besprechen.»

«Ich weiß wie gerne ihr alle musiziert. Wir werden singen und ich werde euch das Blockflötenspielen beibringen. Wir werden jeden Monat etwa zehn Lieder aus unserem Liederbuch "Wir Mädel singen" erlernen .[69] Und ich erwarte von euch, dass ihr diese in und auswendig kennt, denn wir werden diesen Sommer …» Fräulein Schmidt legt eine kleine Pause ein und schaut die Mädel prüfend an

«…eine Vorstellung geben!»

Die Mädchen schauen erfreut auf ihre Führerin.

«Diejenigen von euch, die bereits ein Instrument spielen oder mindestens ein Volkslied kennen, hebt Eure Hand.»

Drei der Mädchen heben die Hand und berichten von ihren Instrumenten und die Lieder, die sie bereits kennen. Fräulein Schmidt macht eine Notiz in das Gruppenbuch.

«Nächste Woche werde ich Euch ein Notenheft geben und wird werden zu musizieren anfangen. Wer möchte unsere Musiker denn mit Gesang begleiten?»

Die übrigen Mädchen heben die Hand. Alle, ohne Ausnahme. Fräulein Schmidt machte einen weiteren Eintrag in das Gruppenbuch.

«Sehr gut. Und abgesehen vom Musizieren werden wir auch Spiele spielen, und kleine Theaterstücke aufführen. Ihr werdet eure eigenen Geschichten und Lieder schreiben dürfen.[70] Wie ich bereits erwähnt habe, werden wir unsere Beiträge bei dem diesjährigen Sommerfest aufführen. Eure Familien und die restlichen Dorfbewohner werden stolz sein, wieviel ihr bereits gelernt habt.»

Die Mädchen hören aufmerksam zu. Sie sind fasziniert von den Perspektiven die sich vor ihnen auftun. Spiele, Theater- und sonstige Aufführungen. Die Ideologien und die gut entwickelte Propagandamaschinerie verstehen sie dabei nicht.

Die Organisation verspricht den Mädchen Kameradschaft, Abenteuer und ein gewisses Maß an Spaß. Dinge, die sie in diesem Ausmaß von zu Hause her wahrscheinlich nicht erfahren hätten. Der Alltag zu Hause wird immer noch von Traditionen und harter Arbeit geprägt. Der Jungmädelbund wird von jetzt an die Freizeit bestimmen und das Familienleben ersetzen. Alles was sie in den nächsten vier Jahren lernen werden, wird sich auf die Gemeinschaft und das Wohl des dritten Reiches konzentrieren, und sich als

---

[69] Liederbuch Bund Deutscher Mädel
[70] Bund Deutscher Mädel

Kerngedankengut in ihnen manifestieren. Wie die Mädchen in dieser Gruppe zusammen arbeiten und spielen, wird die Grundlage dafür bilden, wie sie als Erwachsene leben und arbeiten werden und wie sie sich gegenüber ihrer eigenen Familie verhalten werden, nachdem sie den BDM verlassen haben.

Draussen auf dem Hof steht Mitzi. Auf einer Holzkiste, die Zehenspitzen gestreckt, schaut sie sehnsüchtig durch das Fenster zu, was in dem Klassenzimmer vor sich geht. Sie versucht die gesprochenen Worte aller von deren Lippen abzulesen. Sie wünscht sich nichts sehnlicher als wieder dabei sein zu dürfen. Bei ihren Kameradinnen zu sein. Der Ausschluss hat sie hart getroffen. Sie bereut ihre Tat und wünscht sich sehr, dass sie nicht so schwer bestraft worden wäre. Fräulein Schmidt hat sie schon längst bemerkt. Ihr ist bewusst, dass Mitzi das Vorgehen im Klassenzimmer schon seit längerer Zeit beobachtet. Fräulein Schmidt fährt fort.

«Wie ihr sicher inzwischen alle verstanden habt, werde ich Euch nach den Vorgaben des Reichsministeriums für Erziehung unterrichten. Falls es Euch einmal nicht möglich sein sollte an einem unserer Treffen oder Veranstaltungen teilzunehmen, dann müsst ihr mich darüber im Voraus informieren.»

Sie macht eine kleine Pause, steht auf, tritt hinter ihrem Pult hervor, faltet ihre Hände hinter ihrem Rücken und schaut die Mädchen mit ernstem Gesicht an.

«Wenn ihr in die Runde schaut dann habt ihr sicher bemerkt, dass eine eurer Kameradinnen fehlt. Möchtet ihr Mitzi wieder zurück in eure Gruppe aufnehmen?» fragt sie die Mädchen und zeigt auf das Fenster.

Die Mädchen drehen ihre Köpfe zum Fenster und sehen Mitzis erwartungsvolles Gesicht. Trudel und Gretchen nicken, ohne zu zögern, zustimmend mit dem Kopf, aber einige der anderen Mädchen reagieren eher verhalten. Doch Fräulein Schmitz winkt Mitzi bereits herein.

Mitzi spring von der Holzkiste und läuft aufgeregt in Richtung Klassenzimmer. Draussen vor der Tür rückt sie schnell ihre Kleidung zu Recht bevor sie zaghaft und auch etwas zögernd die Türklinke hinunter drückt.

«Komm ruhig herein, Mitzi.» Fräulein Schmidt winkt sie zu sich.
Die Keksdiebin stellt sich neben die Jugendschaftführerin, die Augen fest auf den Boden gerichtet.

«Hast Du den anderen noch etwas zu sagen, bevor Du auf deinen Platz gehst, Mitzi?»

«Es tut mir wirklich leid.» stammelt Mitzi. «Ich hatte solchen Hunger. Ich verspreche niemals wieder etwas zu stehlen oder etwas unrechtes zu tun.»

Die Entschuldigung wird angenommen und Mitzi setzt sich auf ihren Platz.[71]

In diesem Alter bildet das Gleichgewicht zwischen Belohnung und Bestrafung einen entscheidenden Faktor für die Selbstentwicklung eines Kindes. Wenn Kinder das Gefühl haben, dass ihre Handlungen und ihr Verhalten wiederholt missbilligt werden, wirkt dies entmutigend und beeinträchtigt das Selbstwertgefühl. Im Gegenzug wird ein Schuldgefühl entwickelt, das bestehen bleibt, wenn die Kinder erwachsen werden. Wenn ein Kind jedoch dazu bewegt wird kritisch darüber nachzudenken wie sich seine Handlungen direkt auf seine Umgebung auswirken, wird es die tiefere Bedeutung seines Verhaltens verstehen und ein Verständnis entwickeln, unrechtmäßige Handlungen zu erkennen und diese zu unterlassen.

«So und jetzt möchte ich Euch noch einmal daran erinnern, dass ich eine schriftliche Entschuldigung von Euch erwarte, wenn ihr an einer unserer Veranstaltungen nicht teilnehmen könnt. Diese Entschuldigung kann nur von unserem Arzt ausgestellt werden. Eure Freistellung bedarf also einer vollständigen ärztlichen Untersuchung. Unentschuldigtes Fehlen wird bestraft. In der Schule nachsitzen zu müssen ist kein Grund unsere Treffen zu verpassen. Also strengt euch dort an.[72]

Als nächstes lasst uns über Ordnung und Sauberkeit reden. Ihr allein seit für die Ordnung und Sauberkeit dieses Raumes verantwortlich. Schaut euch einmal um. Der Raum ist gerade neu eingerichtet worden, und zwar dank eurer Mitgliedsbeiträge und auch dank einiger Spenden von euren Eltern. Der Raum und sein Zustand sagt viel über unsere Gruppe aus. Ich erwarte also, dass er immer sauber und ordentlich ist. Wir werden nach jedem Treffen gemeinsam aufräumen. Für das wöchentliche Saubermachen werde ich einen Plan aufstellen.[73] Zu guter Letzt werden wir jetzt noch kurz über unseren Wandertag sprechen. Wir werden nächsten Sonntag auf die Reisalpe wandern. Das sind insgesamt etwa 10 km.»

Die Mädchen jubeln vor Freude, und Fräulein Schmidt wartet geduldig, bis sie sich wieder beruhigt haben. So sehr wie schlechtes Benehmen schwer bestraft wird, so sehr wird Feuereifer als durchaus positiv betrachtet.

«Um unsere Wanderung so angenehm wie möglich zu gestalten müssen wir alle gut vorbereitet sein. Bitte macht euch Notizen, damit ihr nichts vergesst. Als erstes braucht ihr ein paar bequeme Wanderschuhe und ein

---

[71] Mitzi Rotheneder
[72] Bund Deutscher Mädel - "Jungmädelbund"
[73] Ibid

paar dicke graue Socken. Wenn ihr keine dicken Socken habt, dann zieht zwei paar dünne Socken übereinander. Ich werde mir Eure Wanderschuhe genau ansehen bevor wir losgehen. Wenn eure Wanderschuhe neu sind, dann schlage ich vor, dass ihr diese die nächsten Tage so oft wie möglich tragt, um sie einzulaufen. Wir wollen nicht, dass ihr Euch Blasen lauft. Und wenn ihr wisst, dass eure Schuhe scheuern, dann schlage ich vor, dass ihr diese Stelle mit Pflaster abklebt. Ihr müsst immer auf gesunde Füße achten.»

«Ausserdem erwarte ich, dass ihr Proviant mitbringt. Eine Flasche mit Wasser und einen Laib Brot solltet ihr in eurem Rucksack mit euch führen. Und denkt daran euch das Wasser gut einzuteilen. Wir wissen ja nicht ob wir unterwegs frisches Wasser finden werden.»

Fräulein Schmidt lächelt in sich hinein. Natürlich weiss sie, wo es auf dem Weg frisches Wasser gibt, aber die Mädchen müssen haushalten lernen. Sie müssen lernen für Notfälle vorsorgen zu können.

«Nach der ersten Stunde werden wir eine 15 minütige Pause einlegen. Und noch etwas. Ich möchte, dass ihr bereits am Tage vorher viel Wasser trinkt, damit ihr unterwegs nicht unter der Anstrengung austrocknet.» Irma hebt ihre Hand.

«Ja, Irma. Du möchtest etwas Fragen? »

«Was meinen Sie denn mit «austrocknen» Fräulein Schmidt?»

«Sehr gut Irma. Du hast gut aufgepasst.»

Irma richtet sich stolz auf.

«Unser Körper ist zu einem großem Teil aus Wasser gebaut. Wenn ihr nicht genug Flüssigkeit in eurem Körper habt, dann kann es sein, dass euch bei ungewohnten Anstrengungen schwindelig wird. Oder euch wird heiß und ihr fühlt euch schwach. Es kann sein, dass ihr dann ohnmächtig werdet und als Notfall auf die nächste Krankenstation gebracht werden müsst. Das wäre auf unserer Wanderung auch sehr schwierig. Jemand müsste alleine ins Dorf zurückkehren und Hilfe holen. Das wollen wir vermeiden. Also trinkt viel Flüssigkeit, tragt bequeme Schuhe und vergesst Eure Verpflegung nicht. Sprecht euch untereinander ab. Ihr habt bis Sonntag ja noch ein paar Tage Zeit. Es ist ehrenhaft sich untereinander zu helfen. Vergesst das nicht. Ich erwarte von euch, dass ihr nicht nur Verantwortung für euer eigenes Wohlbefinden, sondern für die ganze Gruppe übernehmt. Noch Fragen? Nein? Gut, dann lasst uns weiter machen.»

«Für viele von euch ist es das erste Mal, dass ihr 10 km wandern werdet. Euer Körper wird es euch danken, wenn ihr bis dahin möglichst beweglich seid. Also werden ihr von jetzt an jeden Morgen und jeden Abend die Aufwärmübungen durchführen, die ihr letzten Samstag am Sportsnachmittag gelernt habt. Reckt und streckt euch so oft es geht. So werdet ihr Verletzungen und auch Muskelkrämpfe vermeiden.

«Als letztes lasst uns noch über Eure Kleidung reden. Ich erwarte, dass ihr eure BDM Uniform tragt, aber ihr sollt auch darauf achten, lose, nicht allzu enge Unterwäsche zu tragen.»

Die Mädchen fangen zu kichern an.

«Mädels! Ruhe bitte.» Fräulein Schmidt klatscht in die Hände. «Das war kein Spaß. Danke. Ihr möchtet euch doch nicht wund laufen, oder? Wir werden uns am Sonntagmorgen hier auf dem Hof treffen, und pünktlich um acht Uhr dreißig losgehen. Unser Banner werden wir abwechselnd tragen. Ich werde voran gehen und Fräulein Brückner wird das Schlusslicht bilden. Und denkt daran, wir marschieren im Namen unseres Führers und ich erwarte von Euch, dass ihr nicht aus der Reihe tanzt. Gehorsam ist alles. Unsere Gruppe wird nicht nur an ihrer Leistung, sondern auch am Gehorsam gemessen werden.»

«Und vergesst nicht, solltet ihr unterwegs Schwierigkeiten bekommen oder Euch etwas weh tun, dann lasst es mich sofort wissen. Wartet nicht bis es zu spät ist. Sowohl Fräulein Brückner als auch ich sind in Erster Hilfe ausgebildet. Noch Fragen. Nein. Gut. Dann last uns jetzt anfangen unser Banner zu kreieren.» "

Die Bedeutung des Wimpels

FRÄULEIN SCHMIDT hält ein Stück Kreide in der Hand. «Ich werde euch die Umrisse unseres Wimpels, so wie ihr ihn gestalten sollt, auf die Tafel malen. Ich nehme an, dass ihr bereits die Wimpel der anderen JM Schaften aus den Nachbarkreisen gesehen habt. Unser Wimpel wird ähnlich aussehen. Mit dem diamantförmigen Abzeichen auf der Vorderseite und einem von uns selbst gewählten Symbol einer Rune auf der Rückseite.»

Die Anführerin malt ein gleichschenkliges Dreieck auf die Tafel, wobei die Spitze nach rechts zeigt. «Auf der Rückseite unseres Banners wird sich eine Rune befinden die unsere Gruppe symbolisiert. Wir werden die Symbole gleich zusammen durchgehen. In der Zwischenzeit möchte ich, dass ihr diese Form genauso so abzeichnet wie ich sie auf die Tafel gemalt habe.»

Fräulein Schmidt wartet geduldig bis die Mädchen ihre Zeichnungen beenden.

Helga hebt die Hand. «Nun Helga, hast du eine Frage?»

Helga ist ein sehr begabtes und aufgewecktes zwölfjähriges Mädchen, mit außergewöhnlichen musikalischen Talent, das die Fähigkeiten ihrer Kameradinnen weit übertrifft. Sie hat bereits im Alter von zwei Jahren auf der Zither kleine Melodien nachgespielt. Ein Naturtalent so zu sagen. Im Alter von acht Jahren gab sie dann ihr erstes Konzert auf der Kleinzeller Festwiese. Sie ist ziemlich reif für ihr Alter und benötigt bei der Lösung komplizierter Probleme nur wenig Unterstützung. Helgas Kameradinnen bewundern sie. Nicht nur wegen ihrer immer gut gelaunten Persönlichkeit, sondern auch wegen ihrer Fähigkeiten. Sie sehen zu ihr auf. Die Fähigkeiten die eine gute Gruppenführerin ausmachen sind in ihr bereits jetzt schon klar erkennbar.

«Warum wird unser Wimpel denn dreieckig und nicht viereckig?» "

«Danke für deine Frage Helga,» antwortet Fräulein Schmidt während sie über eine tiefgreifende Antwort nachdenkt, um die Mädchen symbolisch mit ihrem Wimpel zu verbinden. Da in der JM Führungsbroschüre nichts davon erwähnt wird, was die Bedeutung des Wimpels angeht, muss sie improvisieren. Sie beschließt eine Allegorie zu erfinden. Was gibt es Schöneres, als die Kinder durch eine Geschichte direkt mit ihrem Wimpel zu verbinden Eine Geschichte die hilft die verborgene Bedeutung des Wimpels zu interpretieren. Sie glaubt, dass ihre Idee den Mädchen eine tiefe

Verbindung zu ihrer Organisation gegeben wird, denn sie möchte, dass die Mädchen mit Leib und Seele hinter dieser Organisation stehen.

«Es ist sehr wichtig dass ihr die volle Bedeutung unserer Flagge versteht.»

Die Mädchen hören ihr aufmerksam zu.

«Unser Banner wurde speziell vom Reichsbildungsministerium entworfen.[74] Es ist eine Darstellung der Befehlsstruktur innerhalb unserer Organisation.»

Sie spricht langsam und eindringlich, damit die Mädchen die Bedeutung ihrer Flagge verstehen.

«Als erstes die Farbe. Die Hintergrundfarbe unserer Flagge ist schwarz und steht für Stolz und Solidarität.»

Die elfjährige Erika hebt ihre Hand.

«Ja bitte, Erika. Hast du eine Frage?»

«Was bitte ist Solidarität?»

Fräulein Schmidt ist begeistert von der Frage. Sie schreibt das Wort an die Tafel und darunter die Worte Geistesverwandtschaft, Gemeinschaft, Bindung.

«Solidarität bedeutet, dass wir alle zusammen halten. Dass wir eine Einheit sind und dass wir gemeinsam die gleichen Ziele anstreben. Erstens dadurch, dass wir alle Deutsche sind, zweitens dadurch, dass wir alle Reichsangehörige sind und drittens, dass wir frei von Erbkrankheiten sind. »

Danach nimmt sie den Zeigestock in die Hand und zeigt auf jede der drei Ecken und erklärt, dass sich das Dreieck aus diesen drei Grundpfeilern zusammensetzt. Auch davon steht nichts in ihrer Führungsbroschüre, aber sie hofft, dass ihre geniale Idee ihr das Lob eines Vertreters des Reichsbildungsministeriums einbringt, wenn dieser davon erfährt.

«Das Design ist erst dann abgeschlossen, wenn das Diamantabzeichen auf der Innenseite des Banners platziert ist. Das Abzeichen stellt die erste und höchste Position in unserem Reich da, die unseres Führers, der die absolute Befehlsgewaltschaft über sein Volk hat.»

Fräulein Schmidt zeichnet einen langgezogenen Diamanten in den Wimpel ein und darin das Kreuz des Nationalsozialismus. Die Mädchen kopieren die Zeichnung in ihre Notizhefte.

«Die obere linke Ecke des Wimpels steht für Baldur von Schirach, Reichsjugendführer der NSDAP. Er ist Hitler direkt unterstellt. »

Fräulein Schmidt malt einen Kreis in die obere Ecke des Wimpels und schreibt die Buchstaben HJ und den Namen Schirach hinein.

---

[74] Flaggen der Hitlerjugend – JM-Gruppenwimpel

Die untere linke Seite steht für Dr. Jutta Rüdiger, Reichsreferentin des Bund Deutscher Mädel. Sie untersteht Baldur von Schirach. Fräulein Schmidt malt einen weiteren Kreis an die untere Ecke des Wimpels und trägt die Buchstaben BDM und den Namen Rüdiger ein.

Die Spitze unseres Wimpels steht für Philipp Bouhler. Er ist Reichsleiter der NSDAP und Leiter der Kanzlei des Führers. Er untersteht ebenfalls direkt dem Führer.[75] Fräulein Schmidt malt einen weiteren Kreis in die Spitze des Wimpels und schreibt die Buchstaben NSDAP und Bouhler hinein.

Nun muss sie die vier aufgezeichneten Punkte nur noch verbinden. Sie hofft, dass ihre Art den Wimpel zu erklären ihre Vorgesetzten beeindrucken und ihre Beförderung unterstützen wird.

Als sie die Verbindungen hergestellt hat dreht sie sich zu der Klasse um und fragt: «Kennt ihr das Symbol?»

Erika und Hanni heben ihre Hand. «Ihr habt also an der Sonntagsschule teilgenommen. Noch jemand?» Die anderen Mädchen melden sich nicht. Scheinbar können nur Erika und Hanna ihre Frage beantworten.

«Ihr zwei, kommt doch mal bitte vor und flüstert mir die Antwort ins Ohr.»

Die beiden Mädchen gehen zu ihrer Führerin hinüber und flüstern ihr die Antwort hinter vorgehaltener Hand zu.

"Jawohl!" ruft Fräulein Schmidt begeistert aus. «Erika und Hanni, ich werde einen besonderen Vermerkt in euer Leistungsbuch eintragen.»

Beide Mädchen strahlen voller Stolz und Freude

«Dies ist das Schild der Dreifaltigkeit, das die Waffen unseres Führers und derjenigen ankündigt, die in der Hitlerjugend direkt unter seinem Kommando stehen. Unser Banner repräsentiert unsere Verbindung zu unserem Führer und den Jugendführern, denn wir sind alle Träger dieses Banners!»

Fräulein Schmidt ist mit ihrer brillanten Symbologie rundum zufrieden. «Nachdem wir die Bedeutung unserer Flagge verstanden haben, besteht unser nächster Schritt darin, ein Runensymbol für die Rückseite festzulegen, das unsere Jungmädelschaft repräsentiert. Lasst mich vier Symbole auf die Tafel zeichnen, von denen ihr eins auswählen könnt. Wir werden diese einzeln durchgehen.»

«Das erste Symbol, das ich zeichnen werde, ist ein Pfeil nach oben. Dies ist die Tiwaz-Rune. Diese Rune steht für die Weltenordnung. Sie ist das Symbol für den Gott Tyr, der im Kampf mit einem Wolf um die Bewahrung

---

[75] Philipp Bouhler
* Kanzlei des Führers

seines Königreichs, eine Hand verloren hat. Tiwaz repräsentiert daher das Opfer des Einen, für das Wohlergehen aller.»

„Das zweite Symbol hat eine gerade vertikale Linie, an deren rechter Seite ein Dreieck angebracht ist, wie ein Hammer. Dieses Symbol steht für Thor, den Krieger. Bevor Thor ein Krieger war, war er sehr schwach und kinderlos. Sein Vater jedoch gab ihm einen magischen Hammer, der ihn außergewöhnlich stark machte. Deshalb fand er eine Frau, und sie gebar ihm einen Sohn. Eines Tages stürmten Riesen in Thors Dorf, um seinen Sohn zu stehlen! Thor benutzte den Hammer, um die Riesen allesamt zu töten und seinen Sohn zu retten. Daher steht der Hammer des Thor sowohl für männlichen Mut als auch für weibliche Fruchtbarkeit.»

«Das dritte Symbol zeigt auf der linken Seite eine lange Linie und eine kürzere auf der rechten. Diese beiden vertikalen Linien sind oben durch eine dritte horizontale Linie verbunden. Die lange Linie repräsentiert einen König namens Ur, die kürzere seine Königin Uz. Die Linie oben steht für ihre Verbindung, ihre Ehe sozusagen. Somit repräsentiert dieses Symbol ein Paar, das sich für immer als eins verbindet.»

«Das vierte und letzte Symbol, das ich Euch zeigen möchte, sieht aus wie ein Stern. Die Hagal Rune ist die Mutter aller Runen, sie steht für die Ganzheit, das Ganze, das alles umfassende, alles durchdringende und alles integrierende. Wie eine Mutter, die sich um ihre Kinder kümmert, sie nährt und beschützt und ihr Erbe bewahrt.»

«So und nun könnt ihr euch einen Moment beraten und beschließen welche der vier Symbole ihr auf der Rückseite eures Wimpels haben möchtet. Und vergesst nicht, wir brauchen auch auf der Vorderseite noch etwas, damit alle wissen, wer wir sind und wo wir herkommen.»

Während die Mädchen aufgeregt hin und her diskutieren, geht Fräulein Schmidt zu dem Klassenschrank hinüber und entnimmt ihm je einen Ballen schwarzen, roten und weißen Stoff.

Es dauert nicht lange bis die Mädchen eine Entscheidung getroffen haben und weil Trudel die kleinste ist, wird sie auserkoren, Fräulein Schmidt das Ergebnis mitzuteilen. Sie hebt ihre Hand.

«Wir haben uns für die Tiwaz Rune entschieden, Fräulein Schmidt.»

«Danke Trudel. Sehr gut. Jetzt brauchen wir jemanden der besonders gut Zeichnen kann. Wir werden die Rune auf Papier malen, ausschneiden und dann auf den Stoff übertragen. Und wie sieht es mit der Vorderseite aus, was möchtet ihr dort haben?»

«Dort möchten wir unsere Gruppennummer haben und auf der Rückseite die Nummer unserer Jungmädelschaft.» antwortete Trudel wie aus der Pistole geschossen.

«Sehr gut. Dann nehmt jetzt bitte eure Schreibhefte und versammelt euch um den Arbeitstisch. Wir werden jetzt unseren Wimpel herstellen.

Macht euch Notizen. Man kann nie wissen, wann man diese Anleitung noch einmal brauchen wird.»

Die Mädchen versammeln sich um den Arbeitstisch. Trudel und Maria gehen zum Klassenschrank hinüber und holen Lineale, Scheren, Nadeln und Fäden und ein Zentimetermaß und verteilen diese unter den Mädeln. Das Fräulein verteilt die dazugehörigen Edelstahlverschlüsse.

Die Banner werden fünfundfünfzig Zentimeter hoch und einen Meter und fünf Zentimeter lang sein. Es gibt genügend schwarzen Stoff um zehn Wimpel zu produzieren, einen für jedes Mädchen. Fräulein Schmidt schneidet den Stoff entlang der Kreidelinien zu, während Helga und Erika dabei helfen, das Material straff zu halten.

Danach erhält jedes Mädchen einen der schwarzen Zuschnitte und Fräulein Schmidt zeigt ihrer Mädelschaft wie man Schablonen von den Runen und den Gruppenzahlen anfertigt. Nachdem die Symbole auf Papier gemalt worden sind, werden sie ausgeschnitten und mit Stecknadeln auf das entsprechende Tuch geheftet. Danach werden die Schnittmuster mit Schneiderkreide ummalt und ausgeschnitten.

Die Mädchen lernen, wie man die Ausschnitte auf den Wimpel näht. Um die Insignien aufzusticken, nähen die Mädchen zuerst das schwarze Hakenkreuz mit schwarzem Faden und einem gleichmäßigen Rückstich auf die weiße quadratische Platte. Danach werden die roten und weißen Vierteltafeln zusammengenäht, gefolgt von der Hakenkreuzplatte, die in der Mitte des Diamanten aufgenäht wird. Nach Fertigstellung werden die fertigen Insignien auf das Banner genäht. Dabei wird durchgehend der Knopflochstich verwendet, damit sich das Material nicht auflösen kann.

In die obere linke Ecke des Wimpels nähen die Mädchen mit Kettennähten ihre Gruppennummer 11, darunter ihre Truppennummer 527. Dann nähen die Mädchen das weiße Tizwaz-Runensymbol auf der Rückseite auf und positionieren es dabei direkt hinter den HJ-Insignien, die auf der Vorderseite ihres Wimpels aufgetragen sind. Die beiden Paneele werden dann mit einem schwarzen Faden und einem Knopflochstich zusammengenäht, um die Spitze zu verstärken. Zuletzt werden die drei Metallverschlüsse mit einem Kreuzstich aufgenäht. Kurz vor Ende ihres Heimabends sind die Mädchen mit ihrer Aufgabe fertig. Sie räumen gemeinsam auf und setzten sich dann stolz vor ihr fertiges Stück.

«Wir haben gerade noch genug Zeit ein Wanderlied zu lernen.» sagt Fräulein Schmidt. „Auf, Du junger Wandersmann" ist ein traditionelles Wanderlied. Wir werden es jetzt singen und ich möchte, dass ihr es bis Sonntag auswendig lernt. Also schlagt jetzt bitte Seite 120 eures Liederbuches auf.»

Kurz vor Ende erscheint dann auch noch ein Fotograf und mache von jedem Mädchen ein Foto für den Mitgliedsausweis.

Danach stehen die Mädchen, wie zum Abschluss eines jeden Treffens gemeinsam auf, strecken ihren rechten Arm zum Gruß und singen das Loblied auf den Führer.

Es ist bereits dunkel, als die Mädchen das Gebäude verlassen, und Trudel verabschiedet sich von ihren Kameradinnen. Sie läuft schnell nach Hause. Sie kann es kaum erwarten ihrer Mutter zu erzählen, was sie heute alles gelernt hat.

Aufgeregt eilt sie durch das Gartentor, vergisst dabei beinahe es zu schliessen und läuft schnurstracks zur Hintertür in die Küche hinein. «Mutter! Mutter!» Als sie den Pfarrer und Frau Bauer vor sich stehen sieht, hält sie erschrocken inne. Frau Bauer sitzt dort wo ihre Mutter sonst immer sitzt. Sie hält den kleinen Franzl auf dem Schoß, der sich an ihrer Brust eingekuschelt hat.

Trudel kommt das ganze etwas komisch vor.

«Wo ist Mama?» fragt sie schließlich und legt dabei ihren Wimpel und ihr Schreibheft auf den Tisch.

«Sie ist noch nicht wieder zurück.» fängt Frau Bauer zögernd an.

«Und was macht Pfarrer Strobel hier?» fragt Trudel misstrauisch.

«Pfarrer Strobel ist hier weil er euch etwas erklären will.» beginnt Frau Bauer «So, nun komm. Setze dich brav hin und höre zu was der Herr Pfarrer dir zu sagen hat.»

Pfarrer Strobel streckt eine Hand aus und Trudel geht, wie geheißen auf ihn zu.

«Es scheint als wäre Eure Mutter, heute, als Du bei deinem Heimabend warst, von zwei Männern abgeholt wurde.»

Trudel hört dem Pfarrer erstaunt zu.

«Wo ist sie denn hin? Wann kommt sie denn wieder?» Sie stellt die beiden Fragen mit einem Atemzug. Sie kann gar nicht fassen, was der Pfarrer ihr da gesagt hat. Mutter würde nie einfach so mit zwei Männern fort gehen.

«Das wissen wir nicht,» antwortet Pfarrer Strobel und sieht Trudel ernst an. Trudel bricht in Tränen aus. «Nun hör mal gut zu Trudel. Frau Bauer hat versprochen, dass Sie ein Auge auf euch werfen wird. Du musst jetzt stark sein und dich um deinen kleinen Bruder kümmern. Ich kann mich doch auf Dich verlassen, oder?»

Trudel nickt. Sie ist erschrocken, weiß aber auch, dass sie jetzt die Rolle der Mutter übernehmen muss. Sie schaut sich um und sucht nach Halt, findet aber nichts an dass sie sich klammern kann. Dann sinkt sie zu Boden und schließt für einen Moment die Augen. Ihre Mutter erscheint in ihren Gedanken und winkt ihr freudig zu. Trudel tut das, was sie auch in ihrem späteren Leben immer wieder machen wird. Sie reißt sich zusammen. Sie läßt sich nicht unterkriegen. Sie nickt dem Pfarrer zu, und macht sich daran ihren Bruder zu trösten.

Frau Bauer steht auf und geht auf Trudel zu. Sie streichelt ihr wohlwollend über den Kopf und nimmt dann ihre Hand.

«Deine Mutter kommt bestimmt bald wieder Trudel. Es gibt keinen Grund sich irgendwelche Sorgen zu machen. Das wird schon wieder.»

Trudel schaut Frau Bauer direkt in die Augen.

«Wann denn? Warum ist sie abgeholt worden. Wer hat sie abgeholt? Wo haben Sie sie denn hingebracht?»

«Ich weiß es nicht, Trudel. Aber es wird bestimmt nicht lange dauern.» Frau Bauer dreht sich hilfesuchend zum Pfarrer um. «Trudel du musst jetzt einfach tun, worum der Herr Pfarrer dich gebeten hat. Kümmere Dich um deinen kleinen Bruder und warte brav bis deine Mutter wieder nach Hause kommt. Das kannst Du doch, oder Trudel?»

«Tue es für Deine Mutter, Trudel.» fügt der Pfarrer hinzu.

Trudel nickt.

«Sehr gut» Pfarrer Strobel hebt den kleinen Franzl vom Schoß der Frau Bauer und stellt ihn auf den Boden. Als der Pfarrer sich aufrichtet fällt sein schwarzes Gewand mit den schwarzen Faszien und Seidenquasten perfekt sitzend an seinem Körper hinunter.

«Ich werde mich jetzt auf den Weg machen, Frau Bauer. Sie scheinen hier ja alles unter Kontrolle zu haben.»

Frau Bauer begleitet ihn zur Tür und die beiden wechseln noch leise ein paar Worte. Dann schließt Frau Bauer die Tür hinter ihm. Sie lehnt sich für einen Augenblick an den Türrahmen, holt tief Luft und kehrt dann in die Küche zurück.

«Nun Kinder. Auch ich werde jetzt gehen. Ich muß mich um den Hof kümmern. Aber ihr wisst ja, wo ihr mich findet. Ich bin gleich um die Ecke wenn ihr etwas braucht. Ich werde alle paar Stunden hereinschauen, bis eure Mutter wieder da ist. Bis dahin möchte ich, dass ihr euch etwas zu Essen…»

Trudel unterbricht sie. «Aber ich wollte meiner Mutter doch alles über meinen ersten Heimabend erzählen. Wann kommt sie denn?» schluchzt Trudel mit Tränen in den Augen.

«Trudel, ich weiß es doch nicht.» antwortet Frau Bauer. Sie nimmt Trudel in den Arm und drückt sie fest an sich, in der Hoffnung, den Schmerz so stillen zu können.

Franzl geht auf die beiden zu und legt seine Hand auf Trudels Schulter.

«Ich passe auf dich auf. Es wird schon alles gut werden. Komm, ich mache uns etwas zu essen.»

«Ich mache das schon!» Trudel rafft sich auf und geht auf die Anrichte zu. Sie schneidet 2 Scheiben Brot vom Laib, schlägt 2 Eier auf und fängt an Eier mit Speck zu kochen.

Frau Bauer ist froh, dass die beiden sich zusammengerauft haben.

«Ist alles in Ordnung?» fragt sie. «Wenn ihr jetzt ohne mich klar kommt, dann gehe ich jetzt?»

Trudel dreht sich zu ihr um und antwortet kurz: «Danke. Wir kommen klar.»

«Na dann ist ja gut. Ihr wisst wo ihr mich findet wenn ihr etwas braucht. Kommt einfach zum Hof herüber und ich werde euch helfen.» Sie zieht ihren Mantel an und begibt sich in Richtung Tür. Sie dreht sich noch einmal zu den Kindern um, aber die bemerken sie gar nicht mehr. Danach schließt sie die Tür hinter sich und macht sich auf den Weg.

«Lieber, gütiger Gott, behüte die Kinder.» Sie schickt ein Stoßgebet zum Himmel.

An diesem Abend kuscheln sich die Kinder in das Bett ihrer Mutter ein. Trudel spricht das Nachtgebet. Sie bittet um die baldige Wiederkehr ihrer Mutter.

«Lieber Gott. Bitte schicke uns unsere liebe Mutter bald zurück. Sie hat doch immer so gut auf uns aufgepasst, und seit der Vater gestorben ist umso mehr. Wir wissen doch gar nicht, was wir ohne sie machen sollen. Sie kocht und wäscht für uns, sie liest uns abends eine Geschichte vor, schaut nach den Tieren und bewirtschaftet den Hof. Sie lacht mit uns und sie weint mit uns. Nur sie kann uns trösten. Nur sie weiß genau, was wir brauchen. Was haben wir nur falsch gemacht, dass Du sie uns genommen hast. Bitte lieber Gott, wir wollen immer gute Kinder sein. Bitte schicke uns unsere Mutter zurück. Im Namen des Vaters, des Sohnes und des Heiligen Geistes. Amen. »

Es ist die erste Nacht in ihrem Leben, die Trudel und Franzl alleine verbringen. Sie weinen sich gemeinsam in den Schlaf.

Am nächsten Morgen sind sie früher wach als sonst. Die Mutter ist immer noch nicht da. Sie stehen auf und kümmern sich um die allmorgendlichen Arbeiten. Diesen Morgen gilt es nicht nur die Hühnereier einzusammeln und die Küche aufzuräumen, sondern auch noch die Aufgaben der Mutter zu übernehmen. Die Kuh und die Ziege zu melken und den Stall auszumisten. Sie teilen sich die Arbeiten auf. Franz kümmert sich um die Tiere. Trudel sammelt die Eier ein und macht sich dann an die Hausarbeit. Zum Frühstück gibt es wieder Eier und Speck. Sie räumen noch schnell die Küche auf und gehen dann in die Schule. Als sie am Mittag zurück kehren, ist die Enttäuschung groß. Ihre Mutter ist immer noch nicht da. Trudel kocht Kartoffelsuppe. Viele Gerichte kann sie noch nicht kochen. Nach dem Essen begeben sie sich an die Schularbeiten, danach werden die Tiere versorgt, das Haus aufgeräumt und dann, nach dem sie sich gewaschen und ihre Zähne geputzt haben, knien die beidem vor dem Bett und beten einen zweiten Abend für die sichere Rückkehr ihrer Mutter.

In dieser zweiten Nacht hat Trudel große Albträume. Sie sieht alle möglichen gruseligen Gesichter vor sich, die sie necken, sie bemitleiden und sie hänseln weil sie ihre Mutter verloren hat. Sie wacht mitten in der Nacht auf. Tränen kullern ihr das Gesicht hinunter. Sie dreht sich um und sieht, dass Franzl fest am Schlafen ist. Als sie am nächsten Morgen aufwacht ist sie müde und erledigt. Sie reißt sich zusammen. Spricht ein weiteres Gebet und begibt sich dann an die Hausarbeit. Man muss seine Arbeiten immer sofort erledigen, das weiß sie. Als die beiden ihre morgendlichen Aufgaben erledigt haben, gehen sie in die Schule.

Ob die Mutter wohl noch da wäre, wenn die beiden immer artig gewesen wären?

Am Sonntagmorgen gehen die beiden in die Kirche. Sie tragen ihre besten Sonntagskleider. Die Haare sind gekämmt, die Gesichter sind gewaschen. Sie gehen früh aus dem Haus und, anstelle die Straße hinunter zu laufen, gehen sie den schmalen Pfad zur Kirche hinauf. Der Pfad führt am Ebenwald vorbei, hoch in Richtung Reisalpe. Trudel will nicht, dass die beiden von den anderen Dorfbewohnern gesehen werden, also nehmen die beiden den Umweg in Kauf.

An der Kirche angekommen, ruhen sich die beiden auf den steilen Stufen, die die letzten Meter nach oben führen, etwas aus. Traudel schaut nach oben und bewundert den Glockenturm der aus dem 14. Jahrhundert stammenden Kirche. In Wirklichkeit hat sie Angst von den Dorfbewohnern verhöhnt zu werden, aber sie sammelt ihren letzten Mut zusammen und nimmt Franzl an die Hand. Gemeinsam steigen die beiden die 65 Stufen zu der schweren Eichentüre hinauf und betreten die Kirche, die zum Gedenken Maria Himmelfahrt errichtet wurde.

Die meisten Dorfbewohner haben sich vor dem Gottesdienst in der Vorhalle versammelt. Nur wenige sitzen bereits auf ihren angestammten Plätzen. Viele haben bereits von Josefas Verschwinden gehört und dementsprechend wird darüber getratscht und spekuliert. Als die beiden Kinder die Kirche betreten, herrscht plötzlich Totenstille. Die Erwachsenen treten zur Seite und lassen die Kinder vorbei. Niemand spricht, niemand getraut sich auch nur ein einziges wohlwollendes Wort zu sprechen. Die ganze Dorfgemeinschaft lebt in der Angst, dass auch nur der kleinste, gütigste Zuspruch sie als nächstes auf die Abholliste befördern würde. Trudel hält ihren kleinen Bruder fest an der Hand. Sie zieht ihn hinter sich her und geht den Mittelgang hinunter in Richtung Altar. Dort knien die beiden Kinder nieder, schlagen ein Kreuz und setzen sich dann auf zwei freie Plätze.

Sie schauen auf den hölzernen Altar, der 1897 im Zuge einer neu-gotischen Renovierungsarbeit von dem Linzer Bildhauer Ludwig Linzinger geschaffen wurde. Die Reliefs, die in den Altar hineingearbeitet wurden, stellen den Erzengel Gabriel dar, wie er Maria die Empfängnis verkündigt. Trudels Augen richten sich an die gerippte Gewölbedecke. An den Wänden hängen zwölf kunstvoll geschnitzte, hölzerne Etappen der Kreuzigung Jesu Christi. Dann beginnt die Glocke zu läuten, die älteste in der ganzen Gegend. Sie teilt den Gemeindemitgliedern mit, dass die Messe gleich beginnen wird. Die restlichen Gemeindemitglieder, die sich noch im Vestibül aufgehalten haben, eilen auf ihre Plätze.

Pfarrer Strobel tritt mit seiner Prozession ein. Er geht das Kirchenschiff hinunter, dann durch das Querschiff hinüber zum Altar. Auf der renovierten Kammerorgel, von Ignaz Gatto dem Älteren im Jahre 1750 gebaut, spielt ein Organist das „Ave Maria".

Der Pfarrer segnet den Altartisch, schlägt ein Kreuz und wartet auf das Ende des Gesangs, bevor er mit seiner Predigt beginnt.

«Im Namen des Vaters, des Sohnes und des Heiligen Geistes. Wir wollen heute für die sichere Rückkehr unseres Gemeindemitgliedes Josefa Kerschner beten.»

Einige der Frauen stockte der Atem. Man konnte das Entsetzen spüren. Sie hatten nicht einmal gewusst, dass Josefa verschwunden war. Trudel hingegen senkte den Kopf zu Boden. Sie schämt sich. Sie versuchte sich die nächste Stunde auf den Gottesdienst zu konzentrieren. Pfarrer Strobel betet für die sichere Rückkehr ihrer Mutter.

Als die Messe zu Ende ist, gibt es niemand der den beiden Kindern auch nur ein wohlwollendes, ermutigendes Wort zu spricht. Ganz im Gegenteil, die beiden werden sogar von einigen der anderen Kinder gehänselt. Die Frauen tuscheln leise und einer der Männer baut sich vor Trudel auf: «Warum sie wohl abgeholt worden ist, eure Mutter. Wisst ihr es wirklich nicht?» Trudel steht wie angewurzelt da. Sie hat Angst. Sie weiß nicht was sie antworten sollten. Der Sohn des Mannes fügt noch hämisch hinzu: «Die wird nie wieder auftauchen!» Seine Mutter zieht ihn an den Schulten zurück und schlägt ihm ins Gesicht. Dann zeigt sie mit dem Finger auf ihren Mann und sagt erbost: «Und Du, du wirst niemals wieder so mit diesen Kindern sprechen. Hast Du mich verstanden!»

Trudel und ihr Bruder quetschen sich durch die Menge. Sie schämen sich ob der gehässigen Bemerkungen. Das kleine Mädchen kann kaum glauben was sie gerade gehört hat. Sie schnappt sich ihren Bruder an der Hand und die beiden laufen so schnell sie können nach Hause. Sie wünschen sich beide nichts sehnlicheres, als dass die Mutter nach Hause kommt und alles wieder so wird wie früher. Zu Hause angekommen ziehen sie ihre guten Sachen aus und legen sie sorgsam bei Seite. Jetzt wieder in ihrer Alltagskleidung, begeben die beiden sich daran Hof und Haushalt zu bewirtschaften, so gut sie können.

Am nächsten Morgen, nachdem die allmorgendlichen Aufgaben erledigt worden sind und die beiden gefrühstückt haben, machen sie sich auf den Weg in die Schule. Der Tag zieht sich in die Länge, besonders für Trudel. Ihre Gedanken schweifen immer wieder von dem Unterricht ab. Sie hat auch keine Lust mit den anderen Kindern zu spielen. In Gedanken ist sie ganz wo anders. Ihre sonst so glückliche Frohnatur ist verschwunden, und düstere Wolken tuen sich auf. Wie lange soll sie noch auf sich und ihren Bruder aufpassen? Was ist, wenn die Mutter niemals wieder kommt? Was passiert, wenn die beiden zu Waisen werden? Die Welt um sie herum scheint sie zu erdrücken.

Franzl rennt nach der Schule nach Hause so schnell ihn die Beine tragen können. Trudel hingegen hat keine besondere Eile. Nachdenklich schleicht sie die Straße entlang. Warum sind ihre Großeltern eigentlich nicht gekommen, um zu helfen? Oder Frau Bauer? Hatte die nicht versprochen, dass sie nach dem Rechten sehen würde? Warum grüßte sie keiner mehr wenn sie die Straße entlang geht? Warum die Gehässigkeiten am Sonntag nach der Kirche? Warum, warum, warum. Was ist denn wirklich geschehen? Trudel ist verzweifelt. Wie sollen die beiden denn durchkommen, ganz ohne Geld und ohne Mutter? Und wenn die Großeltern sie nicht wollen, wo sollen sie dann hin?

Ihr wird schon ganz schwindelig bei all diesen Fragen, und da sind noch mehr. Was passiert mit dem Hof, den Tieren und ihrer Katze? Und würden sie überhaupt zusammenbleiben dürfen? Trudel beschließt, weiter zu machen so gut es eben geht. Sie kann ihren Bruder nicht im Stich lassen. Sie wird es den Erwachsenen schon zeigen.

Sie wischt die trüben Gedanken fort und stellt überrascht fest, dass sie bereits schon fast zu Hause angekommen ist. Sie zögert einen Augenblick, bevor sie die Garten Pforte öffnet, und ruft dann nach ihrem Bruder. Der antwortet aber nicht. Dann sieht sie die offene Haustür, und wundert sich wer noch im Haus sein könnte. Kann es denn sein dass ihre Großeltern doch endlich gekommen sind um nach dem Rechten zu sehen. Sie eilt ins Hause, vorbei an dem liebevoll gepflegtem Vorgarten, mit dem Lavendelstrauch bei der Tür.

«Franzl?» ruft sie noch einmal. «Franzl, nun antworte schon. Wo bist Du denn?»

Aber die Antwort bleibt aus.

Ihr Herz fängt an zu schlagen und sie bekommt panische Angst. Werden sie und ihr Bruder jetzt etwa auch abgeholt? Oder hat vielleicht jemand eingebrochen und ist noch im Hause und hat jetzt ihren kleinen Bruder in der Gewalt.

Sie schleicht leise den Korridor entlang in Richtung Küche. Die Küchentür steht einen winzigen Spalt offen. Sie schiebt die Tür mit feuchten

Händen auf und sieht ihre Mutter am Herd stehen. Franzl sitzt am Küchentisch und starrt verträumt auf seine Mutter.

«Mama!» ruft Trudel freudig aus. Sie wirft ihren Schulranzen in die Ecke und eilt zu ihrer Mutter hinüber. Josefa beugt sich zu ihr herunter und nimmt sie in die Arme.

«Mama, wo warst Du denn? Wir haben dich so vermisst!» sprudelt es aus Trudel heraus. «Mama, bitte, geh nie mehr weg.» Trudel drückt ihre Mutter ganz fest an sich.

«Ich habe euch auch sehr vermisst, aber jetzt wird alles gut.» antwortet Josefa und drückt sie noch einmal, bevor sie sich wieder dem Herd zu wendet.

Aber Trudel lässt nicht locker. Die Fragen sprudeln nur so aus ihr heraus: Wo warst Du denn, Mama? Warum hat man dich abgeholt? Seit wann bist Du wieder hier? Warum hat keiner nach uns geschaut?» Josefa dreht sich um, um die Mahlzeit auf den Tisch zu stellen. Trudel schaut ihr ins Gesicht und fragt dann erschrocken: «Was ist denn mit deinem Auge? Das ist ja ganz blau.» Doch bevor Josefa der Antwort ausweichen kann, hat sie bereits ihre Hand auf die ihrer Mutter gelegt: «Der Franzl und ich werden es nie wieder zulassen, dass Dir etwas passiert.» Josefa dreht sich um und kehrt an den Herd zurück. Sie will nicht, dass ihre Kinder sehen dass ihr die Tränen in den Augen stehen.[76]

Die drei verbringen den Rest des Nachmittags zusammen. Und um der ganzen Angelegenheit etwas Normalität zu verleihen, beschließt Josefa, Trudel noch einige weitere Rezepte beizubringen. Als erstes wird sie ihr lehren wie man Gulasch kocht.

Sie schickt Trudel in den Garten um vier weiße Zwiebeln, sechs Tomaten, zwei Paprika, eine Pastinake, drei große Kartoffeln, etwas Sellerie und einige Möhren zu ernten. Danach muss Trudel das Gemüse waschen, schälen und in kleine Würfel schneiden. .

Josefa nimmt eine schwere gusseiserne Pfanne und stellt sie auf den Herd. Sie lässt etwas Schmalz aus und brät dann die Zwiebeln an. Anschließend gibt sie das kleingeschnittene Rindfleisch hinzu und brät es an. Danach darf Trudel die anderen Zutaten hinzufügen und unter ständigem Rühren ebenfalls anbraten.

Trudel hat ihrer Mutter schon immer gerne bei der Hausarbeit und besonders beim Kochen geholfen. Sie ist stolz, dass ihre Mutter ihr ein neues Rezept beibringt. Und während die beiden so gemeinsam am Herd stehen, erzählt Trudel, was während Josefas viertägiger Abwesenheit so alles passiert ist. Sie berichtet über den Heimabend, aber auch über die

---

[76] Franz Kerschner

Geschehnisse in der Kirche. Über das Versprechen von Frau Bauer, dass diese nicht eingehalten hat, und dass sie auf ihre Großeltern gewartet hat.

Als das Fleisch und das Gemüse angebraten sind, fügt Josefa etwas Flüssigkeit hinzu. Sie ist besonders stolz auf ihr Gulasch, der weder Suppe noch Eintopf ist, sondern von seiner Beschaffenheit her eher irgendwo dazwischen liegt. Während die Zutaten langsam vor sich hin kochen, macht Josefa sich an die Soße. Sie wartet darauf, dass alle Zutaten aufkochen und nimmt dann zwei kleine Gläser Tomatenmark aus der Speisekammer, dass sie im letzten Herbst selbst eingekocht hat. Sie rührt das Tomatenmark ein bis die Soße sämig wird. In der Küche duftet es jetzt nach Gulasch und den Kindern läuft bereits das Wasser im Mund zusammen.

Danach lernt Trudel noch wie man Spätzle macht. Zwei Tassen Mehl, zwei Eier und etwas Salz werden verknetet und platt gedrückt. Danach wird der Teig mit einem Messer in kleine Stücke geschnitten und in kochendes Wasser gegeben. Die Spätzle sind fertig wenn sie oben auf dem Wasser schwimmen. Sie können dann abgeschöpft werden.

Um die Wiederkehr ihrer Mutter zu feiern, beschließt Trudel den Tisch besonders schön zu decken. Sie läuft in den Garten, pflückt ein paar Blumen und stellt diese in eine alte Wasserflasche. Heute soll der Tisch besonders schön aussehen. Das Besteck wird mit Gabel links und Messer rechts ausgelegt, und in der Mitte ziert eine Serviette das Gedeck.

Josefa füllt die Teller und Trudel setzt sie auf den Tisch. Als die drei gemeinsam am Tisch sitzen und sich die Hände reichen, sagt Trudel plötzlich: «Ich möchte das Gebet sprechen, Mama. Darf ich?»

Josefa nickt. Franzl meckert, er hat Hunger und will endlich essen.

«Ruhe, Franzl. » sagt Josefa. Es ist das erste Mal, dass sie ihn ausgeschimpft hat. Die drei senken ihre Köpfe und Trudel spricht: «Lieber Gott! Danke, dass Du uns unsere Mutter wieder zurück gebracht hast. Wir haben sie sehr vermisst, und wir haben fest daran geglaubt, dass Du sie uns wieder geben wirst, wenn wir brave Kinder sind. Bitte nimm sie uns nie wieder weg. Wir haben sie doch so lieb. Wir versprechen Dir, dass wir immer brav sein werden. Amen.»

Josefa ist gerührt.

«Danke Trudel. Das war ein schönes Gebet.»

Die kleine Familie sitzt still beieinander. Josefa genießt die Ruhe und die glücklichen Gesichter ihrer Kinder. Die beiden schlagen sich mit einem zweiten Teller gehörig den Magen voll. Aber sie bemerkt auch die Veränderung die ihre Abwesenheit in Trudel bewirkt hat. Es scheint als wäre diese plötzlich und vorzeitig erwachsen geworden. Josefa beschließt ihre Tochter in ihrer neu gewonnen Eigenständigkeit zu fördern. Sie wird sie nicht weiter bemuttern, sondern ihr mehr Freiheiten gewähren. Trudel wird ihre eigenen Entscheidungen treffen dürfen, und Josefa wird ihr mit Rat und Tat zur Seite stehen.

Nach dem Essen räumt Trudel den Tisch ab, wäscht das Geschirr und fegt den Küchenboden. Als sie fertig sind setzen sich die drei gemeinsam in die Stube und beginnen zu musizieren. Sie singen traditionelle österreichische Volkslieder und sprechen auch noch ein bisschen über die vergangene Woche. Trudel bekommt jetzt endlich die Gelegenheit ihrer Mutter ihren Wimpel zu zeigen. Um neun Uhr geht es ins Bett, aber diesmal nicht in das Kinderbett sondern in Josefas Bett.

«Mama, erzählst Du uns noch eine „Gute Nacht" Geschichte?» fragt Franzl schläfrig.

Josefa überlegt einen Moment. Dann fällt ihr eine Geschichte ein, die ihr ihre Mutter Anna als Kind immer wieder erzählt hatte. Und so beginnt sie: «Es war einmal in einem kleine Haus mit einem kleinen Jungen namens Peter. Der lebte dort ganz alleine mit seiner Mutter. Peter war ein glückliches Kind und immer guter Laune. Er war sehr fleißig und nahm seiner Mutter jede Arbeit ab. Er las ihr jeden Wunsch von den Augen ab und doch, so sehr er sich auch bemühte, er konnte seine Mutter nicht zum Lachen bringen, und wisst ihr auch warum….»

Josefa schaute auf ihre Kinder, die bereits beide fest eingeschlafen waren.

Sie lehnte sich nach vorne und küsste ihre Kinder auf die Stirn. Sie zieht die Bettdecke hoch und deckt die beiden gut zu. Danach geht sie zu ihrem Kleiderschrank hinüber und zieht einen Bilderrahmen aus dem Schrank. Sie schleicht sich zurück in die Stube und nimmt das Kruzifix von der Wand. Sie hängt das Bild an den Nagel und spuckt es an.

«Es ist deine Schuld. Allein deine Schuld, was mir passiert ist. Du bist nicht mein Führer.»

Sie nimmt das Kruzifix und geht damit zurück in ihr Schlafzimmer. Sie legt es auf ihren Nachtschrank, bläst die Kerze aus und legt sich zu ihren Kindern. Franzl schläft die ganze Nacht durch, als wäre nichts gewesen, Trudel schreit im Schlaf immer wieder nach ihrer Mutter. Es wird nicht leicht werden, nach diesem Vorfall wieder in die Normalität zurück zu kehren.

Josefa hat nie wieder über den Vorfall gesprochen. Sie hat nie erwähnt, wer sie abgeholt hat, oder warum. Und schon gar nicht, was ihr während ihrer Abwesenheit widerfahren ist. Sie lächelt ihre Kinder an, als wäre nichts gewesen, aber wenn sie allein ist, dann zieht eine Finsternis über ihr Gesicht. Dieses Erlebnis hat sie verändert, es wird für immer einen gravierenden Einfluss auf sie haben. Sie hat die Freude am Leben verloren. Sie wurde ihr genommen. Sie macht zwar weiter wie bisher, aber nur ihrer Kinder zu liebe. Tief in ihrem inneren ist sie kritisch und stellt das Leben und seine

Wandlungen in Frage. Ihr Bewusstsein hat sich verändert. Der große Krieg, die Weltwirtschaftskrise, der Tod ihres Mannes und die damit verbundene Armut, all das konnten ihr nichts anhaben. Aber jetzt? Was würde sie denn noch alles durchmachen müssen. Josefa hat die Fähigkeit Gegebenheiten als Gelegenheiten anzusehen, entweder als vorläufige oder als solche die sie voran bringen würden. Sie war immer sehr einfallsreich und schlau gewesen, aber dieser Vorfall hatte sie verletzlich und misstrauisch gemacht.

Josefa wusste jedoch auch, dass sie aus dem Vorfall durchaus eine Lehre ziehen konnte, und dass sie die Kontrolle über ihr Leben behalten würde.

Von jetzt an, so nahm sie sich vor, würde sie vorsichtiger sein, was sie mit wem besprach und wem sie vertrauen konnte. Es schien, als wäre eine Zeit gekommen, in der man sich selbst am nächsten stehen musste.

Wer recht in Freuden wandern will,
der geht der Sonn entgegen.
Da ist der Wald so kirchenstill,
kein Lüftchen mag sich regen.
Noch sind nicht die Lerchen wach,
nur im hohen Gras der Bach singt leise
den Morgensegen.

Morgenwanderung ~ Emanuel von Geibel

Hoch auf die Reisalpe

SAMSTAG, den 9. April 1938. Es ist der Tag vor dem Wandertag, dem Aufstieg auf die Reisalpe. Sechs Tage ist es her seit Josefa von ihrem Martyrium zurück gekehrt ist.

Trudel bereitet sich auf den Wandertag am nächsten Tag vor. Sie nimmt ihre Uniform aus dem Schrank und inspiziert sie auf Schmutz und Flecken, aber die ist sauber, also faltet sie die einzelnen Teile sorgfältig zusammen und legt sie für den nächsten Morgen bereit. Danach schnappt sie sich ihre Wanderschuhe und geht damit in den Hof. Die Schuhe werden geputzt und gebürstet, bis sie glänzen. Sogar die Sohlen sind restlos sauber. Trudel nimmt ihre Vorbereitungen für den Wandertag sehr ernst. Sie reckt und streckt sich wann immer es möglich ist, und denkt auch daran genügend Wasser zu trinken.

Am nächsten Morgen springt sie aufgeregt aus dem Bett. Endlich ist der Tag gekommen, auf den sie so sehnlich gewartet hat. Sie läuft die Treppe hinunter, um sich zu waschen und dann schnell wieder nach oben, um ihre Uniform anzuziehen. Sie hört ihre Mutter vergnügt vor sich hin summen, während diese das Frühstück zubereitet.

Trudel rennt die Treppe hinunter und stürmt in die Küche. Ohne zu fragen, schnappt sie sich ein ganzes Laib Brot aus der Speisekammer und verstaut dies in ihrem Rucksack. Sie stellt ihre Thermosflasche auf den Tisch, gibt ihrer Mutter einen Kuß und läuft nach draussen, um ihre morgendlichen Arbeiten zu verrichten. Es dauert nicht lange bis sie hoch roten Kopfes wieder in der Küche erscheint und sich auf die Bank neben ihren Bruder Franzl setzt.

«Hast Du nicht etwas vergessen Trudel?» fragt die Mutter.

«Warum kann Franz nicht auch mal den Tisch decken? Einfach nur heute?» fragt Trudel erbost. «Ihr wisst doch, dass heute mein Wandertag ist!»

Josefas Laune ändert sich schlagartig. Sie hört mit dem Kochen auf, geht auf Trudel zu und verpasst ihr eine gehörige Backpfeife.

«Hier spielt die Musik. Und wenn ich dir sage, dass du etwas tun sollst, dann gehorchst Du gefälligst. Oder Du gehst nirgendwo hin!»

Trudel ist schockiert und beschämt. Es ist das erste Mal, dass sie von ihrer Mutter geschlagen wird. Und dann auch noch vor ihrem Bruder. Sie steht auf, nimmt das Geschirr aus dem Schrank und fängt an den Tisch zu decken. Danach geht sie zu der Besteckschublade hinüber und nimmt Messer und Gabel heraus. Sie schielt zu ihrer Mutter hinüber. Sie kann nicht verstehen warum ihre Mutter plötzlich so streng ist. Sie will doch nur zu ihrer Jungmädelschaft. Sie kann nicht verstehen was daran so falsch ist.

Josefa setzt sich zu ihren Kindern an den Frühstückstisch. Ausser dem leichten Kratzen des Bestecks ist kein Laut zu vernehmen. Franzl schlingt sein Frühstück in sich hinein. Er ist sich der schlechten Stimmung, die in der Küche herrscht nicht weiter bewusst. Trudel stochert in ihrem Essen herum. Sie bereut ihren Wutausbruch, besonders als sie aufschaut und sieht wie ihre Mutter mit gesenktem Kopf über ihrem Teller sitzt.

Josefa übt sich in Geduld. Sie kennt ihre Tochter gut und weiß, dass Trudel ihr Benehmen bereits bereut, so wie sie es bereut, dass sie ihre Tochter geohrfeigt hat. Aber noch hat sie das sagen im Haus und die Kinder müssen Gehorsam und Respekt bewahren. Sie will, dass sich ihre Tochter ihrer Handlungen bewusst wird. Sie wird lernen müssen, sich an die Spielregeln im Haus zu halten. Alles andere ist unvorstellbar.

Trudel will einfach nur, dass alles wieder beim alten ist. Die ganze Sache tut ihr leid und sie will mit diesem unguten Gefühl im Bauch auch nicht aus dem Haus gehen. Sie weiß, dass sie sich entschuldigen muss und sammelt all ihren Mut zusammen.

«Mutter.» sagt Trudel leise. «Mutter, es tut mir leid, dass ich dich vorhin angeschrien haben. Ich wollte das nicht.»

Josefa antwortet ihr nicht. Sie isst ruhig weiter. Sie ignoriert sie nicht, sondern wartet geduldig ob Trudel noch mehr zu sagen hat.

«Mutter, es tut mir leid dass ich Dir Wiederworte gegeben habe. Es wird nicht wieder vorkommen.»

Das ist es, worauf Josefa gewartet hat. Sie wollte nicht nur eine Entschuldigung hören sondern sie wollte auch, dass ihre Tochter erkennt, wo der Fehler liegt. Was erlaubt ist und was nicht.

Das ungute Gefühl in Trudels Magengrube hat sich mit der Entschuldigung gelegt. Sie wusste genau, dass sie es für immer bereuen würde wenn sie sich nicht entschuldigt hätte. Ausserdem hätte sie wohl kaum ihren Wandertag genießen können. Die Geschehnisse beim Frühstück hätten sie sonst den ganzen Tag wie eine dunkle Gewitterwolke begleitet.

Josefa legt ihre Gabel ab und schaut ihre Tochter mit ernstem Blick an. «Sag mir bitte, warum Du mich angeschrien hast, als ich dich gebeten habe den Tisch zu decken.» fragt Josefa ihre Tochter.

Trudel denkt einen Moment nach, kann aber keine Antwort finden.

«Ich verstehe ja, dass Du es kaum erwarten kannst am heutigen Wandertag teilzunehmen, aber das bedeutet noch lange nicht, dass Du dich meinen Anordnungen widersetzen kannst. Als Mitglied der Jungmädelschaft hast Du deine Pflichten und Aufgaben, von denen ich erwarte, dass Du diese zu jederzeit gewissenhaft ausführst, aber dass gilt auch für zu Hause. Verstanden?»

«Ja Mutter.» Trudel fühlt sich ob ihres schlechten Benehmens jetzt sehr unwohl. «Es tut mir wirklich leid, Mutter. Erwachsen werden ist ganz schön schwer.» antwortet Trudel aus vollem Herzen.

«Trudel, mein liebes gutes Kind. Eines Tages, wenn du groß bist und selber Kinder hast, wirst Du verstehen, was es bedeutet Mutter zu sein. Genieße deine Kindheit mein Liebes, denn eines Tages wirst du zurückblicken und dir wünschen wieder, jung zu sein. Habe es nicht so eilig mit dem erwachsen werden.»

Josefa hatte schon immer die Gabe die richtigen Worte zu finden. Sie liebt ihre Kinder sehr und zieht sie mit einer gesunden Mischung von Disziplin und Zuneigung auf.

Trudel steht vom Tisch auf und geht auf ihre Mutter zu. Die beiden umarmen sich und Josefa flüstert Trudel ins Ohr: «Ich habe dich doch lieb, Trudel.»

«Ich dich doch auch, Mama.» Die Anspannung am Frühstückstisch ist verflogen. Die drei beenden in Ruhe ihr Frühstück.

Nach dem Frühstück räumt Trudel den Tisch ab und hilft beim Abwaschen. Als sie fertig ist, nimmt sie ihren Rucksack, ihren Wimpel und ihre Thermosflasche.

Josefa nimmt die Kletterweste vom Haken bei der Tür und zieht sie ihrem Kind liebevoll über. Sie kniet sich zu ihrer kleinen Tochter hinunter.

«Ich möchte, dass Du den heutigen Tag genießt. Lerne so viel du kannst und höre was Fräulein Schmidt zu sagen hat, ja? So, und nun los. Viel Spaß.» Josefa nimmt ihre Tochter in den Arm und küsst sie auf die Stirn.

Trudel drückt ihre Mutter ganz fest. Dann tritt sie einen Schritt zurück und hebt die Hand zum Gruß. Sie dreht sich um und rennt los. Es wird ihr Bruder Franzl sein der heute ihre Arbeiten auf dem Hof miterledigen muss. Sie hat eine neue Aufgabe und muss dem Vaterland dienen.

Fräulein Schmidt und Fräulein Brückner hatten bereits vor einem Monat damit begonnen, den Wandertag auf die Reisalpe zu planen. Die beiden hatten beim letzten Treffen das Interesse der Mädchen geweckt und diese in die weitere Planung mit einbezogen. Die Mädchen müssen schließlich wissen wie sie ihren Wimpel zu tragen haben, welche Strecke sie zurück legen werden und welche Lieder sie singen würden. Ein weiterer Grund für diesen Ausflug ist, die Mädchen mit ihrer Umgebung und der Natur vertraut zu machen. Und vor allem wie sie sich als junge Vertreterinnen des dritten Reiches zu verhalten hatten.

Die zehn Kilometer lange Rundwanderung wird am HJ Gebäude anfangen, die Reisalpe hoch bis zum Reisalpen Schutzhaus und wieder zurück. Unterwegs werden die beiden Anführerinnen den Mut, die Begabung und die Intelligenz der Mädchens immer wieder herausfordern.

Sie werden etwas über die örtlichen Lebensräume lernen und Hanni treffen, die charmante alte Milchbäuerin, die oben auf der Alp lebt.

Je nach Beschaffenheit des Geländes werden die Mädchen entweder in Einzel- oder der Doppelformation marschieren. Die Einzelformation wird zum Durchqueren kleiner Engpässe, zum Gehen auf stark befahrenen Straßen oder zum Wandern der engsten Pfade verwendet werden. Andernfalls marschieren sie in der Doppelformation. Die erste Etappe ihrer Wanderung wird von ihrem Dorf bis zu ihrem ersten Rastplatz, den Ebenwaldwiesen gehen, aber nicht ohne dass sie sich ihrer ersten Herausforderung stellen müssen.

Die beiden jungen Anführerinnen tragen die Verantwortung der gesamten Truppe. Sie sind an der Nationalen Führungsschule in Boyden in Ostpreussen ausgebildet worden. Die Sicherheit ihrer Schützlinge wird zu jeder Zeit groß geschrieben und beide Anführerinnen sind in erster Hilfe ausgebildet. Der Plan für heute ist es, die Mädchen im Wald vor ihre erste Mutprobe zu stellen. Sie sollen lernen, zusammen zu arbeiten, und dass sie sich auf sich gegenseitig verlassen können müssen.

Das wandern an der Straßenseite und in den Bergen kann gefährlich sein. Es ist nicht einfach einen heranfahrenden Traktor oder Heuwagen anzuhalten, der ohne Warnung brausend um die Ecke kommt. Auf dem Berg werden die Pfade schmaler, der Aufstieg ist steil und umgestürzte Bäume oder Geröll können den Weg versperren. Die beiden Anführerinnen waren deshalb bereits den Weg zur Sicherheit vor ein paar Wochen noch einmal abgelaufen, damit auch nichts schief geht.

Ausserdem mussten die Bergbauern um Erlaubnis gebeten werden, wenn man über ihre Wiesen und Almen wandern wollte. Umgestürzte Bäume und andere Versperrungen mussten der zuständigen Forstverwaltung gemeldet werden.

Dann stellte sich noch die Frage, wie die Mädchen am besten ihre Wimpel tragen würden. Das tragen dieser Wimpel innerhalb der Einheit symbolisiert nicht nur die neuen sozialistischen Werte sondern lehrt auch Ehrfurcht vor der Flagge. Der schwarze dreieckige Wimpel zeigt einen rot-weißen Viertel-Diamanten der von oben nach unten mit einem zentralen weißen Quadrat durchkreuzt wird, das das schräge schwarze Hakenkreuz enthält. In der oberen linken Ecke sind die Gruppen- und Mädelschaftsnummern 11/527 in weißer Schrift aufgenäht.

Auf der Rückseite des Wimpels befindet sich ein weißer Pfeil mit einer langen und einer kurzen Linie, die beide nach oben zeigen um die Stärke der Einheit zu demonstrieren. Es ist die Rune des heldenhaften nordischen Gott Tyr, Sohn des Odin, dessen Symbol die Mädchen aus der Mythologie für ihre Stärke und Eintracht ausgewählt haben. Ein Zeichen, nicht nur für Erfolg sondern auch für Selbstlosigkeit. Der spirituelle Unterton soll neue

Ebenen des Verständnisses erwecken, die durch entsprechenden Druck vertieft werden. Ein von Tyr inspiriertes Kind wird lernen, mutig voranzukommen, indem es die volle Verantwortung für sein Handeln übernimmt. Die Mädchen empfinden es als große Ehre, dieses Symbol auf ihrem Banner tragen zu dürfen.

Insgesamt soll diese erste Wanderung diesen jungen Mädchen nicht nur Zusammenhalt beibringen, sondern auch wie man sich bewusst in fremden Umgebungen verhält. Ihr Körper, Geist und ihre Seele gehören jetzt dem Reich und sie müssen jederzeit würdevoll, gehorsam und diszipliniert handeln. Diese Art von Ausflügen und Wandertagen sollen den Mädchen Selbstdisziplin durch Bewusstsein beibringen. Die Mädchen trägen nicht nur ihre eigene Ausrüstung, sondern werden auch angehalten für ihre eigene Verpflegung zu sorgen und diese, wenn nötig, auch zu teilen. Sie werden das deutsche Liedgut pflegen indem sie die Lieder nicht nur auswendig kennen, sondern auch vorschlagen und vortragen können.

Fräulein Schmidt freut sich sehr, dass Trudel und ihre Kameradinnen an diesem Sonntagmorgen vorzeitig in der Schule ankommen. Sobald alle Mädchen anwesend sind, nimmt Fräulein Schmidt den Fahnenappell entgegen. Die Mädchen stehen in Reih und Glied, heben die Hand zum Gruß und sagen ihren Treuschwur auf. Ihre Teilnahme wird im Anwesenheitsbuch verzeichnet. Danach strecken sie sich und stellen sich dann draußen vor dem Gebäude in doppelreihiger Formation auf.

Die Länge ihrer Schritte wird das Tempo ihres Marsches bestimmen, also liegt es auf der Hand, dass die beiden kleinsten Mädchen die Gruppe anführen. Und das sind Trudel und Gretchen. Dahinter die zweit kleinsten, Maria und Gretel, gefolgt von Irma und Margarete, Helga und Hanni und die beiden größten Mädchen Erika und Mitzi bilden das Schlusslicht. Fräulein Schmidt wird neben der Gruppe gehen, und Fräulein Brückner dahinter. Für die erste Etappe wird die kleine Trudel den Wimpel tragen.

Während die Mädchen noch aufgeregt auf dem Hof rumalbern, kommen schon die ersten Befehle.

«Achtung. Stillgestanden. Ausrichten.»

Die Mädchen nehmen sofort ihre Plätze ein. Sie stehen in doppelter Formation, Brust raus, Bauch rein, die Augen gerade aus. Die Arme fest zur Seite, die Schultern liegen zurück. Man kann die Konzentration auf ihren Gesichtern sehen, während sie versuchen sich an all die Kommandos zu erinnern die sie erst vor einer Woche gelernt haben. Hacken zusammen, die Zehenspitzen leicht auseinander. So stehen die da. Still, ohne sich auch nur einen Millimeter zu regen.

Und heute wird zum ersten Mal auch die Uniform und das Gepäck inspiziert. Die Mädchen müssen sowohl ihren Mitgliedsausweis als auch ihren Gesundheitspass mit sich führen. Bleistift und Notizpapier dürfen ebenfalls nicht fehlen. Danach wird noch der Proviant kontrolliert und der Inhalt einer jeden Thermosflasche. Alle müssen Wasser mit sich führen. Luxus wie zum Beispiel Saft, wenn auch von den Müttern gut gemeint, ist verboten. Alle sollen gleich sein. Es darf keine Bevorzugungen geben. Und zu guter letzt werden auch noch die Schuhe kontrolliert. Die Mädchen müssen jederzeit sauber und ordentlich auftreten.

Sobald das Aussehen der jungen Mädchen überprüft ist, treten die beiden Jungmädelschaftführerinnen zurück und die Befehle «Augen links und Abmarsch!» ertönen. Die Mädchen drehen sich gleichzeitig um neunzig Grad und schauen nach links. Fräulein Schmidt ruft «Schritt, Marsch!» und die Kolonne beginnt zu marschieren. Zusammen zählen sie ihre Schritte bis acht, wobei ihr linker Fuß zuerst mit einer Geschwindigkeit von ungefähr 116 Schritten pro Minute auf den Boden trifft, um dem Rhythmus ihres lebhaften und hellen, optimistischen traditionellen Wanderliedes «Aus grauer Städte Mauern» zu entsprechen.[77] Den Wimpel hoch dem Himmel entgegen, machen sich die Mädchen auf die Reisalpe. Ihr erster Wandertag hat begonnen.

Die JM-Anführerin marschiert die Mädchen vom Hof des HJ-Gebäudes. Die Truppe wandert singend im Gleichschritt durch das Dorf in Richtung Pfarrstraße, im Zentrum der Stadt. Wieder einmal hören Jung und Alt das bekannte Wanderlied und kommen aus ihren Läden und Häusern, um die Straßen zu säumen. Die gesamte Gemeinde kommt zusammen, um den Mädchen auf ihrem ersten Wandertag zuzuwinken.

Die Anwohner sind erstaunt über die Präzision, mit der die Kinder marschieren. Die Mädchen präsentieren sich als hätten sie eine Grundausbildung hinter sich. Ihre Finger sind ausgestreckt und ihre Daumen sind flach gegen ihre Hände gedrückt. Jedes Mal, wenn der Arm der Mädchen schwingt, wird die rechte Hand bis zu einem Punkt direkt unter dem Nabel gebracht.[78]

Mit einem breiten Lächeln und ihrem rechtem Arm pflichtbewusst ausgestreckt sieht Josefa zu, wie die Kinder an ihr vorbei marschieren. Als die Kinder ausser Sichtweite und um die Ecke bei Mohrs Gasthaus gebogen sind, senkt sie bestürzt ihren Arm. Dennoch hört sie weiterhin ihre hellen Stimmen durch das Dorf schallen. «…wir fahren in die Welt.» singen sie gerade, wahrscheinlich mit einem breitem Lächeln auf ihren Gesichtern.

Als Josefa sich wieder ihrer Arbeit zu wendet, ist ihr Lächeln bereits verschwunden. Die Sorge, die Melancholie und die Verzweiflung, die sie in diesem Augenblick verspürt, wird nie jemand zu sehen bekommen, das hat sie sich geschworen.

---

[77] Aus Grauer Städte Mauern - Pfadfinderlied 1925
[78] Franz Kerschner

Trudels beeindruckende Gabe der Phantasie blüht bei diesen Treffen immer wieder auf, egal ob die Kinder Banner machen, neue Lieder lernen oder marschieren. Diese Aktivitäten verbinden sie mit dem nationalen Gemeinschaftsgeist. Trudel geht in ihrer neuen, scheinbar uneingeschränkten Welt begeistert in ihrer Schwesternschaft und dem Gesang auf. Sie begrüßt ihr neu gewonnenes Selbstbewusstsein. Sie verspürt einen inneren Funken. Sie sieht sich nicht mehr als junges Mädchen an, sondern als angesehenes Jungmädchen, das auserwählt worden ist, ihrem Land und ihrem Führer zu dienen. Ihr Paradigma wechselt von ihrem kindlichen „Selbst" zu einer Identität, die in «einer Einheit» zusammengefasst ist. Das leicht zu identifizierende gestickte schwarz-weiße Dreieck auf ihrem linken Oberarm zeichnet sie als zugehörig zum Raum Niederdonau aus. Alles an ihr, sogar ihre langen schwarzen Zöpfe, scheint eine Erweiterung der erforderlichen Kleidung geworden zu sein, die sie jetzt so stolz präsentiert. Trudels Uniform verbindet sie mit den Millionen anderer junger Mädchen in ganz Deutschland, die im Bund Deutscher Mädel dienen.

Trudels handgemachter Wimpel repräsentiert ihre neuen Ideale. Schwarz bedeutet Entschlossenheit. Rot steht für Härte, Stärke und Mut. Weiß symbolisiert Reinheit und Treue. Sie geht sorgfältig mit diesem Symbol ihrer neuen Prinzipien um.

Sie würde es niemals zulassen, dass ihr Wimpel über den Boden schleift oder diesen auch nur berührt. Der Wimpel wird zu jeder Zeit in aufrechter Position, in einem Winkel von nicht mehr als 45 Grad getragen. Trudel ist verpflichtet, ihren Wimpel um jeden Preis zu schützen. Sie wird nicht zulassen, dass dieses Symbol der neuen Gesinnung in irgendeiner Weise zerrissen, verschmutzt oder beschädigt wird. Sie hat diesen Wimpel mit ihren eigenen Händen gefertigt und geschworen, diesen für den Rest ihres Lebens zu achten.

Langsam, aber sicher und ohne sich dessen bewusst zu sein unterwirft Trudel ihren Willen und ihren Charakter den neuen Doktrinen, und zwar indem sie ein gewisses Maß an Kontrolle über ihr Leben aufgibt und als Gegenleistung dafür Nervenkitzel, Abenteuer und ein solides Selbstwertgefühl erfährt. Die Teilnahme in der JM bewirkt eine Wandlung von einem relativ sorglosen Kind, das bisher glücklich durch die Landschaft tummelte, zu einem Kind, das schon früh bereit ist, die Verantwortung für sich und ihre Gruppe zu übernehmen.

Ihr neues Leben wird von einer autoritären Herrschaft bestimmt. Herausforderungen kommen aus einer bisher unbekannten Richtung und die Führung erfolgt durch eine einzige Befehlskette, einer einzelnen Tolitarität. Josefa weiß, dass ihre schnell zu beeindruckende Tochter den totalitären

Charakter der nationalen Bürokratie, die ihren Willen steuert, nicht wahrnimmt.

Die unkomplizierten Anweisungen der JM-Führerinnen vermitteln diesen jungen Mädchen das praktische Allgemeinwissen, das sie zu diesem Zeitpunkt brauchen, um sich durch die Leistungen und Erfolge der Gruppe selbst zu verwirklichen. Die beiden Führerinnen sind direkt dafür verantwortlich, die Mädchen so zu erziehen, dass sich diese ihres eigenen Verhaltens bewusst sind, die Auswirkungen ihres Verhaltens auf ihr Umfeld, dass sie sich um ihre Uniformen zu kümmern und über ihre Landsleute zu wachen haben.[79]

Die bevorstehende Wanderung wird den Mut, die Ausdauer und die Kraft der jungen Mädchen auf die Probe stellen. Immerhin ist die Wanderung auf die Reisalpe nichts für schwache Nerven. Die Hindernisse vor ihnen werden dabei helfen ihren Charakter, ihre Belastbarkeit und ihre Führungsqualitäten zu bewerten. Die Begeisterung der Mädchen für das bevorstehende Abenteuer ist groß, da sie die Vertrautheit ihrer eigenen Umgebung hinter sich lassen.

Am Ende des Liedes lässt Fräulein Schmidt die Gruppe anhalten. Die Mädchen hören sofort auf zu marschieren und beenden ihren Schritt auf dem linken Fuß. Danach befiehlt sie «Rührt Euch!» und die Mädchen treten aus der Reihe. Sie plaudern und lachen. Kaum zu glauben wie diszipliniert die Mädel noch vor einer Minute gewesen waren, wenn man sie so lachen und scherzen sah. Die beiden JM-Führerinnen erlauben den Mädchen, sich noch einen Moment auszutoben, bevor sie die schwierige Wanderung durch den Wald beginnen. Fräulein Schmidt macht die Mädchen auf sich aufmerksam, indem sie in die Hände klatscht und ihnen signalisiert, sich um sie zu versammeln. Zwei Erwachsene und zehn Mädchen sind gerade in das Dickicht eines dicht bepflanzten Buchen- und Fichtenwaldes eingetreten, in dem es nur so von magischen Legenden, Zwergen, Jägern und Höhlen wimmelt.

Die Gutensteiner Alpen sind eine Gebirgsgruppe der Ostalpen. Sie bilden den nordöstlichsten Teil der Nördlichen Kalkalpen, in dem Höhen über 1000 m erreicht werden. Höchster Gipfel ist die Reisalpe (1399 m).[80] In der vielfältigen Flora dieser Alpen leben unzählige kleine Tiere in ihrer natürlichen Umgebung ebenso wie die natürlichen Feinde, die ihnen nachjagen. Es ist sogar vorgekommen, dass Rehe von Wölfen angegriffen wurden und halb gefressene Kadaver aufgefunden wurden, während Bären in der Nähe der Berghöhlen über ihre Jungen Wache stehen.

---

[79] Gertrude Hödlmaier
[80] Gutensteiner Alpen

Die jungen Mädchen sind bereits tief in den Wald eingedrungen und müssen sich jetzt aufeinander verlassen um voranzukommen.

Eine grün-weiß gestrichene Markierung auf einem gealterten Lärchenbaum kennzeichnet den Weg, der von der Straße zu den offenen Wiesen in Ebenwald führt. Die Mädchen treten zwischen zwei dicht beieinanderstehenden Bäumen in den Wald ein. Ein paar Schritte später ist das leuchtende Grün der Wiese bereits verschwunden und unter ihren Füssen liegt ein Teppich von Tannennadeln, Moos und Baumwurzeln. Auf beiden Seiten des Grades neigt sich der Boden über 100 Meter scharf nach unten, während die Wurzeln der Laubbäume ihn an Ort und Stelle halten. Dieser lange, gewundene Kamm aus geschichtetem Sand und Kies wurde vor über zwanzigtausend Jahren in den eisigen Tunneln von Bächen gebildet, die innerhalb und unterhalb der massiven Gletscher flossen.

Der Weg zieht sich durch den Wald als wäre kein Ende in Sicht. Je tiefer es in den Wald hinein geht, desto enger wird es. Ein paar dünne Sonnenstrahlen filtern durch den Baldachin und beleuchten den Boden darunter. Während die Mädchen den Wald durchqueren werden sie ermutigt, ihre Fantasie zu nutzen und neue Spiele zu erfinden oder Lieder zu singen die über die Natur lehren.

Einer der Sonnenstrahlen trifft Hanni direkt ins Gesicht. Sie hebt die Arme in Höhe, streckt ihr Gesicht der Sonne entgegen und fängt an sich zu drehen. Die anderen machen es ihr nach. Wem zuletzt schwindelig wird, der hat gewonnen. Die beiden JM-Führerinnen beobachten die Mädels und ihr neues, spontanes Spiel.

Der Pfad verengt sich weiter, als er den Hang hinauf führt. Der Boden ist jetzt nass und steinig. Die Mädchen müssen sich nach vorn lehnen um den Hang zu erklimmen. Links vom Weg rieselt ein kleiner, glitzernder Bach den Berghang hinunter. Braune Buchenblätter bedecken den Waldboden und machen ihn schlüpfrig. Im Schatten wachsen dekorative Tüpfelfarne, deren haarige Ableger dem Boden entlang kriechen. Mutter Erde liefert kalkhaltigen Boden, auf dem sich zwischen den Farnen auch Trauben jungen, wilden Ingwers ernähren. Die Mädchen erreichen die Spitze des Hügels und gehen auf der anderen Seite wieder hinunter, bis sie zu einer tiefen Rinne im Boden kommen. Nach starken Regenfällen strömt das Wildwasser hier zwischen den beiden Berghängen tobend bergab und schneidet dabei den großen Graben immer weiter aus. Als die Mädchen am Ufer des Wildbaches stehen, können sie deutlich sehen, dass diese Depression ziemlich tief und nicht zu überspringen ist.

Hier wurde die Legende vom Schneidergraben geboren. An dem Tag, als der örtliche Jäger Herr Schneider zusammen mit seinem gerade gewonnenen Preisgeld versucht hatte nach Hause zu kommen, bekam der Graben seinen Namen. Er musste die Brücke, die hier einst stand, bei

Hochwasser überqueren. Plötzlich öffnete sich der Himmel und ein Blitz krachte durch den Baldachin. Es regnete so stark, dass Herr Schneider nichts mehr sehen konnte. Als er mittig über dem Fluss war, schoss eine schwere Sturzflut durch den Graben herab und riss die Brücke mit sich. Schneiders Leiche wurde einen Tag später im Halbach gefunden Ein Denkmal sowie ein handgemaltes Bild von Jesus am Kreuz markiert die Stelle, an der er getötet wurde.

Die Gruppe versammelt sich und legt eine Strategie fest, die es ihnen ermöglicht den Fluss sicher zu überqueren. Ihr Plan ist es, gefallene , dünne Stämme und Äste zu sammeln und sie dann mit Schnur zusammenzubinden. Sie werden einen Steg bauen, ihn über den Fluss schlagen, sichern und so die andere Seite erreichen.

Die beiden JM-Führerinnen hatten das Problem bereits bei ihrer Begehung erkannt und kamen gut vorbereitet. Mit genügend Schnur und einem langen Seil.

Alle, außer Trudel, die den Wimpel nicht unbeaufsichtigt lassen darf, huschen durch den Wald, um Material zu sammeln. Sie kehren zurück und beginnen mit dem Zusammenbau eines einfachen Brückenrahmens, indem sie zwei lange, dünne Baumstämme auf den Boden legen. Dann werden kleinere Äste und Stöcke mit Schnur verbunden. Die Mädchen weben die Schnur auf beiden Seiten über und unter den Ästen hindurch und befestigen die Querstücke so an dem Astrahmen.

Die nächste Herausforderung besteht darin, die Brücke in Stellung zu bringen, ohne dass sie bricht oder in den Graben fällt. Fräulein Schmidt zeigt auf einen großen Stamm, der direkt über der Rinne hängt. Sie bindet ein Ende ihres Seils an einen Stein fest und wirft es über zu dem Stamm hinüber. Der baumelnde Stein schwingt hin und her, während er sich über den Graben senkt. Mit einem anderen Stock greift Fräulein Brückner nach dem Stein und zieht ihn zu sich zurück. Sie löst den Stein und sichert dann das Ende des Seils in der Mitte der Brücke.

Vorsichtig ziehen die Mädchen am anderen Ende des Seils und heben ihre provisorische Brücke nach oben. Dann schwingen sie diese nach außen zum Rand des Grabens. Mit einigen feinen Manövern wird das Seil ausgelassen und die Brücke fällt in Stellung. Die beiden Ufer sind jetzt miteinander verbunden und die Mädchen klopfen sich gegenseitig auf die Schultern.

Fräulein Schmidt überquert als erstes die Brücke, um sicherzustellen, dass diese das Gewicht der Mädchen auch tragen wird. Sie löst das Seil und ermutigt dann die Mädchen den Steg zu überqueren. Die Mädchen folgen ihr, eine nach der anderen, langsam und vorsichtig, wie Seiltänzer. Sie sind entschlossen nicht zu fallen. Während sich die Mädchen siegreich umarmen, rollt die Anführerin das Seil auf und steckt es in ihren Rucksack zurück. Die

Truppe hat gerade die Überquerung des legendären Schneidergrabens gemeistert![81]

Der Pfad geht jetzt diagonal zur Leeseite den Berg hinauf. Er ist eng und schmal. Die Mädchen gehen hintereinander. Sie bilden eine Reihe und bleiben, wie geheißen, dicht zusammen. Durch die dicht bewachsenen Bäume können sie hier und da einen Blick auf das Tal tief unter ihnen erhaschen.

Der Pfad macht eine Wende nach links und führt steil auf das nächste Hochplateau hinauf, bevor er sich wieder weitet. Jetzt können die Mädchen bereits das saftige Grün der Ebenwalder Wiese sehen. Sie laufen aufgeregt los.

Auf der Wiese angekommen machen sie 15 Minuten Pause. Sie lassen sich die Sonne ins Gesicht scheinen, trinken ein paar Schlucke Wasser und essen ein Scheibe Brot. Sie sprechen über ihre bisherigen Erlebnisse und Erfolge. Trudel nimmt sich einen Moment Zeit und schreibt in ihr JM Tagebuch:

Wer recht in Freuden wandern will, der geht der Sonne entgegen.
Da ist der Wald so kirchenstill, kein Lüftchen mag sich regen.
Noch sind nicht die Lerchen wach, nur im hohen Gras der Bach
singt leise den Morgensegen.
Die Sonne scheint heute besonders hell, als wir die Straße entlang marschieren und dieses Wanderlied sangen. Unser Land, unser Wald, unsere Wiesen rufen uns geduldig aus der Ferne zu. Nichts als blauer Himmel liegt vor uns, während die Wolken friedlich über uns schweben. Mit meinen Kameradinnen sehe ich meine Heimat in einem neuen Licht. Nie zuvor habe ich die kleinen Wunder gesehen, die magisch vor meinen Augen erscheinen. Ich frage mich, ob meine Kameradinnen auch sehen können was ich sehe. Als wir uns dem Weg näherten, durften wir uns ausruhen und unsere Umgebung genießen. Ich wanderte den Pfad entlang und bewunderte den wunderschönen Wald. Als sich meine Truppe dem Graben näherte, kamen wir zusammen und fanden eine Möglichkeit den Graben zu überqueren. Wir bauten eine große Brücke und überquerten den Graben. Auf dem ersten Hügel angekommen, hatten wir den allerschönsten Anblick auf die Wiese und den Wald. Hier haben wir dann unsere erste Rast gemacht.»

---

[81] Schneidergraben

Die Mädchen sitzen auf einem alten umgefallenen Baumstamm. Fräulein Brückner nutzte die Pause um den Mädchen die in der Nähe wachsenden Gräser und Blumen zu erklären. Sie fängt mit dem kleinen Holunderbusch an, der am Wiesenrand blüht. Sie nimmt eine der weißen, sternförmigen Blüten vom Busch und zeigt sie den Mädchen. Sie belehrt die Mädchen über die Heil- und Nebenwirkungen der Pflanze. Sie weist auf den feinen gelben, pudrigen Pollen auf dem Staubblatt hin, der vom mittleren Knoten der fünfteilig gefiederten Blüte ausgeht.[82] Sie erklärt, wie man aus diesen Blüten Saft machen kann. Ungepflückt verwandeln sich die Blüten, durch einen als Bestäubung bezeichneten Prozess, in Beeren. Und wie sich die von den Bienen befruchteten Blüten in Holunderbeeren verwandeln, die dann Ende August reif sind. Wie sie dann eine dunkle Farbe annehmen und mit heißem Wasser und Zucker aufgekocht zu Saft oder Sirup verarbeitet werden können. Oder auch zu Marmelade oder Gelee. Sie erklärt auch, dass die Holunderbeeren einen hohen Vitamingehalt haben und eine gesunde Ernährung unterstützen. Die gesamte Pflanze kann zur Herstellung eines heißen medizinischen Tees, zur Behandlung von Bronchitis, Husten, Erkältungen und Fieber verwendet werden. In der Tat wird die Holunderpflanze in Europa seit Hunderten von Jahren verwendet um das Sehvermögen zu verbessern und das Immunsystem zu stärken. Es wurde auch als mildes Abführmittel verwendet, um Entzündungen der Harnwege und der Blase zu reduzieren. Aber sie warnt die Kinder auch. Zu früh gepflückt, wenn die Beeren noch grün sind, ist die Pflanze hochgiftig. Sie weist darauf hin dass alle Stile und grünen Beeren entfernt werden müssen und die reifen Beeren bei mindesten 80 Grad C gekocht werden müssen, bevor sie ihr Gift verlieren.

Als die Pause vorbei ist, legt Trudel ihr Tagebuch und ihren Bleistift zurück in ihren Rucksack. Als sie sich aufmacht, um sich wieder in die Marschaufstellung einzureihen, fällt ihr Auge noch auf ein Gruppe Rehe, die am Waldrand äsen. Sie genießt noch kurz den Anblick, bevor die Gruppe sich auf den Weg macht. Diesmal ist es Gretchen, die den Wimpel trägt.

Die Gruppe setzt ihre Wanderung in südlicher Richtung fort. Sie wandern jetzt in doppelter Formation, vorbei an dem Milchhof der Grasser Familie und betreten erneut den Ebenwald. Innerhalb einer halben Stunde kommen sie an der Wegkreuzung zum Hochstaff an. Auf der Lichtung angekommen, biegt die Gruppe nach rechts auf den blau und doppelt weiß markierten Weg ab. Nachdem sie die erste Kurve umrundet haben, sehen sie die alte Hinteralm Hütte vor sich.

Dort lebt Hanni, die sechsundachtzigjährige Sennerin, die in diesem Moment gerade damit beschäftigt ist das Geschirr ihrer vorherigen Gäste

---

[82] Natural History Museum

wegzuspülen. Wandersleute, die bei ihr hereingeschaut haben, um sich eine Erfrischung zu holen. Als sie die Gruppe der singenden, zünftig heranmarschierenden Mädchen hört, wischt sie sich die Hände an ihrer Kittelschürze ab und tritt vor die Tür.

Die herannahenden Mädchen erblicken die kleine, stämmige alte Frau, den geflochtenen Zopf zu einem Kranz aufgesteckt, wie sie auf ihrer Veranda steht. Sie winkt den Mädchen einladend zu. Ihr blauer Rock, mit weißem Enzianblüten bestickt hängt fast bis zur Wade. Ihre Beine sind in graue selbstgestrickte Wollsocken gesteckt sowie derbe Arbeitsschuhe aus Rindsleder. Eine grobgestrickte Jacke hält sie warm. Ein Kopftuch verdeckt ihr graues Haar und ihre hohe Stirn. Die buschigen, grauen Augenbrauen schweben über ihrer hervorstehenden Nase und den geröteten Wangen. Abgesehen von ihren Falten strahlen ihre weichen, grünen Augen ein sanftes und kluges Gemüt aus. Sie teilt ihr freundliches breites Lächeln gerne mit diesen Neuankömmlingen. Sie könnte durchaus jedermanns Großmutter sein.

Hanni hält sich an einem Handlauf fest, als sie vorsichtig die Holztreppe herunter steigt und das üppige Hochalpengras betritt. «Willkommen Kinder! Ich freue mich, dass ihr es auf die Alm geschafft habt.»

Die Mädchen gehen nacheinander auf Hanni zu, knicksen, stellen sich vor und wechseln ein paar Worte mit ihr. Als sie alle Mädchen begrüßt hat, zeigt sie kurz auf den langen Trog in den frisches Quellwasser fließt. «Dort könnt ihr eure Wasserflaschen auffüllen. Lasst mich hinein gehen und euch eine kleine Vesper zubereiten.»

Die beiden Jungmädelschaftführerinnen lehnen dankend ab, aber Hanni besteht darauf. Sie scheint es nicht gewohnt sein, dass jemand ihre Gastfreundschaft ablehnt. Fräulein Schmidt willigt zu guter Letzt doch noch ein und bittet Irma und Margarete der alten Frau zu helfen.

Die anderen Mädchen haben auf den langen Bänken vor der Hütte Platz genommen und bereiten sich auf ihre nächste Lektion vor. Gretchen lehnt den Wimpel vorsichtig gegen einen Zaunpfeiler.

Gegenüber der langen Bänke befindet sich eine saftige Weide mit etwa dreihundert Kühen. Einige sonnen sich in der Mittagsonne, während die Kälber glücklich um sie herum springen. Andere stehen und kauen zufrieden an dem saftigen Gras. Ausserdem ist das kontinuierliche Läuten einer Glocke zu hören. So wird die Leitkuh erkannt. Lediglich ein Holzzaun trennt die friedlichen, glücklichen Kühe von der Hütte der Sennerin. Einige Mädchen haben noch nie so viele große Tiere aus der Nähe gesehen. Sie sind froh, dass sie auf Hannis Hinteralm eine Pause einlegen dürfen.

Die Mädchen unterhalten sich untereinander, bis Fräulein Schmidt in die Hände klatscht und so die Aufmerksamkeit auf sich zieht. Schnell nehmen sie ihre Notizbücher und Bleistifte aus ihren Rucksäcken um Notizen zu machen.

«Wie ihr sehen könnt, besteht die Herde hier aus verschiedene Kühen. Die Weißkopfrinder heißen Fleckvieh und wurden im frühen 19. Jahrhundert aus der Schweiz nach Bayern und Österreich importiert. Sie werden hauptsächlich für die Milchproduktion aufgezogen. Ihr Fell ist entweder ein festes Braun oder sie haben weiß-braune Flecken. Die anderen Kühe die wir hier sehen, werden als Murbodner bezeichnet.

Das sind Milch- und Fleischkühe, die häufig auch als Zugtiere verwendet werden. Ihr Fell variiert von gelblich bis hellrot, mit tieferen roten Bereichen um die Hörner, Augen und entlang der Nase. Ein ausgewachsener Stier dieser Rasse kann bis zu 1100 Pfund wiegen. Die Kuh wird ihr erstes Kalb bekommen, wenn sie vierundzwanzig Monate alt ist. Die Kälber wiegen bei der Geburt ungefähr achtundachtzig Pfund. Diese Tiere haben ein gelehriges Temperament und sind durch ein ausgewogenes Verhalten bekannt, wenn sie Teil einer Herde sind. Es ist jedoch nicht ratsam, einfach auf sie zu zugehen und zu streicheln, da sie bei jeder plötzlichen Bewegung aufbrausen können. [83]

Während Trudel alles sorgfältig aufschreibt nimmt sie plötzlich den Geruch von gebratenen Würstchen war. Ihr knurrt bereits der Magen.

«Erinnert ihr euch noch an den Almabtrieb vom letzten Herbst?» fragt Fräulein Brückner. «Diese Kühe hier sind genau die, die damals am Almabtrieb teilgenommen haben. Mit ihrem Kopfschmuck und ihren Glocken. Jedes Jahr im Frühjahr werden sie dann wieder auf die saftige Alm getrieben und verbringen den Sommer hier.»

Während die JM Führerin in weitere Erklärungen ausbricht, muss Trudel an das erste Mal zurück denken, als sie die Ankunft der Kühe unten im Dorf miterleben durfte. Es war 1931. Sie war damals vier Jahre alt. Emmerich, ihr Vater, hatte sie damals auf seinen Schultern getragen, damit sie besser sehen konnte, als die geschmückten Kühe durch die Straßen zogen. Und was für ein Freudenfest als die dreihundert Tiere starke Herde unter Hannis Aufsicht von der Reisalpe abstieg. Das Läuten der Kuhglocken kündigte die Ankunft schon von weitem an. Das ganze Dorf war zusammen gekommen und säumte die Straße. Auf der Festwiese waren Tische und Bänke zusammengestellt, ein Fass wurde angestochen und am Abend spielte die Blaskapelle zum Tanz auf. Die Leitkuh war besonders prächtig geschmückt. Mit Blumen von den örtlichen Wiesen, Enzian, Edelweiß und anderem Grün.

Die Dorfbewohner trugen zur Feier des Tages ihre traditionellen Trachten. Trudel konnte sich an das Schauspiel erinnern, als wäre es gestern

---

[83] Franz Kerschner

gewesen. Das knarren der Hüttentür riss sie aus ihren Gedanken heraus.
Hanni, Irma und Margarete kamen mit riesigen Holzbrettern vollbeladen mit
Brot, Butter, eingelegten Gurken, Käse und Hannis berühmten
Bratwürstchen aus der Hütte und stellen diese auf die langen Tische.

Die alte Sennerin fühlt sich bei bester Gesundheit und teilt freudig das
Essen aus. Trudel muss an die Vorkommnisse beim Frühstück zurück
denken und für einen kleinen Moment plagt sie der Gedanke wie töricht sie
sich ihrer Mutter gegenüber verhalten hat. Aber dieser Gedanke verfliegt, als
sie einen Teller mit Brot und einer Bratwurst gereicht bekommt. Trotz ihres
Hungers warten die Mädchen geduldig, bis alle ihr Essen vor sich stehen
haben. Dann reichen sie sich die Hände und senken die Köpfe zum Gebet:

> Für die Erde die uns unsere Samen gibt,
> Für die Sonne die sie reift.
> Die liebe Erde, die liebe Sonne
> Wir werden dir immer
> gedenken.

Während des Essens schwatzen die Mädchen aufgeregt über ihren
Aufstieg auf die Alm. Danach helfen sie, den Tisch abräumen und nehmen
dann ihre Notizbücher noch einmal aus ihren Rucksäcken und hören
aufmerksam zu was Fräulein Schmidt ihnen als nächstes zu erklären hat.

«Kleinzell liegt in der Region Niederdonau, ein Teil der Ostmark. Der
regionale Leiter unserer Region heißt Roman Jäger. Er hat das Sagen in
unserem Gau. Wir müssen seinen Anordnungen Folge leisten!»

«Ihr sollt Euch Notizen machen. » befiehlt sie mit autoritärer Stimme.
«Ich werde Euch jetzt noch etwas mehr über Kleinzell erzählen. Passt gut
auf. Ich werde euer Wissen später noch einmal überprüfen.»

«Unser wunderschönes Land ist von einem Kalksteingebirge namens
Gutensteiner Alpen umgeben und in diesen Bergen befindet sich ausserdem
ein großes unterirdisches Höhlensystem. Das Einkommen unseres kleinen
Dorfes wird hauptsächlich durch Holzwirtschaft, Landwirtschaft und
Tourismus erwirtschaftet. Und all das wurde nur durch die Hilfe unseres
Führers möglich. Für viele Jahre nach dem Ersten Weltkrieg waren auch die
Menschen in unserem schönen Dorf ganz ohne Arbeit.»

«Unsere eigentliche Geschichte beginnt bereits vor über zehntausend
Jahren, in der Zeit, als in diesen Bergen noch primitive Menschen lebten. Da
Fleisch überlebenswichtig war, widmeten sich die Männer der Jagd und der
Versorgung ihrer Familien. Sie verstanden die Sprache der Tiere. Die Frauen
kümmerten sich um die Familie und ihre Unterkünfte. Sie wurden geschätzt,
weil sie die Quelle neuen Lebens waren.»

«Während der Regierungszeit von Kaiser Hadrian, im ersten Jahrhundert nach Christus, ließen sich die römischen Soldaten in Aelium Cetium nieder, das heute als St. Pölten bekannt ist. Damit begann das Zeitalter des Römischen Reiches, das bis zu seiner Auflösung 1806 andauerte. [84] Die Römer entdeckten als erste die heilenden Quellwasser im Salzerbad.»

«Auch während der turbulenten Zeit der schwarzen Pest, den napoleonischen Kriegen und der Ereignisse von 1849, blieb Kleinzell irgendwie verschont. [85] 1887 war der Bau des Salzerbades abgeschlossen. 1898 wurden dann auch Schutzhütte und Herberge auf der Reisalpe eröffnet.»

«Die Habsburgerzeit begann 1276. Sie dauerte mehr als sechshundert Jahre an, bis zum Zerfall der Monarchie 1918, zum Ende des Ersten Weltkriegs. Zu diesem Zeitpunkt trat Kaiser Karl der Erste zurück. Bereits am Tag nach seinem Rücktritt wurde die deutsch–österreichische Republik ausgerufen, [86] die sich dann innerhalb eines Jahres in die Republik Österreich umbenannte.»[87]

« Im ersten Weltkrieg jedoch wurde auch unsere Region von der Zerstörung nicht verschont. Was viele von Euch wahrscheinlich nicht wissen ist, dass das Salzerbad als Internierungslager für meist amerikanische Offiziere diente. Einer der berühmteren Insassen war der amerikanische Major Clarence M. Young, der dort für fünf Monate festgehalten wurde.[88] Das Salzerbad bekam seinen guten Ruf weil die Kriegsgefangenen dort gut behandelt wurden. Heute ist es wieder als Kurbad bekannt.»

Trudel hat nicht nur begeistert zugehört, sie hatte sich auch viele Notizen gemacht. Das Mädchen hatte schon immer eine Vorliebe für Heimatgeschichte. Sie hat heute viel gelernt.

Nachdem die Lektion von Fräulein Schmidt beendet ist, legen die Mädchen ihre Notizbücher wieder in ihre Rucksäcke zurück. Viele von ihnen haben bei der Erwähnung der Heimatgeschichte noch nicht einmal richtig zugehört. Für sie war Kleinzell nur ein kleines langweiliges Dorf, das sie so schnell wie möglich verlassen wollen, sobald sie alt genug sind. Sie nehmen sich jedoch ein wenig Zeit mit Hanni zu plaudern, erzählen ihr stolz von all dem was sie als Jungmädels bereits gelernt hatten und hören dann gespannt zu, als Hanni beginnt aus ihrem Leben zu erzählen.

«Als ich ungefähr in Eurem Alter war, Kinder, nahm mein Vater meine Mutter und mich mit zu einem Spaziergang hier herauf auf die Alm. Hier

---

[84] Heiliges Römisches Reich
[85] Maria Pannik
[86] Deutsch-Österreich
[87] Republik Österreich
[88] Raymond Henle

oben, genau an dieser Stelle angekommen waren, zeigte er auf diese schöne, offene Weide zwischen dem Hochstaff und der Reisalpe. Er sagte, wie sehr er diesen schönen Berghang liebte und wie er eines Tages hierher ziehen und sich um das Vieh kümmern wollte. Im folgenden Jahr fällten er und seine Holzfällerfreunde hier in der Nähe eine Reihe große Kiefern. Daraus haben sie dann diese Hütte gebaut und ich habe seit jeher jeden Sommer darin verbracht.

«Bist du denn immer alleine?» fragte Grete. «Kümmerst Du dich um alles selbst?»

«Nicht immer.» antwortet Hanni. «Mein Sohn wohnt in dem Hof unter uns und kommt herauf, um nach mir zu schauen. Er hilft oft mit. Er ist ein guter Junge.»

«Sind dies hier alle Deine Kühe?» fragt Trudel.

Hanni musste lachen. «Nein Kinder. Die Kühe gehören alle der Bauer Familie unten im Dorf. Meine Söhne und ich stehen im Dienst bei den Bauers. Ich bin für das Melken zuständig und meine Söhne sind die Hirten. Mein Mann hat sich früher auch um das Vieh gekümmert, ist aber vor einiger Zeit verstorben. Ich stehe jeden Morgen vor Sonnenaufgang auf, trinke meinen Tee und esse mein Brot. Dann nehme ich meinen Eimer Salz, lasse die Hühner aus ihrem Stall und rufe nach dem Vieh. Ihr solltet mal sehen, wie die rennen, wenn ich «Kommt, kommt!» rufe.» lacht die alte Sennerin mit ihrem tiefen, lustigen Lachen. «Zusammen laufen wir dann, die Kühe und ich, zwei Kilometer die Almwiesen entlang, wo sie den ganzen Tag grasen. Ich werfe das Salz auf die umliegenden Felsbrocken und sie lecken es ab. Dann gehe ich zurück nach Hause, um mich auf die Wanderer vorzubereiten, so wie euch, liebe Kinder! » Die Sennerin strahlt die Mädchen mit einem breiten Lächeln an. «Das ständige Auf und Ab hält mich gesund.»

«Warum wird diese Alm den Hinteralm genannt?» fragt Mitzi

«Nun Kind, das ist doch ganz einfach. Mit richtigem Namen heisse ich Johanna Hinterleitner. Alle nennen mich Hanni. Mein Vater hat die Alm die Hinteralm genannt, damit der Familienname auch dann noch weiterlebt, wenn ich schon lange nicht mehr bin. Hinter für Hinterleitner und was eine Alm ist wisst ihr ja. Und wenn man das schönste Fleckchen der Erde bewohnt, dann ist es doch nur richtig, dass man es mit einem Namen verewigt.»

Die kleine Erika schlingt spontan ihre Arme um Hanni. «Es ist so wunderschön hier oben. Ich wünschte, dass ich für immer hier bleiben könnte.»

«Nun sei Mal nicht traurig, Mädel. Euer Leben fängt doch gerade erst an. Ihr habt noch viele Abenteuer vor Euch. Schaut mich doch einmal genau an. Ich bin eine alte Frau. Ihr habt noch viel zu erleben.»

111

«Aber hast Du denn keine Angst so alleine hier oben? Wer passt denn auf Dich auf?» fragt Marie besorgt.

«Ich habe mein ganzes Leben lang auf Gottes schöner Welt gewohnt. Ich bin mein ganzes Leben lang eine Sennerin gewesen. Ich komme jeden Sommer hierher und genieße Gottes Schöpfung und seine Geschöpfe. Im Winter dann begebe ich mich wieder in den Schoß meiner Familie. Gott hat mich immer gut behütet. Ich bin nie ernstlich krank gewesen, habe immer frische Luft um mich und reines Quellwasser zu trinken. Der liebe Gott hat das so gewollt. Also macht euch um mich keine Sorgen, ich bin mit Gottes Segen auf dieser Erde gewandert. Mir hat es nie an etwas gefehlt und ich habe alles was ich brauche. Aber ich möchte dass ihr mir etwas versprecht. Wollt ihr das?»

Die Mädchen nickten allesamt mit den Köpfen, gespannt auf das was die Hanni von ihnen abverlangen würde.

«Ich möchte, dass ihr euer Leben genießt, mit allem was es Euch zu bieten hat. Lernt fleißig und seit eins mit der Natur. Und genießt eure Jahre, denn die Zeit geht schnell vorbei und bevor ihr euch verseht seit ihr plötzlich alt und dann ist es zu spät, und ihr fragt euch wo die Jahre geblieben sind.» Hanni gluckst vor sich hin, in der Hoffnung dass die Mädchen die Bedeutung ihrer Worte verstanden haben.

Trudel bekommt wegen der Aussage große Augen. Hatte ihre Mutter heute Morgen nicht genau das gleiche gesagt?

«Und eins will ich euch noch mit auf den Weg geben.» sagt Hanni. Sie legt eine kleine Pause ein und schaut die Mädchen dann ernst an. «Und wenn es im Leben einmal schwer wird und alles nicht ganz so gut ist wie ihr es euch wünscht, dann reißt euch zusammen und geht dadurch. Alles in seinem Leben hat seinen Sinn. Ihr werdet schon sehen. Ihre seit Kleinzeller Mädchen und aus starkem Holz geschnitzt. Gebt niemals auf. Und vertraut auf Gott. Der wird Euch beschützen. Versprecht ihr mir das?»

Trudel ist beeindruckt. «Können wir dich als unsere neue Großmutter adoptieren? »

Die anderen Mädchen nicken ihr zustimmend zu.

«Warum denn nicht.» lacht die Hanni. «Und jetzt wo ihr alle meine Enkelkinder seid, kommt, lass mich Euch noch schnell meine Hütte zeigen.» Die Mädchen stehen auf und treten eine nach der anderen in die Almhütte hinein. Die Hütte ist einfach gehalten. Sie ist mittelgroß, hat zwei große Räume vorne und eine Vorratskammer und einen Stall dahinter. Sie ist aus gefrästem Schwarzkiefernholz gebaut, das horizontal über eine Holzrahmenkonstruktion genagelt ist und steht auf einem Fundament aus Zement. Die Türen und Fensterläden sind in hellem Waldgrün gehalten und spiegeln die natürliche Umgebung wider, während die rot gestrichenen

Rahmen einen kontrastierenden, dekorativen Akzent setzen. Die dunkelbraun gebeizten Verzierungen um die Fensterrahmen runden die Dekorationen ab. Die Hölzer der Hütte sind aussen mit einem dunklen Schellack gebeizt, der verhindert, dass sich Schädlinge in das Holz fressen. Unter jedem Fenster sind wunderschöne handgefertigte Blumenkästen mit lila und weißen Petunien befestigt. Auf der Südseite des Hauses hat Hanni einen Gemüsegarten angelegt, und auf der windgeschützten Seite befindet sich der Hühnerstall.

Die Entscheidung, die Hütte an dieser Stelle zu errichten, zielte auch darauf ab, direkt am Forst und Wanderweg auf die Reisalpe zu liegen und den Wandersleuten einen Platz zur Rast und Hanni ein zusätzliches Einkommen zu bescheren.

Die Mädchen treten in die Hütte ein. Sie ist bescheiden eingerichtet. Das Bett steht auf der linken Seite, rechts ist eine kleine Couch, davor ein Tisch und zwei Stühle. In dem anderen kleinen Zimmer die Küche. Gekocht und geheizt wird mit dem weißen, holzbefeuerten Ofen. Neben dem Ofen steht eine große, aus Holz geschnitzte Truhe, auf der zwei weiße Blechschüsseln stehen. Diese werden mit Wasser befüllt und dort wäscht Hanni ihr Geschirr. Gegessen wird von Holzbrettern oder Holztellern. Diese stapeln sich in einer Anrichte neben der Truhe. Trinkgläser sind mit einem sauberen Leinentuch abgedeckt. Und neben der Anrichte steht eine Kiste Bier für den durstigen Wandersmann. Auch hier sind die Wände mit Schellack versiegelt. Viele Bilder und Ornamente sind über die Wände verteilt. Einige sind sicherlich Mitbringsel von wiederkehrenden Wandersleuten. Kräuter hängen zum Trocknen von der Decke herab und hier und da stehen Körbe mit Moos und Pilzen. Neben der Tür hängt gleich unter einer runden Gedenktafel eine große Kuhglocke, die Hanni im letzten Jahr persönlich vom Bürgermeister von Kleinzell erhalten hat, für dreißig Jahre treue Dienste auf der Hinteralm.

Die Mädchen gehen wieder nach draußen und lassen Hanni und die beiden JM Führerinnen in der Hütte zurück. Sie stehen an der Wassertränke und überlegen welches Lied sie ihrer neuen Ehrenoma zum Abschied singen können.

Fräulein Schmitt und Fräulein Bruckner stehen und hören der alten Sennerin weiter zu. Sie wissen, dass es unhöflich wäre die Unterhaltung zu unterbrechen. Als sie die Mädchen jedoch plötzlich nicht mehr hören können, begeben sie sich vor die Tür, um zu schauen was los ist.

Die Mädchen hatten sich bereits in zweier Formation aufgestellt und als Hanni hinter den beiden JM Führerinnen auftaucht fangen sie an zu singen:

Oma, Oma ich liebe dich, du bist die Beste auf der Welt für mich. Oma ich denke jeden Tag an dich. Schön, dass ich eine Omama hab. Oma, Oma ich liebe Dich, du bist die Beste auf der Welt für mich. Oma ich denke jeden Tag. Schön, dass ich eine Omama hab.

Hanni, steht die Hände gefaltet, auf ihrer Veranda. Als die Kinder den Vers zu Ende gesungen haben, laufen sie auf Hanni zu und umarmen sie noch einmal.

Fräulein Schmidt beschließt Herz zu zeigen und gibt den Mädels noch etwas Zeit bevor sie zum Aufbruch drängt. Kurz darauf klatscht sie in die Hände und ruft: «Achtung. Still gestanden.»

Die Mädchen reihen sich auf und recken die Hände zum Gruß. Die beiden JM Führerinnen drehen sich noch einmal um und bedanken sich bei Hanni für ihre Gastfreundschaft.

Danach klatscht Fräulein Schmidt noch einmal in die Hände. «Gretel, Du wirst jetzt den Wimpel tragen.»

Hanni wischt sich eine Träne aus dem Gesicht als die Mädchen singend und marschierend die alte Frau auf der Alm zurück lassen:

> Auf, du junger Wandersmann!
> Jetzt kommt die Zeit heran,
> > die Wanderszeit, die gibt uns Freud'.
> > Woll'n uns auf die Fahrt begeben,
> > das ist unser schönstes Leben,
> > große Wasser, Berg und Tal
> > anzuschauen überall. [89]

Die Sennerin steht an ihrem Zaun und hebt zum Abschied den Arm. Sie winkt den Mädchen mit ihrem Taschentuch nach. Als die Mädchen außer Sicht sind dreht sie sich um, schnaubt sich die Nase und schlurft langsam zu den Tischen und Bänken zurück. Sie spürt einen Stich in ihrer Brust. Sie glaubt, dass sie sich wahrscheinlich von all der Aufregung und Liebe, die sie für die jungen Mädchen des Bundes empfindet, überanstrengt hat. Die Sennerin bleibt stehen, schaut sich um und ist erstaunt, wie viel heller ihr die Welt plötzlich erscheint. Der Himmel ist tiefblau. Sie ist sich der Waldtiere um sich herum plötzlich sehr bewusst. Sie nimmt den süßen Duft der Wildblumen und der frischen Bergluft stärker als gewöhnlich wahr. Sie weiß, dass sie nicht allein ist. Sie fühlt einen Blick auf sich gerichtet.

---

[89] Wir Mädel Singen, "Auf, du junger Wandersmann," Seite 120-121

Sie stolpert und versucht sich an einem der langen Tische aufrecht und ruhig zu halten. Sie greift an ihr Herz, verliert das Gleichgewicht und fällt zu Boden. Mit ihrem letzten Atemzug ruft sie «Mein Gott ... es ist wunderschön.», bevor sie ihre Augen für immer schließt.

Geschichten vom Edelweiß und dem Kleinzeller Troll

DIE MÄDCHEN wandern den Forstweg entlang bis zu dem handgeschnitzten Schild, das den Weg zur Reisalpe zeigt. Sie werden die Alp innerhalb kürzester Zeit besteigen. Dieser, etwas kürzere Aufstieg schlängelt sich durch einen weiteren, dichtbepflanzten Wald. Der steile Aufstieg hält die Mädchen nicht davon ab, immer weiter nach oben zu steigen. Sie haben sich am Boden liegende Stöcke gesucht und benutzen diese als Wanderstöcke. Der Pfad führt über eine kleine Lichtung mit Alpengräsern und Alpenblumen. Danach geht es durch den Nadelwald.

Als sie den dichten Wald betreten, bemerken sie, dass kein Unterholz vorhanden ist. Ein herrlicher Duft von Kiefern und Tannennadeln liegt in der Luft. Die unteren Äste der Kiefern sind abgestorben, teilweise gebrochen und kahl, frei von mit Nadeln bedeckten Zweigen. Es ist dunkel, da nur wenig Sonnenlicht durch die Baumkronen eindringt. Der Waldboden ist mit weichen Kiefernnadeln bedeckt. Es fühlt sich an als würde man auf einem dicken Teppich laufen.

Das Gebiet liegt zwischen der alpinen Tundra im Norden und den Laubbäumen im Süden. Schwarzkiefern sind in dieser Höhe am häufigsten zu finden. Sie gelten als Überlebende der Eiszeit. Diese Bäume können bis zu achthundert Jahre alt werden und produzieren ein reiches Harz, wenn sie angeschlagen werden.

Die Waldarbeiter kennen sich in diesem Revier gut aus. Diese Bäume werden nicht nur zur Holzverarbeitung gefällt sondern es wird auch Harz gewonnen. Das geschieht in dem etwas Rinde entfernt wird und der Stamm angekratzt wird. Danach werden zwei Tropfhölzer in den Stamm eingeschlagen, eins auf jeder Seite und darunter wird ein dritter Spalt geschlagen, der den Auffangbehälter hält. Wenn der Baum zu bluten anfängt, läuft das Harz in diesen Behälter. Die Behälter werden am Ende der Saison entfernt. Die Prozedur hinterlässt drei Narben im Baum. Oft sieht es so aus als hätte der Baum ein paar Augen und eine Nase.[90] Die Mädchen erfinden ein neues Spiel: wer die meisten Gesichter findet, bevor der Kiefernwald in die nächste Vegetation übergeht.

---

[90] Franz Kerschner

Der anstrengende letzte Abschnitt entlang des subalpinen Serpentinenweges wird mit einem wunderschönen Panoramablick von dem sanft abfallenden Gipfel belohnt. Oben angekommen krönen ein großes Holzkreuz, drei große Felsbrocken und eine Madonna den Gipfel. Die majestätischen Gutenstein-Alpen und ihre zerklüfteten Gipfel erheben sich in der Ferne. Die Berge und deren üppige grüne Wälder scheinen sich Hunderte von Kilometern am Horizont entlangzuziehen. Es ist ein wunderbarer Anblick.

Nie zuvor hat Trudel die wogenden weißen Kumuluswolken, wie diese so friedlich an dem königsblauen Himmel schweben so nah vor sich gesehen. Sie stellt sich auf Zehenspitzen auf einen der Felsbrocken und streckt die Hand aus und versucht die Wolken zu berühren. Sie schwört zu sich selbst, dass sie eines Tages frei wie ein Vogel sein wird. Sie fühlt sich in der Welt Gottes willkommen! Trudel spürt das Göttliche überall um sich herum ist. Dann hört sie wie sich eine schwache Stimme in ihr Gedächnis drängt. «Lerne so viel du kannst.»

Die JM Führerinnen entspannen sich an einem der Picknicktische der Reisalpen Schutzhütte und geben den begeisterten Mädchen für einen Moment Zeit die Umgebung zu genießen, bevor sie mit ihrer nächsten Lektion beginnen.

Die Reisalpenschutzhütte wurde konstruiert um ankommenden Wanderern einen Platz zum Ausruhen zu bieten und um die Aussicht zu genießen.

Gretel läuft zu den beiden Frauen hinüber. «Würden Sie bitte einen Moment auf den Wimpel aufpassen, damit ich mit den anderen auch ein bisschen spielen kann?»

«Nein!» kommt die brüske Antwort.

«Wenn Du die Verantwortung für den Wimpel übernimmst, dann musst Du diese auch tragen, das ist keine Aufgabe die man nach Lust und Laune ausführen kann. Also musst Du jetzt auch darauf aufpassen.»

Fräulein Schmidt schaut sie ernst an.

Gretel stellt sich neben den Wimpel und schaut ihren Kameradinnen beim Spielen zu.

Die Mädchen entdecken eine Reihe hübscher lila und gelber Blumen, die neben den Felsen wachsen. Sie achten darauf, diese empfindlichen Stauden nicht mit Füßen zu zertrampeln. Trudel geht zum Wegesrand, hockt sich hin und schaut sich die Pflanzen näher an. Sie pflückt eine der Blumen, bewundert deren Schönheit und steckt sie in ihre Tasche. Sie wird sie später in ihrem Album pressen. Als sie wieder aufschaut hört sie wie die beiden Anführerinnen die Mädchen zu sich rufen.

Die Mädchen laufen zu der Schutzhütte hinüber, und setzen sich, um der nächsten Lektion zuzuhören. Erst jetzt darf Gretel den Wimpel gegen die Hüttenwand lehnen und sich zu ihren Kameradinnen setzen.

Fräulein Schmidt hat einem strengen Lehrplan zu folgen. Das Reichsministerium hat ihr als Unterrichtsmaterial einen Leitfaden zur Verfügung gestellt. Das Handbuch der Jungmädelschaft – Ausgabe 1938. Diesen Monat sollen besonders Anpassung und Gehorsam gelehrt werden. Das innere Selbstwertgefühl wird durch mutige, interaktive Erfahrungen geschmiedet. Die Natur wird als Mittel genutzt, um den Sinn für die nationale Identität zu fördern und zu begründen. Sie werden das Land und die Natur kennen und schätzen lernen. Das wird sie mit ihrer neuen, nationalsozialistischen Weltanschauung in Einklang bringen. Fräulein Schmidt möchte, dass ihre Mädchen sich mit ihrer Umgebung vertraut machen. Sie beginnt zu erklären was die Mädchen vor sich sehen.

«Wir sitzen jetzt 1399m hoch auf der Reisalpe. Die Reisalpe ist der höchste Berg in den Gutensteiner Alpen. Die Alpe befindet sich zwischen Lilienfeld, Hohenberg und Kleinzell. Das Gutensteiner Alpengebiet befindet sich im nordöstlichen Teil der nördlichen Kalksteinalpen.»

«Das Dorf Gutenstein liegt etwa 15 km südöstlich von uns.» Sie zeigt in Richtung des Dorfes. «Wenn ihr genau hinschaut, werdet ihr es vielleicht sehen können. Hinter dem Dorf liegt der Schneeberg. Er befindet sich im östlichsten Teil der nördlichen Kalksteinalpen und ist mit 2076 m Höhe der höchste Berg Niederösterreichs. Er ist bekannt für sein charakteristisches Kalksteinmassiv und die steilen Hänge an drei Seiten. Bei gutem Wetter kann er sogar in dem 65km entfernten Wien gesehen werden. Es wird oft als Wiens persönlicher kleiner schneebedeckter Berg angesehen. Im Osten, am Fuße des Berges befindet sich die Marktgemeinde Puchberg. Von dort aus geht auch die 1897 gebaute Zahnradbahn bis auf 1795 Höhe auf den Berg hinauf.»[91]

Westlich von uns liegt der Ötscher. Er ist 1893m hoch und an seiner runden Bergspitze zu erkennen. Auch er gehört zu den nördlichen Kalkalpen und bildet die Grenze zwischen Lilienfeld und Scheibbs.[92]

Einige der Mädchen scheinen abgelenkt zu sein und Fräulein Schmidt beschließt ihre Lehrtechnik zu ändern um das bereits gesagte zu vertiefen. «Mitzi, Erika, und Helga! Kommt doch einmal her. Lasst uns ein kleines Spiel spielen. Wer will denn der höchste Berg der Gegend sein?»

Die Mädchen gehen auf die JM Führerin zu.

« Ihr drei stellt euch jetzt vor die höchsten Berge der Kalkalpen. Also Mitzi, Du stellst dich vor den Schneeberg. Erika vor den Ötscher und Helga

---

[91] Schneeberg
[92] Ötscher

stellt die Reisalpe dar. Und jetzt reckt euch. Ihr seid jetzt die größten. Fühlt ihr euch jetzt groß und stark und bedeutend?»

Die Mädchen nicken und lächeln, natürlich fühlten sie sich bedeutend, sie waren ja gerade von ihrer JM Führerin ausgewählt worden.

«Gut, ihr könnt Euch wieder setzen.»

Laut der monatlichen Lehranweisung für Führungskräfte gehören Spiele und Geschichtenerzählen zum Lehrplan. Bisher haben sich die Mädchen mit eigenen Spielen ausdrücken dürfen. Jetzt werden die JM Führerinnen selbst Geschichten in ihren Unterricht einfließen lassen. Das Erzählen von Geschichten wird als wirksames Lerninstrument zur Vermittlung moralischer Werte angesehen, da es die Fantasie des Kindes durch den Gebrauch von Sprache, mystischen Ideen, Kultur und Traditionen anregt. Es fördert Konformität und lehrt Gehorsam.[93]

«Vor vierzig Jahren, im Oktober 1898, wurde die Schutzhütte hier hinter mir eröffnet.», erklärt Fräulein Schmidt. «Es war ein wunderschöner Herbsttag und über siebenhundert Menschen nahmen an der aufwändigen Eröffnungsfeier teil. Schwarz-goldene Flaggen flatterten im Wind und symbolisierten den Stolz der österreichisch-ungarischen Monarchie. Noch vor der Fertigstellung des Gebäudes hatte der österreichisch-ungarische Alpenverein bereits das neue vier Meter hohe Gipfelkreuz errichtet. Die Schnitzerei im Querbalken, wie sie heute noch hier zu sehen ist, lautet «Gottes schöne Heimat». Zweihundert Dorfbewohner nahmen an dem Fest teil, während die anderen fünfhundert Gäste von weit her anreisten.»

«Alle waren in traditioneller österreichischer und bayerischer Tracht gekleidet. Sie alle wollten den Geist der Einheit demonstrieren. Die Frauen trugen ihre Dirndl, die Männer ihre Lederhosen. Den ganzen Tag lang spielte eine zwölfköpfige Blaskapelle, von einem Akkordeonspieler begleitet, traditionelle österreichische Polkas und Volkslieder. Die Veranstaltung war spektakulär! Es begann damit, dass alle das Lied „Der Tag unseres Vaters" sangen. Die Stimmen hallten in den Hängen der Berge wider und klangen bis in den höchsten Himmel.

Organisator der Veranstaltung war Julius Feiertag von Hohenberg. Er stellte den Architekten der Hütte, Herrn Hans Kornberger, vor, der auf die Plattform trat und eine Rede hielt. Der Architekt sagte: „Es war mir eine große Ehre, die Gelegenheit haben zu dürfen den Bau dieses alpinen Schutzhauses zu entwerfen und zu überwachen. Drei lange Jahre lang haben meine Männer und ich unter schwierigsten Wetterbedingungen gearbeitet, um diese Schutzhütte für die Wanderer zu erbauen. Anderseits war das Wetter manchmal so herrlich, dass es offensichtlich war, dass Gott allein unsere schöne Heimat geschaffen hat. Ich möchte die gute Arbeit der

---

[93] Richard M. Dorson, Seite 16

Steinmetze, Zimmerleute, Dachdecker und Dorfbewohner anerkennen, die am Bau dieses prächtigen Gebäudes beteiligt waren».

Er sprach über seine Nähe zum Gebäude, wie seine Seele in jedem Stück Holz lebte, jedem Nagel und jedem Steinblock.

Als der Architekt seine Rede beendet hatte übergab der Organisator, Herr Kornberger, die Schlüssel an den Vizepräsidenten und Direktor des österreichisch-ungarischen Alpenvereins, Dr. Kloßberg. Dieser nahm die Schlüssel mit großer Ehre an und erklärte die Integrität dieses Schutzraums für zukünftige Generationen zu bewahren [94] «Aber damit waren die Feierlichkeiten noch nicht beendet, » sagte Fräulein Schmidt mit ernster Miene.

«Wieso nicht?» fragte Trudel. «Was passierte denn noch?»

«Nun, der Herr Hohenberg hat die kleine Emily Steinböck vorgestellt, die das von M. Schadek verfasste Gedicht «Dö Bergfee» vorgetragen hat. Und das geht so:

> D´Fee von der Reisalm drob´n jammert und klagt
> Jessas und Josef, i bi ganz verzagt
> Jung und Alt kraxelt so gern auf mei Höh,
> und i koa Schutzhaus da, dös thuat mir weh.
>
> Während den das Fee a so red´t, und bald flennt
> keman drei Herr mit a Messinstrument
> Messen und rechnen und schreib´n und d´Fee denkt
> „Wird´s halt a Heustadl, wann eahn´s Geld g´langt."[95]

Die Menge applaudierte herzlich. Herr Kornberger und Herr Kloßberg schnitten anschließend das Band durch und erst dann wurden die Türen des Schutzhauses geöffnet. Die Eröffnung der Hütte wurde laut bejubelt. Im Inneren des neuen Gebäudes kommentierten alle die feinen Holzarbeiten und sehenswerten Stücke, die der Helenenthaler Alpenverein aus dem umliegenden Wald zusammengetragen hatte. Die Besucher der Hütte würden sich fühlen, als wären sie mit dem Berg verschmolzen. Der Anlass wurde gehörig mit Weißbier und Würstchen gefeiert.[96]

Die Mädchen hatten wie gebannt zugehört. Fräulein Schmidt freut sich, dass der Heimatunterricht in der Erziehung der Kinder eine ganz besondere Rolle spielt. Sie liebt es, über ihre Heimat zu sprechen.

---

[94] Badener Zeitung 15 Oktober 1898 Seite 3 rechte Spalte
[95] Österreichische Nationalbibliothek Wiener Bilder Nr.41 Seite 7
[96] Badener Zeitung

«Kinder! Ich möchte euch noch eine Geschichte erzählen.
Über die Heilwasser hier. Möchtet ihr sie hören?»
Und schon fängt sie an.

«Die Reisalpe liegt 1399m hoch und ist der höchste Berg in diesem Teil der Gutensteiner Alpen. Deshalb kommen auch so viele Alpinisten aus dem ganzen Land um im Ebenwald zu wandern, so wie wir es heute getan haben. Nun, nicht weit von diesem Ort gibt es eine geheime Öffnung im Berg! Sie führt zu einem riesigen unterirdischen Höhlensystem.»

Die Mädchen sehen sich überrascht an. Sie wussten nicht, dass es in diesem Berg ein unterirdisches Höhlensystem gibt.

«Die Kleinzeller Geschichten erzählen von einem Troll, der tief unter der Reisalpe lebt. Er weigert sich, das Wasser in den Höhlen mit irgendjemandem zu teilen. Er allein kennt die Quellen, jedenfalls bis zu dem Tag, vor vielen Jahren, als ein örtlicher Bergsteiger durch Zufall die Quelle entdeckt.»

Fräulein Schmidt legt eine Pause ein. Sie will die Spannung etwas steigern.

Trudel hört besonders aufmerksam zu. Sie liebt diese Geschichte. Hat doch ihre Mutter ihr und ihrem Bruder diese Geschichte schon oft vor dem Schlafengehen erzählt.

«Der Kleinzeller Troll lebt tief in diesen Höhlen. Er hat es sich zur Aufgabe gemacht, das Heilwasser zu beschützen. Inzwischen waren einige der Dorfbewohner ziemlich krank geworden, aber sie hatten Angst den Berg hinauf zu steigen und in die Höhle zu gehen, um die heilende Quelle zu suchen. Zu viele hatten es bereits versucht und waren nicht zurückgelehrt. Andere jedoch, die diesem Märchen keinen Glauben schenkten, versuchten es weiter. Aber sie kehrten stets mit leeren Händen zurück. Sie konnten die geheime Höhle einfach nicht finden. Andererseits berichteten alle, die jemals dort oben gewesen waren, von klitze kleinen Fußspuren, die sie ganz in der Nähe eines plätschernden Baches gesehen hatten. Spuren die weder von Mann noch von Tier sein konnten. Aber niemand war den Spuren jemals nachgegangen.

So begab es sich, dass eines Tages ein alter, grimmiger Mann ebenfalls auf diese Fußspuren traf und beschloß der Sache auf den Grund zu gehen. Er folgte den Spuren und träumte bereits davon, was er tun würde wenn er die Quelle finden würde. Er würde das Wasser in Flaschen abfüllen und teuer verkaufen. So träumte er von seinem Reichtum während er den Spuren folgte. Dabei merkte er gar nicht, dass die Spuren ihn wieder in das Dorf zurück führten.

Aber der alte Mann ließ nicht locker. Also beschloß er dem Troll eine Falle zu stellen, und ihn einzufangen. Er baute eine Falle aus dem stärksten Holz und stellte sie in Kleinzell auf, genau an der Stelle wo die Fußspuren aufgehört hatten. Dann versteckte er sich hinter einem dicken Baum in der Nähe. Aber der Troll ließ auf sich warten und der alte Mann schlief ein. Als er am nächsten Morgen aufwachte war die Falle zugeklappt und der Troll verschwunden.

Also dachte der alte Mann sich einen neuen Trick aus. Er beschloss, ein gutes Stück Fleisch an einen langen Strick zu binden und den Strick an seinem Zeh fest zu machen. Ausserdem brachte er auch noch ein Netz mit. Er versteckte sich wieder hinter dem Baum und wieder schlief er ein. Doch plötzlich begann der Strick an seinem Zeh zu ziehen und als der alte Mann seine Augen öffnete, konnte er sehen wie der Troll mit dem Stück Fleisch singend einen Freudentanz um den Stadtbrunnen machte. Der alte Mann nahm sein Netz und eilte zum Brunnen hinüber und fing den Troll ein. In dem Moment hörte der Brunnen auf zu fließen.

Der Troll bettelte und flehte den alten Mann an, ihn gehen zu lassen. Der alte Mann lehnte ab. Stattdessen nahm er den Troll mit nach Hause und sperrte ihn in einen Käfig ein. Er nahm den Schlüssel und stolzierte durch das Dorf. Dort verkündete er, dass er den Troll gesehen habe, und dieser, so log der alte Mann, mit dem Heilwasser in einer Höhle verschwunden sei. Und in dem Moment wo der Troll die Höhle betreten hatte, hätte sich der Eingang hinter ihm wie von unbekannter Hand geschlossen.

Als die verzweifelten Dorfbewohner diese Nachricht hörten, gingen sie direkt auf den Berg, um nach der Höhlenöffnung zu suchen. Der alte Mann jedoch lachte nur und kehrte in sein Haus zurück, um sich an dem guten Stück Fleisch genüsslich zu tun.

Dann, eines Tages, kam ein Wanderer an dem Haus des alten Mannes vorbei und hörte einen wunderschönen Bariton singen. Er blieb stehen und lauschte dem Gesang. Neugierig spähte er durch eines der offenen Fenster und war erstaunt über das, was er sah! Er sah den Troll und der Troll sah ihn! Der Troll bettelte verzweifelt darum aus dem Käfig befreit zu werden. Er versicherte dem Wanderer, dass der alte Mann erst bei Einbruch der Dunkelheit zurück sein würde.

„Der Wanderer betrat die Hütte und befreite den Troll aus dem Käfig. Der Troll wollte es dem Wanderer danken und versprach ihm, dass er ihm den Ort zu der Heilquelle offenbaren würde.

Der alte Mann kam jedoch zu dem Spiel hinzu. Er war sehr verärgert über das was er fand. Er nahm seinen Spazierstock und schlug den Wanderer damit über den Kopf. Als dieser am nächsten Morgen zu sich kam, lag er immer noch auf dem Boden, beide Hände hinter dem Rücken gefesselt. Der Troll war weg.»

«Du Idiot.! Du hast dich bezirzen lassen und meinen magischen Troll befreit! Das wirst Du mir bezahlen!» drohte der alte Mann. «Du wirst mir nun für immer als mein Sklave dienen und Du wirst mir jeden Wunsch erfüllen!»

Der Troll jedoch hatte sich im Garten versteckt. Er wartete bis der alte Mann eingeschlafen war und ging dann und befreite den Wandersmann.

Als der alte Mann am nächsten Morgen erwachte war der Wandersmann fort. Der Alte stürmte erbost ins Dorf zu dem Brunnen und was er dort sah, überraschte ihn. Alle Dorfbewohner hatten sich um den Brunnen versammelt. Der Brunnen sprudelte, wie er gesprudelt hatte bevor der Troll gefangen wurde. Sie lachten und tranken glücklich von dem Brunnenwasser. Und ihre Leiden und Beschwerden besserten sich mit jedem Tropfen.

Als die Dorfbewohner den Alten erblickten, erzählten sie ihm von dem Wandersmann, der seine Geschichte kund getan hatte, dass jemand Böses den Troll gefangen hatte und deshalb kein Wasser geflossen war. Dass der Troll den Brunnen nun verzaubert hatte und nur gute Menschen sicher davon trinken konnten. Böse Menschen würden sterben. Sie nötigten den alten Mann zu einem Glas Wasser und dieser verstarb am nächsten Tag auf unerklärliche Weise.

«Wanderer aus fremden Ländern, die an diesem Wasser genippt haben, sind viele Male in unsere wunderschöne Heimat zurückgekehrt, um mehr davon zu trinken. Zum Andenken an den Wanderer, der den kleinen Troll erlöst hat, steht heute direkt neben dem Brunnen im Zentrum der Stadt eine Holzstatue, die genau die Stelle markiert, an der der Kleinzeller Troll dem Wanderer den geheimen Ort der Quelle zuflüsterte. Und diejenigen die täglich aus diesem Brunnen trinken, werden ein langes und glückliches Leben führen. »[97]

«So und jetzt überlegt bitte einmal, was diese Geschichte uns sagen will und schreibt es dann auf. Wir werden bei unserem nächsten Treffen dann ausführlich darüber sprechen.» sagte Fräulein Schmidt.

Trudel überlegt genau was die Geschichte wohl bedeuten könnte. Sie geht sogar noch einen Schritt weiter und symbolisiert die einzelnen Charaktere.

Als alle fertig geschrieben haben, packen sie ihre Sachen ein und reihen sich wieder in Formation auf. Sie beginnen mit dem Abstieg. Jetzt ist es Irma die den Wimpel trägt.

Die Wanderer steigen vom Gipfel, entlang der Forststraße, ab und folgen den blauen und weißen Markierungen zurück ins Dorf. Vor dem tiefen Blau des späten Nachmittagshimmels erscheinen die Nadelbäume fast schwarz. Die Mädchen wandern am Fuße des Hochstaff vorbei und erreichen die Gabelung an der Forststraße. Wenn Sie nach links abbiegen,

---

[97] Franz Kerschner

gelangen Sie zurück zu Hanni und ihrer Hinteralm. Wenn Sie nach rechts abbiegen gelangen Sie nach Kleinzell.

Sie gehen nach rechts und setzen ihren Abstieg am Rande der Forststraße fort. Sie beobachten die Rinder, die den Löwenzahn auf den fruchtbaren Almwiesen fressen. Obwohl der Berghang rechts stark abfällt, bleibt der Grad der breiten Forststraße relativ eben. Dies ist definitiv der einfachere und schnellere Weg für die Mädchen, um nach Hause zu kommen.

Sie gehen durch den Wald und lauschen dem Vogelgezwitscher. Ein kleiner Grünspecht singt besonders laut und ruft Kyü-Kyü-Kyück auf der Suche nach einem Partner.[98] Über ihnen, hoch oben auf einer sanften Windböe schwebt eine Gruppe von Kohlmeisen. Das Banner der Mädchen flattert im Wind, als sie fröhlich singend nach Hause wandern. Sie sind glücklich, in Gottes wunderschöner Heimat leben zu dürfen, und noch glücklicher, dass sie im Bund Deutscher Mädel sein dürfen.[99]

Es wird noch zwei Stunden dauern, bis sie am Fuß des Berges ankommen werden. Mutter Natur, mit ihrer wechselnden Landschaft vom Alpenwald über Weiden und wieder zurück, bietet im Wald besondere Leckerbissen für die Mädchen. Ihr Gesang wird leiser, wenn sie ein Fahrzeug die Straße heraufkommen hören. Sie springen zur Seite und lassen das Fahrzeug passieren und wischen sich anschliessend den Staub aus dem Gesicht. Es macht ihnen nichts weiter aus. Sie genießen die Natur und alle damit verbundenen neuen Erfahrungen.

Als sie die Lichtung erreichen legen sie noch einmal eine kurze Rast ein. Fräulein Schmidt nutzt die Gelegenheit um die Verbindung zu Mutter Natur noch einmal zu unterstreichen.

«Als Frühlingsblume strahlt der Enzian im seinem schönsten Blau. Dies ist die spektakuläre Blume, die ihr Mädchen auf der Wanderung auf die Reisalpe gesehen habt. Sie hat einen violett blauen, kurzen Stiel mit lanzenförmigen Blättern. Sie wächst hauptsächlich auf trockenen Wiesen mit kalkhaltigem Boden. Sie ist wegen ihrer Schönheit fast schon genauso selten wie das Edelweiß. Viele Touristen pflücken diese Blume. Es wird jedoch als schlechtes Omen angesehen, diese Blume mit ins Haus zu bringen. Die alten Geschichten sagen, dass man dann vom Blitz getroffen wird. Andere Geschichten sagen, dass es den Tod eines geliebten Menschen herbeirufen würde.»[100]

Trudel bekommt plötzlich einen grossen Schreck, hat sie doch eine Enzianblüte in ihrer Tasche versteckt, die sie unbedingt behalten möchte. Sie

---

[98] Europäischer Grünspecht
[99] Gertrude Lippenberger
[100] Franz Kerschner

versucht die Gedanken an den Tod zu verdrängen, indem Sie sich auf ihre nächste Lektion konzentriert.

«Die Butterblume ist eine Cousine der Ringelblume. Wir haben beide auf dem Berg wachsen sehen. Die Butterblume ist gelb und färbt auch gelb ab, wenn ihr sie anfasst. Doch die schöne gelbe Farbe trügt, denn für Tiere ist die Blume ganz schön giftig. Die Ringelblume jedoch ist eine unserer überlebenden Gletscherpflanzen. Sie gedeiht in eher feuchten, schattigen Bedingungen. Wir werden die Pflanze während unseres Abstiegs durch den Wald nach der Kreuzung bestimmt noch einmal sehen.

Der dichte Baldachin des Waldes besteht hauptsächlich aus Buchen, die viel Schatten spenden. Buchenholz ist eine ausgezeichnete Brennholzquelle, da es leicht gespalten werden kann. Es brennt viele Stunden lang in hellen und ruhigen Flammen. Dieses Holz ist besonders beliebt wenn es um das Heizen zu Hause geht. Eure Mutter verwendet dieses Holz auch, um euren Herd anzufeuern. »[101]

Während Fräulein Schmidt ihre Lektion fortsetzt, hört Fräulein Brückner ein seltsames Rascheln in den Büschen hinter sich. Unauffällig verlässt sie die Gruppe und macht sich langsam auf in Richtung Geräusch. Sie zieht die Äste der Büsche auseinander und bemerkt, dass sich dort ein kleiner Junge versteckt hält.

Fräulein Schmidt hat das Vorgehen beobachtet und ist erstaunt, als sie sieht, wie Fräulein Brückner sich mit dem Busch unterhält.

«Es ist schon gut, Kleiner. Komm doch einfach raus.» sagt sie mit liebevoller, aber bestimmter Stimme.

Der Junge steht auf und sieht die Frau misstrauisch an. Sie streckt ihre Hand aus und als er sie ergreift, zieht sie ihn aus dem Gebüsch.

Die Mädchen, durch die Geräusche hinter sich gestört, drehen sich um. Sie wollen sehen was da los ist. Trudel bekommt große Augen als sie sieht, wen Fräulein Brückner dort an der Hand hat. Die anderen Mädchen müssen lachen.

Fräulein Schmidt unterbricht ihre Lektion, doch bevor sie etwas sagen kann, sprudelt es aus Trudel schon heraus:

«Was machst du denn hier? »

«Kennst du diesen Jungen?» fragt Fräulein Brückner.

«Es ist mein kleiner Bruder Franzl.» antwortet Trudel

«Soso.» Fräulein Bruckner schaut den Jungen an.

«Weiß deine Mutter wo du bist Franzl? »

«Naja, nicht genau. Sie hat mich in den Wald geschickt zum Feuerholz sammeln und dann seid ihr alle singend an mir vorbei marschiert und da wollte ich mal sehen was hier so los ist.»

---

[101] Franz Kerschner

«Ach so. Und was noch? Sag mal, was riecht denn hier so? » fragte die JM Führerin

«Ach, dass kommt von den Ameisen. Dahinten ist ein Ameisenhügel. Die sind über mich herüber gekrabbelt und das riecht.» antwortet Franzl.

«Ich verstehen nicht ganz…» antwortet Fräulein Brückner.

«Komm, ich zeig es dir.» Franzl rennt in die Büsche zurück und zieht das Gestrüpp auseinander. Er zeigt auf den Ameisenhügel und legt seinen Arm darauf. Es dauert nicht lange und sein Arm ist von Ameisen übersäht. Er hebt den Arm hoch und pustet die Ameisen fort.

«Seht ihr, dass tut überhaupt nicht weh.»

«Ihhhhh!» schüttelt sich eines der Mädchen.

«Aber seht doch.» ruft Franzl lachend. «Es tut wirklich nicht weh. Es riecht nur ein bisschen.» Er scheint stolz auf das zu sein was er da herausgefunden hat. Ein beißender, stechender Geruch zieht durch die Luft und die Mädchen drehen sich schnell von ihm weg.

Franzl liebt es im Wald herumzustreunen. Er ist von der Natur und den Tieren fasziniert. Er ist bodenständig und von all dem was er dort sieht wird er beflügelt.

Fräulein Schmidt geht mit eisernen Schritten auf das Gebüsch hinzu und zieht die Äste auseinander. Sofort krabbeln einiger der Ameisen über ihre Hand. «Pfui Teufel!» Sie schüttelt ihre Hand und nimmt dann ihre Thermosflasche und schüttet sie über dem Ameisenhaufen aus.

Franzl schaut sie erschüttert an. Erst da bemerkt sie, wie sehr er mit der Natur verbunden ist und läßt ihn sein Wissen preisgeben. Er berichtet über die Ameisen, wie sie in einer Kolonie leben und eng zusammen arbeiten. Wie sie das 30-40 fache ihres Körpergewichtes tragen und dass die Säure, die sie absondern, angeblich gegen Arthritis hilft. Als sie ihn so reden hört kann sie den Gedanken nicht abwenden, dass er eines Tages ein geschätztes Mitglied der Hitlerjugend werden wird.

«Nun lauf schon Franz. Deine Mutter wartet sicher schon. Und Du möchtest doch sicher nicht mit uns Mädeln in das Dorf einmarschieren, oder?» fragt Fräulein Schmidt lachend

«Auf keinen Fall.» antwortet Franz empört. Er hebt den Arm zum Gruß und macht sich eiligst auf den Weg.[102]

Die Mädchen versammeln sich wieder in einer Reihe und machen sich auf, um die letzte Etappe ihrer Wanderung zurückzulegen. Diesmal ist es Margarete die den Wimpel trägt. Sie wandern an Tannen, Linden und Lärchen vorbei bis zu der Gabelung, an der sie auf dem Hinweg in den Wald gegangen sind.

---

[102] Franz Kerschner

Die beiden JM Anführerinnen befehlen eine Doppelformation und die Mädchen marschieren singend zu ihrem Hauptquartier. zurück. Margarete reicht das Banner an Helga weiter.

Die Mädchen gehen fröhlich singend durch das Dorf. Die Dorfbewohner begrüßen die Gruppe zurück indem sie, wie auch am Morgen, die Straße säumen und den Mädchen zuwinken.

Vor dem HJ Gebäude angekommen, marschieren die Mädchen auf und bleiben dann auf Befehl stehen. Sie stehen stramm bis ihre JM Führerin den Arm zu Gruß hebt und warten geduldig auf das befreiende «Rührt Euch!».

«Wir haben heute die große Reisalpe bestiegen! Wir freuen uns über unseren Erflog. Weil wir stark sind. Weil unsere Erfahrung uns unserem Vaterland näher gebracht hat. Wir beenden diese Wanderung mit einem Gruß an unseren Führer.» Und wieder hebt sie den Arm zum Gruß.

Die Mädchen tuen es ihr gleich.

«So, nun rührt Euch und geht in Euren Gruppenraum.»

Die Gruppe kehrt unbeschwert in ihren Besprechungsraum zurück. Die Mädchen lieben es, Zeit miteinander zu verbringen. Je länger sie Zeit bei ihren Treffen verbringen können, desto mehr Spaß haben sie und müssen zu Hause keine lästigen Hausarbeiten erledigen.[103]

Margarete lehnt den Wimpel gegen die Wand und setzt sich dann auf ihren Platz. Die Mädchen unterhalten sich aufgeregt über die Vorkommnisse des Tages. Als Fräulein Schmidt den Raum betritt verstummen sie sofort, springen auf und salutieren ihrer Anführerin zu.

Dieser Tag auf dem Berg ist ein Wendepunkt in Trudels Leben. Sie ist sehr stolz darauf, ihren Kameraden die Treue halten zu dürfen. Sie sieht sich nicht mehr als Kind sondern als junges, reifes Mädchen. Ihre Leistung beim Wandern auf der Reisalpe hat bewiesen, dass sie nicht sich selbst, sondern auch ihrem Land würdig ist.

Die Mädchen setzen sich und öffnen ihre Notizbücher. Fräulein Schmidt möchte die gute Laune der Mädchen ausnutzen um mit ihnen die bevorstehende Aufnahmezeremonie durchzugehen. Sie will die Wichtigkeit dieses Übergangsritus hervorheben, denn diese Zeremonie wird dazu beitragen, dass die jungen Mädchen gehorsam, pflichtbewusst und kameradschaftlich zusammen halten. Ausserdem wird es ihr Erwachsenwerden unterstreichen. Seit ihrem Beitritt in die Jungmädelschaft sind diese Mädchen erzogen worden, ihre Pflichten gegenüber dem Staat und dem Volke zu erfüllen. Ihre ideologische Ausbildung beginnt im Alter von zehn Jahren, und neben ihren Aufgaben zu Hause und in der Schule

---

[103] Gertrude Hödlmaier

fordert der Dienst im JM, dass sie ihren Beitrag freiwillig und freudig leisten.[104]

Ihre Ausbildung besteht darin eine Ideologie zu lernen, die ihre Glaubensstruktur beeinflusst. Es ist nur natürlich, dass die Mädchen gerade in diesem Alter besonders leicht zu beeinflussen sind.[105] Im Augenblick sind sie noch Jungmädel, die das ganze Leben, das vor ihnen steht, mit unschuldigen Augen betrachten. Sie werden lernen ihre Pflichten für ihre Nation und ihr Volk zu erfüllen. Und all das werden sie von Anfang an lernen.[106] Von der Unschuld dieser Kinder wird nichts mehr übrig bleiben. Ihre Denkweise und ihr Leben werden für immer verändert werden.

«Wir werden jetzt die Aufnahmezeremonie besprechen. Versteht denn schon jemand den Zweck dieser Zeremonie?»

Erika hebt die Hand.

«Ja, Erika?"

«Der Zweck unserer Zeremonie ist es, unserem Land unseren Wert zu zeigen und unserem Volk treu zu dienen.»

«Sehr gut Erika. Was bedeutet es denn, dem Volk zu dienen?» Hanni hebt ihre Hand.

«Ja, Hanni?»

«Es bedeutet dass wir alle zum Wohle des Volkes zusammen arbeiten. Dadurch wird es auch weniger Armut geben.»

«Sehr gut Mädchen.» «Gretchen?»

«Wir müssen immer ehrlich und treu sein.»

«Ja Gretchen auch das ist richtig. Wir stehen im Dienste unseres Volkes und unseres Vaterlandes. Aber vor allem bedeutet diese Zeremonie für Euch auch, dass ihr jetzt nicht mehr kleine Kinder seid, sondern heranwachsende Jugendliche.»

«In etwa 10 Tagen, am 20. April, werdet ihr formell in die Jungmädelschaft aufgenommen. Es ist wichtig, dass ihr eurer Mitgliedschaft immer im vollen Umfang nachkommt. Ihr müsst verstehen warum diese Aufnahmezeremonie speziell für euch durchgeführt wird. Ihr alle seid Mitglieder einer neuen Generation von Heranwachsenden, die zusammen mit ihren Eltern, der Schule und dieser Vereinigung die Eckpfeiler dieser, unserer neuen Nation bilden werdet. Ihr müsst lernen was für die Zukunft Deutschlands wichtig ist, damit dieses Wissen an Eure Kinder weitergegeben werden kann, damit unser Land eine Zukunft hat. Und es liegt in unserer Verantwortung euch dieses Wissen zu lehren. Wir werden euch auf euer

---

[104] Bund Deutscher Mädel – "Auch Du gehörst dem Führer!"

[105] Kameradschaft bauen

[106] Ibid

Leben vorbereiten. Ihr werdet gute Frauen werden.» Die Mädchen fingen an zu kichern.

«Hört auf!!!» Fräulein Schmidt wird ungehalten. «Ich verstehe gar nicht was es da zu lachen gibt. Ihr wisst, dass ihr mit schweren Strafen zu rechnen habt, wenn ihr euch gegen die Anweisungen stellt. Es wird als Beleidigung des Führers angesehen. Ich erwarte von euch, dass ihr «gute Deutsche» werden wollt und euch dementsprechend benehmt.»

«Diese Zeremonie wird eine Wende in eurem Leben darstellen. »

Trudel läßt ihre Gedanken schweifen. Sie stellt sich die Zeremonie bildlich vor. Sie stellt sich ihren Auftritt vor, was sie sagen wird, was sie tun wird und wie sie sich verhalten wird. Wie sie von ihrer JM Führerin aufgerufen wird und mit erhobenem Kopf würdevoll auf die Bühne tritt. Wie das ganze Dorf versammelt ist um bei der Zeremonie zugegen zu sein. Wie alle Augen auf sie gerichtet sind. Wie sie aufrecht und aufmerksam, aber auch allein vor der Menge stehen wird. Wie sie ein merkwürdiges Gefühl überkommt. Sie fühlt sich von den Vorkommnissen eingeschüchtert, dennoch ist sie stolz und dieser Stolz verleiht ihr Kraft. Alles ist ruhig. Die Menge wartet gespannt auf ihre Rede. Sie weiß, dass ihre Worte wichtig sind, da die Menge gekommen ist, um ihr zuzuhören. Ihre Worte werden Gewicht haben. Als sie spricht fließen die Worte leicht aus ihrem Mund. Als sie das Versprechen ablegt, hebt sie ihre Stimme und spricht deutlich und klar ohne Zögern. Sie wendet sich ihrer Anführerin zu, hebt den Arm zum Gruß und das Publikum tut es ihr gleich und antwortet danach mit überwältigendem Applaus. Sie steht da und bewundert ihre Anhänger, denn sie hat sich wirklich als Anführerin erwiesen. So stellt sie sich das jedenfalls vor.

Als Trudel aus ihren Träumen erwacht, muss sie feststellen dass sie die wichtigsten Informationen über die Zeremonie verspasst hat.

«Wir werden die Zeremonie bei unserem nächsten Treffen üben.» hört sie Fräulein Schmidt gerade noch sagen.

«Doch zuerst werden wir unsere neue Marschformation üben und wie wir uns auf der Bühne aufstellen werden. Die fünf kleinsten Mädchen werden in der ersten Reihe stehen und die fünf größeren Mädchen dahinter. Und wenn ich euren Namen aufrufe dann werdet ihr aus der Formation austreten und vor die Gruppe treten. »

Fräulein Schmidt ruft die Namen der fünf kleineren Mädchen auf. Trudel, Gretchen, Maria, Gretel, und Irma stehen auf und stellen sich in einer Reihe nebeneinander auf. Margarete, Helga, Hanni, Erika, und Mitzi stehen in der zweiten Reihe.

«Vergesst nicht, wo ihr stehen werdet. Genauso wie jetzt werdet ihr auf der Bühne antreten. Wenn ich es Euch sage werdet ihr euch drehen und losmarschieren. Ihre werdet die Bühne in doppelreihiger Formation betreten. Die kleineren Mädchen in der linken Reihe, die größeren rechts.

Auf der Bühne angekommen werdet ihr im Stand und im Takt zur Musik marschieren bis diese zu spielen aufhört. Wir werden das jetzt üben, also «Vorwärts Marsch.»"

Fräulein Schmidt lässt die Mädchen zweimal durch den Raum marschieren. «Bei unserem nächsten Treffen werden wir auch das Marschieren auf der Treppe üben. Für heute reicht das erstmal. Ihr könnt euch wieder setzen. »

Die Mädchen gehen auf ihre Plätze zurück.

«Als nächstes werden wir unsere heutige Wanderung auf die Reisalpe besprechen. Wir sind auf dieser ersten Wanderung einigen schwierigen Herausforderungen begegnet.» beginnt Fräulein Schmidt. «Wir mussten lernen, in perfekter Formation zu marschieren. Danach hatten wir den Schneidergraben zu überqueren und mussten eine Brücke bauen um dies zu erreichen. Schließlich stiegen wir die Serpentinen zur Reisalpe hinauf. Wir haben Hanni getroffen und sie zu unserer neuen Ehrengroßmutter gemacht. Im Wald hatten wir das Vergnügen, auf Trudels Bruder Franzl zu treffen, der sein Wissen über die braunen Ameisen mit uns geteilt hat. Ich möchte, dass jede von Euch ihre Gedanken über unseren Wandertag teilt. Was habt ihr gelernt? Was hat Euch am besten gefallen? Was würdet ihr bei der Wanderung im nächsten Monat anders machen? Trudel, du fängst an.»

«Ja, Fräulein Schmidt.» Trudel öffnet ihr Notizbuch und beginnt aus ihrem Tagebucheintrag zu lesen. Ein paar Mädchen fangen an zu kichern.

«Ruhe!» befiehlt Fräulein Schmidt. «Bitte Trudel, lies weiter. Ich bin jedenfalls sehr daran interessiert, was Du in Dein Tagebuch geschrieben hast. Und wo du heute Deine Impulse und Begeisterungen gefunden hast.»

Trudel liest aus ihrem ersten Eintrag vor. Den Eintrag, den sie bei der ersten Rast geschrieben hatte. Einige der anderen lachen sie jedoch aus. Trudel errötet und zieht damit nur noch mehr kichern auf sich. Sie ist es nicht gewöhnt, kritisiert zu werden und ist darauf auch nicht vorbereitet.

Fräulein Schmidt jedoch hört aufmerksam zu und macht sich Notizen. Als Trudel fertig ist, fragt sie die anderen: «Was meint ihr denn, was es bedeutet: Der Sonne entgegen zu gehen?»

Erika hebt ihre Hand.

«Ja Erika?»

«Es bedeutet, dass wir jeden Morgen unsere Fahne begrüßen.»

«Na.» antwortet Trudel. «Es bedeutet, wie sehr ich mein Heimatland liebe und wie sehr ich damit verbunden bin. Ohne unsere Heimat sind wir doch nichts.»

«Sehr gut Trudel und Erika. Ihr habt beide ganz hervorragende Antworten abgegeben.» Fräulein Schmidt lobt die beiden Mädel.

«Aber ich verstehe nicht?» Trudel hat noch eine Frage.

«Was verstehst Du nicht, Trudel?»

«Als wir oben auf der Reisalpe waren hat mir ein Engel ins Ohr geflüstert.» sprudelt es aus Trudel heraus. Die anderen Mädchen fangen wieder an zu kichern.

«Ruhe!» befiehlt Fräulein Schmidt. Die Mädchen verstummen.

«Trudel, das musst Du uns jetzt schon näher erklären.»

Fräulein Schmidt gibt sich Mühe Geduld zu bewahren.

«Nun als ich oben auf der Reisalpe auf dem Felsbrocken stand, hat mir eine Stimme ins Ohr geflüstert, dass ich so viel wie nur möglich lernen soll. Aber als ich mich umdrehte, war da niemand. Ich weiß nicht wo die Stimme herkam. Ich kann es mir ja auch nicht erklären. Es war einfach nur eine weiche, weise Stimme.»

Gerade jetzt klopft es an die Tür. Die Tür springt auf noch bevor Fräulein Schmidt «Herein!» sagen kann. Sie sieht, wie Pfarrer Strobel schnurstracks auf sie zu geht. Er flüstert in ihr Ohr.

Im Raum herrscht Totenstille. Die beiden Erwachsenen treten in den Flur und reden dort leise weiter.

Die Mädchen versuchen mitzuhören, aber so sehr sie sich auch bemühen, es gelingt ihnen nicht.

«Es ist sicherlich etwas wichtiges, wenn der Pfarrer hier so hereinplatzt.» gibt Margarete zu bedenken und dreht sich dabei zu ihrer Freundin Mitzi um.

«Natürlich, sonst wären sie doch nicht auf den Flur gegangen um weiter zu reden.» antwortet Irma mit einem sarkastischen Unterton.

Einige Minuten später kommt Fräulein Schmidt zurück. Sie sieht mitgenommen aus. Die Mädchen sehen wie sie nach Worten ringt. Sie setzt sich hinter ihren Schreibtisch und überbringt den Mädchen die schlechte Nachricht.

«Unsere Hanni wurde heute Nachmittag auf der Hinteralm tot aufgefunden.»

Die Mädchen starren sie ungläubig an.

«Aber wir haben sie doch gerade erst zu unserer Ehrenoma gemacht. Sie kann doch nicht einfach so sterben!» ruft Erika enttäuscht.

«Pastor Strobel hat mich gerade informiert, dass Hanni heute Nachmittag einen schweren Herzinfarkt erlitten hat. Ihre Familie hat sie später gefunden. Ihre Beerdigung wird in drei Tagen stattfinden. Sie wird auf dem Friedhof in St. Veit an der Gölsen im dem Grab der Familie zur Ruhe gebettet werden.»

Einige der Mädchen fangen an zu weinen, andere schütteln ihre Köpfe. Ein paar starren vor sich hin. Alle sind schockiert.

«Aber wir haben doch gerade noch mit ihr gesprochen.» Erikas Stimme zittert als sie spricht.

«Ich weiß.» antwortet Fräulein Schmidt ruhig. «Es ist schon traurig, aber so etwas kommt vor.»,

Trudel kommt plötzlich die Enzianblüte in den Sinn, die sie dort oben gepflückt hatt. Hatte sie etwa den Tod der alten Hanni verursacht? Was für ein schrecklicher Gedanke!

Die JM Führerin versucht es mit tröstenden Worten. «Vielleicht war ihre Zeit einfach um. Erinnert ihr euch noch, wie sie zu uns gesagt hat, dass wir unser Leben voll auskosten und so viel wie möglich lernen sollen.»

Kaum dass sie die Worte ausgesprochen hatte, erinnert sie sich an Trudel's Erlebnis mit dem Engel.

«Wir werden jetzt Schluss machen. Geht bitte alle sofort nach Hause. Unser nächstes Treffen ist am Mittwoch um 3 Uhr. Und am 20. April haben wir dann unsere Aufnahmezeremonie. So nun geht nach Hause. Trudel, kann ich dich noch kurz sprechen.»

Die JM Führerin entlässt die Mädchen ohne irgendwelchen formellen Gruß. Es fällt ihr schwer die Haltung zu bewahren. Schließlich war Hanni ihre Großmutter.

Die Mädchen stehen auf, nehmen ihre Hefte und Rücksäcke, räumen noch schnell auf und verlassen den Raum. Einige werfen Trudel mitleidige Blicke zu. Sie wundern sich, was Trudel wohl ausgefressen hat.

Trudel sitzt wie angewurzelt auf ihrem Stuhl, Kopf nach unten und versuchte ihre Tränen zu verbergen. Sie hatte Angst. Wird sie bestraft werden, weil sie den Enzian gepflückt hat? Ein tiefes Schuldgefühl kriecht in ihr hoch. Das hatte sie doch nicht gewollt. Sie beobachtet wie Fräulein Schmidt ein Taschentuch aus ihrer Kletterweste zieht und sich die Nase putzt und Trudel dann prüfend ins Gesicht schaut. Trudel hat inzwischen beschlossen, dass sie die volle Verantwortung für Hannis Tod übernehmen wird. Sie nimmt all ihren Mut zusammen, geht auf ihre Anführerin zu und legt die Enzianblüte auf den Tisch.

Einige der Mädchen warten vor dem HJ Gebäude auf Trudel, aber es sieht nicht so aus als würde sie bald kommen. Irma, Maria, und Mitzi beschließen weiter auf Trudel zu warten. Sie gehen auf die andere Straßenseite und setzen sich bei dem Mahnmal auf eine Bank. Die anderen fahren mit dem Fahrrad nach Hause.

Irma kann sich jedoch nicht länger gedulden. Ihr dauert die ganze Sache viel zu lange. Irma ist es von zu Hause her bereits gewohnt, Entscheidungen treffen zu dürfen. Ihr Vater ist in der SS und ihre Mutter Hausfrau. Beide haben ihre Tochter zur Selbstständigkeit erzogen. Sie würden sich nie gegen die neue Diktatur stellen. Stattdessen reden sie über politische Dinge nur, wenn sie allein sind.[107]

---

[107] Irmgard M. Nagengast-Rosich

Irma drückt ihren Unmut über die ganze Situation aus. «Trudel muss etwas ganz schlimmes getan haben, wenn das alles so lange dauert.» Sie steht auf. «Ich gehe jetzt. Wir sehen uns morgen in der Schule.»

Maria und Mitzi warten immer noch geduldig auf Trudel als die Dunkelheit bereits herein bricht. Mitzi nimmt sich ein Herz und geht zu dem Gebäude hinüber. Sie stellt sich auf Zehenspitzen und schaut durch das Fenster in das Zimmer herein. Das einzige was sie sehen kann ist wie Trudel vor dem Schreibtisch der JM Führerin sitzt und die beiden tief in ein Gespräch vertieft sind.

«Sieht so aus als reden sie noch. » sagt Mitzi zu Maria. «Ich kann nicht länger warten. Ich muß nach Hause. Meine Eltern warten sicher schon auf mich.»

«Ich auch.» antwortet Maria und die beiden Mädchen machen sich auf den Weg. Sie haben keine Ahnung, was in Trudels Gedanken vor sich geht.

Eine Stunde später verlässt auch Trudel endlich das HJ Gebäude. Sie schaut sich um. Alle ihre Kameradinnen sind weg. Sie klammert sich an ihr Notizbuch und schaut zum Himmel hoch. Sie muss an die Unterhaltung denken, die sie gerade mit Fräulein Schmidt gehabt hat. Sie bemerkt gerade noch dass die Fahnen vor dem Gebäude auf halber Höhe wehen.

Um sich etwas aufzumuntern, fängt Trudel an zu singen. «Unsere Fahne flattert uns voran.» Langsam macht sie sich auf den Weg nach Hause. Ihre Gedanken drehen sich um Hanni.

Josefa steht in der Küche und bügelt als Trudel nach Hause kommt. Sie sieht Trudels Gesicht und ist überrascht ihre Tochter früher als erwartet zu sehen. Sie setzt das Bügeleisen ab und geht auf ihre Tochter zu.

«Hanni ist tot!» sprudelt es aus Trudel heraus und dicke Tränen kullern über ihr Gesicht. «Und es ist alles meine Schuld!»

«Ach meine Kleine.» Josefa breitet schützend ihre Arme aus und drückt ihre kleine Tochter fest an sich.

Trudel kuschelt sich in die Arme ihrer Mutter ein und schluchzt: «Mama, mir tut das alles so leid. Wir hatten Hanni doch gerade erst kennengelernt. Wir haben auf der Hinteralm eine Rast eingelegt. Es ging ihr noch gut, als wir weitergewandert sind. Wir haben ihr ein Lied vorgesungen und sind dann abmarschiert. Ich habe dort diese Enzianblüte gepflückt, glaubst Du, dass es meine Schuld war dass sie gestorben ist? Wir haben Stunden später gelernt, dass es Unglück bringt und jemand stirbt, wenn man Enzian pflückt. Und als wir dann wieder zurück in unserem Schulungszimmer waren, kam Pfarrer Strobel herein und hat uns gesagt, dass Hanni verstorben ist. » Trudel kann gar nicht aufhören zu schluchzen. Sie ist todunglücklich. Es ist das erste Mal, dass sie Trauer verspürt. In der kurzen Zeit, in der sie mit Hanni zu tun hatte, war ihr diese sehr als Großmutter vorgekommen. Sie ist sehr traurig, dass ihr diese Freude nach so kurzer Zeit schon wieder genommen wurde.

«Trudel, mein liebes Kind. Du darfst nicht auch nur für einen Moment denken, dass Du schuld am Tode der alten Sennerin bist. Ihre Zeit war einfach abgelaufen, das ist alles. Sie war schon sehr alt. Denke lieber an die schöne Zeit, die Du mit ihr verbringen durftest, so wird sie dann für immer in deinem Herzen bleiben.» Josefa streicht ihrer Tochter über den Kopf und tröstet sie noch ein wenig. Dann steht sie auf und nimmt Trudel den Rucksack von den Schultern. «Nun geh, meine Kleine und wasche Dir die Tränen aus dem Gesicht, ich werde Dir eine Tasse Kamillentee machen. Danach wird es dir besser gehen. Und dann kannst du mir erzählen, was Du heute noch alles so erlebt hast.»

Trudel geht mit schwerem Herzen in den Waschraum um sich das Gesicht zu waschen. Josefa stellt den Rucksack in den Flur und setzt den Wasserkessel auf den Herd. Danach geht sie zu ihrem Küchenschrank hinüber und nimmt ein Glas mit getrockneter Kamille aus dem Schrank. Sie gießt heißes, aber nicht kochendes Wasser über die Kamillenblüten und lässt den Tee 10 Minuten ziehen. Blüten und Kräuter haben für Josefa schon immer in ihre Hausapotheke gehört. Kamille beruhigt, und weil sie nicht nur getrunken werden, sondern auch kalt aufgetragen werden kann hat Kamille eine antibakterische Wirkung. Josefa hat von ihrer Mutter und Großmutter gelernt auf diese Naturheilmittel zu vertrauen und diese anzuwenden, bevor sie einen Arzt ruft.

Trudel kommt aus dem Waschraum zurück und sieht schon etwas besser aus. Ihre Mutter setzt ihr den Tee vor die Nase und Trudel fängt an von den anderen Erlebnissen des Tages zu berichten. Als sie zu Franzl kommt muss sie sogar etwas lachen.

Die Hinterleitnerin wird drei Tage später unter Anteilnahme des ganzen Dorfes beerdigt. Pfarrer Strobel rühmt eine Frau, die sich ihr ganzes Leben dem Berg und der Natur verschrieben hatte.

«Johanna Hinterleitner führte ein zielgerichtetes Leben. Diejenigen, die sie kannten, waren von ihrer Weisheit und ihrer Liebe gerührt. Sie gab frei von sich und inspirierte andere, ihr eigenes Leben zu schätzen. Hanni fand Erfüllung in der Schönheit der Natur und insbesondere in der Verbundenheit, die sie mit den Tieren hatte. Ihr Leben zeigt, dass jeder Mensch eine hohe Moral erreichen kann. Sie war immer liebevoll und mitfühlend gegenüber allem was sie umgab, und weder der Weltkrieg noch eine zeitweise Armut konnten ihre freudige Einstellung zum Leben einschränken. Sie war treu und unterwürfig. Hanni unterstützte ihren Mann und ihre Söhne, damit diese ihr Potenzial als Viehhirten an den Hängen der Reisalpe ausschöpfen konnten. Sie war eine ausgezeichnete Melkerin.

Unser Lebenssinn kommt von innen, von den liebevollen Opfern, die wir füreinander bringen, insbesondere für unsere Familie, Freunde und Nachbarn. Die schwierigsten Umstände in unserem Leben segnen uns oft mit dem tiefsten Verständnis unseres wahren Selbst. Johanna Hinterleitner begegnete all diesen Hindernissen und der Angst auf mutigste Art und Weise und wurde so zu einer würdigen und selbstlosen Frau. Wir dürfen uns sehr glücklich schätzen, sie in unserem Leben gehabt zu haben.

Unser schwieriger Abschied von Frau Hinterleitner ist in der Tat eine Gelegenheit für jeden Einzelnen von uns etwas daraus zu lernen. Die Tränen, die wir heute vergießen sind nur die Juwelen der Erinnerung, denn es geht nicht darum, wie viele Menschen sich nach ihrem Tod an Hanni erinnern werden, es geht darum wie viele Menschenleben sie berührt hat, als sie noch lebte. Das soll uns am wichtigsten sein. Soll sie jetzt in Frieden ruhen. Amen.»

Als die Trauerfeier vorbei ist, spielt die zwölfköpfige Blaskapelle «Näher mein Gott zu dir». Die Sargträger tragen den Sarg von der Kapelle hinüber zu der Pferdekutsche. Die Pferde scheuen leicht, als der Sarg in die Kutsche geschoben wird. Die eleganten Schnitzereien an der Seite der Kutsche verleihen den letzten Momenten der Hinterleitnerin, die sie auf Erden verbringt, eine Eleganz, die sie zu Lebzeichen sicher nicht gewollt hätte. Die Kutsche setzt sich langsam auf eine letzte Reise durch das Dorf in Bewegung. Die Männer ziehen die Hüte und die Frauen in ihrer schwarzen Trauerkleidung weinen ohne Scham. Die sonst so zurückhaltenden Kleinzeller verabschieden sich von ihrer Sennerin im großen Stil.

Die Kutsche macht sich nun langsam auf den Weg nach St. Veit an der Gölsen, wo Hanni neben ihrem Mann und einem ihrer Söhne im Familiengrab die letzte Ruhe finden wird.

Fräulein Schmidt beobachtet wie Trudel, Franzl und Josefa mit gesenkten Köpfen Hand in Hand nach Hause gehen. Sie fragt sich immer noch, wie Trudel einen Engel gehört haben konnte. Sie wird auf die Kleine aufpassen müssen. Sie wird schon noch hinter Trudels Geheimnis kommen werden.

Teil 2

Aufnahme in die Hitlerjugend

Ich verspreche meinem Führer
Adolf Hitler die Treue.
Ich werde ihn ehren und
respektieren. Er wird mir befehlen.

~ zur Aufnahme in die Hitlerjugend ~

Die Aufnahmezeremonie

TRUDEL erscheint zu ihrem nächsten Treffen wie immer in ihrer BDM Uniform. Ihr dickes braunes Haar ist zu zwei Zöpfen geflochten, die nach vorne über ihre Schultern gelegt sind. Hannis Beerdigung ist erst wenige Stunden her. Josefa hat Trudel wohlwollend zugesprochen und Trudels Trauer wiegt nicht mehr ganz so schwer auf ihren Schultern.

An diesem Nachmittag werden Trudel und ihre Kameradinnen die Einzelheiten für die Aufnahme in die Hitlerjugend besprechen und proben. Die Zeremonie wird in einer Woche, am 20.April, stattfinden und obwohl sie nur in kleinem Kreise stattfinden wird, ist die Bedeutung dieser Zeremonie nicht zu unterschätzen. Hitlers Bildungsregime konzentriert sich stark auf die Jugend, da sie nicht von abweichenden Ideen beeinflusst werden darf, die seiner Lehre widersprechen könnten. Trudel erlernt das neue Paradigma des größeren, übergreifenden Systems des Dritten Reiches. Damit ein Land mächtig wird, müssen sich alle Menschen an diese neuen Gesetze halten.

Fräulein Schmidt wird deshalb das ganze Treffen lang die Vorbereitungen auf die Zeremonie mit den Mädchen besprechen.

«Ihr solltet die Aufnahmezeremonie als ersten Schritt zum Erwachsen werden betrachten.» fängt Fräulein Schmidt an. «Wenn ihr einmal in die Organisation aufgenommen seid, werdet ihr eine Ausbildung erhalten, die euch zu guten deutschen Mädels erziehen wird. Ihr werdet zum Wohle unserer Gesellschaft beitragen. Ihr werdet jeden Tag etwas Neues lernen. Und als vollwertiges Mitglied der Gesellschaft angesehen werden, und nicht mehr als kleine Mädchen.»

Für diese Mädchen wird es keine Ruhe mehr geben. Jede freie Minute wird mit nationalsozialistisch ideologischem Gedankengut gesättigt sein, das sie in allen Aspekten ihres Lebens schulen soll.[108]

Es wird der Führung des BDM und sowie den Eltern dieser jungen Mädchen obliegen, dafür zu sorgen, dass die neuen staatlichen Vorschriften eingehalten werden. Der erste Schritt zu diesem neuen Weg ist der obligatorische Gruß und das Lied, die jedes Treffen eröffnen. Fräulein Schmidt beginnt das Treffen.

«Lasst uns darüber sprechen, was ihr während der Aufnahmezeremonie erwarten könnt. Ihr werdet alle geschlossen antreten. Eure Uniform wird

---

[108] Lisa Pine – Education in Nazi Germany, Seite 18

sauber und gebügelt sein. Eure Schuhe sind sauber und auf Hochglanz poliert, die Haare sind zu Zöpfen geflochten und eure Hände und Nägel sind rein. Schmuck und Schminke sind nicht erlaubt. Wir lieben das Natürliche! Habt ihr verstanden?»

«Ja Fräulein Schmidt.» antworten die Mädchen im Chor.

«Ich erwarte von Euch, dass ihr mit euren Eltern sprecht, wenn ihr Hilfe bei den Vorbereitungen für die Aufnahmezeremonie braucht. Solltet ihr noch weitere Fragen haben, dann kommt und sprecht mit mir. Auch ich werde euch gerne helfen. Schließlich soll es doch ein besonderer Tag für euch werden.

So nun lasst uns noch kurz über den Ablauf der Zeremonie sprechen. Wenn die Musik zu spielen anfängt, werde ich euch in den Saal führen. Ihr werdet mit euren Wimpeln direkt hinter mir marschieren. Ich werde zur linken Seite der Bühne gehen und ihr werdet eure Wimpel eine nach der anderen in die dafür vorgesehenen Halterungen stecken.» Sie zeigt auf eine Linie auf dem Boden wo die Fahnenständer aufgereiht sein werden.

«Wenn ihr vor eurem Wimpel steht, werdet ihr diesen salutieren und erst wenn ich euch das Kommando gebe, werdet ihr euren Arm senken, euch umdrehen und das Publikum anschauen.
Bei meinem nächsten Befehl geht ihr dann von der Bühne und setzt euch in die erste Reihe.
Und nun lasst uns zum Festsaal hinüber gehen und das ganze einmal proben.»

Die Mädchen nehmen ihre Wimpel und machen sich zum Festsaal auf. Die erste Reihe Stühle steht bereits, damit die Mädchen lernen wo sie zu sitzen haben. Sie üben, wie sie in den Raum zu marschieren haben und wie es die Treppe zur Bühne hoch geht. Sie sichern ihre Wimpel in den Fahnenhaltern, salutieren dann, dem Wimpel zu gewendet und warten auf Fräulein Schmidts Befehl. Sie nehmen den Arm herunter und drehen sich dann auf Befehl um. Danach marschieren sie auf ihre Plätze. Fräulein Schmidt verlangt Perfektion. Die Mädchen üben so lange bis ihre Leiterin zufrieden ist.

Als die Mädchen nach langem Üben endlich auf ihren Plätzen sitzen, gibt Fräulein Schmidt weitere Anweisungen. «Ihr steht erst auf wenn euer Name aufgerufen wird. Ihr begebt euch auf die Bühne und werdet eine kurze Rede halten. Vergesst bitte nicht, dass ihr in diesem Augenblick zum ersten Mal öffentlich für euren Führer sprecht. Könnt ihr euch noch erinnern, was wir in der letzten Stunde besprochen haben? Über den Inhalt eurer Rede? » fragt die JM Führerin ihre Jungmädelschaft.

Alle nicken ausser Trudel. Sie hat ein ungutes Gefühl in der Magengrube. Sie traut sich nicht zu fragen. Sie will nicht beim Träumen erwischt werden, und ihre Kameradinnen will sie schon gar nicht fragen, denn sie will nicht wieder ausgelacht werden.

«Eure Rede soll von Herzen kommen, also denkt gar nicht erst daran, eure Eltern um Hilfe zu bitten. Auch erwarte ich von euch, dass ihr nicht im entferntesten daran denkt ein Gedicht aufzusagen. Ich erwarte schöne ehrliche Worte, die eure Treue zu eurem Land widerspiegeln. Es ist jedoch erlaubt, dass ihr eure Rede euren Eltern vortragt, wenn ihr üben wollt vor Publikum zu sprechen.

Trudel ist erleichtert, dass Fräulein Schmidt diesen Punkt noch einmal angesprochen hat. Die Mädchen verbringen den Rest des Treffens damit die anderen vier Teile der Aufnahmezeremonie durchzugehen.

Die nächste Woche ist voller Aufregung und Kameradschaft. Trudel und ihre Gefährtinnen sprechen über ihre Reden und üben das marschieren, drehen und grüßen. Die Zeit drängt. Jede freie Minute wird mit Proben verbracht. Nicht nur, weil mit der Zeremonie angeblich ein neuer Lebensabschnitt beginnt, sondern auch weil es die erste Zeremonie dieser Art in Kleinzell ist und man ein Beispiel setzen will.[109]

Eine Woche später, am neunundvierzigsten Geburtstag des Führers, nehmen viele Kommandanten und Ehrengäste sowie Millionen von Menschen an einer feierlichen Zeremonie im gotischen Schloss von Marienburg zu Ehren des Diktators teil. Die Feier wird auf jedem Radiosender übertragen, und die Bevölkerung hört zu, entweder allein im heimischen Wohnzimmer oder zusammen mit Freunden und Bekannten.

Dieser 20. April ist auch der Tag, an dem Trudel ihre formale Aufnahme in die Jungmädelschaft absolvieren wird. Die Mädchen haben die Grundausbildung hinter sich gebracht und dabei die drei Aufnahmevorraussetzungen, einen Sportnachmittag, einen Heimabend und einen Wandertag erfüllt.

Heute ist der große Tag. Trudel wird ein Mitglied des BDM in der Hitlerjugend werden. Von jetzt an wird sie ihr Leben dem Staat und dem Volke verschreiben. Sie wird ein Zahn im dem sich ständig drehenden Rad der neuen Ideologie werden und deren Prinzipien eingetrichtert bekommen.

Als Trudel mittags zusammen mit ihren Kameradinnen das Schulgebäude verlässt, beobachtet sie wie sich das gesamte Dorf bereits auf das Ereignis vorbereitet. Die Stimmung der Bewohner verändert sich auf subtile Weise und die Einheimischen widmen sich aufgeregt den Vorbereitungen. Große und kleine Zeremonienflaggen schmücken Geschäfte, Häuser und öffentliche Gebäude. Alle Dorfbewohner arbeiten

---

[109] Gertrude Niederhuber

gemeinsam auf der Straße, sie reden und lachen. Endlich ist wieder etwas los im Dorf. Die Ladenbesitzer waschen akribisch ihre Schaufenster ab und schrubben die Bürgersteige. Männer fegen die Straßen. Frauen platzieren frische Blumen vor den Eingängen der Gebäude. Vor dem HJ Gebäude fliegen die Fahnen hoch auf den Masten und aus der Bäckerei strömt ein frisches Aroma von Kuchen und Gebäck. Alle sind bester Laune.

Trudel spürt die Aufregung in dem kleinen Dorf als sie sich auf den Weg nach Hause macht. Alles macht sich bereit den Geburtstag des Führers zu feiern, der vor nur neununddreißig Tagen Österreich an das Deutsche Reich angegliedert hatte.

Josefa war noch nicht wieder von der Arbeit zurück. Der Tag war lang. Auch Franzl war nirgendwo zu finden, also macht sich Trudel allein an die Vorbereitungen für diesen so besonderen Tag. Sie will zuerst mit den Hausarbeiten anfangen. Sie will, dass alles erledigt ist, wenn ihr Mutter nach Hause kommt. Sie will, dass ihr Mutter stolz auf sie ist. Sie läuft in ihr Zimmer hinauf, legt die Schulsachen ab, zieht sich ihre Hauskleider an und bindet sich ein Kopftuch um. Danach läuft sie in den Garten.

Als erstes sieht sie nach den Hühnern. Holt frisches Wasser, säubert das Hühnerhaus, legt frisches Stroh hinein, dann Futter und sammelt die gelegten Eier ein. Diese legt sie vorsichtig in ihre Kittelschürze und geht damit in die Küche. Dort platziert sie die Eier in die hölzerne Eierkiste.

Danach nimmt sie die Schuhbürste und putzt ihre Uniformschuhe, bis sie sich fast darin spiegeln kann. Plötzlich hört sie wie jemand leise aus der Ferne das Lied «Kein schöner Land in dieser Zeit» auf einem Saiteninstrument spielt. Sie lässt sich von dem Gesang beflügeln und tanzt zu dem Dreivierteltakt durch den Garten. Aber die Pflicht ruft und sie kehrt zu den Schuhen zurück. Sie setzt sich auf die Treppenstufe vor der Hintertür und beginnt die restlichen Schuhe zu putzen. Sohlen werden gesäubert und das Leder erstrahlt bald in neuem Glanz.

Als nächstes hebt sie die Läufer auf und trägt sie in den Garten. Sie hängt diese zum Auslüften über die Teppichstange und kurz darauf nimmt sie den aus Rattan geflochtenen Teppichklopfer und klopft den Staub aus den Teppichen so gut sie kann. Dabei hält sie den Atem an, um den Staub nicht einzuatmen, spürt jedoch wie sich der Staub auf die Haut in ihrem Gesicht legt.

Den Teppichklopfer gegen die Wasserpumpe gelehnt, wäscht sie ihr Gesicht und klopft sich mit den Händen den Staub von ihrer Kleidung. Als sie sich von Staub befreit hat bringt sie den Teppichklopfer wieder in die Küche zurück, schnappt sich den Besen und fängt an die Böden zu fegen. Das Zusammengefegte wird mit einem Handfeger auf eine Kehrschaufel gefegt und dann auf den Misthaufen im Garten getragen. Sie stellt den Besen wieder in den Besenschrank und geht zurück ins Wohnzimmer und sieht nach, was als nächstes gemacht werden muss.

Sie bemerkt die leichte Staubschicht, die auf den Möbeln sitzt und fängt an Staub zu wischen. Sie holt etwas Wasser und mit einem fast trockenem Tuch wischt sie die Oberflächen der spärlich möblierten Stube ab. Danach geht sie in die Küche und wischt auch dort über die Anrichte, den Herd und den Küchentisch. Sie trägt das schmutzige Wasser nach draussen und giesst es in den Garten. Sie füllt einen Eimer mit frischem Wasser und macht sich daran die Fenster zu putzen und zum guten Schluss schrubbt sie noch die Eingangsstufe.

Nach der Hausarbeit beginnt sie damit das Essen vorzubereiten. Sie nimmt den Korb und ein kurzes Messer aus der Speisekammer und begibt sich in den Gemüsegarten. Sie schaut sich die Stangenbohnen an und stellt fest, dass einige davon bereits geerntet werden können. Genug für die drei zum Abendessen. Sie pflückt die Bohnen, indem sie diese sorgfältig am oberen Ende mit ihrem Fingernagel abkneift. Danach werden die Bohnen, eine nach der anderen, sorgfältig in den Gemüsekorb gelegt und als sie genug geerntet hat, stellt sie den Korb auf die Treppenstufe. Sie holt schnell eine weiße Emailleschüssel aus der Küche und setzt sich dann auf die Treppenstufe und beginnt die Bohnen zu putzen.

In der Ferne spielt noch immer die Musik. Trudel schließt für einen Moment die Augen und stellt sich vor wie die einzelnen Noten durch den Blumengarten vor dem Haus tanzen. Da hört sie wie eine Lerche in den Gesang der Melodie einstimmt. Sie schaut nach oben und entdeckt den Vogel auf einem Ast unweit vom Haus. Sie redet ihm zu:

«Wer da wohl so schön spielen kann? Hast Du jemals so etwas Schönes gehört, liebe Lerche. Es hört sich an, als würden einhundert Saiten gezupft werden. Gibt es wirklich ein Instrument mit einhundert Saiten? Warum habe ich es vorher noch nie gehört? Vielleicht sollte ich nachschauen wo die Musik herkommt? Vielleicht auch nicht. Ich habe schließlich noch genug zu tun.»

Sie nimmt einige der Bohnen aus dem Körbchen um sie von den harten Stängeln zu befreien. Die abgeschnittenen Enden werden den Hühnern vorgeworfen. Die Bohnen gesäubert, den Bohnenfaden gezogen und die bitteren Stiele entfernt, legt sie diese in die Emailleschüssel. Sie ist schon fast fertig, als ihre Mutter von der Arbeit kommt.

«Ich bin hier!» ruft Trudel ihrer Mutter zu.

Josefa hängt ihren Mantel auf den Garderobenhakens, bindet sich die Schürze um und tritt in den Garten heraus. Sie küsst ihre Tochter auf die Stirn und setzt sich neben sie.

In einer traditionellen österreichischen Familie wurden die Kinder damals von Kindesbeinen erzogen, im Haushalt zu helfen. Die Mütter brachten ihren Töchtern das Kochen bei und wie man den Haushalt führt. Kochen, putzen, nähen und auch stricken gehören zu den Fähigkeiten, die jedes Mädel damals beherrschen musste, genauso wie die Jungen sich um die Tiere kümmerten, den Stall ausmisteten und das Feuerholz hackten. All dies wurde als selbstverständlich angesehen und es wäre Josefa nicht in den Sinn gekommen, sich dafür zu bedanken.   An den Feiertagen wurde dann gemeinsam musiziert und gebastelt. Diese ungeschriebenen Gesetze wurden von einer Generation an die nächste weitergegeben und nie in Frage gestellt. Hier wurden Wertvorstellungen weitergegeben.

Der Vater hatte das Sagen in der Familie und die Mutter unterstützt den Vater und sorgt gleichzeitig für die Familie. Die Kinder treten in die Fußstapfen der Eltern und lernen den Beruf des Vaters, ob Bauer, Bäcker, Krämer, Gastwirt oder Holzfäller. Die Mädchen werden gut verheiratet. Jeder im Dorf ist auf seine Art und Weise eigenständig und ein jeder hat seinen eigenen sozialen Stand. Wenn jemand Hilfe braucht, dann kommt diese in der Regel aus der Familie. Besondere Talente wie musizieren oder holzschnitzen wird als eine besondere Gabe angesehen und gefördert.

Durch das vorzeitige Ableben ihres Ehemannes muss Josefa nicht nur ihre Mutterpflichten wahrnehmen, sondern auch gleichzeitig noch ihren Mann stehen. Die 37jährige muss die Kinder nicht nur ernähren, sondern diesen auch noch die wichtigsten Überlebensfähigkeiten beibringen.

«Wie war der Tag?» fragt Josefa.

«Gut. Mama, hast du gesehen wie die Leute das Dorf schmücken für heute Abend. Ich bin schon ganz aufgeregt. Ach, wenn es doch nur schon so weit wäre.»

«Deine Stunde kommt noch, Trudel. Du musst nur Geduld haben. Nun genieße doch erst mal was du im Augenblick hier zu Hause hast.»

«Ach übrigens, wo ist denn der Franzl?»

«Ich weiß es nicht?» antwortet Trudel.

«Wann hast du ihn denn das letzte Mal gesehen?»

«Nach der Schule, auf dem Schulhof, mit seinen Freuden…Sie haben das marschieren geübt.»

Josefa schweigt. Dann sagte sie:

«Ich habe gehört, dass dir heute Abend eine ganze Menge bevorsteht.»

«Ich? Ich marschiere in der ersten Reihe, weil ich wichtig bin. ich werde zuerst gesehen werden und dann die anderen.» Trudel reckt ihr Kinn voller Stolz in die Höhe.

«Dein Bruder und ich werden heute Abend auch zusehen.» antwortet Josefa. «Warum gehst Du jetzt nicht einfach hinein, legst noch ein Holz auf das Feuer im Herd und machst Dich dann fertig. Ich putze die Bohnen zu Ende.»

Trudel küsst ihre Mutter auf die Wange, legt die ungeputzten Bohnen wieder in den Gemüsekorb und läuft in das Haus hinein um sich fertig zu machen.

Nachdem Trudel ausser Sichtweite ist, zieht Josefa noch einmal die Einladung für die Aufnahmezeremonie aus ihrer Kitteltasche hervor. Die Bekanntmachung des Reiches über die Aufnahme ihrer Tochter in die Jungmädelschaft. Ihre Anwesenheit wird vorausgesetzt. Josefa wird der Einladung wohl oder übel Folge leisten müssen. Josefa hat bereits den ganzen letzten Monat nach Wegen gesucht, um ihrer Tochter diese Aufnahme zu ersparen, aber es ist ihr nicht gelungen. Es scheint als hätte jemand anderes bereits eine Vorstellung darüber, was aus ihrer Tochter einmal werden solle und Josefa war machtlos. Alle Kinder in der Ostmark würden eine Mitgliedschaft in der Hitlerjugend nicht umgehen können.

Josefa faltet die Einladung sorgfältig wieder zusammen und steckt sie in ihre Tasche zurück. Sie schaut nach oben und sieht die Lerche im Baum singen. Sie hat ein gutes Verständnis darüber, was in der Welt dort draussen vor sich geht und auf ihrer Stirn haben sich bereits Sorgenfalten gebildet. Als sie die restlichen Bohnen putzt hört auch sie die Musik erklingen. Diesmal das Lied «Die Gedanken sind frei» Jemand spielt auf seiner Zither. Josefa weiß, dass es nicht mehr lange dauern wird, bis dieses Lied verboten werden wird, genauso wie bereits viele Bücher und Schriften. Sie summt leise mit. Schließlich hat ihr und ihrem Mann dieses Lied immer besonders am Herzen gelegen.

Als sie mit den Bohnen fertig ist, steckt sie das Messer weg, schiebt die Hühner beiseite und trägt den Gemüsekorb in die Küche. In der Küche bereitet sie ein einfaches Mahl aus Kartoffelpfannkuchen und grünen Bohnen mit Speck und einem Gurkensalat vor.

Josefa setzt einen Topf auf den Herd, brüht die Bohnen über und nimmt dann eine Pfanne, lässt etwas Speck aus, fügt ihn den Bohnen hinzu und macht sich dann daran, noch schnell einige Kartoffelpfannkuchen zuzubereiten.

Als Witwe eines dienenden Soldaten des ersten Weltkrieges, hatte sie von der neuen Regierung eine Summe von eintausend Reichsmark erhalten. Damit hat sie eine Waschmaschine gekauft, neue Kleidung für Trudel und ein Fahrrad für Franzl. Und natürlich den Blaupunktempfänger, der jetzt als ganzer Stolz auf der Anrichte in der Küche steht.

Sie liebt es, Musik zu hören. Als sie das Radio einschaltet, spielen dort gerade die ersten Takte des beliebten und berühmten Walzers «An der schönen blauen Donau» von Johann Strauss. «Ich sollte das Radio öfter einschalten.» denkt sie. «Es ist so schön das Haus mit Musik zu füllen. Ausserdem regt es zum Tanzen an.»

Als sie sich unbeobachtet fühlt tanzt Josefa beschwingt durch die Küche. Sie nimmt drei große Kartoffeln aus der Speisekammer, wäscht und schält sie, und reibt sie in eine Schüssel. Sie gießt die sich ansammelnde Flüssigkeit ab, gibt Mehl und Eier dazu, etwas geriebene Zwiebel, Salz und Pfeffer. Danach gibt sie die Mischung esslöffelweise in die Bratpfanne und brät die Kartoffelpfannkuchen an.

Während sie so vor ihrem Herd steht und die Pfannkuchen umdreht muss sie an den Tag im Jahre 1919 zurückdenken, an dem sie ihren Ehemann kennengelernt hat. Es war an einem der ersten Frühlingstage. Sie hatte am Rande der Tanzfläche des örtlichen Biergartens gestanden und konnte sich noch genau erinnern, dass sie ein blauweißes Dirndl getragen hatte. Emmerich war einfach so auf sie zugekommen, hatte ihre Hand genommen, kurz einen Handkuss angedeutet und sie auf die Tanzfläche gezogen. Sie war damals neunzehn, er zwanzig. Es war Liebe auf den ersten Blick.

Trudel kommt die Treppe herunter. Sie trägt ihre BDM Uniform, frisch gewaschen und gebügelt. Sie macht sich daran den Tisch zu decken.

Josefa bricht aus ihren Gedanken heraus. «Geh und rufe Deinen Bruder herein. Er müsste jetzt eigentlich zurück sein.»

Trudel steht auf der Treppenstufe bei der Küchentür und schreit mit fester Stimme: «Franzl, Franzl, das Essen ist fertig! Komm schnell, es wird sonst kalt.»

Sie geht zurück in die Küche und deckt den Tisch zu Ende. Als Franzl nicht auftaucht fangen Trudel und ihre Mutter ohne ihn zu Essen an. Plötzlich knallt die Küchentür heftig in den Rahmen. Franzl kommt herein und schmeißt sich in seinen Stuhl. Er hat Dreck im Gesicht und auch seine Kleidung sieht dreckig und unordentlich aus.

«Was ist denn mit dir los?» fragt Josefa

«Ach nichts, die anderen Jungen haben mir nur gezeigt wie richtige Soldaten kämpfen.»

«So dreckig kommst Du mir nicht an den Tisch!» Josefa ist erbost. «Geh´ und wasch dich und zieh Dir saubere Sachen an. Nun mach schon.» befiehlt sie.

Franzl läuft in die Waschküche, zieht sich aus und läßt seine Sachen einfach auf dem Boden liegen.

«Mama!» meckert Trudel. «Ich habe da gerade erst sauber gemacht und jetzt läßt er da einfach seinen Dreck rumliegen!»

«Nun iss, Trudel,» seufzt Josefa. Wir kümmern uns nachher darum.» Sie nimmt ihre Gabel wieder auf. Das Gemeckere ihrer beiden Kinder hat die schönen Erinnerungen an Emmerich ganz in den Hintergrund geschoben.

Franzl wäscht sein Gesicht und rennt dann halb nackt in das Kinderzimmer. Er zieht sich eine saubere schwarze kurze Hose und ein

146

frisches weißes Hemd an. Dann kommt er barfuß in die Küche gelaufen und setzt sich wieder an den Tisch

«Ich erwarte, dass Du dich ab jetzt benimmst. Ich will heute Abend keinen Ärger mit Dir. Deine Schwester hat heute ihre Aufnahmezeremonie. Und wenn Du mit dem Essen fertig bist, dann zieh dich gefälligst ordentlich an. Lange Hose, weißes Hemd, einen Pullover und deine Sonntagsschuhe. Tu mir den Gefallen.»

«Jawohl Mama.» antwortet Franzl gehorsam. «Darf ich jetzt essen? »

«Bitte, fang an.»

Trudel steckt ihrem Bruder die Zunge heraus und er meckert zurück.

Josefa versucht die beiden zu beruhigen. Sie hat wirklich keine Lust auf irgendwelches Gezanke. Sie versucht Trudel abzulenken. «Hast Du heute Nachmittag, als Du im Garten warst, die Musik gehört?»

«Oh ja, Mama, das war sehr schön. Woher kam denn das. Und was ist das für ein Instrument. Es hat sich einfach himmlisch angehört.»

«Die Musik wurde auf einer Zither gespielt.»

«Eine Zither ist ein Instrument das etwa so aussieht wie ein Gitarre und ebenfalls mit Saiten bespannt ist, aber zum Spielen legt man das Instrument flach auf eine Oberfläche. Dann zupft man die Saiten oder manchmal schlägt man sie auch. Eine Zither hat über 30 Saiten, manchmal sogar über 40 und wird mit beiden Händen gespielt.»

«Die Musik hat sich so wunderschön angehört. Mutter, glaubst Du dass ich lernen könnte, eine Zither zu spielen?»

Josefa schweigt für einen Moment.

«Bitte Mama.» bettelt Trudel. «Bitte, bitte kaufe mir eine Zither.»

Josefa schaut sie prüfend an. «Abwarten! Wir werden erst einmal abwarten. Erstmal trittst du jetzt der Jungmädelschaft bei, da hast Du die nächsten Monate sicher genug zu tun. Du wirst sicher kaum Zeit haben, auch noch die Zither zu erlernen.»

«Aber Fräulein Schmidt hat doch schon gefragt ob wir ein Instrument lernen wollen oder zu Hause musizieren und da habe ich mich auch gemeldet.»

«Ach so! Hast du das? Und was hast du ihr erzählt?»

«Nichts weiter, Mama. Sie hat mich nicht weiter gefragt.»

«Na wenigstens hast Du ihr nichts vorgelogen. Also gut, wir werden sehen. Wenn Du in den nächsten Monaten brav bist und fleißig im Haushalt hilfst, dann können wir ja noch einmal darüber reden. Vielleicht hilft ja auch die gute Fee.»

«Ach Mama, es gibt doch gar keine gute Fee.» protestiert Franzl mit vollem Mund.

«Gibt es wohl!» antwortet Trudel zickig. Was glaubst Du denn, wer da gespielt hat als ich heute Nachmittag im Garten war.

«Du spinnst doch! Lügnerin!» gibt Franzl zurück.

«Ruhe jetzt! Hört endlich auf zu streiten und esst. Wir dürfen heute Abend nicht zu spät kommen.»

Nach dem er fertig gegessen hat, lässt Franzl seinen Teller einfach stehen und rennt die Treppe hinauf, um sich noch einmal umzuziehen. Auch Josefa macht sich fertig und zieht ihre Sonntagskleider an. Trudel räumt unterdessen den Tisch ab und die Küche auf. Danach machen sich die drei auf den Weg zum HJ Gebäude.

Hand in Hand gehen die drei die Straße hinunter. In der Ferne hören sie die Blaskapelle, die zur Feier des Tages im Biergarten von Rupert Scheichls Gasthaus spielt. Das ganze Dorf ist ausgekehrt, um den Geburtstag des Führers zu feiern.

Als die Kerschner Familie am HJ Gebäude ankommt, werden sie, wie auch alle anderen geladenen Gäste, vom Bürgermeister persönlich begrüßt. Er trägt einen dreiteiligen Nadelstreifenanzug und natürlich steckt im Kragenloch des Anzugs das NSDAP Parteiabzeichen. Seine Schuhe sind auf Hochglanz poliert. Er hatte schon immer ein Auge auf Josefa geworfen, aber sie kann ihn nicht ausstehen.

«Es freut mich, sie begrüßen zu dürfen, meine liebe Frau Kerschner.

Ich hoffe, es geht ihnen gut?»

«Danke, Herr Bürgermeister.» antwortet Josefa kurz.

Der Bürgermeister bückt sich zu Franzl herunter und hebt dessen Kinn an. Franzl tritt schnell einen Schritt zurück. «Einen feinen jungen Mann haben sie da, Frau Kerschner. Es wird nicht lange dauern und dann wird auch er in die HJ eintreten. Die nächsten zwei Jahre werden schnell vorüber gehen. Und er wird ein guter Junge sein. Ich habe gehört, dass er heute Nachmittag zusammen mit den anderen Dorfjungen bereits den Nahkampf geübt hat.

«Hat er das Herr Bürgermeister.» antwortet Josefa ohne sich auf eine weitere Unterhaltung einzulassen. Es wäre nicht angebracht gewesen, Widerworte zu geben. Es ziemte sich nicht für eine Frau und schon gar nicht für eine Witwe, einem Mann zu widersprechen. Und ausserdem wollte Josefa auch nicht preisgeben, was sie in Wahrheit über Franzls Eifer dachte, besonders nicht nach dem Erlebnis der vergangenen Wochen, das sie für ein paar Nächte von ihren Kindern getrennt hatte.

«Nun Junge, nur weiter so.» Der Bürgermeister streichelte Franzl wohlwollend über das Haar. «Wir werden starke junge Männer gebrauchen können, die unser neues Reich beschützen werden.» Der Bürgermeister zieht seine goldene Taschenuhr hervor und schaut auf die Zeit.

Trudel hat die Unterlippe hervorgeschoben. Es gefällt ihr nicht, dass sich alles um ihren Bruder dreht.

«Nun denn, Herr Bürgermeister.» antwortet Josefa. Doch bevor sie sich umdreht flüstert sie noch kurz in sein Ohr: «Es mag zwar noch zwei Jahre dauern bis der Kleine so weit ist, aber sie haben ja bereits meine beiden Töchter und meine beiden Söhne in ihren Fängen. Wie viele Kinder brauchen sie denn noch, um ihre Schlachten zu schlagen?» Sprachs, und drehte sich auf dem Absatz um. So ein Ausbruch konnte gefährlich sein, aber es war ihr egal. Sie nahm von dem bereits auf sie wartenden BDM Mädchen noch das Programmheft entgegen, griff Franz bei der Hand und marschierte, als wäre nichts gewesen in den Festsaal. Trudel hatte Mühe ihr zu folgen

Der Korridor ist voller Menschen, die Josefa noch nie gesehen hatte. Mütter, die über die Wichtigkeit des Lernens diskutieren, während Väter begeisterte Jungen ermutigen, junge Männer zu werden. Dieser Abend ist der erste von vielen, für die zehn bis siebzehnjährigen Ostmark Kinder. Als erstes werden die Zehnjährigen in ihre jeweiligen Jugendgruppen aufgenommen. Die Jungen werden in die Deutsche Jugend und die Mädchen in die Jungmädelschaft eingeschworen. Danach werden die vierzehnjährigen Jungen in die Hitlerjugend aufgenommen, während die vierzehnjährigen Mädchen dem Bund Deutscher Mädel beitreten. Alle diese Gruppen unterstehen der Hitlerjugend. Die Erziehung der Jungen wird Männlichkeit, Vitalität und Militarismus beinhalten, während die Mädchen durch Weiblichkeit und häusliche Ausbildung auf ihre Rolle in der Gesellschaft vorbereitet werden.

Trudel zieht am Arm ihrer Mutter und will unbedingt durch den Saal gehen. Josefa erlaubt Trudel zu gehen, aber nur für eine Minute. Trudel geht auf den Festsaal zu, öffnet langsam die Tür und schaut hinein. Einige junge BDM Mädchen sind noch dabei die letzten Vorbereitungen zu treffen und nehmen Trudel nicht einmal wahr. Was Trudel dort sieht, ist jedoch absolut sehenswert! Ihr Herz setzt einen Schlag aus, als sie die Tür schließt und zu ihrer Mutter zurücksprintet, die sich gerade mit Frau Bauer unterhält.

Trudel ist geschockt, als sie ihre eigene Schwester in deren JM Uniform sieht!

Ohne einen Hauch von Disziplin rennt Trudel sofort auf ihre bereits lang abwesende Schwester zu und ruft: «Anita, Anita!»

Anita dreht sich um und sieht ihre kleine Schwester auf sich zu rennen. Sie breitet ihre Arme weit aus und umarmt sie innig. „Trudel! Bist Du es wirklich? Ich kann es kaum glauben. Du fehlst mir so sehr.»

Trudel freut sich sehr, ihre Schwester nach so langer Zeit wieder zu sehen, wächst diese doch schon seit zwei Jahren bei ihren Großeltern auf.

149

«Du hast mir auch gefehlt, Trudel. Ich wollte immer mit dem Rad herüber kommen, aber ich hatte in der letzten Zeit so viel zu tun. Wie geht es Mutter und Franzl?»

Doch noch bevor Trudel antworten kann, klatscht Fräulein Schmidt bereits in die Hände um Ruhe in den Saal zu bringen. Das Publikum nimmt seine Plätze ein.

«Ich werde euch jetzt noch ein letztes Mal an die Abläufe erinnern.» sagt Fräulein Schmidt.

«Wir sehen uns nach der Zeremonie. Viel Glück.» flüstert Anita und drückt ihre kleine Schwester noch einmal an sich.

«Guten Abend!» Fräulein Schmidt klatscht in die Hände. «Wir werden in Kürze mit den Feierlichkeiten beginnen. Alle Mädchen zu mir, während die Eltern sich setzen.»

Trudel fühlt sich etwas unwohl. Ist es die Aufregung oder weil sie sich nicht von ihrer Mutter hatte verabschieden können? Sie wollte ihr noch etwas sagen über das sie lange nachgedacht hatte. Schließlich ist es das letzte Mal das sie ihre Mutter als kleines Mädchen sehen würde. Trudel verspürt einen gewissen Verlust. Sie wollte ihre Mutter noch einmal drücken, doch das Gefühl ist verschwunden, seit sie ihre Schwester wiedergefunden hat.

Josefa schaut sich um und sieht ihre zwei Töchter zusammen in ihren BDM Uniformen auf ihre jeweiligen Gruppen zugehen. Auch wenn sie mit der Zugehörigkeit ihrer Kinder in der Hitlerjugend nicht einverstanden ist, so freut sie sich doch, dass die beiden Mädchen sich wiedergefunden haben. Vielleicht haben die beiden jetzt ja Gelegenheit sich öfter zu treffen, denkt sie sich.

Das Publikum begibt sich in den prunkvoll geschmückten Festsaal, die Mädchen hingegen folgen ihrer JM Führerin in den Nebenraum. Den Eltern bleibt der Atem stehen. Noch nie haben sie so einen prunkvoll geschmückten Saal in ihrem Dorf gesehen

Josefa sitzt zusammen mit Franzl in der Reihe hinter den Ehrengästen. Neben ihr Frau Bauer mit Mann. Frau Bauers Tochter Margarete ist auf Platz 9 in der JM Gruppe 527 Niederdonau. Die Eltern sprechen über den Prunk im Saal. Sie wundern sich woher das Geld dafür gekommen ist und auch wie der Saal in so kurzer Zeit so festlich geschmückt werden konnte. Alle warten geduldig auf den Beginn der Feierlichkeiten.

Vierzig hölzerne Stühle sind für die Aufzunehmenden aufgestellt worden. Zehn in jeder Reihe. Zwei Reihen auf jeder Seite. Direkt vor der Bühne. Die Mädchen sitzen rechts und die Jungen links. Während die neu aufzunehmenden Kinder im Nebenraum warten, füllt sich der Saal immer mehr. Dorfbewohner und Einwohner aus der Umgebung drängen sich durch die Tür. Alle tragen ihre Sonntagskleidung oder ihre traditionelle Tracht.

Als der Saal voll ist, nehmen der Bürgermeister und dessen Frau ihre reservierten Plätzen in der vordersten Reihe ein. Daneben sitzen der Polizeichef, der Arzt, der Tierarzt und weitere wichtige Gemeindemitglieder zusammen mit ihren Frauen.

Im Nebenraum versammeln sich die Mädchen auf einer, die Jungen auf der anderen Seite. Die jeweiligen Führer stehen vor ihren Truppen und überprüfen nochmal die letzten Vorbereitungen und beantworten die letzten Fragen. Die Kinder tragen ihre Wimpel über ihren Schultern und warten auf das Signal des Führers, Herrn Adler, der das Kontingent der Zehnjährigen anführen wird.

Herr Adler ist erst sechzehn. Der HJ Führer selbst, Herr Wolf, ist erst siebzehn. Er führt die gesamte HJ der Gegend an. Die rot-weiße Kordel, die von der linken Schulter bis zur linken Brusttasche getragen wird, kennzeichnet ihn als Jugendführer. Die Mädchen bewundern still seine jugendliche Männlichkeit, obwohl sie schon bei der Erwähnung seines Namens kichern müssen. Herr Wolf, groß und gutaussehend, baut sich vor seiner Truppe auf. Seine blonden Haare und blauen Augen zeigen ihn als wahres Mitglied der arischen Rasse. Ein schwarzes Halstuch, die kurze schwarze Hose, der Gürtel und der Kreuzriemen ergänzen sein Erscheinungsbild. Seine auf Hochglanz polierten schwarzen Schuhe und seine starre rot gepaspelte Schirmmütze mit dem Rautenzeichen und dem Reichskappenadler sowie die gewebten Schulterklappen auf seinem kakifarbenen Hemd heben deutlich die Autorität hervor. Die Uniform ist mit den gelben HJ-Regionalabzeichen und einer rot-weiß-roten Hakenkreuz-Armbinde verziert. Die Uniform für die jüngeren Knaben ist ähnlich, obwohl sie braune Knöchelstiefel und weder Kordel noch Armbinde tragen.

Herr Adler wird als erster auf die Bühne marschieren, gefolgt von den DJ-Fahnenträgern, Trommlern, Trompetern und seiner Truppe. Danach folgt Herr Wolf mit seiner HJ-Truppe, gefolgt von der jungen JM Führerin Fräulein Schmidt und ihrer Truppe. Die neu ernannte BDM Leiterin Fräulein Brückner führt die Gruppe von Anita an.

Trudel wartet gespannt auf den Beginn der Zeremonie. Schließlich ruft die Truppenführerin: «Aufstellen. Achtung!» Die Mädchen stehen stramm und warten auf ihren Marschbefehl. Trudel spürt, wie ihr kleines aufgeregtes Herz mit jeder Sekunde lauter schlägt.

«Truppe, aufstellen! Kompanie stillgestanden!» befiehlt Herr Adler

Ein Schlag auf die rotweiße Prunktrommel signalisiert die Trittfrequenz. Der klare Schlag der Trommel schallt durch das gesamte Gebäude.

Die im Festsaal versammelten Eltern recken die Hälse nach hinten. Die Fanfare wird lauter und lauter, während die Parade der Jugendlichen näher rückt.

Zwei Kadetten der Hitler Jugend öffnen die Türen und die Truppen marschieren in den Saal ein. Das Publikum erhebt sich.

Josefa kann nur die Spitzen der Fahnen der verschiedenen Truppen sehen. Zuerst sieht sie die doppelte schwarz-weiße Sigrune, gefolgt von der Truppenflagge der DJ und dann die verschiedenen JM/BDM-Banner. Die Truppe marschiert singend in den Raum ein.

Unsere Fahne flattert uns voran.
In die Zukunft marschieren wir Mann für Mann
Wir marschieren für Hitler
Durch Not und durch Nacht
Mit der Fahne der Jugend
Für Freiheit und Brot
Unsere Fahne flattert uns voran
Unsere Fahne ist die neue Zeit,
Unsere Fahne führt uns in die Ewigkeit
Ja die Fahne ist mehr als der Tod! [110]

Josefa ist entsetzt! Wütend denkt sie bei sich: «Was bedeutet das, dass die Fahne ihnen mehr bedeutet als der Tod? Wer hat dieses Lied geschrieben? Warum müssen sie dieses Lied singen? Sie verstehen doch überhaupt nicht was wirklich gemeint ist. Diese Worte werden ihnen einfach in den Mund gelegt. Die Ostmark wird keinen Krieg führen. Gehen wir wirklich wieder in den Krieg? Mit wem muss ich sprechen? Aber wenn ich mich beschwere, werden sie mich dann wieder verhaften?»

Die Lage ist hoffnungslos.

Die Trommler marschieren durch den Mittelgang und drehen dann jeweils nach rechts und nach links ab und stellen sich entlang der Wand auf. Die Truppe singt ihr Lied zu Ende und die Kinder platzieren ihre jeweiligen Wimpel in die dafür vorgesehenen Halterungen.

Es ist eine fast unglaubliche Szene Die große rote Parteiflagge ragt hoch über allem anderen und steht im Mittelpunkt. Direkt vor der Flagge, in einem großen Holzrahmen, auf einem Tisch aufgebaut, befindet sich ein Porträt des Führers. Zu beiden Seiten des Tisches dienen Zementblöcke als Sockel für die reich bestückten Blumenvasen. Diese sollen den Wiederaufbau der Nation und deren blühende wirtschaftliche Erholung symbolisieren. Vor dem Tisch befinden sich in Töpfe gepflanzte kleine Büsche, um den leeren Raum darunter zu verbergen. Eine zweite

---

[110] Titellied des NS Propaganda Films Hitlerjunge Quex – Die Liedarchäologen

Hakenkreuzfahne hängt über dem vorderen Bühnenrand inmitten wunderschöner Blumenarrangements. Zwei kleine österreichische Schwarzkiefern in hölzernen Behältern runden das Ganze ab.[111]

DJ Führer Adler ruft «Augen rechts!» In einer synchronisierten Bewegung drehen sich die Kinder zur Vorderseite des Raumes und heben den Arm zum Gruß. Trompeten ertönen und Trommelwirbel begleiten das Lied der Nationalsozialistischen Deutschen Arbeiterpartei. Alle Anwesenden erwidern den Gruß. Die Kinder fangen zu singen an:

Die Fahne hoch…. [112]

Nach Ende der Hymne gibt jeder Anführer seinen Schützlingen den Befehl, die Bühne zu verlassen. Als Trudel die Stufen hinuntersteigt, erkennt sie ihre Mutter im Publikum. Sie strahlt und Josefa antwortet mit einem Lächeln.

Die JM und BDM Führer verlassen die Bühne und setzen sich auf ihre Plätze. Die Mädchen warten darauf aufgerufen zu werden, aber das dauert noch.

Herr Adler eröffnet die Zeremonie. «Wir haben uns heute Abend hier versammelt, um unseren Nachwuchs in die Hitlerjugend einzuführen! Für sie ist dies heute ein alles entscheidender Wendepunkt in ihrem Leben. Wir sind stolz auf ihre Leistungen und ihren Dienst für unser großartiges Land.[113] Darf ich ihnen Bürgermeister Kunze vorstellen?»

Das Publikum applaudiert als sich der wohlgenährte Bürgermeister von seinem Platz erhebt, den Zuschauern wohlwollend zunickt und sich dann auf die Bühne begibt. Der Deutsche Jugend Führer grüßt nach gewohnter Manier und begibt sich dann zur linken Seite der Bühne.

Der Bürgermeister beginnt damit dem Publikum für seine Anwesenheit zu danken. «Unsere jungen Führungskräfte haben sehr hart gearbeitet, die ihnen anvertrauten Jugendlichen auszubilden. Wir möchten dass unsere Jugend stark, zuverlässig und gehorsam ist. Sie bilden die neuen Eckpfeiler unseres Landes und werden sich besonders durch Treue zu unserem Führer auszeichnen! Was die Hitlerjugend Ihnen heute bietet, ist das Ergebnis harter Arbeit. Wir sollten stolz auf ihre Leistungen sein. Wir werden niemals wieder unsere Köpfe beschämt zu Boden senken. Wir sind wieder wer, und diese Jungen und Mädchen werden dazu beitragen. Wir können wieder stolze Deutsche sein. Es ist keine Schande mehr, ein Deutscher zu sein. Ganz im Gegenteil. »

---

[111] Professor Randall Bytwerk – Jugendzeremonien
[112] Horst Wessel Lied
[113] Professor Randall Bytwerk – Jugendzeremonien

Der Bürgermeister stimmt stolz die Nationalhymne an und das Publikum stimmt ein.

Deutschland, Deutschland ...[114]*

Herr Wolf tritt vor und salutiert den Bürgermeister. Dieser erwidert den Gruß und begibt sich auf seinen Platz. Herr Wolf richtet sich mit donnernder Stimme an die Erwachsenen im Saal: «Unser Jungvolk steht heute hier vor uns am Wendepunkt ihres Lebens. »[115]

Einer der Trommler schlägt einen Trommelwirbel auf, der laut durch den Saal hallt. Danach fährt er fort:

„Wir treten freudig durch die uns geöffnete Tür. Wir werden uns mutig unserem Schicksal stellen. Gott hilft den Tapferen, wir werden die Feigen besiegen, uns mutig unserem Schicksal stellen.

Für eine Weile besiegt das Schicksal die Feigen. Gott hilft den Tapferen. »[116]

Darauf folgt ein erneuter Trommelwirbel.

„Wir, die Jugend, sind die Brücke zwischen unseren Großeltern, Eltern und Enkelkindern. Wir werden ihnen gutgelaunt mit Glauben und Selbstvertrauen den Weg weisen. Wir sind der Anfang eines neuen Lebens! Auch wenn unsere jungen Leute noch nicht erwachsen sind, sie werden es unter unser Führung bald sein. Wir werden sie zu reifen, selbstständigen Erwachsenen heranziehen. Sie werden uns treu sein. Ihr Gehorsam und ihre Disziplin haben dies bereits bewiesen. Sie werden ihre Pflicht beweisen, indem sie dem Gesetz der Welt folgen! »[117]

Wolfs Stimme donnerte durch die Halle.

Als nächstes adressiert er die Pimpfe, die auf der Bühne stehen. «Bis heute wart ihr Kinder. Wenn ihr nicht gehorcht habt, dann hat das keine Konsequenzen gehabt. Eure Eltern haben die Verantwortung für eurer Benehmen übernommen, den Schaden wieder gut gemacht und euch dann vergeben. Ab heute wird das anders. Ab heute werdet ihr die vollen Konsequenzen für euer Verhalten selbst tragen. Ihr werdet sogar auf Menschen treffen, die ein Fehlverhalten nicht vergeben werden. Und es wird Situationen geben, wo sogar eure Eltern euch nicht mehr helfen können. Ihr werdet von jetzt an eure eigenen Entscheidungen treffen, ihr werdet die Verantwortung für euer Handeln selbst tragen. Ihr werdet von der Schule

---

[114] Das Lied der Deutschen – August Heinrich Hoffmann von Fallerleben
*Das Zitieren oder Singen der ersten Strophe ist heute per Gesetz verboten
[115] Professor Randall Bytwerk – Jugendzeremonien
[116] Ibid
[117] Ibid

gehen und eine Ausbildung machen oder studieren, genauso wie ihr von der Deutschen Jugend in die Hitler Jugend oder den Bund Deutscher Mädel aufsteigen werdet. Ihr werdet von den Jüngsten zu den Ältesten aufsteigen. Ihr werdet immer zum Wohle des Volkes handeln. Das Wohl des Volkes soll und wird eure Entscheidungen beeinflussen. Ihr werdet ständig auf neue Herausforderungen treffen und es wird an euch liegen wie gut ihr diese meistert. Euer Erfolg bestimmt euer Leben. Bleibt der Erfolg aus, seid ihr am Ende. Das ist die Bedeutung dieser Zeremonie. Der Übergang. Ihr müsst zwischen Gut und Böse entscheiden. Das Leben ist ungewiss. Das harte Schicksal kann einige von euch treffen und vielleicht sogar zerstören. Wir sind wehrlos gegen solche Schicksalsschläge, aber sie sind selten. In den meisten Fällen, in denen das Leben nicht gut läuft, ist es eine Frage des persönlichen Versagens. Jeder Mensch hat gute und schlechte Zeiten zu bewerkstelligen. Unser Wille bestimmt, ob das Gute oder das Schlechte gewinnt. Das ist die Bedeutung dieser Zeremonie. Hier, vor Euch und uns allen, vor eurem Volk und eurem Führer und vor Gott, dem Allmächtigen, werdet ihr das Versprechen ablegen, dass das Gute in Euch siegen wird, und dass ihr anständige Deutsche werden wollt. »[118]

Herr Wolf richtet seine leidenschaftliche Rede nun an die Jugendlichen der Hitlerjugend. „Hitlerjugend und Bund deutscher Mädchen! Wenn ihr in Zukunft solche Lehrer, Führer und Kameraden habt und auch ihr eure ganze Kraft einsetzt, dann werden sich die Hoffnungen des Führers für euch erfüllen. Ihr werdet eine starke, treue, fleißige und erfolgreiche Generation werden. Wir werden uns nicht vor der Vergangenheit oder den zukünftigen Generationen unseres Volkes für Euch schämen müssen. Dies ist unsere stolze Hoffnung und Gewissheit, die wir euch in dieser feierlichen Stunde geben können. Das Gelübde das ihr jetzt abgeben werdet, wird nicht nur gesprochen, sondern auch verwirklicht werden.

Ihr habt das Glück in der Ostmark zu leben, die heute wieder zu Deutschland gehört, einem freien und starken Land. Ihr werdet in Frieden aufwachsen und eine sehr sichere und strukturierte Zukunft haben. Das müsst ihr euch bewahren, dass dürft ihr niemals aufgeben.

Und ihr dürft niemals das Versprechen aus den Augen verlieren, dass unser Führer uns gegeben hat. Ein Volk, ein Reich, ein Führer!

Innerhalb weniger Jahre nach seiner Wahl hat unser Führer Deutschland wieder aufgebaut! Zuvor waren über sieben Millionen Bürger arbeitslos, und einundzwanzig Millionen Menschen waren auf öffentliche Unterstützung angewiesen. [119] Die Industrie wurde wiederbelebt, die Gewerkschaften

---

[118] Professor Randall Bytwerk –
"Jugendzeremonien"

[119] Professor Randall Bytwerk, "Wir sind es dem Führer schuldig"

aufgelöst und die Autobahnen gebaut! In weniger als zwei Jahren nach seinem Amtsantritt reduzierte unser Führer die Einfuhr von Waren ins Land, steigerte unsere Wirtschaft, unsere Streitkräfte und löste die Arbeitslosigkeit vollständig auf, indem er über 22 Millionen Menschen wieder an die Arbeit brachte. Vor unserem jetzigen Reich wurden unsere Eltern, und deren Großeltern vor ihnen, in Klassen aufgeteilt, und dann wurde Deutschland auch noch besiegt. Damals wurde jemand, der sich die Hände schmutzig machte, indem er ehrlich und fleißig für sein Volk arbeitete, von denen verachtet, die ihr Geld auf andere Weise verdienten. Deutsche Jungen und Mädchen, ihr dürft Deutschland nie wieder in Klassen und Gruppen, in Parteien und religiöse Konfessionen spalten lassen. Die Gemeinschaft, die ihr als Pimpfe oder junge Mädchen habt, muss auch weiterhin bestehen bleiben, wenn ihr Mitglieder der Hitlerjugend oder des Bundes Deutscher Mädel seid. Seid euch dessen immer bewusst wenn ihr eure Uniform anzieht.[120]

Selbst wenn der Tag kommt, an dem der Führer nicht mehr bei uns ist, müsst Ihr euer ganzes Leben lang Kameraden sein und jeden Bürger, der arbeitet oder als Soldat bereit ist, sein Leben für Deutschland zu geben, respektieren und ihr müsst euch bemühen als ein solcher Arbeiter oder Soldat zum Wohle des Reiches beizutragen. Das Leben ist keine Frage von gutem oder schlechtem Verhalten oder gar feigem Verhalten, um elterlicher Bestrafung zu entgehen, sondern es geht darum, sich als Mann oder Frau zu beweisen. Ihr werdet diese Stärke jedoch nicht aufbringen können, wenn ihr nicht gottesfürchtig seid. Es ist der Glaube, der euch dazu bringen wird, euch selbst als Gottes Werkzeug zu betrachten, und das wird eure Arbeit, euren Kampf und die Schaffung neuen Lebens, um der ewigen Aufrechterhaltung von Ordnung, Gerechtigkeit und Leben in dieser Welt zu dienen. Ihr dürft euch niemals als Diener oder Sklave Gottes fühlen, sondern als Kämpfer Gottes. Man gibt einem Kameraden die größte Freude, wenn man ihm eine Waffe gibt, in der Gewissheit, dass er sie niemals gegen einen einsetzen wird, sondern nur um das zu verteidigen, was uns allen heilig ist. Man gibt einem Narren keine Waffe! Gott gab uns diese Waffen. Die schöpferische Kraft in unseren Händen, die wir zur Arbeit einsetzen, die schöpferische Kraft in unseren Köpfen, mit der wir lernen und forschen, die Kraft in unserem Herzen und unserer Seele, mit der wir glauben, die Stärke mit der wir neues Leben schaffen, dies sind die Waffen, die Gott der Menschheit gegeben hat. Wir wären dumm, wenn wir diese Waffen nicht einsetzen würden, um zu arbeiten, zu kämpfen, Ordnung zu schaffen und das Leben zu erhalten, sondern sie missbrauchen würden, um im Leben faul,

---

[120] Professor Randall Bytwerk, Jugendzeremonien

feige, untreu und unmoralisch zu sein. Dann wären wir vor Gott wirklich bedauernswerte Wesen![121]

Wir müssen hier unseren Eltern, Lehrern und den Führern dieser Jungen und Mädchen unseren Dank aussprechen. Als diese Kinder geboren wurden, hatten sie die Fähigkeit in sich, deutsche Jungen und Mädchen und schließlich deutsche Männer und Frauen zu werden. Als sie geboren wurden, konnten sie jedoch weder sprechen noch denken, noch glaubten sie etwas. Wir danken den Müttern, Vätern, Lehrern und den Leitern der deutschen Jugend und der deutschen Mädel, dass sie diese Kinder so erzogen haben, dass sie jetzt reif genug sind, hier vor den Flaggen ihres Volkes zu stehen und Deutschland die Treue zu schwören. Die Methoden der Bildung und Führung, die sie in den kommenden Jahren erfahren werden, werden sich von denen ihrer Kindheit unterscheiden. Sie wissen, dass sie auch in den kommenden Jahren die große Verantwortung haben, diese jungen Menschen zu erziehen und zu führen. Erfüllt diese Verantwortung mit der gleichen Sorgfalt wie ihr diese in der Vergangenheit erfüllt habt.[122]

Wenn ihr als Führungsmitglied der Hitlerjugend ausgewählt werdet, besitzt ihr die feste Entschlossenheit, zu führen und zu leiten. Ein Vorbild zu sein. Dennoch wird es Stunden geben, in denen ihr in Stille sitzen werdet, ganz allein, und nach Antworten auf eure Fragen suchen werdet. Könnt ihr die vor euch liegenden Herausforderungen bewältigen? Haben euch eure Eltern so erzogen und wie dankt ihr es euren Kameraden? Deshalb müsst ihr immer nach vorne schauen, und euch fragen wo der Weg hin führt.

Diese Stunde widmen wir unseren Eltern, unseren Lehrern, unserem Führer, den Jugendlichen, den Jungen und den Mädchen. Wir stehen mit ihnen und werden ihnen auf immer zur Seite stehen. Wir haben euch in unsere Reihen aufgenommen als ihr geboren wurdet. Ihr habt das gleiche reine Blut wie eure Eltern. Hier und heute sehen wir den Beweis dafür, dass euch eure Eltern in einem starken Glauben erzogen haben. Und so steht ihr jetzt hier: Vor der Fahne, vor den Menschen und vor euren Führern. Ihr seid die Zukunft Deutschlands!

Deshalb, deutsche Mütter und Väter, Kinder und Jugendliche, Jungen und Mädchen, seit dankbar für die Erziehung die ihr in eurem Elternhause genossen habt. Und jetzt wird die Jugend die Jugend führen. In den kommenden Jahren haben wir die Verantwortung, unsere jungen Menschen zu leiten und zu führen und ihr Selbstwertgefühl zu stärken und ihnen Verantwortung zu übertragen, genauso, wie wir es aus der Arbeit des

---

[121] Ibid
[122] Professor Randall Bytwerk, Jugendzeremonien

Führers erlernt haben. Wir werden Ehrgeiz, Entschlossenheit und innere Stärke besitzen! Egal wo ihr euch befinden werdet, so wird es immer sein!

Aber lasst mich euch auch eine Warnung mit auf den Weg geben: Wenn wir nicht zusammen stehen, wenn wir uneins werden, wenn wir nicht treu sind, sondern untreu, wenn wir nicht fleißig sind, sondern feige, dann werden wir in Chaos enden und Deutschland wird zusammenbrechen. Gott wird in Deutschland kein Zuhause mehr haben. » [123]

Diese besinnlichen Worte bewegen sogar die Seelen der Dorfbewohner. Die HJ Jugendlichen stehen gemeinsam auf und singen: «Wo wir stehen, steht die Treue. »

Wo wir stehen, steht die Treue
Unser Schritt folgt unserer Fahne
Nichts kann uns verleiten
Unsere Treue ist größer als unser Gesang
und leise weht unsere Fahne kraftvoll im Wind[124]

Unten im Publikum sieht Franzl neidisch zu, wie Herr Wolf die zu Vereidigenden einzeln aufruft. Die Jungen marschieren einzeln auf die Bühne, halten eine kurze Rede, salutieren und erhalten dann ihre Aufnahmeurkunde und ihren Mitgliedsausweis.

Als all die jungen Pimpfe durch sind, kommen die Mädchen an die Reihe. Trudel rutscht erwartungsvoll auf der Stuhlkante hin und her. Sie kann es kaum erwarten, aufgerufen zu werden.

«Gertrude Kerschner!» ruft die JM Führerin.

Trudel marschiert stolz die Treppe zur Bühne hinauf. Sie salutiert ihre Truppe, ihre JM Führerin und wendet sich dann an das Publikum. Als sie jedoch die erwartungsvollen Blicke sieht, erstarrt sie. So viele Menschen! Sie hatte ja keine Ahnung, dass so viele Menschen ihre Rede hören wollten.

Im Saal herrscht erwartungsvolle Stille. Josefa hält den Atem an und wartet darauf, dass ihre Tochter mit ihrer Rede beginnt. Jemand hustet. Trudel steht wie angewurzelt da und kann nicht atmen. Sie fühlt wie ihr Herz schwer in ihrer Brust schlägt. Ihre Beine beginnen zu schwächeln. Sie steht wie versteinert da, kann sich nicht bewegen.

Aber dann fällt ihr Blick auf ihre Mutter. Josefas gütige Augen spornen sie an. Sie lässt ihren Blick wandern und sieht ihre Schwester Anita neben ihren Kameradinnen sitzen. Dann hebt sie zaghaft ihre Stimme und fängt an: «Ich, Gertrude, viertes Kinder der Kerschner Familie zu Kleinzell, werde

---

[123] Ibid

[124] Wir Mädel Singen, "Wo Wir stehen, steht die Treue," S. 80

meinem Vaterland und meinem Führer immer treu sein. Bevor unser neues Reich gegründet wurde, waren wir sehr arm und hatten kein eigenes Zuhause. Doch jetzt ist alles anders und das haben wir dem Führer zu verdanken. Wir haben ein Haus, genügend zu Essen und meine Mutter hat eine feste Arbeit. Meine Kameradinnen und ich haben gelernt, unsere Wimpel zu fertigen, wir sind zusammen auf die Reisalpe hoch und haben dort Hanni kennengelernt und zu unserer Ehrenomi gekürt. Leider ist sie letzte Woche verstorben, da waren wir alle sehr traurig. Wir haben für den heutigen Tag viel geübt. Unser Führer hat schon jetzt, innerhalb so kurzer Zeit, eine bessere Welt für uns geschaffen. Ich frage mich, wie es sein wird wenn ich älter werde. Es ist kaum vorstellbar wie es sein wird wenn ich älter bin, wenn sich jetzt schon so viel zum Guten gewendet hat. Aber was ich schon jetzt weiß, ist dass ich den Wunsch meines Vaters erfüllen werde. Das habe ich ihm fest versprochen.»

Im Saal herrscht Stille, alle schauen sie erwartungsvoll an. Damit hatte sie nicht gerechnet. Sie hatte Applaus erwartet. Und wieder schaute sie ihre Mutter an: «Mutter, bist Du zufrieden mit mir? Bekomme ich jetzt meine Zither?»

Das Publikum bricht in Gelächter aus. Trudel salutiert ihre JM Führerin, nimmt ihre Urkunde entgegen und stellte sich vor ihren Wimpel.

«Meine Tochter.» flüstert Josefa zu Frau Bauer. Insgeheim wundert sie sich jedoch was Trudel ihrem Vater vor dessen Ableben versprochen hatte.

Nachdem die Mädchen alle in den Bund deutscher Mädel aufgenommen worden sind, bleiben sie noch kurz für ein Gruppenfoto auf der Bühne stehen. Es wird ein Erinnerungsfoto aufgenommen, von dem später jedes Kind einen Abzug erhalten wird. Gegen Bezahlung natürlich. Danach begeben sich alle wieder auf ihre Plätze.

Herr Wolf betritt die Bühne. Er befiehlt der gesamten Hitlerjugend aufzustehen. Die Gruppe steht geschlossen auf und steht stramm. Der Saal erschüttert unter der Wucht der Fußtritte, Josefa ist erschüttert. Die Jugendlichen heben ihren Arm und schwören den allerhöchsten Eid:

«Ich verspreche in der Hitlerjugend
immer meine Pflicht zu erfüllen.
Mit Liebe und mit Treue
Zu unserem Führer und unserem Vaterland
So wahr mir Gott helfe.»[125]

---

[125] Reinhold Sautter, Seite 30

Danach schließt Herr Wolf die Zeremonie mit folgenden Worten ab. «All´ unsere Jungen und Mädchen haben jetzt ihrem neuen Lebenswandel die Treue geschworen. Wir sind das neue deutsche Volk. Wir sind der Wille Gottes. Wir sind das Hier und das Jetzt in dieser Welt. Wir werden für unsere Menschen kämpfen und werden auch für unsere Menschen sterben wenn es der Wille Gottes ist. Unsere Taten sind unsere heiligen Verpflichtungen. [126] Diese Jungen und Mädchen hier haben einen neuen Dreh- und Angelpunkt in ihrem Leben erreicht und wir glauben an sie. Wir wissen, dass Gott sie stark gemacht hat. Und so wird das Leben unseres Volkes immer sein und somit werden wir unser Land für immer schützen. Und wenn sie für Menschen kämpfen oder gar im Kampf für Menschen sterben, dann wird es der Wille Gottes sein, denn nur Gott kann diese Entscheidungen treffen. [127] Wir können in unserem Kampf erfolgreich sein oder sterben; nur Gott kann diese Entscheidung treffen.»
Alle Mitglieder der Hitler Jugend antworten in Chor:
«Wir erkennen dieses Versprechen an.»
Und er spricht weiter:
«Wir werden immer rein und respektvoll sein.
Wir werden für unser Reich kämpfen.
Das deutsche Land ist unsere Heimat.
Vom heutigen Tag an werden wir nie vergessen, dass wir Deutsche sind.»[128]

Und wieder antworten die Jugendlichen im Chor.
«Wir erkennen dieses Versprechen an.»
Herr Wolf fährt fort: «Dies ist ein neuer Anfang! Wir werden kämpfen, arbeiten, wachsen! Zusammen sind wir stark! Wir sind stolz auf unser Erlebtes! Wir werden unsere Gemeinschaft zum Wohle des Volkes fördern und stärken. Wir sind stolz auf unsere neuen Mitglieder!
Damit ist die Aufnahmezeremonie beendet. Geht mit Gott und unserem Führer. Wir werden diese Veranstaltung jetzt mit dem Gruße, der unserem Führer gebührt, beenden. »
Er hebt die Hand zum Gruß.
Das Publikum erhebt sich von seinen Plätzen und erwidert den Gruß.
Die Blaskapelle spielt das «Horst Wessel Lied» und die neuen Mitglieder der HJ marschieren mit ihren Wimpeln von der Bühne. Die Blaskapelle voran, verlassen sie den Festsaal und begeben sich in die Eingangshalle.

---

[126] Professor Randall Bytwerk – Jugendzeremonien
[127] Professor Randall Bytwerk – Jugendzeremonien
[128]

Ibid

Anita und Trudel finden im Korridor wieder zusammen. Atemlos beginnen sie sich über das gerade erlebte zu unterhalten. Josefa kommt auf die beiden zu und drückt sie fest an sich. Franzl steht daneben und beobachtet wie die anderen Dorfbewohner ebenfalls ihren Söhnen und Töchtern gratulieren.

«Schau mal, Mutter, meine Urkunde.» Trudel zeigt ihr stolz die Aufnahmeurkunde in die JM. Die Stärke des Landes zeigt sich auf dem Pergament durch den nach rechts gerichteten Adler mit offenem Flügel, der ein Schwert und einen Hammer in seinen Krallen hält. Das auf dem Dokument eingeprägte Symbol steht für Patriotismus, Loyalität und Opferbereitschaft. Der Text lautet:

„Ich verspreche, meine Pflicht immer mit Liebe und Loyalität gegenüber unserem Führer und unserer Flagge zu erfüllen. Aufnahme in die Hitlerjugend - 20. April 1938 - Gertrude Kerschner wurde an diesem Tag vom Führer verpflichtet."

«Hier, Mama. Hier ist die Meine.» Auch Anita zeigt voller Stolz ihre Urkunde.

«Ich bin sehr stolz auf euch beide. Sehr, sehr, stolz.» Josefa zieht die beiden näher an sich heran. «Heute ist ein besonderer Tag und es ist euer Tag. So und nun lauft zu euren Kameraden und nehmt an eurem Lagerfeuer teil. Franz und ich werden Euch von der Straße aus beobachten.

Die Urkunden nehme ich mit nach Hause, damit sie sicher sind.» Sie hält ihre Mädchen fest an sich gedrückt. Eigentlich will sie die beiden gar nicht wieder los lassen. Josefa drückt die Kinder ein weiteres Mal, doch da ertönt schon der Befehl zum versammeln.

Die Kinder marschieren auf und verlassen das Gebäude. Josefa schaut ihnen nach und wünscht sich, dass die beiden Mädels zu Hause sicher in ihren Betten liegen würden.

Der Anfang der abendlichen Zeremonie wird durch das Zünden der Fackeln eingeleitet. Die erste Fackel wird am Anfang des Zuges entzündet und dann leicht nach hinten geneigt, bis sie auf die dahinter liegende Fackel trifft, die sich dann ebenfalls entzündet und das Schauspiel wiederholt sich, bis alle Fackeln angezündet sind. Auch Trudel steht in Reih und Glied und zündet ihre Fackel an.

Die Wimpel werden auf Befehl aufgerichtet. Ein Trommelwirbel ertönt, der Trompeter signalisiert den Beginn und die Gruppe stimmt ein Marschlied an.

Die vierzig Jungen und Mädchen marschieren singend im Gleichschritt aus dem HJ Gelände auf die Kleinzeller Straße hinaus und an den wartenden Zuschauern vorbei, auf die Festwiese zu. Die brennenden Fackeln geben dabei den Anschein von Sicherheit, aber auch Kameraderie. Die

Dorfbewohner schauen dem wirkungsvollem Schauspiel bewundernd zu. Der Prunk der Aufnahmezeremonie wird sich für immer in das Gedächnis der Kinder einbrennen und sie mit der Hitlerjugend verschweißen.

Josefa beobachtet den Aufmarsch mit Sorge. Sie schaut ihren beiden Töchtern seufzend nach und sehnt sich glücklichere Zeiten zurück. Dann nimmt sie Franzl an die Hand und macht sich auf den Heimweg.

Unser Wille und unser Glaube bilden eine
Einheit.
Wir fühlen ewiges Glück
für die Schaffung neuen Lebens,
denn wir sind eine Einheit.

~ Annemarie Leppien ~
Leiterin des Landjahrlagers Schleswig - Holstein

Die Rolle der Mädchen im BDM

DIE AUFNAHMEZEREMONIE markiert den Übergang der Jugend in eine totalitäre Bewegung, in der der Staat keine Grenzen in seiner Autorität kennt. Er ist bestrebt, jeden Aspekt des privaten und öffentlichen Lebens der Familie zu regeln, wo immer dies möglich ist. Wie bei Trudel und Anita. Diese halten ihre Fackeln hoch, als sie das offene Feld hinter dem HJ-Gebäude betreten. Ein gewaltiges Lagerfeuer heißt alle neuen Teilnehmer willkommen. Kurz darauf umkreisen die Jugendlichen das Feuer und beginnen damit ihre patriotischen Hymnen zu singen.

> Wach auf, wach auf, du deutsches Land!
> Du hast genug geschlafen.
> Bedenk, was Gott an dich gewandt,
> wozu er dich geschaffen
> Bedenk, was Gott dir hat gesandt
> und dir vertraut sein höchstes Pfand,
> drum magst du wohl aufwachen.[129]

Wieder adressiert Herr Wolf die Jugendlichen. Er drückt sich klar und deutlich aus: «Mit diesem Abend ist Österreich nach Hause gekommen! Nach Hause in das Deutsche Reich. Heute Abend wurdet ihr offiziell in die Hitlerjugend aufgenommen! Heute Abend habt ihr euch verpflichtet, dem Führer euren Willen, eure Kraft und euer Leben zu geben! Seht ihr die Flammen. Sie brennen lichterloh, so wie unsere Herzen für unser Land brennen! Von nun an werden wir dieses Feuer in uns tragen und unsere Pflichten mit Gehorsam und Zuversicht erfüllen!»

Die noch unschuldige Trudel ist in eine autoritäre Bewegung eingetreten und jetzt fester Bestandteil der neuen deutschen Nation und derer acht Millionen junger Menschen geworden. Sie gehört jetzt dem Staat.

«Jugend!» fährt Herr Wolf fort. «Ihr seid die Zukunft des Vaterlandes! Die Soldaten, die Mütter! Von nun an werdet ihr eure Taten immer mit Treue, Hingabe und Engagement ausführen! Unser Feuer brennt zum Himmel. Die Erde schafft das Neue und verbrennt das Alte. Wir stehen heute Abend auf heiligem Boden! Dies ist der wahre Weg! Jugend! Ihr werdet euch der Morgensonne stellen. Wir sind die heilige Quelle dieser

---

[129] Wir Mädel Singen, "Wach auf, du Deutsches Reich," Seite 20

neuen deutschen Landschaft. Unsere Überzeugungen schaffen das Neue und vernichten das Alte! Unsere Worte werden niemals verklingen. Wir werden auferstehen. Unsere Wimpel verkünden, dass Deutschland bereits aus dieser Dunkelheit zu erwachen beginnt. Und wir werden uns weiterentwickeln. Wir werden unser Blut immer rein halten. Wir werden immer lebendig bleiben, denn das ist unser Recht. Es wurde uns in die Wiege gelegt. Wir sind die neuen Führer, die unserem Führer die absolute Treue gelobt haben! Bis in das Grab!»

Solch ein egalitärer Geist und solche Kameradschaft sind die Eckpfeiler der Hitlerjugend der neuen Ostmark, während deren Mitglieder blindlings, aber mutig in ihre neue Zukunft eintreten.

Nach der Zeremonie gehen Trudel und Anita Arm in Arm nach Hause. Anita freut sich sehr, dass sie den Abend bei ihrer Mutter und Schwester verbringen darf, bevor sie am nächsten Morgen wieder zu ihren Großeltern zurückkehrt und dort ihre Dienste wieder aufnimmt.

Als die beiden Mädchen zu Hause ankommen, ist das Haus in Dunkelheit gehüllt. Josefa schläft bereits. Die Mädchen können sie schnarchen hören. Allseits bemüht ihre Mutter nicht aufzuwecken, schleichen sie sich auf Zehenspitzen die Treppe hinauf in Trudels Zimmer. Sie sitzen auf dem Bett und tauschen Geschichten aus. Anita beschwert sich dabei bitterlich, dass ihr Onkel Karl ihre Skier zu Feuerholz verarbeitet hat.

Trudel hingegen erzählt über ihren Ausflug auf die Reisalpe. Sie zeigt Anita ihr JM Tagebuch. Anita zeigt sich von dem was Trudel aufgeschrieben hat, sehr beeindruckt.

Die beiden Mädchen haben sich schon immer sehr, sehr nahe gestanden. Zwischen ihnen besteht ein starkes, unzertrennliches Band. Es scheint als wäre dieses heute Abend zu neuem Leben erweckt worden.

Anita knurrt der Magen. «Ich habe Hunger. Gibts unten noch was zu essen?»

«Klar. Mutter hat heute Morgen ein Brot gekauft. Wir werden einfach ein paar Scheiben abschneiden.»

«Also gut.» willigt Anita ein. «Ich gehe in die Küche und schneide uns etwas Brot.»

«Oh ja, und ich hätte gern Butter auf meinem, ganz dick und mit etwas Salz und Pfeffer.» antwortet Trudel

Und während Anita nach unten in die Küche geht, schreibt Trudel schnell die Erlebnisse des Tages in ihr Tagebuch:

«Ich bin heute als Jungmädel in die Hitlerjugend aufgenommen worden. Es war einer der aufregendsten Tage in meinem Leben! Die Zeremonie war überwältigend. Meine Schwester, unsere Kameraden und ich standen in einem großen Saal, der wunderschön mit Bannern und Blumen geschmückt war. Alle Eltern kamen, um zuzusehen. Unsere Führer hielten Reden und riefen dann unsere Namen auf. Ich habe auch eine Rede gehalten! Alle liebten meine Rede und klatschten danach. Das gab mir ein stolzes Gefühl in meinem Bauch. Ich habe meine Mitgliedschaftsurkunde erhalten und meine Schwester hat die ihre bekommen. Die Trommler spielten, die Trompeten dröhnten und alle sangen unsere Nationalhymne! Ich habe heute ausserdem zum ersten Mal eine brennende Fackel in der Hand gehalten und wir sind alle auf das Feld marschiert. Wir haben uns um ein riesiges Lagerfeuer versammelt, wo Herr Wolf dann noch eine Rede hielt. Wir haben Lieder gesungen. Jetzt bin ich zusammen mit meiner Schwester Teil der Hitlerjugend. Ich hoffe, sie und ich können mehr Zeit miteinander verbringen, weil ich sie sehr vermisse.»

Anita kommt mit einem Teller voller Brote die Treppe herauf geschlichen und die Mädchen sitzen auf der Bettkante und plaudern bis in den frühen Morgen hinein.

Der nächste Morgen ist schwierig für die beiden Schwestern. Johann und Anna Kandlhofer, Trudels Großeltern, kommen mit dem Pferdewagen um Anita wieder zurück nach Halbach zu bringen. Trudel kullern die Tränen über die Wangen, als sie dem Wagen nachläuft und Anita mit einem Taschentuch hinterher winkt bis diese ausser Sichtweite ist. Die beiden Mädchen werden ihrem Land auf unterschiedliche Weise dienen. Sie werden sich erst nach vier Jahren wiedersehen.[130]

Trudel hat wenig Zeit darüber nachzudenken. Sie ist jede Minute beschäftigt. Wenn sie nicht gerade in der Schule oder bei den Treffen der Jungmädelschaft ist, dann gibt es zu Hause noch genügend Arbeiten, die zu erledigen sind. Sie ist von morgens um acht bis mittags in der Schule. Und zwar jeden Tag, ausser dem Wochenende natürlich. Bis zur Schaffung der nationalsozialistischen Jugendbewegung gingen die Kinder auch samstags in die Schule. Der Samstag wurde 1934 zum Staatsjugendtag erklärt, und somit für Veranstaltungen der Hitlerjugend freigehalten. Mittwoch nachmittags nimmt sie an den Treffen der Jungmädelschaft teil und Samstag nachmittags ist Sportnachmittag. Sonntags hilft sie ihrer Mutter bei der Hausarbeit und natürlich geht die Familie auch noch jeden Sonntagmorgen in die Kirche.

Die kleine Familie sitzt jeden Abend gemeinsam um den Küchentisch. Josefa hilft ihren Kindern bei den Hausaufgaben. Ihre Unterschrift unter jeder Seite zeigt, dass sie ihre Pflichten als Mutter wahr nimmt. Beide Kinder

---

[130] Anita Leugner

gehen Abends um neun ins Bett und in aller Regel schlafen sie kurz darauf ein.

Mit dem Geld, das Josefa von der Reichsbank erhalten hat, hatte sie bereits eine Waschmaschine gekauft und ein Fahrrad für Franzl. Ausserdem hatte sie für die Familie zwei Ferkel, vier Gänse, vier Enten, zwei Kaninchen und zwei Angorakaninchen gekauft. Sie war fest entschlossen, ihren kleinen Hof aufzubauen und sich durch das Züchten und Schlachten der Tiere ein zusätzliches Einkommen zu schaffen.[131]

Jetzt taucht sie wieder in ihre Reserve ein und kauft Trudel eine gebrauchte Zither.

Trudel liebt es, sich um die Tiere zu kümmern. Sie hat ihnen Namen gegeben. Zwei der Gänse hat sie «Hänsel und Gretel» genannt und zwei der Ferkel «Dick und Dünn». Ihr ist in ihrem kindlichen Eifer nicht klar, dass ihre Mutter diese Tiere als zusätzliches Einkommen angeschafft hat und bereit ist, Fleisch, Fell, Federn und Eier zu verkaufen oder gegen Milch, Mehl und Zither Unterricht einzutauschen.

Josefa liebt ihre Kinder sehr und versucht ihnen jeden Tag eine Abwechslung zu bieten. Montags, z. B. ist Familientag und die drei gehen zusammen wandern oder, wenn das Wetter nicht mitspielt, nimmt Josefa ein Buch zur Hand und liest ihnen etwas vor.

Dienstags wird musiziert. Josefa tauscht jede Woche ein Dutzend Eier gegen eine Stunde Zitherunterricht ein. Trudel mag diesen Musikunterricht sehr. Sie übt dann das dort gelernte allabendlich mindestens eine Stunde lang zu Hause.

Mittwochs freut sich Trudel auf die Treffen ihrer Jungmädelschaft. Die ideologischen Inhalte dieser Treffen ändern sich ständig. Sie wechseln mit den Feiertagen und Geschehnissen des Jahres. Sei es Ostern, Walpurgisnacht, dem Maifeiertag oder Muttertag, der Sommersonnenwende, Erntedank, Advent, Weihnachten oder Sylvester. Natürlich konzentrieren sich die Treffen nicht nur auf diese besonderen Ereignisse, sondern die Mädchen werden auch in Haushaltsführung, Hygiene, Kunst und Gemeinschaftswesen ausgebildet. Sie lernen jeden Monat zehn neue Lieder, sie wandern und treiben Sport, sie arbeiten an ihrem nächsten JM Abzeichen und folgen gehorsam den Anweisungen ihrer Führerinnen.

Donnerstags erhält Trudel Kochunterricht. Für diesen Tag sucht Josefa einfache Rezepte aus und Trudel bereitet unter den wachsamen Augen ihrer Mutter das Abendessen vor. Freitags wird gebacken.

Samstags sind vier Stunden für den Sportnachmittag reserviert, Sonntag morgens geht es in die Kirche und danach erledigt die Familie dann alle weiteren anfallenden Arbeiten in Haus und Hof.

---

[131] Franz Kerschner

Die Sonntagsschule in der Kirche ist jedoch nicht im Sinne der HJ, also versucht diese die Kinder mit Alternativangeboten aus der Kirche zu locken. Trudel selbst ist jedoch nicht verpflichtet, an den Sonntagsangeboten der HJ teilzunehmen. Sie ist wegen der zu Hause anfallenden Arbeiten davon befreit worden. Ihre Tage und ihre Ausbildung sind jedoch genau so strukturiert wie es sich für ein totalitäres Regime gehört.

Die Hausarbeit gehört nicht nur zu dem Ausbildungsplan der Jungmädelschaft, sondern auch zu Hause müssen die meisten Mädchen tüchtig zupacken. Für Trudel bedeutet das, dass sie zweimal im Monat zu Hause die Wäsche erledigt, sich aber zusätzlich zu den Arbeiten auch noch freiwillig meldet um anderen Müttern bei allen anfallenden Arbeiten, wie Kinderbetreuung oder Hausarbeit zu helfen. Und nicht nur das, sie wird für das Winterhilfswerk sammeln gehen, im Ernteeinsatz helfen und auch beim Sammeln von Kräutern und Blüten für alternative Heilmittel mithelfen.[132]

Während Trudel am Waschtag für ihre Mutter einspringt, steht Josefa in der Küche und kocht vor, sodass sie die nächsten Tage nicht lange am Herd verbringen muss.

Und so ein Waschtag ist nicht einfach. Auch wenn der Kauf der Waschmaschine das Leben sehr erleichtert hat. Früher wurde die Wäsche im Garten in einer großen Zinkwanne bei der Pumpe eingeweicht und dann auf dem Waschbrett geschrubbt.

Die neue Waschmaschine ist ganz aus Aluminium. Die Trommel steht auf vier Füssen, auf etwa 1 Meter Höhe. Innerhalb der Trommel befindet sich eine zweite Trommel die man mit Hilfe einer Kurbel drehen kann, die seitlich an der Maschine angebracht ist. Das ganze wird durch eine Tür verriegelt. Unterhalb der Trommel befindet sich eine Feuerkiste. Wenn das Wasser erhitzt und die Wäsche durch Drehen des Handrades gewaschen ist, wird die Trommel mit Hilfe eines Ablaufhähnchens an der Rückseite gelehrt. Die Seifenlauge wurde damals oft aufgefangen und zum Reinigen von Fußböden verwendet. Danach wurde die Wäsche in Eimern noch ein oder zweimal mit klarem Wasser ausgewaschen und anschließend durch die Mangel gedreht.

Trudel holt Wasser von der Handpumpe im Garten. Sie gießt es in die Trommel und gibt die Kernseifenflocken hinzu. Danach macht sie sich daran das Wasser zu erhitzen indem sie Zeitung, Holz und etwas Kohle in die Feuerkiste legt und anzündet. Als die gewünschte Temperatur erreicht ist, dreht sie das Handrad, um die Seifenflocken mit dem Wasser zu vermischen.

Während das Wasser heizt, läuft Trudel in das Haus und holt den Wäschekorb. Hartnäckige Flecken werden zunächst mit etwas Kernseife und

---

[132] Bund Deutscher Mädel – " Die Jahre 1932 bis 1945"

warmem Wasser und einer Bürste herausgerieben. Danach öffnet sie vorsichtig die Trommel und gibt mit einer großen Holzzange die Wäsche hinzu. Die Sachen die nicht zu verschmutzt sind, zuerst. Danach wird der Deckel wieder fest verschlossen und die Kurbel gedreht. Alle helfen mit, sogar der kleine Franzl.

Nach geraumer Zeit wird die Trommel wieder geöffnet und Trudel hebt die nassen Sachen mit der hölzernen Zange wieder heraus. Dies ist anstrengende Arbeit für die junge Trudel. Die nassen Sachen wiegen schwer. Als nächstes werden die Sachen im frischen Wasser der großen Zinkbadewanne gerührt und ausgewaschen, so lange bis alle Seifenreste verschwunden sind und das Wasser klar spült. Das Waschwasser wird dabei mehrmals gewechselt. Nun muss die Wäsche noch ausgewrungen werden. Franzl hilft ihr die große Mangel zu drehen, auch wenn er dabei auf einem Schemel stehen muss, da seine kurzen Beine noch nicht reichen.

Am schwersten sind jedoch die Tage, an denen die mit Stroh gefüllten Bettsäcke gewaschen werden müssen. Josefa holt eine Palisade aus der Scheune, trennt die Säcke auf, nimmt das Stroh heraus und dreht das Äussere des Sacke nach innen. Danach prüft sie sorgfältig dass kein Stroh mehr an den Bettsäcken haftet. Die Bettsäcke werden vorsichtig in die Maschine gegeben. Auf Grund der Größe, müssen sie jedoch einzeln gewaschen werden. Wenn das Wasser zu heiß wird, wird Trudel kaltes Wasser nachgießen. Ihre Mutter wird die Bettsäcke dann aus der Maschine nehmen, das grobe Gewebe ist voll Wasser gesogen und für Trudel viel zu schwer. Auch die Bettsäcke werden ausgewrungen und zu den anderen Sachen auf die Wäscheleine gehängt. Am Abend, wenn sie trocken sind, werden sie, wie auch die Wäsche, gebügelt und gefaltet, mit frischem Stroh gefüllt und anschließend wieder zugenäht.[133]

Die Einbeziehung von Kindern in die täglichen Aufgaben im Haushalt wird sich später positiv auf ihr Leben auswirken. Diese Aktivitäten setzen nicht nur die in einem Kind aufgestaute Energie frei, sondern die Bewältigung der täglichen Aufgaben stärken auch noch das Selbstwertgefühl. Sie lehren es, konzentriert zu arbeiten und bereiten die Kinder auf das Erwachsenenalter vor. Trudel fühlt sich als ein wichtiges Mitglied ihrer Familie, da sie Verantwortung übernimmt und so einen Beitrag zum Familienleben leistet, genauso wie es von einer reifen, jungen Frau erwartet wird.

Ohne es zu diesem Zeitpunkt zu wissen, wird Trudel bereits auf die Teilnahme eines achtmonatigen Elite Programms für ländliche Bildung vorbereitet, dem Landjahr. In diesem Lager werden speziell ausgewählte Mädchen zu verantwortungsbewussten jungen Frauen erzogen. Mädchen die

---

[133] Franz Kerschner

körperlich fit und geistig bereit sind, ihrem Volk überall dort zu dienen, wo sie gebraucht werden. Die Teilnahme an dem Landjahr wird als eine Ehre angesehen und ist sehr begehrt. Trudel wird ihren Anführerinnen in den nächsten drei Jahren beweisen, dass sie ein zuverlässiges und fleißiges Jungmädel ist.

Eine Möglichkeit ihre Fähigkeiten zu beweisen, besteht darin, das Leistungsabzeichen des JM zu erwerben. Es ist in Form der Buchstaben JM auf einem einfachen Hintergrund mit rotem Band in einem rechteckigen Rahmen aus Silber geprägt. Um dieses Abzeichen zu erhalten, muss Trudel nach ihrem 12. Geburtstag innerhalb eines Jahres einige verschiedene Prüfungen bestehen.[134]

Die aufregende neue Welt, die sich vor Trudel auftut, eröffnet neue Perspektiven und Erfahrungen, die ihren Abenteuersinn nähren werden. Für Trudel werden diese Aktivitäten nach viel Spaß aussehen und sie wird daran unbedingt teilnehmen wollen. Anderseits wird die Reichsjugendführung durch sorgfältige Anleitung den Geist der Jugendlichen in den vier eisernen Eckpfeilern des Nationalsozialismus diktieren und formen, bis sie ihre Mitgliedschaft im BDM abgeschlossen haben.[135] Diese vier Eckpfeiler des Nationalsozialismus bestehen aus Rasse, militärischer Ausbildung, Führung und Religion.

Die Mädchen des JM werden ermutigt, sich ehrenwert, kameradschaftlich, mutig und gehorsam zu verhalten.[136] Insofern Kameradschaft im Sinne mit kollektivem Handeln verwurzelt ist, um so zu einem höheren Ziel zu gelangen, betrachten die Anführer den Aufbau eines Wir-Gefühls als Schlüssel zum Aufbau der Moral. Trudel teilt diese kollektive Identität mit ihrer Gruppe. Denn im Laufe ihrer Ausbildung gewinnt sie nicht nur wertvolles praktisches Wissen, sondern auch gesunden Menschenverstand. Sie ist stolz auf ihre Ausbildung und sieht ihre Mitgliedschaft nicht als eine zusätzliche Belastung an. Sie gehorcht ihren Autoritätspersonen, hört gut zu und erfüllt bereitwillig ihre Aufgaben, so wie es von ihr verlangt wird. Vor allem lernt sie, wie sie dazu beitragen kann, ein produktives Mitglied der Gesellschaft zu werden kann. Trudel entnimmt der nationalsozialistischen Ideologie das, was sie interessiert und ignoriert den Rest.

Das wichtigste Mittel zur Sozialisierung sind die wöchentlichen Heimabende der JM, in denen die ideologische Aus- und Weiterbildung der

---

[134] Gretel Reisinger
[135] Reinhold Sautter, Seite. 166
[136] Sommerlage und Heimabendmaterial für die Schulung

nationalsozialistischen Weltanschauung stattfindet.[137] Die nachmittäglichen Treffen sind gefüllt mit Berichten über Treue, Ehre, Mut und Gehorsam.

Während ihres ersten Jahres ihrer JM Zugehörigkeit lernt Trudel alles über den Führer, deutsche Sagen, Grimms Märchen, germanische Götter und Helden, die Sagen der Nibelungen und Gudrun kennen. In ihrem zweiten Jahr wird Trudel die großen Persönlichkeiten der deutschen Geschichte kennenlernen. In ihrem dritten Jahr erfährt sie von den Männern und Frauen, die für Deutschland gekämpft haben. Als Trudel dreizehn Jahre alt ist und sich in ihrem letzten Jahr im JM befindet, konzentriert sich der Unterricht auf Adolf Hitler und seine wichtigsten Anhänger. Deutschlands großer Dichter und Schriftsteller sowie seiner wichtigsten Komponisten klassischer Musik.[138]

All diese intellektuelle Anregung hat jedoch auch ein Gutes. Es erweckt einen lebenslangen Wissensdurst und eine Leidenschaft zum Lernen. Neben der normalen Schulbildung liegt der Schwerpunkt der Erziehung auf körperlichem Training. Mutterschaft, Gesundheit, Erster Hilfe, Hygiene und Hauswirtschaft werden groß geschrieben. Die Alternative zur Sexualerziehung ist frische, saubere Luft.

Die Mädchen lernen jeden Monat zehn neue Lieder aus ihrem Liederbuch „Wir Mädchen singen". Dazu lernen sie neue Tänze, geben musikalische und theatralische Darbietungen, erzählen Geschichten, üben sich im Kunsthandwerk und lernen Stricken, Nähen und Häkeln. Auch Gesellschaftsspiele wie Scharade werden gespielt. Das schärft nicht nur das Denkvermögen, sondern übt graziöse Körperbewegungen und kreativen Ausdruck.[139]

Eine andere Form des kreativen Ausdrucks ist die Herstellung von Puppen aus Papiermaché. Das Puppenspiel ist die ernsteste Art des Spiels, der die jungen Mädchen frönen. Es kombiniert das freie, gesprochene Wort und den Gebrauch der Vorstellungskraft, da eine Geschichte erfunden werden muß. Der Spaß beginnt, wenn die Mädchen sich ein Thema ausdenken und die dazugehörige Handlung und Charaktere entwickeln. Wenn sie ihr eigenes Drehbuch schreiben, mit Kühnheit und Witz. Sobald die Charaktere und das Drehbuch vorhanden sind, entwerfen und fertigen die Mädchen ihre eigenen Puppen und Kulissen an. Sie entwerfen die Charaktere und Sets zunächst auf Papier bevor sie diese endgültig anfertigen. Wenn sie fertig sind, ziehen sie ihre Arbeitsschürzen an, decken die Tische mit Zeitungen ab und beginnen mit ihrem Projekt!

---

[137] Lisa Pine – "Education in Nazi Germany," Seite 127

[138] Randall Bytwerk - "Worldview Education for Winter 1938/39"

[139] Reinhold Sautter, Seite 173

Die Paste, die sie dazu verwenden, besteht zu gleichen Teilen aus Mehl und Wasser. Der ganze Vorgang bereitet viel Unordnung! Um den Kopf der Puppe herzustellen, zerknittert Trudel das Zeitungspapier zu einer Kugel die sie auf ihren Zeige- und Mittelfinger steckt und schafft so die Öffnung für die Fingerpuppe. Dann zerreißt sie mehr Zeitung in Zentimeter breite Streifen, taucht sie in die Paste und glättet damit die Form des Kopfes. Als der Kopf Gestalt annimmt, fügt sie Lippen, Nase und Ohren hinzu.

Während die Mädel die Puppenköpfe herstellen singen sie das Lied «Alleweil fröhlich sein». Danach werden die Köpfe zum Trocknen auf Holzstäbe gesteckt. Später werden die Gesichter angemalt, hautfarben, mit blauen oder braunen Augen, roten Lippen und auch Haare werden aufgeklebt, aus brauner oder gelber Wolle und zu Zöpfen geflochten. Die Zopfenden werden mit bunten Schleifchen versehen.

Da es in diesem Stück so viele Charaktere gibt, besteht die Kleidung der Puppen aus alten Dirndl-, Taft- oder Baumwollstoffen. Durch das Aufkleben der Kleidungsstücke auf die Unterseite des Kopfes fällt das Material über die Hand der Puppenspieler und verbirgt so den Holzgriff. Um die Charaktere zum Leben zu erwecken, verwenden die Mädchen Filz, Wolle, Federn, Knöpfe oder andere Materialien.

Sobald ihre Puppen fertig sind, wird geprobt. Im folgenden Monat werden sie zu einer Aufführung einladen, bei der die Gäste ihre Leistung beurteilen werden. Für die Mädchen ist dies ein besonderer Moment, denn es ist ihre Chance, den Bürgern zu zeigen, was sie in den letzten drei Jahren in der Jungmädelschaft gelernt haben.

Es gibt insgesamt elf Charaktere, in diesem von den Mädchen erdachten Kasperletheater. Kasper ist wie immer der Held, der von einer Suche zurückkehrt. Seine beiden besten Freunde sind Gretel und Seppel. Seine Großmutter ist weise und auf gute Manieren bedacht. Ihre Kochkünste sind ebenfalls vorzüglich. Doch es gibt auch noch eine böse Hexe, die dem Helden ständig Streiche spielt, seinen Freund Seppel in ein Huhn verwandelt und versucht Kasperle von seiner Reise abzulenken. Der Räuber ist ein fetter und fauler Mann, der von seinen Nachbarn stiehlt. Der Polizist vertritt Recht und Ordnung, und bringt den Räuber ins Gefängnis. Der alte Zauberer hat magische Eigenschaften und hilft dem Kasper in seiner Not. Das Krokodil steht für Völlerei und frisst alles was in seinem Weg steht. Der König kümmert sich um seine Untertanen und belohnt Kasper sehr, als dieser die Tochter des Königs, die Prinzessin, rettet. Am Ende heiraten die beiden und leben glücklich bis an das Ende ihrer Tage.

Dieses traditionelle Stück bietet den Mädchen einen sicheren Raum, um ihre eigene Geschichte zu schreiben und ihre verborgenen Gefühle, Ängste und Sorgen hervorzubringen. Sie werden ermutigt, anhand ihrer persönlichen Lebenserfahrungen ihre eigene Version zu komponieren. Ziel dieses alten Puppenspiels ist es, den Mädchen persönliche Werte und den Konflikt zwischen Gut und Böse zu vermitteln. Die Aufführung zeigt Herausforderungen und sogar Verrat. Das Stück lehrt wie wichtig Freundschaft, Kameradschaft, Willenskraft, Geduld, Loyalität, Wertschätzung, Ehrlichkeit, Integrität und Liebe sind.

Während die Erwachsenen zuschauen, erhalten die Eltern einen Blick auf die Ansichten ihrer Töchter und gewinnen eine Einsicht darüber, wie diese ihre neue, ihnen zu Grunde gelegte Welt verstehen.

Wenn die Mädchen heranreifen und sich über ihre kindlichen Wege hinausbewegen, werden sie mehr Aktivitäten frönen die ihren Geist herausfordern und schärfen. Die Mädchen werden dazu angehalten, ihre geistigen und gesundheitlichen Fähigkeiten durch kunsthandwerkliche Tätigkeiten zum Ausdruck zu bringen, was ihnen dabei helfen wird ihr Selbstwertgefühl zu stärken.

Der Antrieb für die Erstellung dieser Handarbeiten basiert auf einer ausgeprägten Arbeitsmoral, die hier hauptsächlich auf Fleiß, Konzentration und Erfolg basiert. Handarbeit weckt die kreativen Kräfte, die in den Mädchen vorhanden sind. Und nicht nur das, während die Mädchen pflichterfüllt ihren Auftrag erledigen, hebt die Bewertung durch ihre Kameradinnen und Eltern gleichzeitig auch ihr Selbstvertrauen. Durch Fertigungen für Fest- und Feiertage, lernen sie gleichzeitig ihr kulturelles Erbe kennen. Neben den Puppen erlauben die JM-Führer den Mädchen auch ihre eigenen Puppen, Handtaschen, Bücher, Decken, Kleider und Kränze herzustellen. Sie können alle natürlichen Materialien verwenden, die sie in ihrer Umgebung finden, einschließlich Birke, Haselnuss, Weide, Schilf, Gräser, Heu, Immergrün und sogar Stroh. Sie lernen wie man zu Ostern Eier färbt, zu Weihnachten Strohsterne bastelt oder Anhänger aus Salzteig herstellt.[140] Sie lernen zu kränzen, besonders für den 1. Mai, das Erntefest oder Weihnachten. Zu diesen Feiertagen fertigen sie dann Kränze aus Grün an, mit Bändern und Blumen geschmückt. Sie dürfen dabei ihre eigene Kreativität spielen lassen, und dürfen ihre Arbeiten mit nach Hause nehmen und diese ihren Eltern zeigen oder dort verwenden. Sie werden dann auf Wochenendausflügen mit anderen Gruppen ihre Erfahrungen austauschen und sich gegenseitig anspornen und inspirieren.[141]

Die Herstellung von Waren für den persönlichen Gebrauch, zu Hause, in der JM oder im Lager ist jedoch nur der Anfang. Allmählich werden die Arbeiten anspruchsvoller und neue Materialien und Techniken erfordern, die der Weiterentwicklung des Kindes entsprechen werden. Das Kunsthandwerk schafft Selbstvertrauen und entwickelt Geschicklichkeiten,

---

[140] Reinhold Sautter, Seite 180
[141] Ibid, Seite 178

die beim Nähen, Sticken, Stricken oder Häkeln äußerst nützlich sind. Durch das Basteln mit Papier, dem Zeichnen und Malen in der Gemeinschaft entdecken die Mädchen, dass sie ein starkes Verlangen zu Lernen und Erfolg zu erzielen, haben. [142]

Die JM Führerinnen werden ihre Schützlinge von Anfang an dazu erziehen, die vor ihnen liegenden Aufgaben entschlossen und zielstrebig durchzuführen. Um dies zu erreichen, ist nicht nur ein starker Wille sondern auch Disziplin gefordert. Die Mädchen lernen schnell sich an die Regeln zu halten.

Der Aufbau des eigenen Selbstwertgefühls ist stark in den Prinzipien der Bildung verwurzelt. Selbstdisziplin ist eine bewusste Entscheidung, und dazu brauchen die Kinder die Anleitung von Autoritätspersonen. Die moralische Ausrichtung der Ausbildung ist jedoch trotz der begrenzten Vielfalt der allgemeinen Lehrlingsausbildung die Selbstbildung.

Selbstverantwortung bedeutet, dass die Mädchen lernen. sich gegenseitig am Ende jedes Treffens für ihre Entscheidungen und Taten verantwortlich zu machen.[143] Sie lernen, wie sich ihr Tun oder Nichtstun auf ihr Umfeld, sei es ihre Kameradinnen, Eltern oder Gesellschaft auswirkt. Wenn die Kinder etwas versprechen, dann müssen sie es halten. Integrität ist das das höchste moralische Prinzip der Hitlerjugend.[144]

Zusätzlich werden Leibesertüchtigungen groß geschrieben. So die Teilnahme am Sportnachmittag. [145] Während die Mädchen in den wöchentlichen Treffen und Heimabenden lernen, ihren Willen und ihre Arbeitshaltung zu stärken, lernen sie in den samstäglichen Sportnachmittagen Mut und Körperhaltung.

Der Sportnachmittag bereitet sie auf den Beginn des Turnens im Bund Deutscher Mädchen (BDM) vor. Nach dem BDM haben sie die Möglichkeit ihre Mitgliedschaft in der BDM Folgeorganisation „Glaube und Schönheit" fortzusetzen. Dort können sie unter anderem rhythmische Gymnastik erlernen. Die Begabtesten von ihnen werden an den Olympischen Spielen teilnehmen.

Dr. Jutta Rüdiger, die deutsche Psychologin und Leiterin der NSDAP Jugendorganisationen proklamierte wie folgt:

«Die Aufgabe unseres Mädchenbundes ist es, unsere Mädchen als Fackelträgerinnen der nationalsozialistischen Welt zu erziehen. Wir brauchen Mädchen, die mit ihren Körpern, Seelen und Geisten in

---

[142] Ibid, Seite 177

[143] Ibid, Seite 204

[144] Reinhold Sautter Seite 204

[145] Helga Brachmann

Einklang stehen. Und wir brauchen Mädchen, die durch gesunde Körper und einen ausgeglichenen Geist die Schönheit der göttlichen Schöpfung verkörpern. Wir wollen Mädchen großziehen, die an Deutschland glauben, an unsere Kraft zu führen und die diese Überzeugungen an ihre zukünftigen Kinder weitergeben werden.»[146]

So spielt körperliche Fitness im Bund Deutscher Mädchen eine sehr wichtige Rolle und ist ein wesentlicher Bestandteil der Ausbildung. Sei es Leichtathletik, Bogenschießen, Volleyball, Reiten, Wandern, Marschieren, Skifahren, Tanzen, Singen, Fahrradfahren, spontane Spiele, Schwimmen, Rollschuhlaufen, Gartenarbeit, Seilspringen, Staffelläufe, Fußball, Federball, Weitsprung, Hochsprung, Speerwurf, oder Gymnastik entweder am Boden oder am Barren oder andere körperliche Ertüchtigungen wie Erntehilfe oder das Sammeln von Heilkräutern auf dem Feld - diese Mädchen sind immer in Bewegung.

Die Aktivitäten werden, basierend auf dem was örtlich verfügbar ist, durchgeführt. Insgesamt wird von den Mädchen erwartet, dass sie einen gesunden Körper und Geist haben, und somit ist die Teilnahme am Sportnachmittag ebenso obligatorisch wie die Teilnahme an den regelmäßigen stattfindenden Gruppentreffen.[147]

Die Gymnastikübungen konzentrieren sich auf Muskelkraft, Beweglichkeit und geistige Leistungsfähigkeit, mit dem Schwerpunkt auf Bewegungsfreude. So ist es ein bemerkenswerter Anblick, die Gymnastikkünste tausender junger Frauen der Bewegung „Glaube und Schönheit" zu beobachten, wie diese einheitlich in vollendeter Synchronisation ihre Bewegungen durchführen. Ihre Beweglichkeit und Koordination ist beeindruckend, besonders wenn man bedenkt das sie nur in ihren einzelnen Gruppen geprobt haben.

Körperliche Bewegung fördert das Selbstwertgefühl der jungen Mädchen und stärkt das Vertrauen in ihre eigenen Fähigkeiten. Indem sie ihren Körper trainieren, trainieren und stärken sie auch ihren Charakter und Geist. Ihr Körper wird durch die Bewegung von Natur aus straffer und attraktiver. Der Wunsch nach einem schönen Körperbild beginnt, wenn sie noch sehr jung sind. Ferner müssen sich die jungen Mädchen jederzeit sagen: «Ich glaube an das, was ich kann und darf es niemals als selbstverständlich betrachten.»[148]

Um den Körper gesund und in Form zu halten, ist nicht nur eine wohltuende Sportroutine erforderlich, sondern auch eine richtige

---

[146] Bund Deutscher Mädel – Glaube und Schönheit
[147] Ibid – Sport Uniform
[148] Reinhold Sautter, Seite 181

Ernährung. Für die jungen Mädchen ist es wichtig sich frühzeitig gute Essgewohnheiten zuzulegen, indem sie mindestens siebenmal mehr Obst und Gemüse in ihre tägliche Ernährung einbauen als große Mengen an Fleisch, Fett und Stärke. Eine optimale Kalorienmenge sorgt für eine gesunde Verfassung. Wenn sich die Mädchen krank fühlen, müde sind und keine Leistung erbringen können, hält das Reich sie für unterernährt. Ihre Lösung besteht darin, grünes Blattgemüse zu essen, aufs Land zu gehen, um frische Luft einzuatmen, und reines Bergwasser zu trinken.

Die Mädchen lernen Gartenarbeiten durchzuführen. Für sie bedeutet das mehr als nur einen Samen in den Boden zu pflanzen und zu hoffen, dass er Früchte trägt. Die Mädchen lernen, wie man den Boden entsprechend vorbereitet, welche Pflanzen sich ergänzen, um Insekten und Krankheiten in den Beeten zu reduzieren, die verschiedenen Arten von Düngemitteln, mit denen eine reichliche Ernte erzeugt werden kann, wie man die Pflanzen pflegt, nährt und später erntet. Ein im Frühjahr gepflanzter Gemüsegarten bietet der Familie bis zum ersten Frost eine reichhaltige Rendite. Auf diese Weise wird eine Familie eigenständig. Was die Mädchen, während ihrer sozialen Treffen über Gartenarbeit lernen, können sie an ihre Familie weitergeben. Im Gegenzug profitieren die Familien davon, dass die Jüngsten in Selbstverantwortung erzogen werden. Dabei spielt bei den Jüngsten auch das Geschichtenerzählen eine wichtige Rolle, denn die kreative Vorstellungskraft der jungen Mädchen verbindet sie mit ihrer natürlichen Umgebung.[149]

Eine Geschichte, die Fräulein Schmidt den Mädchen vorliest, stammt aus Reinhold Sautters Buch „Hitlerjugend - Die Erfahrung einer großen Kameradschaft".

«Wenn ihr im Tal steht und zu den Alpen hinaufblickt, seht ihr eine herrliche Bergkette und hört das Läuten der Kuhglocken. Ihr seht die weiten offenen Almwiesen, die Bäume und ihr könnt die frische Luft riechen und atmen.

Als unser Schöpfer die Welt erschuf, schuf er ein Modell von dem was es alles gibt. Deshalb ist unsere Landschaft so vielfältig. Von den Bergen mit ihren felsigen Schluchten bis zu den Almwiesen und Weiden, von den goldenen Weizenfeldern bis zu den freundlichen Tälern und ihren plätschernden Bächen.

Der Bauer arbeitet von Sonnenaufgang bis Sonnenuntergang. Er ringt jeden Tag mühsam mit dem steinigen Boden, um das Getreide für unser Mehl und Brot zu produzieren. Er pflügt seine Felder, pflanzt seine Samen und gießt seine Saat. Während die Pflanzen zu wachsen beginnen, untersucht er seine Pflanzen sorgfältig auf Insekten und zerstört die

---

[149] Ibid, S. 197

Pflanzen, die Schädlinge oder eine Krankheit enthalten. An manchen Tagen kann es so still und ruhig sein, dass er da sitzt und über das Leben im Tal nachdenkt. »

«Die Mädchen der Jungmädelschaft, der Landjugend und des Bundes Deutscher Mädel werden freiwillig zur Ernte eingesetzt und helfen den Landwirten durch ihren Arbeitseinsatz. Am Ende des Tages, wenn die Arbeit abgeschlossen ist, kann sich ein jeder getrost zur Vesper hinsetzen, singen und darüber nachdenken, wie gut der neue Weizen das Brot schmecken lassen wird. Die Mädchen sagen mit leuchtenden Gesichtern: „Gute Nacht - bis morgen." und kehren am nächsten Tag zurück, um dem Bauern noch einmal zu helfen.

Und so stehen die Mädchen frohgelockt mit Freuden am nächsten Morgen wieder an ihrem Platz. Ist es ein Wunder, dass die Mädchen auf die Äcker gehen und so viel wie möglich helfen wollen? Es ist ihnen egal wem das Land und der Hof gehört, sie lieben ihren Dienst im Bund Deutscher Mädel und sind stolz darauf einen Betrag zum Wohle des Volkes leisten zu dürfen. Wenn ihre Aufgabe erledigt ist, kehren sie mit ihren Kameradinnen wieder in die Täler zurück. Dort können wir sie dann über das fruchtbare Land Deutschland und die reichhaltige Ernte singen hören. »[150]

Mit dem Erreichen ihres siebzehnten Lebensjahren haben diese jungen Frauen des Bundes Deutscher Mädel unverzichtbare praktische Kenntnisse und Fähigkeiten erlernt, die sie auf ihre zukünftige Verantwortung als lebensfähige Mitglieder der Gesellschaft vorbereiten. Über einhunderttausend Mädchen werden pro Jahr freiwillig ihre Zeit zur Verfügung stellen, drei Stunden am Tag in die Arbeitswelt eintreten und dort arbeiten, wo sie gebraucht werden - in Kindergärten, Schulen, Bahnhöfen, großen privaten Häusern, Bürogebäuden, privaten Geschäften, oder Krankenhäusern um nur einige Arbeitsstätten zu nennen. Am Ende des Arbeitstages mögen sie sich müde fühlen, aber sie sind voller Stolz über ihren geleisteten Beitrag.

Wenn das BDM-Mädchen seine Ausbildung abgeschlossen hat, kann sie freiwillig der Bewegung „Glaube und Schönheit" beitreten, wo Sport und ländliche Arbeiten mit Rassenreinheit und Unantastbarkeit der heimatlichen Erde in Einklang stehen. Hier wird die junge Frau ihr Studium, unter anderem in Modedesign und Hauswirtschaft bis zum Alter von 21 Jahren fortsetzen und dann die Möglichkeit haben, Teil des Selbstversorgungsprogramms der Nationalsozialistischen Frauenliga zu werden. [151]

---

[150] Reinhold Sautter, Seite 194-196
[151] Ibid Seite 196

Am Ende von Reinhold Sautters Geschichte fragt die Anführerin ihre inzwischen reifen JM-Mädchen: «Wenn ihr über die letzten Jahre zurückdenkt, hättet ihr jemals gedacht, dass dies alles möglich sein könnte? Ist dies nicht eine Inspiration für uns alle, aktiver als zuvor zu sein und ein Leben in Wohlstand und Glück zu führen?»

Durch solche Schilderungen, wie der von Herrn Sautter, lernen die jungen Mädel eine starke Arbeitsmoral, eine Arbeitsmoral, die es ermöglicht, die von ihnen erwarteten Aufgaben innerhalb der Gemeinde zu erfüllen. Sie wissen, was es bedeutet, wenn sie ihre Qualifikationen erhalten und zu arbeiten anfangen. Wenn sie ihre Ausbildung abgeschlossen haben, werden sie über verschiedene Qualifikationen verfügen, die sie auf ihre spätere Rolle, auf Ehe und besonders auch auf Mutterschaft vorbereiten. Deutschland braucht gesunde und starke Mädchen, die geistig und körperlich fähig sind die nationalsozialistische Weltanschauung zu verwirklichen. Deutschland will keine schwachen und faulen Menschen, die auf staatliche Hilfe angewiesen sind.

Diese Jungmädel werden in vier kurzen Jahren die von ihnen geforderten Aufgaben erfüllen, ihre Abzeichen, Auszeichnungen und Urkunden erhalten und dann in den Bund deutscher Mädel überwechseln. Dort werden sie weitere vier Jahre verbleiben und die von ihr geforderten Aufgaben mit Bravour erfüllen.

Anmerkung: Trudel wird das dritte Jahr im BDM nicht mehr beenden. Sie wird nichts über die Rassenpolitik des dritten Reiches und die Blutschandegesetze lernen, da sich die Front zu diesem Zeitpunkt bereits vor ihrer Tür befindet und das Deutsche Reich kurz darauf zusammenbrechen wird.

Während ihrer Ausbildung erhalten die JM-Mädchen, die vorbildliche Fähigkeiten zeigen, ein Sonderschreiben vom Reichsministerium für Wissenschaft, Bildung und Kultur. Sie werden für das achtmonatige Elite-Bildungsprogramm Landjahr ausgewählt.

Nachdem die Mädchen gelernt haben ein wertvoller Teil der Gemeinschaft zu werden, erhalten sie die Möglichkeit ihren individuellen Talenten und Interessen zu folgen und ihre Ausbildung dementsprechend zu fördern und sich zu einer einzigartigen Persönlichkeit zu entwickeln. Dann werden sie ihre Talente der Gemeinschaft zur Verfügung stellen.[152]

Durch ihre jahrelange Ausbildung hat sich Trudel als gehorsames und diszipliniertes Mädchen im Bund Deutscher Mädchen bewährt. Sie hat alle erforderlichen Aufgaben erfüllt und ihr JM Verdienstabzeichen erhalten.

Josefa erhält ein offizielles Schreiben des Reichsministeriums, in dem geschrieben steht, dass ihre Tochter vorbildliche Fähigkeiten gezeigt hat und

---

[152] Bund Deutscher Mädel – Bewegung Glaube und Schönheit

speziell für die Teilnahme am Landjahr ausgewählt wurde. Trudel wird ihre Mutter und ihren Bruder bald in Kleinzell zurücklassen und in das über vierhundertfünfzig Kilometer entfernte neue Landjahrlager Seidorf, Niederschlesien, reisen.

Josefa und Emmerich Kerschner 1924

Mariazell – Österreich

Klassenfoto 1936/37 – Gertrude Kerschner 1.Reihe 5-ste von rechts

Josefa Kerschner – Postbotin in Kleinzell

Josefas Ferkel

Hans, Emmerich, Gertrude, Franz, Anna Kerschner

Der Kerschner Hof in Kleinzell - Österreich

Josefas neue Waschmaschine

Erste Reihe: Kleinzeller Musikanten
Zweite Reihe v. R.: Johann Kandlhofer, Anna Kandlhofer, Onkel Karl, Minnel
Dritte Reihe v. R.: Gertrude Kerschner, Anita Kerschner, Josefa Kerschner, Aloisa Franz
Johann Franz, Trossep, Anna Hoffer, Hilda Franz, Elfriede Lechner

Landjahr Lager Seidorf

Links – Gruppenführerin Fräulein Dieter
Mitte – stellv. Hauswirtschafterin Fräulein Gruber
Rechts – Lagerleiterin Fräulein Albrecht

Der morgendliche Fahnenappell

Landjahrmädchen – Trudel steht auf der 2. Stufe links

Landjahrmädchen „Stillgestanden" – Trudel 1. von rechts

Blick über Seidorf vom Balkon des Landjahrlagers

Seidorfer See

Sportnachmittag – Maria Mikolasz-Dubiel 3. von rechts
Foto mit freundlicher Genehmigung von Peter Dubiel

Sportnachmittag – Elli, Nelli, Steffi und Maria

Fliegerspiel

Festtag

Kindernachmittag – Trudel sitzt links mit dem Kopf zur Seite

Kindernachmittag

Ausflug - Nachmittagsrast

Landjahrmädchen - Badezeit

Rucksäcke fertig für die große Reise

Rast nach der Wanderung auf den Ruhberg

Landjahrmädchen des Lagers Seidorf bei der Rast auf dem Ruhberg

Am letzten Tag – Vor der Abreise

Stabkirche Wang in Karpacz – im heutigen Polen

Schweinetaufe

Trudel hält das Schwein vor der Taufe zurück

Schwein „Dick" läuft davon

Trudel und Helli bei der Schweinetaufe

Grillfest mit den Dorfbewohnern

Landjahrmädchen aus Seidorf auf dem Weg zu Bauer Torge in
Oberseidorf

Von links: Verlobter von Frl. Dieter, Maria Mikolasz-Dubiel,
Steffi Pucks, Lagerfräulein Dieter, Albrecht, Gruber, Hans Mikolasz
(Marias Bruder) mit freundlicher Genehmigung von Peter Dubiel

Marie Mikolasz, Steffi Pucks, Trudel Kerschner

Zitherklasse 1941 – Trudel 1.Reihe 4. v. links

1942 – Trudel und Paula – Gesundheitsdienstmädel

Trudel mit ihrer Cousine Elfriede Lechner

Private First Class Robert Sandor
87th Infantry Division
345 Infantrie Regiment HQ
1 Battalion US Army Reserve (USAR)
Stationiert im Camp McCauley – Linz, Österreich

Hochzeitsfoto Robert und Gertrude Linz 8.Mai 1948

1957 – Überfahrt nach Amerika auf der SS United States

Eigenheim in Greenwich, Connecticut

Gertrude und Robert – 35. Hochzeitstag
Rainbow Saal – Rockefeller Center, NYC
8. Mai 1983

Teil 3

Das Landjahr

Das Landjahr

Vor dem Übertritt in den BDM wählt das Reichsministerium für Wissenschaft, Bildung und Kultur, Mädchen mit besonderen Eigenschaften aus dem JM aus, um am Elite-Programm für ländliche Bildung, dem Landjahr teilzunehmen. Dieses Programm, ein acht Monate langes Bildungsprogramm in einer ländlichen Umgebung, beinhaltet zwar von der Familie entfernt zu leben, ist jedoch nicht vergleichbar mit dem obligatorischen Landdienst, der vier Jahre langen Ausbildung in allen Phasen der Landwirtschaft, von denen ein Teil auf einem Ausbildungshof durchgeführt wird.[153]

Das Landjahr besteht aus wesentlich kleineren, bereits bestehenden Bildungsprogrammen, die unter der Schirmherrschaft der HJ zusammengefasst wurden.

Ursprünglich wurde das Landjahr bereits in der Weimarer Republik initiiert, und war unter dem Namen Landjahrhilfe bekannt. [154] Die Notwendigkeit entstand, als deutsche Nationalisten die Einführung eines allgemeinen obligatorischen Arbeitsdienstes forderten, weil die Mehrheit der deutschen Jugendlichen in die Städte gezogen war. Dies wirkte sich auf die ethnische Zusammensetzung in den ländlichen Regionen aus. Um das Vakuum zu füllen, das die abreisenden Deutschen hinterlassen hatten, hatten slawische Arbeiter damit begonnen auf die Farmen und Großgrundstücke zu ziehen. Es wurde befürchtet, dass diese Wanderarbeiter dauerhafte Siedler werden könnten und das deutsche Grenzland in eine Erweiterung Polens verwandeln würden, was vom deutschen Volk nicht toleriert werden konnte. Daher wurden „Wächter des Landes" geschaffen, um sich jeglichen Eingriffen in ihre germanischen Ländereien zu widersetzen.

Ende 1923 und Anfang 1924 wurden Bekanntmachungen in verschiedenen Blättern veröffentlicht, in denen freiwillige junge Deutsche aufgerufen wurden um die, den polnischen Landarbeitern übertragenen Aufgaben zu übernehmen. Für die Jugendlichen gab es zwei Vorteile: Erstens gab es den jungen Arbeitern die Möglichkeit dem Stadtleben zu entkommen, und zweitens reduzierte es die Besiedlung des polnischen Landes im Osten durch die slawischen Landarbeiter.

Das Programm war ein Versuch die deutschen Siedler und die wirtschaftliche Stabilität der Landwirtschaft Ostpreußens zu erhalten. Große

---

[153] Die Hitler Jugend Seite 3 - 11
[154] Dennis Weidner – Hitler Youth Activities: Landjahr

deutsche Landbesitzer hatten bisher regelmäßig Saisonarbeiter aus Polen eingesetzt, um diese auf ihrem Land arbeiten zu lassen. Dieser Arbeitsdienst suchte nach jungen Deutschen, die freiwillig in Ostschlesien und Sachsen landwirtschaftliche Hilfe leisten konnten. Die „Wächter des Landes" waren jedoch nur ein kleines Unterfangen. Sie hatten wenig Einfluss auf die zugrunde liegenden demografischen Trends.[155] Aber die Bewegung wuchs und Ende 1924 gab es bereits vierzehn Lager.[156]

Die Gründungsmitglieder der Organisation „Wächter des Landes" stammten aus verschiedenen Jugendorganisationen, zu denen die „Jungen Wanderer" zusammen mit dem „Katholischen Arbeitskreis Quickborn", den „Jungen Deutschen" und auch einige Aktivistenverbände, wie der „Verteidigungsverband" gehörten. Ihre Absicht war es mit landwirtschaftlichen Arbeitskräften eine neue Gemeinschaft zu gründen. Die Bewegung prägte sich in den östlichen Provinzen so stark aus, dass sich eine gut strukturierte Organisation entwickelte. Diese wurde besonders in den zentralen und östlichen Provinzen des Reiches aktiv.[157]

Im April 1924 begannen die ersten Gemeinschaften städtischer Jugendlicher mit der Landarbeit. Sie gründeten dauerhafte Gemeinschaften in verschiedenen Regionen. Kleine Gruppen von vier bis zwanzig Personen lebten und arbeiteten zusammen. Sie verbrachten ihre ganze Freizeit auf dem Land. Am Abend organisierten sie Diskussionen und sangen traditionelle deutsche Volkslieder. Ihr Ziel war es zur Wiederbelebung der ländlichen Kultur und deren Traditionen beizutragen.[158]

Bis 1926 handelten die „Wächter des Landes" Verträge mit den örtlichen Behörden und den Eigentümern großer Höfe und Ländereien aus. Zum Zeitpunkt der Beendigung der Verhandlungen meldeten sich über 2.300 Wächter auf 270 Höfen der verschiedenen Regionen. Bis 1938 gab es über 1.452 Lager mit mehr als achtzehntausend männlichen Mitgliedern.[159]

Als diese Organisation auf ihrem Höhepunkt stand, traten zahlreiche Konflikte auf und rissen die Gemeinschaften auseinander. Anstelle die örtlichen Ländereien zu erwerben, wie einst von den Mitgliedern vorgesehen, wurden die Wächter des Landes in die NSDAP vereinnahmt.

Der Hauptbefürworter dieser Absorption war Heinrich Himmler, der für einen kurzen Moment selbst ein Wächter des Landes war. Friedrich

---

[155] David Weidner – Hitler Youth Activities: Landjahr
[156] Ibid
[157] Artamanen
[158] Ibid
[159] Ibid

Schmidt, Mitglied der Dresdner Sektion der NSDAP, ersetzte den ursprünglichen Gründer Hans Holfelder.[160]

Kurz darauf entließen die Wächter des Landes mehr als die Hälfte ihrer Mitarbeiter. Eine neue Liga wurde geboren. Genannt „Wächter der Landarbeit und Siedlung bündischer Jugend in Deutschland". Sie übernahmen die Ideologie von Blut und Boden und legten großen Wert auf die Tugenden des ländlichen Lebens.[161]

Bis 1934 war der „Artamis-Bund" mit unüberwindlichen finanziellen Schwierigkeiten konfrontiert. Er wurde vollständig in den ländlichen Dienst der Hitlerjugend aufgenommen[162]

Da die Hauptanliegen der Wächter des Landes innerhalb der NSDAP in erheblichem Maße unterstützt wurden, beschlossen sie, das Programm nicht nur fortzusetzen, sondern auch zu erweitern.

Güstrow in Mecklenburg sah das erste Lager und ein Anwesen dort wurde dem Landdienst der Hitler Jugend unterstellt. Dieser neue Zweig der Hitlerjugend zielte darauf ab, städtische Burschen für ein Jahr auf einen Bauernhof zu schicken. Man hoffte, dass dies in ihnen die Liebe zum Land wiederentfachen würde und sie im Idealfall dazu veranlassen, sich für ein dauerhaftes Leben auf dem Land zu entscheiden. Zu dieser Zeit war das Landjahr nicht nur auf Mitglieder der Hitlerjugend beschränkt. Andere junge Männer konnten teilnehmen, wenn sie wollten. Mit der allmählichen Aufnahme der gesamten Jugend Deutschlands in die Hitlerjugend wurde diese Bestimmung später bedeutungslos.

Güstrow widmete sich offiziell der Hitlerjugend und wurde zum allerersten Landjahrlager des Reiches. Adolf Hitler selbst nahm an den prunkvollen Feierlichkeiten teil.[163] Damit war das Landjahr geboren.

Zum Ende des ersten Jahres seines Bestehens hatte der Landdienst 45 Gruppen mit insgesamt rund 500 jungen Männern als Mitgliedern. Im folgenden Jahr, 1935, waren es 240 Gruppen mit über 3.500 Mitgliedern. BDM-Mädchen wurden nun ebenfalls in den Dienst aufgenommen. Die Expansion der Gruppen ging im Schnellschritt voran:

462 Gruppen im Jahr 1936 (mit 6.608 Mitgliedern)
1.175 Gruppen im Jahr 1937 (mit 14.888 Mitgliedern)
1.452 Gruppen im Jahr 1938 (mit 18.000 Mitgliedern)

---

[160] David Littlejohn, Seite 103
[161] David Littlejohn, S. 103
[162] Artamanen
[163] David Littlejohn, S. 103

Im September 1939 fielen Deutschland, die Sowjetunion und ein kleines slowakisches Kontingent in Polen ein. Der zweite Weltkrieg hatte begonnen. Das Landjahr wurde auf über 26.000 Mädchen erweitert. Es stand unter der Leitung des Reichsministers für Wissenschaft, Bildung und Kultur und die Kinder mussten die schriftliche Erlaubnis ihrer Eltern haben, um teilnehmen zu dürfen. Sie mussten sich einer ärztlichen Untersuchung unterziehen, um ihre Tauglichkeit für einen Arbeitseinsatz zu beurteilen, der zwischen vierundfünfzig und sechzig Stunden pro Woche einnahm. Diese sorgfältig ausgewählten, verantwortungsbewussten Mädchen mussten körperlich fit sein, einen guten Charakter aufweisen und jederzeit bereit sein, dem deutschen Volk zu dienen. Sie verließen ihr Zuhause und ihre Familie für einen Zeitraum von bis zu neun Monaten (je nach Standort). Sie reisten in die ländlichen Gebiete, wo ihnen lebensbauende Fähigkeiten beigebracht wurden, die sie zu produktiven Mitgliedern der Gesellschaft machten, wenn sie im Alter von siebzehn Jahren das Erwachsenenalter erreichten. Die Landjahrlager waren Orte strenger körperlicher, geistiger und moralischer Erziehung. Daher konnten nur diejenigen Jungen und Mädchen teilnehmen, die in der Schule und in ihrem HJ und BDM Jugendschaften bewiesen hatten, dass sie einen verlässlichen Charakter sowie die intellektuellen und die körperlichen Fähigkeiten besaßen, um den Strapazen des Lagerlebens standzuhalten. Das Landjahr ähnelte einem strengen Mädchenpensionat.

Der Bildungsplan des Landjahr Lagers für Mädchen beinhaltete folgendes:

- Sportunterricht: Gymnastik, Leichtathletik, Krafttraining, Schwimmen, Spiele und Tanz
- Gesundheitswesen
- Musikalische Ausbildung: Gesang, Musikunterricht, Theater
- Nationale politische Bildung
- Praktische und vorberufliche Ausbildung wie Küchenarbeit, Hausarbeit, Wäsche, Nähen und Ausbessern, Kinderbetreuung, Gartenarbeit, landwirtschaftliche Arbeit und Hauswirtschaft.

Die sechstägige Arbeitswoche begann um sechs Uhr morgens und endete um neun Uhr abends.

Jede Gruppe bestand aus durchschnittlich sechzig Mädchen. Größere Lager beherbergten sogar einhundert Mädchen.

Bis 1940 gab es 1.753 Lager mit insgesamt über 105.000 Mitgliedern. Jedes Lager stand unter der Leitung des Landdienstes, der wiederum direkt dem Führer der Hitlerjugend oder der BDM Führerin der örtlichen Gau unterstellt war.[164] Das Symbol des Landjahrs war die Odal-Rune, die von einem Schwert mittig durchstochen wurde. Der grün-weiße dreieckige Aufnäher mit der Aufschrift „Landjahr" wurde am linken Ärmel getragen. Dienst im Landjahr leisten zu dürfen galt als eine große Ehre und war ein Privileg. [165]

---

[164] David Littlejohn, Seite 103
[165] Franz Kerschner

Hoch oben auf dem Berg
sind wir die stolze Festung
Unten im Tal steht stolz unser Dorf
Der Himmel blau,
die Sonne lacht
wohlwollend auf uns herunter,
denn wir sind die Seidorfer Landjugend!

~ Landjahr Lager Seidorf ~ Lagerlied

Die Fahrt ins Landjahr

APRIL 1941. Es ist ein kalter Frühlingsmorgen und Trudel trägt ihre BDM Uniform. Josefa trägt ihr Sonntagskleid und die beiden machen sich auf den Weg zum Bahnhof. Der Bahnhof in Rainfeld-Kleinzell ist ein altes Fachwerkgebäude und ist in ungefähr 200 Meter über N.N. auf dem Gipfel einer Bergkuppe gelegen. Das Gebäude ist etwa fünfzehn Meter breit und fünfundzwanzig Meter lang. Dicke Holzstreben stützen das Skillion Dach, das über die Vorderseite des Gebäudes hinausragt und so einen Unterstand bildet. Die hölzernen Bänke mit ihren hohen Rückenlehnen, die unter den einfachen Fenstern aufgestellt sind, ergänzen die Struktur und verleihen diesem ländlichen Bahnhof ein warmes, einladendes Ambiente. Am westlichen Ende des Gebäude befinden sich nach Männern und Frauen getrennte Waschräume, während sich am östlichen Ende des Gebäudes ein kleines Portierbüro befindet, das gleichzeitig als Paket- und Lagerraum dient. In der Mitte des Bahnhofs führt eine hölzerne Eingangstür, die zu dreiviertel mit Glas versehen ist zum allgemeinen Wartesaal.

Als Trudel und ihre Mutter das Gebäude betreten, erwidert Josefa das Nicken einer anderen Mutter mit einem höflichen «Grüß Gott!»

Die Kerschnerin begibt sich zusammen mit ihrer Tochter in das hintere Ende des Wartezimmers. Trudel stellt ihren Koffer ab und legt den Kasten mit ihrer Zither vorsichtig obendrauf. Die hölzernen Bänke mit ihren gewölbten Sitzflächen bieten Bequemlichkeit.

Sie schaut sich im Wartesaal um. Es gibt mehrere Mütter die, zusammen mit ihren Töchtern, auf den Zug zu warten scheinen. Die Mädchen haben alle einen Koffer dabei, einige der Mütter unterhalten sich leise. Trudel, von Natur aus etwas ungeduldig, steht auf und geht durch den Wartesaal.

Mit beiden Händen hinter dem Rücken verschränkt geht sie auf den hölzernen Aushang hinzu und schaut auf den Fahrplan. Auf die Ankunft- und Abfahrzeiten. Ausserdem liest sie noch die weiteren Informationen, die dort, im Aushang, über die Reichsbahn geschrieben stehen. Sie zieht ihre Fahrkarte aus der Brusttasche ihrer Kletterweste und gleicht die Informationen mit denen auf dem Fahrplan ab. Ihr Zug wird um 08.09 in den Bahnhof einfahren. Sie steckt die Fahrkarte wieder in ihre Brusttasche zurück und schließt den Knopf, um diese nicht zu verlieren. Sie geht auf den Fahrkartenschalter zu und sieht auf einem der Tische inmitten einiger Postsäcke ein Telefon stehen. Danach dreht sie sich um und geht auf eines der Mädchen zu das ebenfalls eine BDM Uniform trägt.

«Hallo. Ich heiße Gertrude. Man nennt mich Trudel. Fährst du auch nach St. Pölten?»

« Aber ja. Du auch? Fährst Du wirklich auch dort hin? » Das junge Mädchen schaut sie freundschaftlich an. Uniformen verbinden eben.

«Ja. Na klar. Ich treffe dort meine neue Landjahrleiterin Fräulein Albrecht.» antwortet Trudel stolz.

«Ich fahre auch ins Landjahr. Nach Seidorf. Wie meine Leiterin heißt, habe ich vergessen. Aber das wird schon.» antwortet das Mädchen.

«Ich fahre auch nach Seidorf. Wie aufregend. Wir können zusammen fahren. Wie heißt du denn?» Trudel ist ganz aufgeregt.

«Ich heiße Ingrid.» Das Mädchen streckt Trudel die Hand entgegen.

«Ich freue mich sehr. Wir sehen uns im Zug.»

Ingrid nickt. Sie freut sich eine Gesinnungsgenossin gefunden zu haben.

Trudel kehrt zu ihrer Mutter zurück.

«Mutter, das Mädchen fährt auch ins Landjahr. Nach Seidorf, genauso wie ich. Ist das nicht schön!»

«Sehr schön, Trudel. Hoffentlich werdet ihr gute Freundinnen werden.» Ein nachdenkliches Schweigen überkommt die beiden.

«Mutter? Können wir bitte auf den Bahnsteig gehen und dort auf den Zug warten? » fragt Trudel.

«Natürlich Kind. Komm, ich helfe Dir mit Deinem Gepäck.» nickt Josefa zustimmend.

Trudel nimmt ihre Zither, Josefa den Rucksack und den Koffer und die beiden begeben sich auf den Bahnsteig.

Wenn man bedenkt, welche Aufgabe diese Mädchen übernehmen werden, dann herrscht im Wartessaal eine eher herzliche, gelassene Stimmung. In Trudels Magen jedoch flattert es vor Aufregung. Ihr Gesichtsausdruck bleibt für ein dreizehnjähriges Mädchens, das kurz davor steht, ihre Familie für acht lange Monate zu verlassen, jedoch ruhig. Trudel legt ihre Hände über ihre Jacke, da sie plötzlich einen stechenden Schmerz in der Magengrube spürt.

Trudel ist für die zweitägige Reise bequem gekleidet. Sie trägt ihre hellbraune, hüftlange Kletterjacke, die für diese jungen BDM-Mädchen das auffälligste Kleidungsstück ist. Das Design ähnelt den Militäruniformen dieser Zeit. Diese stilvolle Jacke ist hinten etwas kürzer als vorne, um eine schlankere Silhouette zu schaffen. Hellbraunes Rayon säumt die Innenseite des Kleidungsstücks. Die Vorderseite der Jacke hat vier kleine, plissierte, aufgesetzte Taschen mit Knöpfen aus Bakelit mit geprägtem BDM/JM Emblem, die die Vorderseite und die Manschetten schmücken. Die Rückseite der Jacke weist zwei kleine Aufnahmelaschen mit einer kleinen Metallschnalle auf. Auf dem linken Ärmel sind die rautenförmigen rot-weißen Diamantabzeichen mit dem Hakenkreuz sowie das schwarz-weiße dreieckige Abzeichen der Gau Niederdonau-Süd aufgenäht. Auf der vorderen linken Brusttasche ist ein kleineres, rot-weißes Diamantabzeichen aus Emaille angebracht. Darunter trägt sie die handgefertigte, kurzärmlige, weiße Baumwollbluse, die ihr Mutter genäht hat, die lässig in ihren blauen Wollrock gesteckt ist, der ihr bis zur Mitte der Wade reicht. Graue Strümpfe und braune Schnürschuhe vervollständigen ihre Uniform.[166]

«Lass dich noch einmal anschauen, Liebes.» Josef schaut ihre Tochter prüfend an. Der Abschied naht und Josefa verspürt einen Stich in der Magengrube. Der Gedanke, dass ihre kleine Tochter jetzt das Haus verlässt, ist kein leichter. Sie zupft die Uniform ihrer Tochter zurecht und versucht sich ihre Traurigkeit nicht anmerken zu lassen. Sie ist froh, dass ihre Trudel eine solche Gelegenheit bekommen hat.

Trudel dreht und wendet sich stolz in ihrer Uniform. «Ich glaube ich sehe gut aus, was meinst Du Mama?»

«Natürlich siehst Du gut aus, Liebes. Du bist wunderschön. Bist Du sicher das Du auch nichts vergessen hast?»

«Ja, Mama.» antwortet Trudel überzeugt.

«Auch die dicken Socken nicht, und die zusätzliche Unterwäsche? Die hast Du doch hoffentlich nicht vergessen?»

«Mama, bitte. Die anderen können Dich hören.» Trudel schaut beschämt auf den Boden.

«Zahnbürste und Zahnpasta?» fragt Josefa und geht die Liste der einzupackenden Gegenstände, die sie vom BMD erhalten hatte, noch einmal in Gedanken durch.

«Ja, habe ich!»

«Na, dann ist ja gut. Und deine Wanderschuhe hast Du auch? Die wirst Du sicher brauchen.»

«Die sind im Koffer.» Trudel zeigt auf den ledernen Koffer, den sie sich von ihrer Großmutter Anna für ihre achtmonatige Abwesenheit im Landjahr ausgeliehen hat.

Danach zieht Trudel die Liste der zu packenden Gegenstände aus ihrer Brusttasche und liest sie noch einmal durch. «Ich habe meine Wanderschuhe, mein Nachthemd, Unterwäsche und Strümpfe, dicke Socken, Kleider, Schürzen und Kleiderbügel. Ausserdem habe ich noch zusätzliche Unterwäsche und drei Paar extra Socken, Sportschuhe, Sportkleidung, Schwimmzeug, ein paar Handschuhe, Taschentücher und mein Nähzeug sowie mein Waschzeug. Und wie befohlen führe ich keine Handtasche und keinen Schmuck mit. »

---

[166] Bund Deutscher Mädel – Winter Uniform

Alle andere Sachen die Trudel für ihren Aufenthalt brauchen wird, werden vom Lager gestellt werden. Sie wird jedoch die Verantwortung für die Pflege und Reinigung ihres Bettzeugs, sowie ihrer Kleidung selbst übernehmen müssen.

«Hast Du deine Haarbürste und Deine Haarnadeln eingepackt?»

«Ja, Mutter. Ich habe alles. Vergiss nicht ich bin jetzt ein Landjahr Mädel! »

«Und deine Fahrkarte, Mitgliedsausweis und Schreibzeug? Du wirst doch schreiben, oder?»

«Mama, ich verspreche Dir dass ich schreiben werde so oft ich kann.»

«Ich hab´ Dich lieb, mein Schatz und werde Dich vermissen.» antwortet Josefa und streichelt Trudel liebevoll über ihre Wange. «Und ich bin sehr stolz auf Dich, denn nicht jede bekommt die Gelegenheit ins Landjahr zu ziehen.» Josefa gibt Trudel einen Kuss auf die Stirn. Ihr stehen die Tränen in den Augen. Sie streichelt Trudel über ihr dickes schwarzes Haar. «Ich möchte, dass Du immer Dein Bestes gibst, hörst Du. Hör immer gut auf Deine Leiterinnen und erledige immer gehorsam was dir aufgetragen wird. Josefa zieht Trudel eng zu sich heran und flüstert ihr ins Ohr: So eine Gelegenheit bekommst Du nicht wieder und dazu noch kostenlos. Aber Du machst dass schon. Wenn Du wieder kommst, wird Dir die Welt zu Füssen liegen. Du bist jung und wirst noch viele Gelegenheiten haben. Du bist stark und kannst viel erreichen, wenn Du es wirklich willst. Also mach das Beste aus deinem Aufenthalt dort.»

«Ja, Mama. Versprochen. Das werde ich.» antwortet Trudel eifrig und schaut ihrer Mutter direkt in deren braune Augen.

Josefa hat ihrer mütterlichen Sorge genug getan und jetzt wo dieser Stich in ihrer Magengrube zurückkehrt, bleiben ihr die Worte aus. Auch Trudel bekommt ein flaues Gefühl im Magen. Mit trockener Kehle und kratzender Stimme lehnt sie sich nach vorn und flüstert ihrer Mutter ins Ohr: «Ich habe Dich auch lieb Mama. Mach dir keine Sorgen. Alles ist gut!» Die beiden halten sich einen Moment fest.

Angesichts Trudels reiner österreichischen Abstammung, die bis ins 17. Jahrhundert zurückreicht, ihres verlässlichen, gehorsamen, diensteifrigen und pflichtbewussten Charakters, sowie ihrer Leistungen im Bund Deutscher Mädel, weiß das Reichsministerium, dass sie die richtigen Qualitäten und körperlichen Fähigkeiten besitzt, um den Strapazen des Lagerlebens standzuhalten.[167] Landjahrlager sind Orte strenger körperlicher, geistiger und moralischer Bildung. Sie sind keine Erholungsheime und auf geeignete

---

[167] Annemarie Leppien, Seite. 50

Jugendliche beschränkt. Daher werden nur diejenigen Mädchen ausgewählt, die sich bewährt haben.[168]

Der Zweite Weltkrieg, der im September 1939 begann, im Jahr nach Trudels Aufnahme in die Jungmädelschaft, hat weder die winzigen Dörfer Kleinzell noch Seidorf erreicht. Während Trudel nach Seidorf reist, dringen deutsche Truppen nach Südosten in das Königreich Jugoslawien ein.

Als sie die herannahemde Lokomotive hören, wie sie über die Gleise rumpelt unterbrechen Josefa und Trudel ihre Unterhaltung. Sie sehen den weißen Rauch über den Laubbäumen aufsteigen und hören das eindringliche Pfeifen, das durch das ganze Tal klingt und die Ankunft der massiven 74-Tonnen-Dampflokomotive DRB Klasse 50-3696-7 des Deutschen Reiches geräuschvoll ankündigt. Zu dieser Zeit obliegen alle Bahnstrecken in Deutschland, Österreich, Böhmen, Mähren, im Sudetenland und im tschechischen Schlesien der Kontrolle der Deutschen Reichsbahn (DRB). Diese Übernahme der damaligen ländereigenen Eisenbahnen werden durch die NSDAP Flagge und die Buchstaben DR auf den Waggons angekündigt.

«Schau, Mama, gleich ist es so weit. Da kommt der Zug.» Trudels flaue Gefühle weichen jetzt der Aufregung. Und scheinbar geht es nicht nur ihr so. Der ganze Bahnhof scheint in Aufregung versetzt. Plötzlich herrscht rege Geschäftigkeit.

Das rhythmische Schnaufen der Lokomotive setzt aus, als der Lokomotivführer die große Maschine am Bahnsteig zum Halten bringt und die Dampfpfeife zum Signal ertönen lässt. Der Bahnsteigwärter signalisiert, dass es an der Zeit ist den Zug zu besteigen. Die Mädchen verabschieden sich von ihren Müttern und setzten sich in die ihnen zugewiesenen Abteile.

Trudel und Josefa stehen jetzt allein auf dem Bahnsteig. Den beiden fällt der Abschied schwer.

« Du wirst mir sehr fehlen mein liebes Kind. Schreibe bitte so oft Du kannst. Ich freue mich schon darauf von all Deinen Erlebnissen zu hören. Ich will wissen was du machst, was ihr unternehmt und vor allem will ich wissen, dass Du genug zu essen bekommst.»

«Du wirst mir auch fehlen, Mama.» Trudel muss schwer schlucken. Ihre Augen füllen sich mit Tränen. Sie wirft ihre Arme um ihre Mutter und will eigentlich gar nicht mehr los lassen.

«Nun weine mal nicht, meine Kleine. Es ist ja alles gut. Es wird Dir gefallen mit all den anderen Mädchen etwas zu unternehmen und bevor Du auch nur mit den Augen zwinkern kannst, wirst Du mich schon vergessen haben. So und jetzt wird es aber Zeit. Der Zug wartet nicht auf uns. Es wird

---

[168] Bund Deutscher Mädel – Landjahrlager

Zeit, dass Du einsteigst. Viel Spaß auf deiner großen Reise. Ich werde noch auf dem Bahnsteig stehen bleiben und dir zum Abschied winken.»

Trudel nimmt ihren Koffer, den Rucksack und ihre Zither und geht langsam auf den Waggon zu in dem sich ihr Abteil befindet.

Der Schaffner, der gerade mit den Postsäcken aus der Bahnhofhalle kommt, bietet ihr Hilfe mit ihrem Gepäck an, und Trudel dankt es ihm mit einem Lächeln.

Der Schaffner zwinkert ihr freundlich zu und hebt den Koffer in den Waggon, dann ihre Zither und zum guten Schluss reicht er ihr noch die Hand und hilft ihr die Stufen hinauf. Sie ist gleich in dem Abteil hinter dem Kohlenwagen der dunkelgrünen Donnerbüchse Typ B1 untergebracht.[169]

Trudel manövriert sich mit ihrem Gepäck zu ihrem Abteil und nimmt den ersten freien Platz neben dem Fenster. Sie legt ihr Gepäck und ihre Zither in die Gepäckablage und setzt sich auf die Holzlattenbank mit der hohen Rückenlehne, lehnt sich aus dem Fenster und winkt ihrer Mutter zu. Die Angst in ihrem Bauch zerreißt sie fast. Ein komisches Gefühl gleichzeitig ängstlich und aufgeregt zu sein. Sie steht auf und drückt sich ihre Nase am Fenster platt. Tränen strömen über ihre Wangen. Sie öffnet das Fenster, streckt den Kopf hinaus und bläst ihrer Mutter noch einige Küsse zu.

«Alles Einsteigen, Türen schließen! » ruft der Schaffner und zieht zweimal an der Kordel, um mit der Dampfpfeife das Signal zur Abfahrt zu geben. Die Angehörigen, die noch auf dem Bahnsteig stehen, um zum Abschied zu winken, treten einen Schritt zurück.

Josefa fällt es schwer sich zurückzuhalten, aber sie will nicht, dass ihre Tochter ihre wahren Gefühle sieht.

Der Lokomotivführer öffnet die Hähne, um das überschüssige Kondenswasser aus den Zylindern abzuleiten. Dampf stößt aus dem Fahrwerk des eisernen Ungetüms. Die Bremsen werden gelöst und die Maschine ruckt vorwärts und zieht die Waggons hinter sich her.

Josefa und die anderen Mütter winken ihren Töchtern zum Abschied nach, bis der Zug ausser Sichtweite ist. Danach begibt Josefa sich wieder zu ihrem Postauto, mit dem sie ihre Tochter zum Bahnhof gefahren hat. Den Kopf über das Lenkrad gebeugt, lässt sie endlich die Tränen fließen.

Trudel lehnt sich in ihren Sitz zurück und schließt für einen Moment die Augen. Plötzlich hört sie eine freundliche Stimme.

«Hallo Trudel, darf ich mich neben Dich setzen?»

«Hallo Ingrid. Na, klar.» antwortet Trudel und schluckt ihre Tränen herunter. Die Mädchen verbringen die nächste Stunde, bis der Zug in St. Pölten einläuft, in angeregter Unterhaltung.

---

[169] Donnerbüchse, so wurden die Lokomotiven liebevoll genannt.

Auf der Leobersdorfer Bahn nach Westen fährt der Zug entlang der sich windenden Gölsen und durch das Triesting Tal. Nach dem letzten Vorgebirge der Gutenstein-Alpen legt der Zug seinen ersten Halt in der Marktgemeinde Traisen ein. Danach geht es nach Norden, nach Wilhelmsburg, wo sie den Fluss überqueren und von dort aus dann in St. Pölten einfahren.

Dort angekommen, steigen Ingrid und Trudel aus und halten nach ihrer Landjahr-Flagge und ihrer Lagerführerin Ausschau. Der Bahnhof ist groß und die Mädchen sind beeindruckt, sie schauen sich aufgeregt um. Doch dann entdecken sie eine Mädelschar die sich um einen grün-weißen Wimpel mit einer Odal Rune versammelt haben. Es sind bereits etwa zwanzig Mädel, die dort stehen und warten. Die junge Anführerin hält die Flagge, die alle begrüßt.

«Mädchen, ich bin Fräulein Albrecht, Eure Landjahrleiterin.», beginnt sie und reicht gleichzeitig das Banner an eines der Mädchen weiter, das neben ihr steht, und weist dieser willkürlich die herausragende Stellung der Fahnenträgerin zu.

«Wenn ich Euren Namen aufrufe möchte ich, dass ihr euch bei mir meldet, um Eure Fahrkarte nach Wien zu erhalten. Dann möchte ich, dass ihr euer Gepäck nehmt und euch in Doppelreihe, beginnend am Landjahrbanner, aufstellt.»

Fräulein Albrecht ruft die Namen der Mädchen in alphabetischer Reihenfolge auf. Sie erhalten ihre Fahrkarten und stellen sich wie geheißen auf. Ingrid und Trudel werden voneinander getrennt, merken sich aber wo sich die andere befindet. Sobald alle ihre Fahrkarten erhalten haben, erklärt die Anführerin den Mädchen was sie auf ihrer zweitägigen Reise zu erwarten haben.

«Wenn unser Zug in Wien ankommt, werdet ihr warten bis dieser vollständig zum Stillstand gekommen ist. Erst wenn ich den Befehl erteile, werden wir gemeinsam umsteigen. Wir werden den Nachtzug nach Giersdorf (heutiges Podgórzyn, Polen) nehmen. Unsere Reise wird zwei Tage dauern und wir werden alle zusammen in einem Abteil sitzen. Habt ich mich verstanden?»

«Unsere erste Station ist also der Hauptbahnhof in Wien. Hier werden wir umsteigen. Der Bahnhof im Wien ist sehr groß und ich erwarte von euch, dass wir alle zusammen bleiben. Wir werden in Formation marschieren und ihr werdet diese Formation von niemandem durchbrechen lassen. Sollte doch etwas schief gehen, dann müsst ihr Euch an der Flagge orientieren. Von Wien aus wird uns der Schlafwagenzug nach Prag bringen. Dort werden wir morgens um 8.00. Uhr ankommen und dann noch einmal in einen anderen Zug steigen, der uns nach Tetschen Bodenbach bringt. Von dort geht es weiter nach Dresden und von dort aus über Görlitz am Rande des wunderschönen Sudetengebirges weiter nach Hirschberg. Von Hirschberg aus steigen wir in einen Zug nach Giersdorf und von dort aus marschieren wir zu unserem neuen Zuhause in Seidorf. Unsere voraussichtliche Ankunftszeit im Lager sollte morgen Nachmittag zwischen drei und vier Uhr sein. Danach wird das Landjahrlager Seidorf für die nächsten acht Monate euer zu Hause sein.»

Einige der Mädchen grinsen vor lauter Aufregung, während andere bereits Heimweh bekommen. Ein Mädchen aus der Stadt schmollt geradezu, weil sie sich weder auf die lange Reise freut noch darauf, auf einem Bauernhof leben zu müssen, wo sie sich zudem wahrscheinlich auch noch um schmutzige Tiere kümmern muß.

Die Mädchen marschieren in zweier Formation auf den Bahnsteig und warten dort geduldig auf die Ankunft des Zuges. Fräulein Albrecht befiehlt den Mädchen zu warten bis der Zug zum Stillstand gekommen ist. Als der Schaffner aus einem der Waggons steigt, zeigt Fräulein Albrecht ihm die Reservierung und fragt, welcher Waggon ihnen gehört. Er zeigt auf den zweiten Wagen. Die Lagerleiterin wendet sich wieder ihrer Truppe zu, und gibt den Befehl zum Abmarsch. Die Mädchen nehmen ihr Gepäck auf und folgen ihrer Anführerin an Bord.

Sie eilen durch den Gang in ihr Abteil. Helfen denen, die Hilfe mit dem Gepäck brauchen und setzten sich dann in vierer Gruppen auf die Sitzbänke rechts und links im Abteil.

Fräulein Albrecht geht den Gang auf und ab und zählt ihre Schützlinge durch. Danach ruft sie jeden Namen einzeln auf und hakt diesen auf einer Liste ab. Als sie festgestellt hat, dass all ihre Schützlinge vollständig vorhanden sind, informiert sie den Schaffner

Der Schaffner lehnt sich aus der offenen Waggontür und signalisiert dem Lokführer die Weiterfahrt. Wieder ertönt die Pfeife. Die Mädchen schauen jetzt aufgeregt aus dem Fenster. Das große Abenteuer beginnt als der Zug den Bahnsteig in St. Pölten verlässt.

Die abwechslungsreiche Naturlandschaft begeistert und regt immer wieder die Fantasie derer an, die jemals auf der Kaiserin Elisabeth Strecke zwischen St. Pölten und Wien gefahren sind.[170]

Sobald sie das bewohnte Gebiet verlassen haben, fällt Trudels Blick auf die scharlachroten Cornelia-Kirschbäume, die im malerischen Pielach-Tal von St. Pölten gedeihen.[171] Die Zugfahrt führt durch weite Ackerflächen, auf denen die Bauern sich bereits auf ihre nächste Ernte vorbereiten. Das sanft hügelige, fruchtbare Land im Norden und das romantische Alpengebirge im Süden bilden einen friedlichen Kontrast zu diesem smaragdgrünen Paradies.

---

[170] Kaiserin Elisabeth Bahn
[171] Mostviertel

Kleine Dörfer, sowie große Bauernhöfe prägen die Landschaft. Imposante Kreuzgänge und Kirchen blicken auf die Dörfer herab und bieten ihren Gemeindemitgliedern eine spirituelle Zuflucht.

Das milde Klima im Traisen Tal, rund um das Mostviertel und der dichte Dunkelsteiner Wald schützen die Weinberge vor den kühlen Westwinden. Trockene, kalkhaltige Kiesböden lassen den unverwechselbaren Grünen Veltliner Wein gedeihen.

Als sie sich der Kurve um den Eichgraben nähern, beginnt der Zug seine Reise durch den schönen Wiener Wald. Dieses alpine Gebiet ist reich an Mineralien, wie Kalk und Sandstein. Das Braunkohlewerk dort enthält eines der wertvollsten Minerale der Welt; Gold.[172]

Der Wiener Wald, an der nordöstlichen Spitze der nördlichen Kalksteinalpen gelegen, bildet einen weiten Bogen um die nord- und südwestliche Seite der Stadt. Diese märchenhafte Landschaft mit seinen breiten Hügeln und Buchenwäldern liegt zwischen schwarzen Kiefern und Burgruinen eingebettet, welche die Grundlage für mythische Zwerge und magische Charaktere bilden, wie sie sich in der Fantasie eines jeden Kindes befinden.

Als der Zug in den Wiener Bahnhof einfährt, sammeln die Mädchen ihre Sachen zusammen. Sie warten gehorsam bis der Zug zum Stillstand gekommen ist, bevor sie aussteigen. Danach führt Fräulein Albrecht ihre Truppe geschlossen vom Bahnsteig in das Hauptgebäude. Die Anführerin platziert die Truppe in der Schalterhalle, um sich am Fahrkartenschalter nach ihrer nächsten Verbindung zu erkundigen. Während des Wartens verbringen die Mädchen die Zeit damit ein traditionelles österreichisches Volkslied zu singen. Sie stehen aufrecht und gerade ausgerichtet und ihre harmonischen, lieblichen Stimmen hallen durch das gesamte Bahnhofsgebäude. Einige Passagiere bleiben stehen um zuzuhören, während andere weiter eilen um ihre Verbindungen zu bekommen.

Als die junge Anführerin zu ihrer Truppe zurück kehrt, beenden die Mädchen ihr Lied und gehen dann in Zweierreihe die Treppe hinunter, durch die Unterführung, die zum Bahnsteig 4 führt. Dort angekommen warten sie auf den Nachtzug nach Prag.

Es dauert nicht lange bis die Lokomotive einfährt. Die Mädchen begeben sich in ihr Abteil und legen ihr Gepäck in die dafür vorgesehene Ablage. Was jetzt noch Sitze sind, wird Abends herunter geklappt und in Liegen verwandelt. Vier pro Abteil. Viele der Mädchen haben noch nie allein in einem Bett geschlafen, sondern sich dieses immer mit ihren Geschwistern geteilt. Für sie ist es beinahe so als wären sie in einem Luxushotel untergekommen. Jede Liege ist mit zwei Kissen und zwei warmen Decken

---

[172] Eichgraben

ausgestattet. Eine Holzleiter, die an die oberste Pritsche angehängt wird, hilft dabei sicher ins Bett zu kommen. Ausserdem haben die Mädchen den ganzen Waggon für sich. Waschräume und Toiletten befinden sich jeweils am Anfang und Ende des Waggons, der Speisewagen ist zwei Waggons dahinter.

Die Nordbahnlinie, die zu Zeiten des Kaisers Ferdinand in Betrieb genommen wurde, führt die Mädchen von der Walzerhauptstadt der Welt in nordwestlicher Richtung nach Prag. Sie überqueren die Donau und gelangen in die wunderschöne Landschaft des Protektorats Böhmen und Mähren.[173] Da die Mädchen im Dienst des Landjahres stehen, ist es ihnen per Ausnahmegenehmigung gestattet durch die erst vor kurzem an das Reich angegliederten Gebiete nach Schlesien zu reisen.

Trudel hat sich bereits mit einigen ihrer neuen Kameradinnen angefreundet. Sie erzählt von sich, über ihre Erlebnisse im Jungmädelbund und über ihre Heimat.

Die Dampflok tuckert gemütlich durch das Donautal, vorbei an den sedimentären Hügeln des fruchtbaren Weinbaugebiets in Wagram. Der Zug rollt sanft die Gleise entlang, vorbei an der Säulenstadt in Gänserndorf, der Morawa folgend, bis er schließlich in der Marktgemeinde Lundenburg anhält. Trudel und ihre Kameradinnen schauen aus dem Fenster und sehen die wunderschönen Weiden, die den Gehweg im Park säumen.

Eines der anderen Mädchen steckt ihren Kopf in Trudels Abteil und lädt ihre Kameradinnen ein, vor dem Abendessen noch ein Ständchen zu singen. Sie verlassen das Abteil und treffen sich mit dem Rest ihrer Truppe im Speisewagen. Die Mädchen verwöhnen die anderen Gäste mit deutschen und österreichischen Volksliedern und legen nur zum Abendessen eine kurze Pause eine, bevor sie ihre spontane abendliche musikalische Darbietung wieder aufnehmen.

Nach diesem fast kameradschaftlichen Abend gehen die Mädchen ins Bett, während sich der Zug durch das schöne Böhmen und Mähren, durch kleinere Ortschaften mit hohen Kirchtürmen, und vorbei an Burgen und Schlössern windet.

Am nächsten Morgen, als der Zug gerade einen Berghang umrundet, erwachen die Mädchen zu einem wunderschönen Sonnenaufgang. Sie falten ihre Decken und Laken zusammen, verwandeln die Kojen wieder in aufrechte Sitzbänke, frühstücken im Speisewagen und bereiten sich dann auf ihre Ankunft in Prag vor.

Fräulein Albrecht geleitet ihre Truppe wie gehabt aus dem Zug in das Bahnhofsgebäude. An ihrem Bahnsteig angekommen, besteigen die Mädchen einen Zug der Kaiserlich Königlichen Staatsbahn und weiter geht

---

[173] Protektorat von Böhmen und Mähren

die Fahrt in Richtung Tetschen-Bodenbach, was im Westen des Sudetenlandes liegt. Fräulein Albrecht ruft die Mädchen auf aus dem Fenster zu schauen als sie die Teschener Berge durchqueren. Die Mädchen schauen auf eine tiefe Steilwand die mit Geranien überwachsen ist. Ihr Endziel Seidorf befindet sich auf der anderen Seite dieser Felswand.

Erstmal jedoch geht die Reise der Elbe entlang in Richtung Dresden, zum Umsteigebahnhof Görlitz.[174] Von Görlitz aus geht es mit der Grünen Linie, die erstmals im Jahre 1865 in Hirschberg in Betrieb genommen wurde, weiter. Die Oberschlesische DRG Lokomotive der Klasse E 91 fährt zwar nicht sehr schnell, schnaubt sich aber verlässlich durch die hohen Berge des Sudetenlands, von Hirschberg (Jelenia Góra, Polen) bis nach Bad Warmbrunn (Cieplice, Polen). Dieser dreiachsige Aufbau verfügt über zwei Fahrerkabinen, eine auf jeder Seite und wird mit einem 2200-kW-Motor angetrieben. In der Mitte hängen in einem Gelenkanhang, auf Bälgen, die Gänge zwischen den einzelnen Abschnitten der Maschinenräume.[175] Diese, sauber betriebene Lokomotive symbolisiert die Stärke des Reiches, denn ihre innovative Technologie beruht nicht mehr auf Kohle als Brennstoff, sondern auf Elektrizität. Diese Lokomotive, im Volksmund auch Donnerbüchse genannt, zieht ihre Wagen, auf die Minute genau, durch Berge und Täler.[176]

Die sanft rollenden Hügel erinnern Trudel fast an ihre Heimat, wären da nicht die prunkvollen Herrenhäuser mit ihren großen, bewundernswerten Parkanlagen gewesen. Trudel hatte noch nie in ihrem Leben solch imposante Häuser gesehen.

Sie steht auf und schiebt das Fenster hinunter und streckt ihren Kopf heraus. Sie schließt die Augen und atmet die frische Bergluft tief ein. Sie kann das frisch geschnittene Gras riechen, und vielleicht auch ein paar Kühe und fühlt sich schon fast wie zu Hause. Sie läßt sich den kalten Wind um die Nase wehen während ihre Zöpfe im Luftzug nach hinten flattern. Als sie die Augen wieder öffnet fällt ihr Blick auf die imposante Schlossruine Kynastburg (Chojnik Castle), erbaut im 12. Jahrhundert, die hoch oben auf dem Felsen thront. Trudel hört wie Fräulein Albrecht den Befehl zum Aussteigen gibt. Sie schließt das Fenster und nimmt ihren Koffer und ihre Zither in die Hand.

Als der Zug am Hauptbahnhof Hirschberg hält, steigt die Lagerleiterin zusammen mit Trudel, Ingrid und weiteren achtzehn Mädchen aus und die Gruppe marschiert in Reih und Glied die Treppe hinunter durch den dunklen Tunnel und geht auf der anderen Seite die Treppe zum

---

[174] Riesengebirge
[175] DRG Klasse E91
[176] Donnerbüchse

Hauptgebäude hinauf. Das romanische Renaissancegebäude aus der Mitte des 19. Jahrhunderts besteht aus neun einfachen Bögen mit rechteckigen Fenstern. Zu beiden Seiten des Haupteingangs befinden sich zwei große, segmentierte Bogenfenster, die durch einen einzelnen vertikalen Pfosten in acht beleuchtete Sektionen unterteilt sind. Der Bahnhof Hirschberg ist ein beeindruckendes Gebäude. Der Mangel an Passagieren verleiht dem Gebäude ein eher verlassenes Gefühl, während die diffuse Beleuchtung den Bahnhof dunkel erscheinen lässt.

Die Mädchen folgen ihrer Anführerin über die schwarz-weißen Bodenfliesen aus dem Gebäude hinaus. Dort müssen sie weniger als zehn Minuten auf die Hirschberger Talbahn warten.[177]

Die elektrisch betriebenen Türen dieser Straßenbahn öffnen sich nach beiden Seiten. Fräulein Albrecht hält sich an einer der beiden Haltestangen fest und wartet auf dem unteren Trittbrett während ihre Schützlinge die Bahn besteigen. Die Bahn ist nicht sehr voll. Einige ältere Passagiere haben auf den Holzbänken Platz genommen, während andere sich an den Lederschlaufen festhalten, die von der Decke hängen. Die Mädchen jedoch sind trotz der langen Reise noch voller Energie. Sie können es kaum erwarten endlich in Seidorf anzukommen.

Der Schaffner lässt die Klingel zweimal ertönen und die Türen schließen sich. Er schiebt den Hebel im Führerhaus nach vorn und die kleine Bahn bewegt sich langsam und leise den Schienen entlang.

Die aus Stahl gebaute Bahn ist bis zum Stromabnehmer zirka 5 Meter hoch, der Wagen selbst etwa 10 Meter lang und 3 Meter breit. Zwei Wagen sind aneinander gekoppelt, sodaß insgesamt 78 Passagiere befördert werden können, wobei sie auf 12 Rücken an Rücken gestellten und fest verankerten Bänken Platz nehmen können. Die großen rechteckigen Fenster bieten guten Blick auf die Geschehnisse auf der Straße. Das Führerhaus ist im vorderen Teil, im hinteren Teil schließt eine durchgehende Bank das Abteil ab.

Die Bahn schleicht sich durch die Straßen von Hirschberg in Richtung Bad Warmbrunn, vorbei am Palast des Grafen Schaffgotsch. Sie hält nur hin und wieder an, um einige Passagiere ein- und aussteigen zu lassen.

Bei Hermsdorf am Kynast (Sobiezów, Poland) nimmt die Bahn das rechte Gleis das aus der Stadt hinaus führt. Die Fahrt geht weiter durch das Tal, vorbei an einigen Fischteichen, bis die Bahn endlich in Giersdorf (Podgórzyn, Poland) ankommt.

Fräulein Albrecht klatscht in die Hände. «Also meine Damen, es dauert nur noch wenige Minuten bis wir aussteigen müssen. Schaut euch noch

---

[177] Hirschberger Talbahn

einmal gut um, seht zu, dass ihr auch nichts vergessen habt. Wir biegen nach dem Aussteigen nach links ab und versammeln uns auf dem Bahnweg.»

Die Mädchen suchen aufgeregt ihre Sachen zusammen und reihen sich am Ausgang auf, gerade als die Bahn um die letzte Kurve nach Giersdorf biegt. Hier ist Endstation. Die Straßenbahn wird hier wenden und wieder nach Hirschberg zurückkehren.

Die Mädchen schauen sich verwundert um. Das einzige was ihnen ins Auge sticht ist eine steile Felswand die hoch über den Baumwipfeln thront.

Mit dem Gepäck in der Hand und Fräulein Albrecht an der Spitze marschieren die Mädchen die letzten 3 Kilometer zum Lager Seidorf. Sie stimmen ein Marschlied an während sie durch den mit Kiefern bepflanzten Wald marschieren.

Auf einer Lichtung erhaschen sie einen Blick auf den Seidorfer See.

Ihr Weg führt sie durch das Dorf Seidorf, mit seiner Kirche, der kleinen Bürgermeisterei, der Post, einem kleinen Theater, einem Gasthaus und dem Friedhof. Weiter geht es an abgelegen Bauernhöfen vorbei. Sie überqueren die Landstraße die zwischen Hirschberg und Arnsdorf verläuft. Vorbei an einigen weiteren Bauernhäusern, biegen die Mädchen schließlich links auf einen Pfad ab.

Trotz all der langen Reise und des Marschieren sind die Mädchen immer noch guter Dinge. Sie freuen sich auf ihre Ankunft und auf die Dinge die da auf sie zukommen.

Trudel verspürt einen gewissen Stolz als sie unter dem hölzernen Spalier mit der Aufschrift «Landjahrlager Seidorf» das Grundstück betritt, das mit frischem Tannengrün und frischen Blumen geschmückt ist. Die Truppe betritt den Hof des Gebäudes, wo die Landjahrflagge sie willkommen heißt. Sie schauen mit großen Augen auf das Haus.

Die geschmückte Fassade ist nach Westen ausgerichtet, es gibt drei Stockwerke und das Haus ist mit einem großen Walmdach gekrönt. Eine lange Treppe führt zum Haupteingang hinauf. Im Erdgeschoß befinden sich ein Speisesaal und ein Salon, die scheinbar später angebaut wurden und deren Dach eine große Terrasse bilden, die vom ersten Stock aus betreten werden kann. Die auf dem Geländer angebrachten Balkonkästen sind noch unbepflanzt. Das Haus, mit seiner holzverkleideten Fassade, sieht eher bescheiden aus und erscheint nicht so groß wie es in Wirklichkeit ist. Die Mädchen betreten das Haus, froh dass ihre lange Reise endlich vorüber ist.

Vergesst nie das aller heiligste auf
dieser Welt.
Das Recht auf Land,
auf dem wir selber sähen
und wo wir dem Gesäten
unser Allerheiligstes zum Opfer bringen.
Unser Blut.

~ Hitlers Theorie zum Selbstbestimmungsrecht~

Das Lager Seidorf

FRÄULEIN DIETER die Gruppenleiterin sowie Fräulein Grüber die Hauswirtschafterin und stellvertretende Lagerleiterin treten aus der Tür und gehen die Treppe hinunter, um die Neuankömmlinge zu begrüßen. Nachdem die Mädchen ihr Gepäck abgestellt haben und sich in Reih und Glied aufgestellt haben, heißt Fräulein Dieter die Mädchen herzlich willkommen: «Willkommen im Landjahrlager Seidorf. Ich bin Fräulein Dieter. Hier neben mir steht Fräulein Grüber, unsere Hauswirtschafterin und stellvertretende Lagerleiterin. Fräulein Albrecht unsere Lagerleiterin habt ihr ja schon kennengelernt.»

«Ich werde euch jetzt einzeln aufrufen, und wenn ihr euren Namen hört, begebt ihr euch zusammen mit eurem Gepäck in den Speisesaal, wo Fräulein Grüber euch weiter einweisen wird. Sie wird euch eure Meldeformulare aushändigen, die Ihr ausfüllen und wieder an sie zurückgeben müsst. Danach wird sie euch einen Schlafsaal zuweisen. Ihr habt dann eine Stunde Zeit zum Auspacken, eure Arbeitssachen anzuziehen und euch dann wieder im Speisesaal zur Einweisung und zum Abendessen zu melden. Eure leeren Koffer stellt ihr vor die Tür eures Schlafsaals, wir werden sie später einsammeln und bis zu eurer Abreise auf dem Dachboden einlagern.

Die Mädchen horchen bei dem Wort Abendessen auf. Sie alle sind nach der langen Reise und dem Fußmarsch ziemlich hungrig. Sie würden lieber essen als Formulare ausfüllen.

«Barbara Achen, Hermine Alsdorfer, Gabriele Burgermeister, Ingrid Eberhart, Elfie Fasser, Erika Hödlmaier, Sabine Jungmeier, Trudel Kerschner, Lotte Kirsch, Eleonore Mahler…»

Als Trudel ihren Namen hört, folgt sie Fräulein Grüber zusammen mit ihren Kameradinnen die Treppe hoch in den Speisesaal. Sie stellt ihren Koffer und ihre Zither auf den Boden, zieht ihren Mantel aus und setzt sich auf einen der Stühle.

Fräulein Grüber achtet darauf, dass alle Meldeformulare sorgfältig ausgefüllt werden. Schließlich ist sie die zuständige Wirtschafterin. Ihre Berichte und die Formulare werden an das Reichsministerium weitergeleitet. Im Gegenzug dafür erhält sie ausser dem festgelegten Pflegesatz auch die nötigen Lebensmittelmarken für jedes Mädel.

Die Mädchen erhalten jeweils einen Stift und die auszufüllenden Formulare. Trudel trägt ihren Namen und ihre Adresse ein, ihr Geburtsdatum und die Angaben ihrer Eltern mit deren Geburtsort, auch

225

dass sie das vierte von fünf Kindern ist. Dann schreibt sie eine Liste der Fähigkeiten auf, die sie während ihrer Zugehörigkeit in der Jungmädelschaft bereits erlernt hat. Hausarbeit, Kochen, Tisch decken, Abwaschen, Wäsche waschen, weben, nähen, sticken, basteln, Gartenarbeit, Vieh versorgen, wandern, marschieren, singen und Zither spielen, alle diese Kenntnisse gehören für sie auf diese Liste. Und natürlich auch noch ihre Erste Hilfe Ausbildung, auf die sie besonders stolz ist. Sie führt auf, dass sie nicht nur Hautabschürfungen, sondern auch Insektenstiche, kleinere Verbrennungen Nasenbluten und Verstauchungen erstversorgen kann. Sie hat gelernt unter Verwendung ihres BDM-Halstuches und des Lederknotens einen Druckverband anzulegen, und wie sie ihre Kletterweste nötigenfalls in eine Trage verwandeln kann. Sie trägt auch noch ihre Lieblingssportarten ein: Wandern, Fahrrad fahren, Schwimmen, Ski laufen und Rodeln. Ihre Religionszugehörigkeit gibt sie als Römisch-Katholisch an und dass sie regelmäßig jeden Sonntag in die Kirche geht. Ausserdem gibt sie an, dass sie bereits ihre JM Verdienstabzeichen erworben hat

Trudel gibt das ausgefüllte Formular an Fräulein Grüber zurück und nimmt dankbar und stolz das grün-weiße Landjahrabzeichen entgegen. Fräulein Grüber weist ihr den Schlafsaal 8 zu. Trudel schnappt sich ihren Mantel, Koffer und ihre Zither und geht die Terrazotreppe hinauf in den ersten Stock. Die dunkel gebeizten Türen sind mit Messing farbenen Zimmernummern beschlagen. Die Nummer 8 befindet sich am Ende des Gangs hinten links. Dort angekommen drückt sie die Klinke zaghaft hinunter und betritt das Zimmer. Sie sieht sich erstaunt um.

In dem hellen, weiß gestrichenen Zimmer stehen drei Etagenbetten und drei doppelseitige Kleiderschränke. Über ihrem Bett hängt ein aus Holz geschnitztes Namensschild mit ihrem Nachnamen. Zum ersten Mal in ihrem Leben wird Trudel auf einer richtigen Matratze anstatt eines Strohsackes schlafen, und das Kopfkissen ist sogar mit Federn gefüllt.

Neben jedem Bett steht ein kleines Nachtschränkchen und ein Stuhl. Von der hohen Decke baumelt eine einzige Lampe. Trudel geht zum Fester hinüber und entdeckt eine Tür, von der aus der Balkon betreten werden kann. Sie tritt hinaus und hat Blick über das Dorf Seidorf und den Seidorfer See. Die Fenster beidseitig zur Tür sind mit blau karierten Gardinen geschmückt.

Trudel ist mit ihrer neuen Unterkunft mehr als zufrieden. Sie ist der Meinung, dass sie das beste Zimmer im Lager bekommen hat. Sie geht auf ihr Bett zu und setzt den Koffer und ihre Zither ab. Sie streicht über die frischen Laken und den Holzrahmen und nimmt dann das Kissen in beide Hände und drückt es gegen ihr Gesicht. Sie schüttelt die Federn auf und legt es danach vorsichtig an ihren Platz zurück.

Sie tritt erneut auf den Balkon heraus und genießt die Aussicht über das wunderschöne Riesengebirge. Sie holt tief Luft und atmet die frische Bergluft tief ein. Sie sieht zum Dorf hinüber und erkennt den Kirchturm, an dem sie am Nachmittag vorbeimarschiert ist. Die untergehende Sonne läßt den Seidorfer See wie einen Diamanten funkeln. Sie schaut auf die benachbarten Gutshöfe, den Laubwald mit seinem jungen frischen Grün und den frischen Knospen. Sie hört wie die Vögel zwitschern und sieht sogar wie ein Eichhörnchen vergnügt von Ast zu Ast springt.

Sie lehnt sich über die Brüstung und blickt auf die Steinstufen, die von der Auffahrt zu einem großen offenen Feld führen. Rechts ist ein langes Holzgebäude. Trudel jubelt vor Freude, als sie in der Ferne einen großen Teich mit zwei Sprungbrettern bemerkt. Sie kann ihr Glück kaum fassen, das sie mit ihren neuen Kameradinnen in einer so malerischen Gegend und in einem wunderschönen Haus leben darf. Sie liebt die Berge, in denen sie aufgewachsen ist, und jetzt genießt sie die neue Umgebung und Aussicht.

Trudel sieht sich genau in der neuen Landschaft um und saugt die über dem Riesengebirge stehende Sonne in sich auf.[178] Sie kehrt in ihr Zimmer zurück, die Balkontür läßt sie jedoch offen. Die frische Bergluft durchflutet das Zimmer. Sie zieht die Gardinen auf und öffnet die Oberlichter. Sie schaut nach unten und entdeckt, dass sich ihr Zimmer direkt über einem langen Lagergebäude mit einem flachen roten Dach befindet. Es hat vier Türen und keine Fenster. Weiter rechts befindet sich ein Holzschuppen, sowie ein weiteres Gebäude mit Türen, Fenstern und einem großen Schornstein. Im Vorhof dieser Gebäude stolzieren sogar Hühner herum!

Trudel dreht sich um und kehrt zu ihrem Bett zurück. Sie macht sich an das Auspacken. Schließlich will sie nicht die letzte sein, die zur Einweisung erscheint. Sie stellt ihren Koffer auf einen der Stühle, schließt ihn auf und packt ihre Sachen ordentlich in den Schrank. Ihre Unterwäsche legt sie ordentlich gefaltet in die Ablage, die Kleider hängt sie auf die Kleiderstange und die Wanderschuhe werden unten in den Schrank gestellt. Ganz zum Schluss legt sie noch ihre Zither auf den Schrank.

Mittlerweile sind auch die anderen Mädchen dabei ihre Zimmer zu beziehen. Die Tür öffnet sich und Ingrid tritt ein. Die beiden umarmen sich, erfreut dass sie sich ein Zimmer teilen dürfen. Trudel zeigt Ingrid den Balkon. Als die beiden wieder zurück in ihr Zimmer gehen, tut sich die Tür ein weiteres Mal auf und zwei weitere Mädchen treten ein. Trudel stellt sich und Ingrid vor.

«Hallo! Ich bin Trudel und das ist meine Freundin Ingrid, und wie heißt ihr?»

«Hallo! Ich heiße Steffi, Steffi Pucks.»

---

[178] Riesengebirge

«Hallo! Ich bin Eleonore Mahler, aber alle meine Freunde nennen mich Nelli.»

Die Mädchen reichen sich die Hand und dann betreten noch zwei weitere Mädchen den Raum.

«Hallo. Mein Name ist Maria Mikolasz und das ist Elli Musial.»[179]

«Nur herein! » ruft Trudel, ganz Herr der Lage. «Ihr erkennt Eure Betten an den Namensschildern.» Sie mag zwar von der Größe her etwas kleiner geraten sein, aber das Delegieren von Aufgaben ist für sie eine Selbstverständlichkeit.

Das gesamte Haus ist voller Aktivität. Die Mädchen packen ihre Sachen aus und ziehen ihre Arbeitskleidung an, sie tummeln sich und lernen sich besser kennen und noch bevor sie es wissen, ertönt ein lautes Pfeifen, das anzeigt, dass es Zeit für die Einweisung ist. Die Mädchen rennen aus ihren Zimmern und zupfen derweil noch schnell ihre Kleidung zu recht, bevor sie den Speisesaal betreten.

Der Saal, der die Hälfte der ersten Etage einnimmt, ist in drei Abschnitte unterteilt. Im hinteren Teil befindet sich eine kleine Nähstube mit zwei Tretmaschinen. Der Speisesaal verfügt über zwei große Tische, sowie fünfzig Stühle mit hoher Rückenlehne. An der anderen Seite befindet sich der Speiseaufzug. Dicke Balken erstrecken sich über die insgesamt vier Meter hohe Decke, und über den Esstischen sorgen Buntglas Lampen für die entsprechende Beleuchtung. Die weiß getünchten Wände verleihen dem Raum mit seinen dunklen, auf Hochglanz polierten Eichenböden, ein helles, freundliches Aussehen. Zwei Seiten des Esszimmers sind von großen rechteckigen Flügelfenstern versehen, deren durchsichtige weiße, mit Blumen bestickten Spitzenvorhänge, dem Raum ein gemütliches Aussehen verleihen. An der Wand gegenüber der Eingangstür hängt in einem goldenen Holzrahmen ein Porträt des Führers. Seine tiefbraunen Augen scheinen, als würde er jede Bewegungen beobachten.

Fräulein Albrecht steht aufrecht in einer Ecke, die Trillerpfeife jederzeit bereit, falls sie zur Ordnung rufen muss. Neben ihr eine Tafel, auf der sie die wichtigsten Punkte der Einführung geschrieben hat.

Sobald die Mädchen Platz genommen haben, beginnt Fräulein Dieter mit der Einführung. «Wir hoffen, dass euch Eure Unterkunft gefällt. Alles was Euch zur Verfügung gestellt wird, wird vom Reichsministerium bereitgestellt, aber auch die Dorfbewohner haben ein paar Dinge gespendet um Euch euren Aufenthalt so schön wie möglich zu gestalten. Ihr solltet diese Gaben sowie alles andere hier respektieren. Wir sind schließlich hier um der Gemeinschaft zu dienen. [180] Es ist eine große Ehre am Landjahrlager

---

[179] Peter Dubiel

[180] Volksgemeinschaft

teilnehmen zu dürfen, bitte seht es nicht als selbstverständlich an. Ihr seid euch sicher bewusst, dass nur den besten, diszipliniertesten und linientreusten Mitgliedern des BDM eine solche Ehre zu Teil wird. Die Auswahl wurde auf Grund eurer hervorragenden Qualifikationen, Hintergründe, Kenntnisse und Fähigkeiten durchgeführt, und gemäß dieser Kriterien werden wir euch hier im Lager auch eure Aufgaben zuweisen. Nach jeweils zwei Wochen wird dann gewechselt und ihr bekommt eine neue Aufgabe zugewiesen. Wir erwarten, dass ihr während eures achtmonatigen Aufenthalts im Landjahr möglichst viel lernen und möglichst viele Aufgaben erfüllen werdet. Neben meinem Büro auf dem Hauptflur befindet sich ein schwarzes Brett. Dort werden alle Aufgaben und Mitteilungen veröffentlicht. Macht euch bitte mit dem Standort vertraut. Ich erwarte von euch dass ihr morgens und abends die Aushänge lest. Stellt bitte sicher, dass ihr euch mit dem Standort vertraut gemacht habt, denn die Aushänge, die dort gemacht werden, sind wichtig.»

«Doch bevor wir weitermachen, werden wir zuerst unseren abendlichen Fahnenappell durchführen. Die folgenden Mädchen werden in den nächsten zwei Wochen morgens und abends die Fahnenträgerinnen sein. Wenn ich eure Namen aufrufe, möchte ich, dass ihr euch meldet. Eleonore Mahler und Elli Musial, ihr seid dafür verantwortlich, die Flagge zum Morgenappell zu hissen. Steffi Pucks und Maria Mikolasz, ihr beide werdet für unseren abendlichen Fahnenappell verantwortlich sein. Die Fahne selbst wird im Salon aufbewahrt. Macht euch vertraut damit wo der Salon ist. So, und jetzt stellt euch bitte auf.»

Die Mädchen fallen schnell in Reih und Glied ein. Die Fahnenträger führen die Reihe an. Als sie die richtige Stellung gefunden haben, drehen die Mädchen den Kopf nach rechts und richten sich einen Arm voneinander entfernt aus.

Fräulein Dieter befiehlt: «Augen geradeaus!»

«Rechts um!» lautet der nächste Befehl.

Die Mädchen drehen sich um 90 Grad auf ihrem Absatz um.

«Achtung, los!» befiehlt Fräulein Dieter.

Die Daumen der Mädchen drücken fest gegen ihre Hände, während die Arme entgegengesetzt der Beine hin und her schwingen. Sie singen das Lied ihres Banners und marschieren in einer Reihe aus dem Speisesaal hinaus, durch den Haupteingang, die Stufen hinunter und direkt über die Schotterauffahrt in den Innenhof.

Sie reihen sich auf dem Platz vor dem Fahnenmast auf und beenden ihr Lied. Fräulein Dieter befiehlt ein Stillgestanden und Steffi und Maria marschieren allein auf die Flagge zu und salutieren zum Fahnenappell.

Den rechten Arm ausgestreckt, sprechen sie laut den Eid zur Fahne und zum Führer. Als sie den Eid beendet haben hält Fräulein Albrecht eine kurze Ansprache.

«Auch wenn es zur Zeit für unser Volk nicht leicht ist, stehen wir Mädchen zu unserem Führer, unserer Flagge und unserem Land. Er ist derjenige, der dem Volk die Ehre und Freiheit die es gebührt, zurückgegeben hat. Er ist derjenige, der uns gezeigt hat, wie wir uns als ein Land vereinen können. So werden wir immer auf unserem Führer schauen, denn ohne ihn wird alles auseinander fallen und das Vaterland wird verloren gehen!»

«Wenn wir uns vereinen, zeigen wir unserem Führer, dass wir bereit sind, seinen Befehlen zu gehorchen. Nur dann können wir uns echte Landjahrmädchen nennen. Wir müssen jederzeit treu, pflichtbewusst und gehorsam sein. Wir stehen im Dienst unseres Landes und der uns zugewiesenen Bauern. Wir sind hier um sie zu unterstützen. Das ist unsere Aufgabe. Im Gegenzug werden sie uns unterstützen, indem sie ihre Gewinne mit dem Staat teilen. Ohne die gegenseitige Unterstützung kann keiner von uns Erfolg haben. Denkt daran, dass Eure Lagerführerinnen hier sind, um Euch zu unterrichten. Wir sind hier, um Euch zu starken, zu tüchtigen Frauen auszubilden! Eine jede von euch hat den Verstand, das Wissen und die Disziplin, aber ihr müsst auch den Willen haben, die Arbeit zu erledigen, die das Vaterland von Euch verlangt. Wenn ihr nicht den Willen habt, dann seit ihr keine verdienten Deutschen und könnt nicht behaupten, von echtem deutschen Boden zu stammen!»

«Unser Ziel ist es, Euch beizubringen, einen klaren Geist zu haben und dass ihr eurer Verantwortung bewusst werdet. Ihr seid die Zukunft Deutschlands, und wo wir jetzt sind, werdet ihr sein. Ihr sind die Zukunft Deutschlands! Es wird so sein und es muss sein! Mit diesem Denken werdet ihr aufwachsen, und dieses Denken wird zu einer Selbstverständlichkeit werden in die ihr hineinwachsen werdet. Das Landjahrlager Seidorf wird Euch über die Wahrheit aufklären, und unsere Wahrheit kann nicht gebrochen werden! Wir sind unserem Führer, unserem Vaterland und unserem Volk verpflichtet und nun lasst uns singen:

> Deutschland, heiliges Deutschland,
> du schaust aus der Jungen Gesicht.
> Deutschland, heiliges Deutschland,
> in Ewigkeit stirbst du nicht.
> Wo stehen wie hier die Söhne
> so leuchtend dem Ewigen treu?

Deutschland in blühender Schöne
immer erhebst du dich neu!» [181]

Am Ende des Liedes sprechen die Mädchen ihren Treueid. Maria und Steffi lösen akribisch die Fallen von dem Fahnenmast und senken dann gemeinsam und synchron die Flagge. Sie lösen ihr Symbol der Kraft von den Karabinerhaken, falten die Flagge mit höchstem Respekt zusammen und drehen sich dann um, um die Leine wieder an der Klampe zu befestigen.

«Der Fahnenappell ist beendet. Rührt Euch!»

Die Sonne versinkt bereits langsam hinter dem Riesengebirge. In etwa einer Stunde wird es stock dunkel sein. Die Mädchen fallen aus und genießen die freie Zeit, die an diesem Abend ohne jeden weiteren Drill verbracht wird.

Fräulein Albrecht bietet ihren Schützlingen eine Tour durch das Lager an. Sie will, dass sich die Mädchen mit den Gegebenheiten schnellstmöglich vertraut machen.

Die Lagerleiterin führt die Mädchen durch das gesamte Anwesen. Sie gehen vom Hof über die Auffahrt und dann die Granitstufen hinunter zum großen Feld am Fuße des Hügels. Dort ist ein Sportfeld angelegt. Hier werden sie den größten Teil ihrer Nachmittage verbringen. Auf dem Feld befindet sich eine Grube, gefüllt mit feinem Sand, einem Volleyballnetz und zwei Pfosten mit verstellbaren Stiften, auf die eine Querstange gelegt ist.

Zu ihrer Rechten stehen zwei hohe, lange Gebäude, in denen sich eine Werkstatt, das Musikzimmer und die Turnhalle befinden. Zusammen mit der Lagerleiterin betreten die Mädchen das erste Fachwerkgebäude. Sie gehen durch einen kleinen Eingangsraum und betreten dann den Hauptraum. Links blicken große offene Flügelfenster auf den Sportplatz hinüber. Rechts stehen drei große Arbeitstische. Hinter ihnen befinden sich Regale und Schränke, in denen alle Arten von Holzbearbeitungswerkzeugen lagern, einschließlich Säge, Hammer, Nägel und andere Materialien. Auf der anderen Seite des Raumes stehen einige Notenständer. Übereinandergestapelte Stühle säumen die Wand.

Fräulein Albrecht geleitet die Mädchen in das zweite Gebäude. Den Mädchen stockt fast der Atem als sie sich umschauen. Dort befindet sich eine nagelneue Turnhalle mit Barren, Kästen, Pferden und sogar Rhönrädern. Die Mädchen können es kaum erwarten hier zu trainieren.

Aber es geht noch weiter. Die Gruppe verlässt die Turnhalle und steigt die breite Treppe zum Haupthaus hinauf. Fräulein Albrecht zeigt den Mädchen die Lagergebäude. Sie zeigt ihnen wo der Versorgungsraum zu

---

[181] Wir Mädel Singen, 'Deutschland Heiliges Wort,' S.143

finden ist. Hier werden die Reinigungsgeräte aufbewahrt. Neben einem Auswringer aus Metall befinden sich dort etwa zwanzig Aluminiumeimer, Besen, Wannen, vier Waschbretter, eine Reihe von Bürsten unterschiedlicher Größen, und eine große Metallwanne. Daneben ist noch ein Raum, in dem alle Werkzeuge aufbewahrt werden, die zur Gartenarbeit erforderlich sind.

Weiter geht es in den Stall. Dort sind nicht nur Heu und Stroh zu finden, sondern auch Futter für die verschiedenen Tiere. Die Mädchen gehen weiter durch den Stall und schauen sich nach den Tieren um. Es gibt eine Umzäunung für die Hühner und Gänse und gleich nebenan, in einem separaten Teil stehen sogar zwei Schweine. Trudel freut sich sehr, als sie die Tiere entdeckt. Sie liebt es Tiere zu versorgen und als sie aufschaut sieht sie in der Ferne sogar ein paar Kühe grasen.

Fräulein Albrecht führt die Mädchen über die Einfahrt zu der Treppe, die in den Keller hinunter führt. Der Weg führt durch einen türkis gefliesten Waschraum direkt in die Küche. Der große Waschraum enthält zwei große Waschbecken und drei Duschen. An den Haken hängen Schürzen und die dazu passenden Kopftücher stecken in deren Taschen. In der Mitte des gefliesten Bodens befindet sich ein Abfluss.

Die Mädchen gehen in die Küche, wo Fräulein Dieter und Fräulein Grüber das Abendessen zubereiten. Normalerweise würden die Leiterinnen nicht in der Küche arbeiten, aber da die Mädchen gerade erst von einer so langen Reise gekommen sind, hielten die Frauen es für angebracht das Abendessen zuzubereiten - jedoch nur dieses eine Mal.

Die türkisfarbenen Fliesen und weiß getünchten Wände der großen Küche verleihen ihr eine helle und angenehme Atmosphäre. Die großen Fenster über dem dreiteiligen Emaille Spülbecken bieten Aussicht über die hintere Auffahrt und auf die Ställe. Auf beiden Seiten der Spüle befinden sich einzelne Arbeitsplätze zum Waschen und Zubereiten der Speisen, die der Hygiene wegen mit dicken Buchenbrettern belegt sind. In der Mitte des Raumes steht ein sehr großer Tisch. Gegenüber der Spüle befinden sich ein handelsüblicher Herd und Ofen. Die weißen Fliesen sind hitzebeständig und der sechsflammige Herd bietet genügend Platz um für eine Armee zu kochen!

Neben der Küche befindet sich eine große Speisekammer. Drei sehr große Kühlräume mit schweren, isolierten Metalltüren dienen gleichzeitig als Luftschutzbunker. Auf der anderen Seite des Raumes befinden sich Stahlregale mit Geschirr und Bettwäsche.

Die Mädchen folgen der Terrazzotreppe nach oben und betreten den Hauptflur. Die Lagerleiterin weist auf den Standort ihres Büros, des schon erwähnten schwarzen Bretts, des Krankenzimmers und eines kleinen Musikzimmers hin.

Danach geht die Gruppe weiter nach oben zu den Schlafzimmern. Dort werden sie angewiesen ihre leeren Koffer in den 3. Stock zu bringen und vor der Dachbodentür abzustellen. Letztlich kehren sie für den abschließenden Teil ihrer Einweisung wieder in den Speisesaal zurück. Sie nehmen Platz und hören Fräulein Albrecht aufmerksam zu.

«Das Landjahr Lager befindet sich in der Schönen Aussicht 7. Wir gehören der Region Nummer 4, Distrikt 21 an und unsere Truppennummer ist 154.[182]
Und jetzt werde ich Euch vierzig Mädchen in
Gruppen einteilen.»
Eleonore hebt ihre Hand.
«Ja?» fragt die Leiterin
«Eleonore Mahler, Fräulein Albrecht, aber alle meine Freunde nennen mich Nelli.»
«Nun Nelli, hast du eine Frage?»
«Sie haben vierzig Mädchen erwähnt, aber wir sind nur zwanzig. »
«Das hast Du sehr gut beobachtet, Nelli. Morgen, während ihr bereits eure ersten Aufgaben erledigen werdet, erwarten wir weitere zwanzig Mädchen aus Oberschlesien.»[183]
Die Mädchen schauen sich aufgeregt an. Sie freuen sich bereits auf die andere Gruppe. Mehr Mädchen bedeutet ja schließlich auch mehr Spaß.

«Nun, wie bereits erwähnt werden sich eure Aufgaben über die nächsten acht Monate alle zwei Wochen wechseln. Ihr werdet alle Reihum in der Hauswirtschaft, Landwirtschaft und Gartenarbeit tätig sein. Wir werden dabei viel Spaß haben, denn wir werden unseren Nachbarn und der örtlichen Gemeinschaft unsere Talente vorführen, indem wir zu verschiedenen Veranstaltungen einladen werden. Und bereits morgen werden wir unseren benachbarten Landwirten dabei behilflich sein ihre Kartoffelernte zu pflanzen. Ende April veranstalten wir dann eine Walpurgisnacht, gefolgt vom Schlagen und Aufstellen des Maibaums. Wir werden zusammen mit den Bauersfrauen Muttertag feiern und im Juni werden wir die Sommersonnenwende zelebrieren. Im August werden wir auf unsere große Reise gehen. Im September nehmen wir am alljährlichen Sportwettbewerb teil, der in der Stadt Hirschberg veranstaltet wird. Wir erwarten, dass ihr dort gute Ergebnisse erzielt. Im Oktober werden wir mit all unserer Kraft den Bauern helfen die Ernte einzufahren. Im November werden wir unsere Schweinetaufe abhalten und uns danach von den Dorfbewohnern verabschieden, bevor ihr schließlich nach Hause zurückkehrt.»

---

[182] Die Hitler Jugend
[183] Peter Dubiel

Die Mädchen klatschen vor Begeisterung in die Hände.

«Wir stehen jeden Morgen um sechs Uhr auf, und ich erwarte, dass ihr Euch stets angemessen für eure Aufgaben kleidet. Danach geht ihr Euch waschen. Um halb sieben marschieren wir nach draußen zum Fahnenapell. Bei schlechtem Wetter werden wir diese Zeremonie im Salon abhalten. Frühstück ist um sechs Uhr fünfundvierzig und ab halb acht werden wir uns auf die Arbeit vorbereiten. Arbeitsbeginn ist pünktlich um acht Uhr. Wenn Mittags die Pfeife ertönt, legen wir eine Mittagspause ein. Von zwei bis vier Uhr findet auf dem unteren Feld der Sportunterricht statt, oder bei schlechtem Wetter in der Turnhalle. Nach dem Sport werden wir uns waschen und umziehen, unsere Kaffeepause einlegen und unsere Post lesen. Danach bleiben uns noch zwei Stunden Zeit, um unsere abendlichen Aufgaben zu erledigen. Um sechs Uhr werden wir dann den all abendlichen Fahnenapell durchführen und danach um viertel nach sechs im Speisesaal ein leichtes Abendessen zu uns nehmen. Um sieben Uhr beginnen wir unseren Abendunterricht. Wir erzählen Geschichten, singen und machen Musik, oder führen eine politische Diskussion durch. Um neun Uhr werden wir uns auf unsere Zimmer zurückziehen. Alle Lichter müssen ausgeschaltet werden und ich erwarte das jede von Euch zu diesem Zeitpunkt in ihrem Bett ist. Sonntags ist euer freier Tag. Aber trotzdem dürft ihr das Gelände zu keinem Zeitpunkt ohne vorherige Genehmigung verlassen.»

«Als nächstes werde ich die Aufgabenbereiche für die nächsten zwei Wochen von meiner Liste ablesen. Diese Liste wird ebenfalls am Schwarzen Brett im Hauptflur neben meinem Büro aushängen. Ich will kein Jammern und kein Klagen hören! Früher oder später kommt die Aufgabe ja doch auf euch zu. Wir sind hier um zusammenzuarbeiten, weil unser Führer dies von uns allen verlangt. Denkt daran, dass wir in seinem Dienst stehen und von uns erwartet wird, dass wir den Bauern helfen, ihre Kartoffeln zu setzten, denn diese werden an unsere Soldaten geliefert, die an der Front für unser Vaterland kämpfen. »

Die Mädchen warten gespannt auf ihre Aufgaben.

«Wenn ich die Namen aufrufe, möchte ich, dass ihr eure Hände hebt. Barbara, Hermine, Gabriele, Ingrid, Elfie, Erika und Sabine! Ihr Mädchen bildet für die nächsten zwei Wochen die Hauswirtschaftsgruppe. Ihr seid für die Zubereitung der Mahlzeiten, die Reinigung des Hauses und die Wäsche verantwortlich. Fräulein Grüber wird euch dementsprechend anleiten. Sie wartet unten in der Küche auf euch. »

Die genannten Mädchen gehen geordnet die Treppe hinunter, um der Hauswirtschafterin und stellvertretenden Leiterin zu helfen, das Abendessen für den heutigen Abend vorzubereiten.

«Nelli, Lotte, Elli, Anna, Kristin, Liesel, Renate und Trudel sind für Landwirtschaft und das Vieh zuständig. Morgen früh um acht Uhr beginnt eure Arbeit auf dem Hof von Herrn Torge in Oberseidorf. Ihr werdet genau das tun, was ihr angewiesen bekommt und nach dem Mittagessen und spätestens um halb zwei hierher zurückkehren, um an euren täglichen sportlichen Aktivitäten teilzunehmen. Neben der Arbeit bei dem Bauern seit ihr in dieser Zeit auch für die Pflege unseres eigenen Viehs verantwortlich. Fräulein Dieter wird eure Ausbilderin sein. Da sie derzeit in der Küche hilft, werde ich es sein, die euch heute Abend in eure Arbeit einweist. Eure Schürzen und Kopftücher hängen unten im Waschraum und müssen immer zur Arbeit getragen werden.»

Trudel ist begeistert. Sie freut sich bereits auf die Fahrt nach Oberseidorf, um dem Bauern zu helfen und sich dort um das Vieh zu kümmern!

«So und jetzt geht bitte nach draußen und sammelt das Vieh hinter unserem Haus ein und bringt es in den Stall zurück, mit Ausnahme der Kühe, die bleiben draußen. Die Tiere müssen gefüttert werden und frisches Wasser bekommen und bevor ihr die Tiere verlasst müsst ihr sicher stellen, dass alle Ställe und Stalltore gut und sicher verschlossen sind. Und denkt erst gar nicht daran den Tieren irgendwelche Namen zu geben.»

Trudel ist die erste, die von ihrem Platz aufsteht, die Treppe hinunter in den Waschraum rennt und ihre Schürze und ihr Kopftuch umbindet.

Als nächstes teilt Fräulein Albrecht Charlotte, Helli, Katarina, Louise, Maria und Steffi den Gemüsegarten zu.

«Ich werde jetzt kurz in mein Büro gehen und etwas Papier holen. Danach werden wir uns in den Gemüsegarten begeben und diesen in Parzellen aufteilen und dort unser Gemüse anbauen.»

Die Mädchen wissen was zu tun ist. Sie besprechen bereits den Anbau von Gemüse und Kräutern, während die Lagerleiterin den Raum verlässt. Sie werden einen maßstabsgetreuen Plan von dem Garten erstellen, in dem verschiedene Faktoren wie Schatten, Sonne, überschüssiges abfließendes Wasser und Wind berücksichtigt werden. Das Diagramm wird dann durch Angabe der verschiedenen Gemüse und Kräuter ergänzt. Danach helfen alle Mädchen den Boden vor dem Bepflanzen entsprechend zu bestellen und zu kultivieren. Als sie zurückkommt, begleitet die Lagerleiterin ihre Mädchen nach draußen. Sie vereinbaren den Standort des Gartens, die Auswahl der Pflanzen und die Bodenvorbereitung.

Sobald der Plan vorliegt, geht die Lagerleiterin zur Rückseite des Hauses und schaut nach der Gruppe die sich um die Tiere kümmert.

Ein systematisches Vorgehen maximiert die Effizienz und minimiert Verwirrung im Lager. Die ersten Wochen werden zweifellos am schwierigsten für die Mädchen und deren Anführerinnen sein. Die Neuankömmlinge müssen lernen ihren Platz und ihre täglichen Aufgaben zu erlernen. Aber auch den Führungskräften stehen etliche Herausforderungen bevor, bis im Lager alles rund läuft.

Heute Abend wird es im Lager ein Festmahl geben! Unten im Hause sind die Mädchen eifrig bei der Arbeit. Fräulein Grüber hat das Abendessen heute Abend bereits teilweise vorbereitet. Normalerweise liegt es in der Verantwortung ihrer Mädchen, für das gesamte Lager zu kochen, den Tisch zu decken, das Essen zu servieren, den Tisch abzuräumen, das Geschirr zu spülen und das Geschirr wegzuräumen. Die Mädchen schnappen sich ihre Schürzen und Kopftücher. Ingrid, Elfie, Erika und Sabine sind für die Küche zuständig.

Barbara, Hermine und Gabriele sind für das Geschirr verantwortlich. Die Mädchen zählen 23 Teller, Gläser, Messer, Gabeln, Löffel, Servietten und eine große Tischdecke ab. Sie füllen den Speiseaufzug. Barbara schließt die mit gelben Blumen verzierten Flügeltüren aus Milchglas sorgfältig zu und zieht dann am Seil. Dabei bemerkt sie, dass der Aufzug zu viel Gewicht hat. Sie nimmt einige der Gegenstände wieder heraus und fängt noch einmal von vorne an. Barbara befördert den Aufzug samt Tischdecke, Servietten, Besteck und Gläser in den Speisesaal, im ersten Stock. Hermine und Gabriele gehen nach oben und nehmen das gesamte Geschirr aus dem Aufzug, bevor Hermine den Aufzug zu Barbara zurück nach unten schickt. Sie hilft Gabriele dabei den Tisch zu decken. Als Barbara mit dem Laden der Gegenstände fertig ist, geht sie nach oben um die beiden zu unterstützen. Diese Methode der drei Mädchen scheint reibungslos zu funktionieren, da der gesamte Tisch in weniger als zwanzig Minuten gedeckt ist.

Während Ingrid und Elfie, Fräulein Dieter bei der Zubereitung des Bratens unterstützen, arbeiten Erika und Sabine mit Fräulein Grüber zusammen an der Zubereitung des Gemüses. Als Fräulein Dieter den großen Braten aus dem mit Holz befeuerten Ofen zieht und auf die Buchenholzarbeitsplatte setzt, beginnt ihnen der Magen zu knurren. Das unverwechselbare und verlockende Aroma riecht durch das ganze Haus und auch die Mädchen im Obergeschoss genießen den Geruch des saftigen Fleisches.

Ingrid trägt einen Ofenhandschuh und kippt vorsichtig die Pfanne gerade so weit auf die Seite, dass sie die sprudelnden Säfte mit einem großen silbernen Löffel auffangen kann. Sie beginnt das Fleisch damit zu begießen. Elfie geht in die Speisekammer, sucht Platten und Servierschalen, und stellt diese auf den Zubereitungstisch, der in der Mitte der Küche steht. Erika und Sabine nehmen das Kartoffelpüree, die Karotten und den Spinat aus den gusseisernen Töpfen und legen sie in separate Schüsseln. Ingrid und Elfie setzen den Braten auf die Servierplatte und garnieren ihn mit Zwiebeln, Karotten und Kartoffeln. Fräulein Dieter deckt dann die Servierteller ab und schiebt sie in den Speiseaufzug. Barbara befördert den Aufzug zu den wartenden Mädchen nach oben. Als nächstes gehen Salz und Pfeffer sowie das Gemüse, Brot und Butter nach oben. Während die Mädchen ihre Arbeit in der Küche beendet haben, kümmert sich die Gruppe Landarbeit draußen um ihr Vieh.

Trudel traut ihren Augen nicht, als sie nach draußen eilt und all die Nutztiere hinter dem Gebäude herumlaufen sieht! Pekingenten und norwegische weiße Gänse entspannen sich an einem kleinen handgegrabenen Teich. Hühner bewegen sich frei auf dem Grundstück umher. Zwei Hausferkel beobachten Trudel von ihrem eingezäunten Grund.

Trudel weiß genau, was zu tun ist. Sie schießt in den Stall und sucht nach frischen Eiern. Vorsichtig nimmt Trudel die Eier auf und legt sie in die Falten ihrer Schürze. Sie legt den Schürzeninhalt in die bereitstehenden Eierpappen und kehrt dann zurück, um mit dem Vieh zu helfen.

Lotte und Elli gehen in den Abstellraum und schnappen sich die Besen und Schaufeln. Sie misten den Stall aus. Der Mist ist eine ausgezeichnete Düngequelle für den Garten und wird vorerst in einen speziellen Eimer gegeben, der mit einem roten „X" gekennzeichnet ist.

Anna und Kirstin füllen die Wasserströge und das Futter auf, während Liesel und Renate die Ställe ausmisten. Die Mädchen schließen sich zusammen und holen frisches Stroh für das Vieh. Die Hühner bemerken was vor sich geht und rennen auf den Stall zu. Anna wirft Mais auf den Boden und lockt sie mit ihrem Ruf näher. Diese Mädchen brauchen keine Hilfe.

Fräulein Albrecht schaut aus der Ferne zu und ist äußerst erfreut zu sehen, wie gut alle zusammenarbeiten. Sie sind geschickt in ihren Fähigkeiten und scheinen bereits einige Erfahrung zu haben.

Die Mädchen sperren die Tiere für die Nacht in die Ställe, stellen sicher, dass alle Tore und Türen verschlossen sind und begeben sich dann in den Waschraum wo sie sich gründlich die Hände waschen und darauf achten, dass sie auch unter den Fingernägeln schrubben. Bevor sie ins Haus zurückkehren, inspiziert Fräulein Albrecht die Fingernägel, Kleidung und Schuhe der Mädchen.

Sie ziehen ihre Arbeitsschuhe aus und ihre Hausschuhe an.

Oben im Speisesaal ergänzen Hermine und Gabriele die Tischdekoration. Eine schöne Anordnung von gepflückten Wildblumen vervollständigt die Tafel.

Fräulein Dieter erhebt sich von ihrem Stuhl und hält die Mädchen zur Danksagung an.

«Lasst uns aufstehen und unsere Hände fassen.»

Die Mädchen erheben sich von ihren Stühlen und reichen sich gegenseitig die Hände.

«Bevor wir essen, laßt uns einen Moment Zeit nehmen und unseren Blick durch den Raum schweifen und uns bei denen zu bedanken, die für uns gesorgt haben.»

Jedes Mädchen drückt seine Wertschätzung für das wunderbare Mahl aus, das sie heute Abend essen werden. Wenn das letzte Mädchen mit dem Gebet fertig ist, setzen sich alle nieder und erhalten ihre Portionen. Dies ist wahrscheinlich die beste Mahlzeit, die sie seit Monaten gegessen haben!

Während des Abendessens sprechen die Mädchen kaum miteinander. Alle schlingen ihr Essen hinunter. Die lange Reise hat die Körper der Mädchen in Mitleidenschaft gezogen, denn sie werden langsam müde.

Mit vollem Bauch räumen die Mädchen ihr Geschirr ab und stellen es auf den Abräumwagen neben dem Speiseaufzug. Die Hauswirtschaftsgruppe räumt die restlichen Gegenstände ab, fegt den Boden des Speisesaals, wischt den Tisch ab und faltet die Tischdecken ordentlich zusammen. Die Küchenhelfer legen alles in den Aufzug und senken ihn in den Keller. Zusammen gehen sie nach unten, um dort ihre Aufgaben zu erledigen, während sich die anderen Mädchen in den Salon zurückziehen.

Egal ob in der Schule, am Arbeitsplatz
oder zu Hause bei der Mutter.
Eure Aufgaben sind überall.
Ob in der HJ oder im BDM,
ihr habt Eure Pflicht zu erfüllen
wenn ihr Euch als einer von Adolf Hitlers
echten deutschen Jungen oder Mädels
bezeichnen wollt.

~ Rudolf Hess ~

Politische Bildung

UM SIEBEN UHR versammeln sich alle im Salon. Die Lagerleiterinnen sind mit den Fähigkeiten der Mädchen, und dem was sie bisher beobachten konnten, sehr zufrieden. Fräulein Albrecht spricht ihren völlig ermüdeten Schützlingen Lob und Anerkennung aus.

«Dieses Jahr ist unser zweites Jahr, dass wir hier im Landjahrlager Seidorf verbringen.», erklärt Fräulein Albrecht weiter. «Letztes Jahr hatten wir 60 Schützlinge und unser Lager war wunderschön geschmückt mit all dem was die Mädels gebastelt und gefertigt hatten. »

«Wann fangen wir den mit dem Basteln an?» fragt Steffi.

« Schon bald, Steffi. Es gibt jedoch noch einige praktische Richtlinien, die ihr erst fließend beherrschen müsst, bevor wir mit unserer Arbeit beginnen können. Zunächst müsst ihr verstehen, dass wir die Zukunft Deutschlands in unseren Händen halten. Jede von uns hat Pflicht und Verantwortung zu tragen. Nicht nur gegenüber dem Lager, unseren benachbarten Dorfbewohnern, unserem Staat und unserem Führer. Wenn wir arbeiten, arbeiten wir nicht nur für uns selbst, wir arbeiten gemeinsam für Deutschland, als Volk und als Vaterland. Das Ziel des Landjahres ist es, euch zu verantwortungsbewussten jungen deutschen Mädchen zu erziehen, die körperlich und geistig bereit und gewillt sind ihrem Vaterland zu dienen. Die Teilnahme im Landjahrlager ist eine große Ehre.» [184]

«Ich möchte, dass ihr einen Moment darüber nachdenkt. Überlegt doch einmal wie unsere Organisation strukturiert ist. Als ihr noch in der Jungmädelschaft wart habt ihr bereits die grundlegenden Fähigkeiten erlernt, die ihr benötigt, um Euch auf den heutigen Tag vorzubereiten. Als ihr zehn Jahre alt wart, haben wir euch zum Arbeitseifer erzogen, euren Müttern zu helfen. Daraus seid ihr zu Jugendlichen, ja man kann sogar sagen, zu jungen Damen herangewachsen, die jetzt in diesem elitären Landjahrlager Dienst leisten dürfen. Wir hier, im Lager Seidorf, werden Euch nicht nur auf eure weitere Laufbahn im BDM, sondern auch auf euer zukünftiges Leben vorbereiten. Zusammen mit eurer Gruppenführerin Fräulein Dieter und meiner Stellvertreterin und Wirtschaftsleiterin Fräulein Grüber, die Euch eure praktischen Fähigkeiten vermitteln werden, ist es meine Pflicht, euch alles zu vermitteln was ihr für euer späteres Leben brauchen werdet. Wir müssen alle zusammenkommen und gemeinsam zum Wohle unseres Volkes,

---

[184] Bund Deutscher Mädel – "Landjahr Broschüre "

dem Vaterland und unseren Führer arbeiten. » Sie macht eine kurze Pause, bevor sie fortfährt.

«Bevor unser Führer die Macht übernommen hat, war das Leben sehr schwierig. Alles begann im Juni 1914, als Erzherzog Franz Ferdinand von Österreich, der königliche Prinz von Ungarn und Böhmen, zusammen mit seiner Frau, Ihrer Gelassenen Hoheit und Prinzessin von Hohenberg, Sophie, in Sarajevo ermordet wurden. Deutschland und Österreich-Ungarn erklärten Serbien den Krieg und lösten damit den Ersten Weltkrieg aus.» [185]

«Warum wurden der Erzherzog und seine Frau ermordet?» fragt Nelli.

«Nun, es gab einen sehr aufgebrachten Mann, dem nicht gefiel was in seinem Land geschah. Er war der Meinung, dass er die Dinge verbessern würde wenn er die königlichen Erben des österreichisch-ungarischen Throns töten würde. Es ist eine Lektion, aus der wir lernen müssen, denn es braucht nur einen Mann, um ein ganzes Land zu zerstören, aber es braucht eine ganze Nation, um sie wieder aufzubauen. Deshalb haltet ihr Mädchen die Zukunft Deutschlands in euren Händen, so wie unser Führer unsere große Nation in seinen Händen hält.»

Fräulein Grüber nimmt das Gespräch auf. «Der Große Krieg dauerte vier Jahre. Über zwei Millionen deutsche Soldaten wurden getötet. Am 11. November 1918 wurde eine Vereinbarung zur Beendigung der Kämpfe erklärt. Schwer und dunkel war der Weg des deutschen Volkes, denn es hatte den ersten Weltkrieg verloren. Gleich danach begann die deutsche Revolution. Ende November hatte der Kaiser bereits abgedankt und es wurde die Weimarer Republik ausgerufen. Friedrich Ebert wurde zum ersten Reichspräsident ernannt.

Im Juni 1919 wurde der Vertrag von Versailles unterzeichnet und damit wurde Deutschland für den Beginn des Ersten Weltkriegs verantwortlich gemacht. Des Weiteren wurde Deutschland zu Unrecht zur Entwaffnung gezwungen. Unser Land wurde seiner Waffen beraubt und musste erhebliche territoriale Zugeständnisse machen und 132 Milliarden Mark (entsprechend 442 Milliarden US-Dollar in 2015) an Reparationen an Frankreich, Belgien und England zahlen.[186]

Im Jahre 1921 waren die Folgen des Waffenstillstands bereits so groß, dass die Weimarer Republik ihre Schulden nicht mehr bezahlen konnte und die damalige Währung schnell wertlos wurde.

Je weniger eine Währung wert ist, desto mehr davon wird für den Kauf der täglichen Waren benötigt. Unsere Bevölkerung war erschöpft und äußerst entmutigt. Dies löste besonders unter den Arbeitern große Angst aus. Auf Grund von Mangel und Geld brachen überall im Land Unruhen

---

[185] Erzherzog Franz Ferdinand
[186] Das Abkommen von Versailles

aus. Ganze Industrien wurden geschlossen und viele Menschen verloren ihre Arbeit.

Bereits im November 1923 geriet die Inflationsrate der Weimarer Republik ausser Kontrolle.[187] Die Bevölkerung war ob dieser Bedingungen furchtbar entmutigt und viele sehnten sich eine neue Ära herbei. Ferner musste das deutsche Volk feststellen wie schnell das Geld an Wert verlor, oft bereits innerhalb von wenigen Stunden. Sie versuchten es also so schnell wie möglich wieder auszugeben.»

«Unser Führer war damals Parteivorsitzender der Nationalsozialistischen Demokratischen Arbeiterpartei (NSDAP). Nur wenige Mitglieder trugen in ihren Herzen den Wunsch nach Widerstand gegen die Zerstörung. Anstatt in Ungnade zu leben und Sklaven der verschiedenen wirtschaftlichen und sozialen Schichten zu sein, begann unser Führer, damals jedoch noch nicht Führer genannt, eine neue Denkweise in die Köpfe der Menschen zu pflanzen. Wir werden nicht länger in gewaltsamer Knechtschaft und Schande leben.»[188]

«Am 8. November 1923 beschloss unser noch junger Führer, diese wirtschaftliche Katastrophe zu bewältigen, indem er die Angelegenheit selbst in die Hand nahm. Mit Hilfe seiner Mitarbeiter, der Anführer der Kampfeinheit und sechshundert Mann starken Sturmtruppe (S.A.) stürmte er in den Hofbräukeller in München und rief eine Revolution gegen die Weimarer Republik aus. Er erklärte, dass eine neue Regierungsform unter der Kontrolle von General Ludendorff gebildet werden solle. Nachdem er gesprochen hatte, stimmte die dreitausend Kopf starke Menge zustimmend und triumphierend zu. Am nächsten Tag führte unser Führer einen zweitausend Mann starken Marsch an. Dabei wurden die Demonstranten beschossen und viele Männer getötet und der Aufstand unterdrückt. Zwei Tage später wurde unser Führer wegen Hochverrats verhaftet und für acht Monate ins Gefängnis gesteckt. In dieser Zeit schrieb er sein Buch «Mein Kampf» in dem er seine politische Ideologie und Vision für die große Zukunft Deutschlands beschreibt.

1925 wurde Paul von Hindenburg zum zweiten Präsidenten des Deutschen Reiches gewählt. In den nächsten vier Jahren verbesserte sich die Wirtschaft zusehends und für die Menschen in Deutschland war das Leben wieder Lebenswert. Bis eines Tages im Oktober 1929 der amerikanische Aktienmarkt zusammenbrach. Dieser große wirtschaftliche Schicksalsschlag traf Deutschland so stark, dass die Weimarer Republik wieder in eine tiefe Depression geriet. Innerhalb eines Jahres litt das Land unter schwerer Arbeitslosigkeit. Um die Wirtschaft zu stabilisieren, musste die Regierung die

---

[187] Weimar Verfassung
[188] Mädel im Dienst, S. 7

Ausgaben kürzen und versuchte im Zuge dessen auch die Sozialleistungen für ihre Bürger zu kürzen. Aber das funktionierte nicht, denn wieder einmal empörten sich die Menschen gegen die Sparpolitik und wandten sich gegen ihre Regierung. Sie begannen zu begreifen, dass unser Führer die ganze Zeit Recht hatte. Sie begannen die Nationalsozialistische Demokratische Arbeiterpartei zu unterstützen. Sie hatten jetzt die Wahl! Sie könnten für den Nationalsozialismus stimmen oder sie könnten für den Kommunismus stimmen und sich mit Russland zusammen schließen.

Im Januar 1933 sah Hindenburg in unseren Führer Adolf Hitler und seiner NSDAP die allerletzte Hoffnung Deutschland vor politischer, sozialer und wirtschaftlicher Zerstörung zu retten. Hitler wurde Reichskanzler.

Im Februar erließ von Hindenburg die Reichstagsbrandverordnung, mit der alle bürgerlichen Freiheiten aufgehoben wurden. Im März unterzeichnete von Hindenburg letztendlich das Ermächtigungsgesetz, das der Hitler-Regierung vollständige Gesetzgebungsbefugnisse verlieh.

1934 führte Hitler dann die «Nacht der langen Messer» durch, für die er von Hindenburg dessen persönlichen Dank erhielt. [189] Dies war ein großer Wendepunkt für die Regierung, denn Hitler forderte das Kabinett auf, ein Gesetz über das höchste Staatsamt des Reiches zu verabschieden, welches vorsah, dass nach Hindenburgs Tod die Ämter des Präsidenten und des Kanzlers unter dem Titel Führer zusammengelegt werden. [190] Hindenburg starb am 2. August, worauf Hitler das Amt des Staatsoberhauptes als vakant erklärte, und sich daraufhin als Führer und Kanzler des Deutschen Reiches ernannte.[191]

Am 19. August hielt Hitler ein Referendum ab, in dem er das deutsche Volk fragte, ob es der Zusammenlegung der beiden Ämter zustimmen würde. Neunzig Prozent der Menschen stimmten mit Ja. Danach verwandelte er die Weimarer Republik im Alleingang in das Dritte Reich. Nach vierzehn Jahren des Kampfes durch eine schlimme Zeit, war der große Kampf zu Ende und Hitler hatte seine Vision in die Tat umgesetzt.

In unserer Geschichte hat unser großer Führer das Ruder Deutschlands übernommen.[192] Sein nächstes Ziel war es, die totale Wirtschaftsordnung wiederherzustellen, und er tat es! Obwohl er in Österreich geboren wurde, war er 1932 in Braunschweig eingebürgert geworden und hatte Deutschland zu seiner Heimat gemacht. Innerhalb von drei kurzen Jahren nahm unser Führer die trostlose Wirtschaft und verwandelte das Land in eine der größten und stärksten Nationen der Welt. Er hielt die Versprechen, die er

---

[189] William L. Shirer
[190] Richard Overy
[191] Paul von Hindenburg
[192] Randall L. Bytwerk, "We Owe It to the Führer"

gemacht hatte. Bereits innerhalb der ersten zwei Jahre konnten über 22 Millionen Menschen aus der Sozialhilfe genommen und zurück in das Arbeitsleben geführt werden. Tausende von Fabriken öffneten wieder ihre Türen um die Arbeiter willkommen zu heißen! Außerdem wurden von den stärksten Männern von Hand die Autobahnen gebaut! Weiter befahl unser Führer die Herstellung des erschwinglichen und zuverlässigen Volkswagens, damit die Menschen stolz auf diesen neuen Autobahnen fahren konnten. Die deutsche Industrie war wieder erwacht! Die Deutschen begannen Waren aus ihrem eigenen Land zu kaufen, anstatt billige ausländische Importe.

Am 12. März 1938 wurde Österreich dann an Deutschland angegliedert. Über neunundneunzig Prozent der Österreicher stimmten für die Vereinigung mit Deutschland. In Wien begrüßten sie ihren neuen Führer mit offenen Armen, und als ihren Führer...»[193]

«Und als der Führer nach Österreich kam...», unterbricht Trudel aufgeregt das Fräulein Grüber, «...hat meine Mutter viel Geld erhalten! Sie kaufte meinem Bruder ein brandneues Fahrrad, und wir hatten mehr Essen auf dem Tisch und neue Kleider zum Anziehen. Ausserdem bekam Mutter als Teil ihres Postdienstes ein neues Auto und kaufte sich eine Waschmaschine!»

«Das ist schon sehr beeindruckend, Trudel.» bestätigte Fräulein Grüber Trudels Kommentar. «Wie gesagt, ganz Deutschland war wieder erfolgreich geworden. Ohne unseren Führer wäre unser Land in völliges Chaos abgestürzt. Die nationalsozialistische Volkswohlfahrt hat sogar ein Hilfsprogramm namens „Mutter und Kind" ins Leben gerufen, das heute weltweit seinesgleichen sucht! Dieses Programm beschäftigt tausende vertrauenswürdiger junger Mädchen wie euch, als Kinderpflegerinnen in Kindertagesstätten, um auf Kinder aufzupassen und diese zu versorgen, damit ihre Mütter arbeiten können. Aber die Organisation sorgt auch dafür, dass die Mütter eine wohlverdiente Ruhepause erhalten. Bis Ende 1937 haben bereits rund 252.000 Mütter einen, vom Staat bezahlten Urlaub erhalten. Darüber hinaus erkannte Amerika 1938 die wunderbare Arbeit unseres Führers an, indem das berühmte "Time" Magazin ihn zum Mann des Jahres ernannte! Wir verdanken unser Leben unserem Führer! »

Die Mädchen nicken zustimmend.

Dann spricht Fräulein Dieter, die Gruppenleiterin. «Wir dürfen nicht vergessen, dass unsere jungen Menschen unserem Land mit Loyalität, Engagement und Ehre dienen. Und wenn ihr jetzt daran denkt, wie es in Deutschland vor siebenundzwanzig Jahren aussah und wo wir uns jetzt

---

[193] Das Mecklenburgische Landmädel in BDM, Seite 3

befinden, denkt ihr dann nicht auch, dass ihr unserem Führer Euren völligen Gehorsam erweisen solltet?»

Und wieder nicken die Mädchen zustimmend.

«Unser Führer wacht über sein Volk. Er weiß, dass ihr die Besten aus der Jungmädelschaft seid und deshalb wurdet ihr für das Landjahr ausgewählt. Und darum ist es auch unsere Pflicht mit den Bauern in diesem Gebiet zusammenzuarbeiten, weil deren Erträge aus der Kartoffelernte zu unseren Soldaten an die Front geschickt werden. Unsere Bezirksleiterin, Fräulein Elli Hubbe, hat bereits alle notwendigen Vorkehrungen getroffen. Unsere Bauern wissen, dass ihr angekommen seid und bereits morgen beginnt der Dienst auf dem Torge Hof.»

Fräulein Dieter wendet sich an die anderen Anführerinnen. «Gibt es noch etwas, das wir besprechen müssen?»

«Ich denke, wir haben heute Abend genug abgedeckt.» antwortet Fräulein Albrecht.

«Wenn mich dann noch jemand braucht, werde ich in meinem Büro sein.» Fräulein Grüber erhebt sich von ihrem Stuhl, schlägt ihre schwarzen Absätze zusammen und hebt den Arm zum Gruß. Danach dreht sie sich auf ihrem rechten Fuß um und verlässt dann den Raum.

Fräulein Albrecht nimmt das Gespräch wieder auf. «Das Wohl unseres Landes liegt bei unseren Bauern und somit auch bei euch und deshalb müsst ihr immer sehr fleißig arbeiten. Unsere Bauern sind auf uns angewiesen. Ab morgen werdet ihr beim Kartoffeln setzen helfen. Vergesst nicht eure Arbeitskleidung zu tragen, bevor ihr morgen früh zum Dienst antretet. Ihr werdet euch bei Fräulein Dieter melden, die unten an der Treppe auf euch warten wird und euch zum Torge Hof begleiten wird. Alle der Hauswirtschaft zugewiesenen Mädchen melden sich nach dem morgendlichen Fahnenappell in der Küche bei Fräulein Grüber, um das Frühstück zuzubereiten. Alle Mädchen, die der Gartenarbeit zugeteilt wurden, bleiben nach dem Frühstück vorerst im Speisesaal. Es ist schon spät! Ich glaube, es ist Zeit für uns alle ins Bett zu gehen. Wir alle müssen gut und genügend schlafen, damit wir morgen effizient arbeiten können, nicht wahr?»

Es ist halb neun als die Lagerleiterin die erschöpften Mädchen endlich auf ihre Zimmer schickt. Sie waschen sich, putzen sich die Zähne und ziehen ihre Schlafanzüge an. Bevor Fräulein Albrecht sich ebenfalls für den Abend zurückzieht, geht sie noch einmal durch jedes Zimmer. Zimmerinspektionen gehören zum morgendlichen und abendlichen Ritual.

Danach zieht sich die Lagerleiterin in ihr Büro zurück, wo sie sich mit der Gruppen- und Wirtschaftsführerin trifft. Sie sitzen dort noch mindestens eine Stunde zusammen, trinken Kamillentee, überprüfen die Leistungen der Mädchen und machen Notizen und Kommentare in den jeweiligen Akten der Mädchen. Um zehn Uhr ziehen sie sich ebenfalls in ihre einzelnen Zimmer zurück. Morgen wird ein hektischer Tag werden.

In den Ostwind hebt die Fahnen,
Denn im Ostwind stehn sie gut,
Dann befehlen sie zum Aufbruch,
Und den Ruf hört unser Blut.
Denn ein Land gibt uns die Antwort,
Und das trägt ein Deutsch Gesicht,
Dafür haben wir geblutet,
Und drum schweigt der Boden nicht.

~In den Ostwind hebt die Fahnen~

Der erste Lagertag

DER WECKRUF ertönt vom Korridor aus. Die Trillerpfeife schallt durch das ganze Gebäude, gefolgt vom Ruf der Lagerleiterin. «Aufstehen!»

«Müssen wir wirklich schon wieder aufstehen?» murmelt Trudel vor sich hin. «Ich bin doch gerade erst ins Bett gegangen.» Für einen Moment hat sie ganz vergessen wo sie sich befindet. Doch dann dämmert es ihr, dass sie jetzt nicht mehr zu Hause in ihrem Mansardenzimmer ist, sondern in Seidorf.

Es war nicht die Stimme ihrer Mutter die gerade zum Aufstehen ermahnte. Sie setzt sich auf und wirft die Bettdecke bei Seite, reibt sich den Schlaf aus den Augen und zieht sich ihre Hausschuhe an. Dann läuft sie gemeinsam mit ihren fünf Zimmergenossinnen die Treppe hinunter, an Fräulein Albrecht vorbei, in den Waschraum. Sie wäscht ihr Gesicht und putzt sich die Zähne. Das kalte Wasser hilft beim Aufwachen. Sie trocknet sich ab und läuft wieder nach oben um sich anzuziehen. Sie freut sich schon auf den Torge Hof und kann es kaum erwarten den Tag zu beginnen.

Sie steigt in ihre Arbeitskleidung und begibt sich danach daran ihr Bett zu machen. Das Laken muss glatt gezogen werden, die Ecken werden sorgfältig umgeschlagen, das Kissen wird aufgeschüttelt und die Bettdecken werden ordentlich gefaltet und am Fußende mittig auf das Bett gelegt. Ihre Hausschuhe werden unter das Bett gestellt. Ihre Zimmergenossinen machen es ihr nach, als plötzlich Fräulein Albrecht das Zimmer betritt

«Achtung!» ruft Fräulein Albrecht. Ein militärisches Kommando, mit dem sie die Aufmerksamkeit der Mädchens auf sich zieht, wenn sie Disziplinarmaßnahmen ergreifen will, oder die Mädchen antreten sollen.

Die Mädchen stehen aufrecht neben ihren Betten. Die Arme nach unten und leicht gebeugt. Die Finger kräuseln sich in der Handfläche und die Daumen zeigen nach unten und werden gegen die Naht ihrer Kleidung gelegt. Die Füße nach vorne, die Fersen zusammen. Elli, Nelli, Steffi, Maria, Trudel und Ingrid stehen still und wagen es nicht einmal zu blinzeln.

Fräulein Albrecht, mit ihrem schweren Gang, betritt den Raum. Immer wenn die hufeisenförmigen Metallplatten an der Unterseite ihrer Absätze auf den Boden treffen, erklingt das passende rhythmische Geräusch, genauso wie bei einem Militärführer. Mit den Händen hinter dem Rücken schreitet sie langsam und prüfend an den Mädchen vorbei und schaut ihnen direkt in die Augen. Sie trägt ihre grüne Kordel und ihre offizielle BDM-Uniform. Durch ihre eindrucksvolle Erscheinung genießt sie höchsten Respekt.

Steffi schaut ihr nach, als sie an ihr vorbeigeht, erkennt dann aber schnell ihren Fehler und schaut sofort wieder gerade aus. Die Mädchen beobachten die Frau mit ängstlichem Blick, während diese den Raum inspiziert. Alles muss präzise sein.

Die Lagerleiterin holt einen Reichspfennig aus der Tasche und schleudert die Münze mit Druck über eines der Betten in die Luft. «Dieses Bett hat den Test bestanden», verkündet sie, als die Münze nach der Landung leicht hoch springt. So prüft sie jedes Bett. Wenn die Münze nicht springt, reißt sie die Laken ab und befiehlt, das Bett neu zu machen.

Die Lagerleiterin bemerkt, dass eines der Kissen nicht gerade ist. Maria hatte nicht genügend Zeit, um ihre Socken anzuziehen und steht noch barfuß da. Nelli hatte ihre Socken unter ihr Bett geworfen und Trudel ihr Taschentuch in ihrem Pullover versteckt. Die Lagerleiterin hat ihre Nase überall. Unter den Betten, unter den Kissen und sogar hinter den Schränken! Fräulein Albrecht geht auf die Mädchen zu und bleibt dann plötzlich stehen. Sie macht auf dem Absatz kehrt und geht auf einen der Kleiderschränke zu.

Als sie den Schrank öffnet, fallen ihr die Kleider entgegen!

«Was ist das denn!» schreit sie die Mädchen an.

Sofort setzt Panik ein.

«Kommt schon, Mädels!» schreit sie weiter.

«Dieser Raum wird sofort in Ordnung gebracht! Bewegt Euch! Ich komme wieder!»

Sie marschiert durch den Raum und lässt die Tür hinter sich offen.

«Achtung!» hören die Mädchen sie rufen als sie den Raum gegenüber betritt. Trudel und ihre Zimmergenossinne

n rennen durch ihr Zimmer um sich fertig anzuziehen und um die Unordnung zu beseitigen.

Fräulein Albrecht kehrt in weniger als fünf Minuten zurück. Die Mädchen stellen sich schnell wieder vor ihren Betten auf.

«Nun, das ist ja schon viel besser, Mädchen. Genau so hat das Zimmer jeden Morgen auszusehen, bevor ihr eure Arbeit beginnt. Jetzt geht und wartet vor dem Haus.» befiehlt sie weiter. Die Mädchen rennen die Treppe hinunter und durch die Seitentür auf die Schotterauffahrt.

«Was ist gerade passiert?» wundert sich Trudel laut.

«Ich weiß nicht», antwortet Steffi. «Einen Moment lang war ich noch im Tiefschlaf und Minuten später renne ich bereits die Treppe hinunter in den Waschraum. Und dann auch noch die Zimmerinspektion.»

«Das war knapp.», wirft Nelli ein. «Ich frage mich, ob wir das jetzt jeden Morgen durchmachen müssen.»

«Ich weiß nicht.» meint Maria. «Aber wenn wir das tun, sollten wir besser sicherstellen, dass unser Zimmer immer aufgeräumt ist, bevor sie hereinkommt. Ganz einfach weil ich so etwas nicht noch einmal durchmachen möchte.»

«Ich auch nicht!» stimmt Trudel zu. Dann hat sie eine Idee. «Lasst uns einen Pakt schließen, dass unser Zimmer jeden Morgen aufgeräumt ist, bevor Fräulein Albrecht hereinkommt, ja?»

Die Mädchen stimmen zu. Trudel hält die Hand aus und alle schlagen ein um ihr Versprechen zu besiegeln.

In diesem Moment kommen vier weitere Mädchen aus der Seitentür des Gebäudes gelaufen.

«Was um alles in der Welt ist gerade passiert?» kichert Lotte.

«Wir haben auch gerade darüber gesprochen.», antwortet Trudel mit einem ironischen Lächeln.

Die Mädchen unterhalten sich kurz, während sie auf das Eintreffen der restlichen Mädchen warten. In Kürze beginnen sie ihren morgendlichen Fahnenappell.

Fräulein Albrecht inspiziert jedes Schlafzimmer. Die Mädchen im dritten Stock hören die Aufregung, die in den Zimmern unter ihnen vor sich geht und sind bereits gewarnt. Sie eilen schnell herum um ihre Zimmer in Ordnung zu bringen.

Als die Inspektion beendet ist, versammelt sich die gesamte Truppe draußen auf dem Appellplatz. Die drei Anführerinnen treten aus dem Seiteneingang heraus. Die Mädchen reihen sich auf und stehen mit nur einer synchronisierten Bewegung stramm. Sie haben sich der Größe nach ausgerichtet. Nelli und Elli sind bereit die Flagge zu hissen. Als nächstes befiehlt Fräulein Dieter den Mädchen, vom Lager zum Fahnenmast zu marschieren. Der Morgenappell beginnt.

«Hisst die Flagge!» befiehlt Fräulein Dieter.

Mit der Flagge fest in den Händen gehen die beiden Fahnenträger auf den Fahnenmast zu. Die Mädchen entfalten feierlich die Hakenkreuzfahne. Sie klemmen sie auf die drehbaren Messingverschlüsse und ziehen diese zügig über ihren Köpfen hoch. Sie befestigen das Seil an der Klampe, heben zum Gruß den rechten Arme und singen «In den Ostwind hebt die Fahnen»[194]

> In den Ostwind hebt die Fahnen,
> Denn im Ostwind stehn sie gut,
> Dann befehlen sie zum Aufbruch,
> Und den Ruf hört unser Blut.
> Denn ein Land gibt uns die Antwort,

---

[194] Wir Mädel Singen - In den Ostwind hebt die Fahnen
S.175

Und das trägt ein Deutsch Gesicht,
Dafür haben wir geblutet,
Und drum schweigt der Boden nicht

Nach vier Strophen beenden sie das Lied und senken ihre Arme. Dann hören die Mädchen aufmerksam Fräulein Albrechts Morgenansprache zu. Die Gruppenleiterin und die Hauswirtschaftsleiterin haben rechts und links neben ihr Stellung genommen. Ihre Rede ist klar.

«Heute ist Euer erster offizieller Tag im Landjahrlager Seidorf.» beginnt sie. «Wir freuen uns, Euch hier zu haben und sind bereits jetzt schon sehr stolz auf eure Bemühungen. Wir können an eurem Verhalten gestern Abend und heute Morgen erkennen, dass ihr echte und später auch verdiente Mädchen im Landdienst sein werdet. So stolz wie unsere Flagge an diesem schönen Morgen im Ostwind weht, so stolz sollt ihr darauf sein, dass ihr hier im Dienst eures Landes stehen dürft. Heute ist der offizielle Beginn des Landjahres Seidorf, Jahrgang 1941! Lasst uns an diesem herrlichen Morgen unseren Führer begrüßen! Hebt jetzt zum Gruß den rechten Arm und zitiert mit mir den Treueid. »

«Ich verspreche, meine Pflicht im Landjahr Lager immer zu erfüllen, in Liebe und Treue zu unserem Führer und unserer Flagge.»

Sie senken ihre Arme und sind bereit, der Morgenansprache der Lagerleiterin weiter zu zuhören.

„In den nächsten acht Monaten werden wir in Kameradschaft, Gemeinschaft und Freundschaft zusammenarbeiten. Wir werden für unser Land, unser Volk und unseren Führer arbeiten. Unsere Kultur und Sprache wird sich weit verbreiten, weil unsere Sprache die glücklichste der Welt ist. Wir haben die Macht und werden immer das ehren, wofür wir sehr hart arbeiten, nicht nur für uns, sondern auch für unser Volk. Lasst uns nun unseren morgendlichen Fahnenappell mit dem Singen unserer Nationalhymne abschließen. »

Deutschland, Deutschland …..

Die Mädchen folgen ihren BDM Führerinnen gehorsam in das Haus zurück. Die Hauswirtschaftsgruppe beeilt sich, das Frühstück zuzubereiten. Gabriele rennt schnell nach draußen und pflückt frische Blumen für den Tisch. Als das Essen endlich ankommt, stehen alle Mädchen um den Esstisch, halten sich an den Händen und sprechen ein Gebet. Danach setzten sie sich und genießen ihr Frühstück. Jedes Mädchen erhält eine dicke Scheibe hausgebackenes Sauerteigbrot mit harter Kruste und eine Scheibe Butter, einen Schöpflöffel voll frisches Rührei, eine Scheibe Schinken, eine Tasse Ersatzkaffee mit frischer Ziegenmilch und einen Apfel. Die Mädchen verschlingen ihr Frühstück und haben danach noch eine halbe Stunde Zeit, um ihre morgendlichen Aufgaben zu erledigen.

Die Gruppe die zur Landwirtschaft eingeteilt ist, eilt nach draußen und kümmert sich um die Tiere, während Fräulein Dieter im Büro ihre Unterlagen erledigt. Pünktlich um acht Uhr holen die Mädchen ihr Landjahr Banner aus dem Salon und wandern zusammen mit ihrer Anführerin gemeinsam und voller Erwartung zum Torge Hof, der eine halbe Stunde die Straße hinunter in Oberseidorf liegt. Während der Wanderung stellen sich die Mädchen noch viele Fragen, die aber unbeantwortet bleiben. Sie können nicht einmal richtig singen, so sehr hängen sie ihren Gedanken nach.

Das Landjahr ist kein originelles Konzept. Ein früheres, ähnliches Programm war bereits während der Weimarer Republik alsArbeitsbeschäftigungspolitik für alle jungen Menschen aktiv und wurde unter dem Begriff «Staatliche Beihilfen» geführt. Im März 1934 wurde die Teilnahme für alle Jungen in Deutschland Pflicht. Neben der Arbeit auf den Feldern umfasste das Programm die Maßnahmen der nationalen politischen Ausbildung. Diese Landjahrausbildung ersetzte damals den akademischen Lehrplan des neunten Jahres. So wurden diese jungen Männer vor elterlichen Eingriffen und religiösen Anforderungen geschützt. Seit Beginn des zweiten Weltkriegs am 1. September 1939 mussten alle gesunden jungen Männer die Höfe und Felder verlassen. Erst seitdem wird jedes Jahr eine Gruppe starker jugendlicher Mädchen ausgewählt, um die jungen Männer zu ersetzen.[195]

Das Ziel des Landjahres ist es nicht nur den Landwirten zu dienen, es ist auch ein nationales Arbeitsprogramm zur Verringerung der Jugendarbeitslosigkeit. Das Lager Seidorf wird die Mädchen ausbilden und auf mögliche Karrieren in den Bereichen Landwirtschaft, Gartenbau, Gastgewerbe, Hauswirtschaft und Mutterschaft vorbereiten. Für ihre Arbeit im Landjahr erhalten sie ein Taschengeld von 5 Reichspfennig pro Tag, das der Lagerleitung zur sicheren Aufbewahrung zugestellt wird.

Ursprünglich war Seidorf einst ein heidnisches Walddorf, dessen Wurzeln bis ins frühe 14. Jahrhundert zurückreichen. Es wurde gegründet, nachdem ein großer Sturm das polnische Dorf Broniów, das etwas weiter im Osten lag, zerstört hatte. Als die Dorfbauern hörten, dass das Land im Westen fruchtbarer war, nahmen sie ihre restlichen Besitztümer auf und reisten über dreihundert Kilometer in Richtung Riesengebirge. Sie ließen sich in der winzigen Gegend von Seidorf nieder. Die neuen Bewohner mussten Teile der Umgebung abholzen, um ihre neuen Häuser zu bauen. Sie rodeten das Land für Ackerbau und Viehzucht. Kurz nach ihrer Ankunft in

---

[195] Gertrude Hödlmaier

Seidorf griffen die Hussiten das Dorf an und zerstörten es, einschließlich der St.-Anna-Kapelle und eines mittelalterlichen Tempels. Aber die Bauern schafften es irgendwie zu überleben. Um ihre Dankbarkeit zu zeigen, errichteten sie an der Stelle des alten Tempels die christliche Kirche des heiligen St. Martin.[196]

Im Laufe der Jahrhunderte wurde Seidorf weiterhin von Hungersnöten, Epidemien, Feindseligkeiten von einfallenden Armeen, Reformationen und dem Sturz europäischer Herrscher geplagt. Erst mit der Herstellung von Damast-Tischwäsche, die im 17. Jahrhundert von Seidorfer Webern handgefertigt wurde, begann das endgültige Wirtschaftswachstum. Die Nachfrage nach feinem Leinen machte Seidorf zu einem der wichtigsten Grenzorte zwischen der polnisch-litauischen Einheit und Böhmen. Aristokraten, schlesische Adlige, wie Henckel von Donnersmarcks, Johann von Ballestern, Phillip Gotthard von Schaffgotsch, Hans Heinrich X. der Graf von Hochberg und Victor I., der Prinz von Hohenlohe-Schillingsfürst, erkannten den verborgenen Reichtum dieses Gebietes. Sie machten sich daran, das umliegende Land zu entwickeln. Man baute eine Papierfabrik entlang des Flusses in Arnsdorf. Ein anderer der Landherren begann mit dem Abbau von Kohle und Blei. Andere wiederum erbten riesige Landstriche, auf denen sie ihre riesigen landwirtschaftlichen Tätigkeiten erweiterten. Um die Wende des 19. Jahrhunderts herum wurde das natürlich heilende und geothermische Wasser der nahe gelegenen Stadt Bad Warmbrunn über die Stadttore hinaus bekannt und der Tourismus florierte.[197]

Die Hauptstraße durch das Dorf Seidorf ist die Rübezahl Straße und diese ist mit landwirtschaftlichen Gehöften gesäumt. Die majestätische Barockkirche «Unserer Lieben Frau von Ostra Brama» markiert das Zentrum der Stadt. Auf der anderen Straßenseite steht das Dorftheater und eine Pension. Die örtliche Schule und das Postamt sind nur wenige Gebäude entfernt. Der Torge Hof befindet sich am Rande des Dorfes und genau dort gehen die Mädchen jetzt hin.

Der Besitzer des Torge Hofes ist Friedrich, der jüngste der aristokratischen Familie Schaffgotsch. Zusammen mit diesem Hof besitzt er über 66.000 Morgen im umliegenden Hirschberg-Tal, zu dem auch die Burg Kynastburg hoch oben im Riesengebirge gehört. Die Dorfbewohner kennen dieses ländliche Gut unter dem Namen «Immer frei».

Die Mädchen werden das Gut jedoch als „Torge Hof" kennenlernen, da die Familie Torge seit Generationen die Verwaltung des Grundstücks überwacht. Der Hof muss Kartoffeln an die deutsche Armee liefern, die im

---

[196] Malgorzata Jackiewicz
[197] Malgorzata Jackiewicz

Fronteinsatz kämpft und es ist unbedingt erforderlich, dass die Mädchen sofort mit der Arbeit beginnen.

Frau Torge, eine Frau mittleren Alters hört die Mädchen, wie diese singend die Straße entlang und auf ihren Hof marschieren. Frau Torge ist eine etwas größere Frau mit rauen Gesichtszügen die aus der jahrelangen Arbeit auf dem Bauernhof resultieren. Sie ist für ihr Alter bei extrem guter Gesundheit. Sie wischt sich die Hände an der Schürze ab und schlüpft aus der Hintertür hinaus. «Fräulein Dieter!» ruft sie freudig aus, während sie herüber eilt, um der Gruppenleiterin die Hände zu schütteln. «Ich kann Ihnen gar nicht genug dafür danken, dass Sie uns auch dieses Jahr wieder helfen! Wir sind so unendlich froh, dass Sie wieder hier bei uns sind!»

Während die beiden Frauen die Tagesordnung besprechen, warten die Mädchen auf ihre Befehle und sehen sich in ihrer Umgebung um.

Das zweistöckige Bauernhaus, im traditionellen Oberlausitzstil des 16. Jahrhunderts gebaut, liegt etwas abseits der Straße. Der architektonische Stil ergänzt sich gut mit den kleineren Häusern des Dorfes im Tiroler Stil. Die Grundsteine und quadratischen Eichenbalken der Fassade sind nach Osten hin zur Hauptstraße ausgerichtet. Eine separate Scheune im Fachwerkstil blockiert den Wind der aus dem Norden kommt, während die Rückseite des Gehöfts nach Westen zeigt und die Felder überblickt. Das offene rechteckige Bauernhaus umschließt einen Innenhof, der durch die Seiten und die Rückseite des Hauses zugänglich ist. Nur der vordere Teil des umfangreichen Gebäudes enthält einige Wohnräume. Die Flügel beherbergen die Ställe, einen Lagerraum und eine Werkstatt. Ein großer Arbeitsraum und ein Backhaus befinden sich im hinteren Teil. Auf der anderen Seite des Hofes, abseits des Haupthauses, befinden sich kleinere Ställe für die Schweine, und ein großer Stall für das Geflügel. Heuballen, Werkzeuge und die landwirtschaftlichen Geräte werden in der Scheune neben den Viehställen gelagert. Vor dem Haus ist ein schöner Blumengarten angelegt. Auf den Feldern hinter dem Haus spiegelt sich die Vielfalt der verschiedenen Samenkulturen wie ein Schachbrettmuster wieder, und einige haben bereits zu sprießen begonnen. An der Seite des Hauses befindet sich ausserdem der häusliche Gemüsegarten.

Die Mädchen werden unter der direkten Aufsicht von Bauer Torge und ihrer Leiterin Fräulein Dieter auf dem Kartoffelfeld arbeiten. Nelli wurde beauftragt Frau Torge bei den Hausarbeiten zu helfen, während Lotte, Elli, Anna, Kristin, Liesel, Renate und Trudel draußen die Kartoffeln setzen werden.

Fräulein Dieter begleitet die Mädchen in die Scheune, um ihnen Herrn Torge vorzustellen. Er ist ein freundlicher Mann mittleren Alters. Er hat charakteristische Merkmale und einen kräftigen Körperbau, wahrscheinlich. von der jahrelangen Bodenbearbeitung. Seine Arbeitsbekleidung besteht aus einem langärmeligen Hemd, Overall und dicken Lederstiefeln. Seit seine Söhne zwei Jahre zuvor zum Krieg eingezogen worden waren, muss sich der Mann allein um seine Ernte kümmern. Er fühlt sich seiner Regierung gegenüber verpflichtet, besonders seit dem das Ministerium diese Mädchen zur Hilfe schickt.

Seine jungen Helferinnen stellen sich ihm einzeln vor und versichern ihm, dass sie bereit und in der Lage sind, die schwere Arbeit zu bewältigen. Danach folgen sie ihm mit selbstbewussten Schritten in die Scheune um weitere Anweisungen zu empfangen.

«Wie ihr sicherlich wisst werden Kartoffeln aus Saatkartoffeln angebaut, die von der Ernte des letzten Jahres übrig geblieben sind. Seht ihr die Punkte auf diesen getrockneten, geviertelten Kartoffeln hier? Man nennt sie auch Augen.» Herr Torge holt eine Probe aus einem Leinensack. «Das hier sind die Augen, die die Pflanze wachsen lassen.» Er zeigt auf die Keime, die aus der Kartoffel wachsen. Wir werden diese Saatkartoffeln etwa 10 cm tief in einem Abstand von ca. 80 cm in geraden Reihen pflanzen. Wir haben insgesamt fünf Morgen zu bepflanzen.

Die Mädchen nicken zustimmend. Sie haben bereits viele Male Kartoffeln in den Gärten ihrer Eltern gepflanzt, sind also mit dem Verfahren bestens vertraut. Jedoch haben sie noch nie in dieser Größenordnung gearbeitet.

«Also gut dann nehmt euch jetzt jede einen diese Säcke und fangt an.» Herr Torge respektiert seine neuen Helferinnen und hilft ihnen die Säcke ins Feld zu befördern. Er gibt jedem Mädchen einen Spaten und teilt jedem eine eigene Reihe zu.

Er hat bereits im vergangenen Herbst dieses Feld für die kommende Ernte vorbereitet. Mit den Ochsen und dem Pflug eines Nachbarn und mit Hilfe der Lagermädchen des letzten Jahres hatte er seine Ernte eingebracht und den Boden neu gepflügt. Kurz darauf hatte er den Boden platt gewalzt und den Winter über brach liegen lassen. Vor wenigen Tagen erst wurde der Boden wieder aufgelockert, das Unkraut entfernt und die Saatkartoffeln geviertelt.

Die Mädchen setzten die Kartoffeln, während Herr Torge die Arbeit überwacht. Sie knien am Boden, stechen mit dem Spaten ein kleines Loch und legen dann eine Kartoffel hinein und decken das Loch anschließend wieder zu. Sie bewegen sich weiter, Reihe um Reihe, Stunde um Stunde. Dennoch arbeiten sie alle bereitwillig und mit viel Begeisterung.

Die Mädchen verbringen die Zeit mit Gesang. Ausserdem schwatzen sie über ihre Heimatstädte und ihre Familien und fragen sich, was das Jahr bringen wird. Sie genießen die Kameradschaft. Es ist ein angenehmer Tag um draußen an der frischen Luft zu sein. Fräulein Dieter ermutigt sie ihre Arbeit gewissenhaft auszuführen und doch dabei Spaß zu haben. Sie wird ihre Schützlinge anhalten gleich beim ersten Mal sorgfältig zu arbeiten, da Fehler die Produktivität dämpfen.

Die Mädchen pflanzen die Kartoffeln mittig in einer Reihe. Später, sobald die ersten Sprossen hoch genug stehen werden sie zu ihren Reihen zurück kehren und die Pflanzen rechts und links anhäufen.

Fräulein Dieter lässt die Mädchen auf dem Feld zurück und geht zum Bauernhaus hinüber. Es dauert nicht lange bis sie und Frau Torge an dem grossen Tisch unter der alten Eiche sitzen und sich unterhalten, während Nelli in der Küche das Mittagessen vorbereitet.

«Wie macht sich Nelli denn, Frau Torge?» fragt die Lagerleiterin.

«Sie macht sich gut, danke der Nachfrage. Sie hat eine schnelle Auffassungsgabe. Die neuen Mädchen dieses Jahr scheinen sehr fleißig zu sein. Sie müssen mit ihnen sehr zufrieden sein.»

«Nun, die Mädchen sind erst gestern angekommen, aber meine Kolleginnen und ich sind bereits angenehm überrascht mit dem was wir bis jetzt beobachten konnten. Vielleicht hat es etwas mit dem Krieg zu tun. Ich weiß es nicht. Wir können sie nur beobachten und versuchen das Beste aus ihnen zu machen. Die Mädchen, die wir ihnen zugeteilt haben, sind alle auf dem Land aufgewachsen, also bestens für diese Aufgabe geeignet. Wir freuen uns sehr sie hier zu haben.»

«Das freut mich, Fräulein Dieter. Ist dies nicht bereits ihr zweites Jahr als Lagerleiterin?» fragt Frau Torge

« Ja, das ist es. Danke dass Sie es bemerkt haben.»

« Ich erinnere mich, als wir uns letztes Jahr zum ersten Mal trafen. Das war direkt nachdem meine Söhne sich unseren Kriegsanstrengungen angeschlossen hatten. Ich habe mich damals sehr gefreut zu hören, dass unser Führer meinem Mann und mir auf dem Bauernhof zusätzliche Hilfe zuteilen würde. Sonst hätten wir den Hof wahrscheinlich aufgeben müssen. »

«Ich verstehe, Frau Torge.»

Das Gespräch der beiden Damen wird abrupt unterbrochen, als sie Liesel schreiend auf sich zu rennen sehen.

„Fräulein Dieter! Fräulein Dieter! Kommen Sie, schnell! Herrn Torge ist etwas passiert! »

Die beiden Frauen rennen so schnell sie können auf das Feld zu und finden Trudel und Renate, wie sie neben dem Bauern knien. Er ist bewusstlos. Trudel hält ihm ein feuchtes Kopftuch auf die Stirn. Renate streichelt seine Hand und hofft, dass er bald aufwacht.

Frau Torge schnappt nach Luft und schlägt sich dann beide Hände vor den Mund, um einen lauten Aufschrei zu verhindern. Sie befürchtet, dass ihr geliebter Ehemann tot ist.

Die Lagerleiterin eilt auf ihn zu und kniet nieder. Sie weiß genau, was zu tun ist. «Herr Torge!», ruft sie ihn an, während sie seine Wangen tätschelt bis er wieder zu Bewusstsein kommt.

Schließlich öffnet er langsam die Augen. «Was ist passiert? Warum bin ich am Boden?» fragt er und legt seine rechte Hand auf die Stirn. «Ich ging zurück, um nach den Mädchen zu sehen, als ich - ich muss gefallen sein.»

«Jetzt ist ja alles wieder in Ordnung, Herr Torge. Es scheint als wären sie umgekippt. die Hitze vielleicht.» erklärt Fräulein Dieter. « Setzen Sie sich langsam auf. Trudel, geh und hol ein Glas Wasser. »

«Bernhard?» fragt seine Frau erleichtert, als sie sich neben ihn kniet. «Wie fühlst du dich?» fragt sie sanft.

«Mir geht es jetzt viel besser, Liebling. Durch die Gnade Gottes sind diese jungen Mädchen hier. Ich weiß nicht, was ich ohne sie getan hätte.» gesteht der Bauer.

«Sag jetzt nichts. Wir bringen dich gleich ins Bett.» fleht seine Frau.

«Nein! Es gibt zu viel Arbeit! Ich habe jetzt keine Zeit zum krank feiern. Mach dir keine Sorgen, mir geht es gut.»

Die Mädchen helfen ihm auf die Beine. «Danke, meine Damen. Es geht schon wieder. Ich muss nur wieder zu Atem kommen, sonst nichts.»

«Ich glaube nicht, dass du hier draußen sein solltest und ausgerechnet in der Mittagshitze arbeiten solltest. Warum kommst du nicht rein und ruhst dich eine Weile aus?» fragt seine Frau.

Er gibt nach. «Also gut, Mama, wie du willst.»

Trudel kommt mit einem Glas kaltem Wasser vom Brunnen zurück, reicht es an Herrn Torge und er nimmt ein paar Schlucke. Während seine Frau ihm zurück ins Haus hilft, nehmen die Mädchen ihre Pflichten wieder auf.

«Das war knapp!» sagt Kristin. «Ich bin froh, dass wir hier sind, um zu helfen.»

Trudel blickt über das Feld. «Wir sollten uns beeilen diese Setzlinge in die Erde zu bekommen. dann kann er stolz auf uns sein. Wir haben noch eine Stunde bis zur Mittagspause.»

Trudel beginnt damit die anderen zu beaufsichtigen. «Das ist nicht tief genug, Kristin. Die Kartoffeln gedeihen besser wenn sie tiefer gepflanzt werden. Hier lass mich es dir noch einmal zeigen.» Kristin schätzt Trudels Hilfe.

Der warme Morgen vergeht überraschend schnell. Die Mädchen haben bereits ein Viertel des Feldes bepflanzt, als die Mittagspfeife ertönt. Die Mädchen schleppen ihre Kartoffelsäcke zurück in die Scheune, waschen ihre Spaten, bürsten den Schmutz von ihren Kleidern und verstauen ihre Werkzeuge.

Und aus Wertschätzung gehen sie noch einen Schritt weiter. Sie schlüpfen in die Scheune, nehmen die gerade gelegten Eier vorsichtig auf und bringen sie zu Frau Torge. Ein paar der Mädchen bleiben zurück, um die Ställe auszumisten.

Es dauert nicht lange bis Nelli und Frau Torge zwei große Holzplatten heraus bringen, die mit köstlichen Schnittchen gefüllt sind. Sie stellen die Platten auf den Tisch unter der alten Eiche. Umgeben von leuchtenden Blumenbeeten, sprechen die Mädchen ihren Morgen mit der Frau des Bauern durch und genießen dabei die Brote mit gekochtem Schinken, frisch geriebenem Meerrettich, gekochten Eiern, Käse und frischen Tomaten. Der Gurkensalat wurde mit Öl und Essig, Salz und Pfeffer und einem Hauch Zucker angemacht. Kleine runde Pumpernickel sind mit ungarischer Salami und Frischkäse belegt, der von einer Prise Paprika fast rot getönt und einem Zweig Petersilie belegt ist.

Nach dem Mittagessen helfen alle Mädchen beim Abwasch und dem Abstellen des Geschirrs. Sie versprechen am nächsten Morgen zurückzukehren und winken Frau Torge noch einmal fröhlich zu, als sie singend vom Hof marschieren und zurück zu ihrem Lager hoch oben auf dem Hügel kehren.

Die Mädchen haben ihren ersten Arbeitstag genossen. Als sie in das Lager zurückkehren, waschen sie sich und ziehen dann ihr Sportzeug an. Das kalte Brunnenwasser hat sie erfrischt und sie freuen sich bereits auf den Sportnachmittag. Sie rennen zum Sportfeld hinüber und schließen sich den anderen an.

Sport wird jeden Nachmittag für zwei Stunden betrieben. Die Mädchen führen eine Vielzahl von Turnübungen vor, einschließlich rhythmischer und akrobatischer Gymnastik sowie Leichtathletik. Die täglichen Übungen stärken und straffen ihre Körper, denn mit einem starken Körper kommt ein starker Geist.

So ist jedenfalls ihr Bewusstsein.

Das Training beschränkt sich nicht nur auf die Nachmittage. Zusätzlich zu den körperlichen Übungen sind Wandern mit und ohne Gepäck, Klettern, Schwimmen, Tanzen, Fahrradfahren, Volleyball, Laufen und Marschieren an der Tagesordnung. Das übergeordnete Ziel besteht darin, Kalorien zu verbrennen und Fett zu verlieren, das Bindegewebe zu stärken, eine höhere Knochendichte zu erzeugen und das Herz-Kreislauf-System herauszufordern, wodurch die Wahrscheinlichkeit eines hohen Blutdrucks verringert wird.

Während ihrer Zeit im Bund Deutscher Mädel lernen diese Mädchen nicht nur, dass persönliche Hygiene für die Gesunderhaltung eines Körpers von entscheidender Bedeutung ist, sondern auch, dass man über die richtige Aufnahme verschiedener Nahrungsmittelgruppen unterrichtet sein muss.

Eine richtige Ernährung, in Kombination mit Bewegung trägt zur Erhaltung ihrer Gesundheit bei. Sie lernen alles über die wichtigsten Nährstoffklassen, einschließlich der Auswirkungen von Kohlenhydraten, Fetten, Mineralien, Proteinen, Vitaminen und Wasser auf Körper und Geist.

Diese jungen Mädchen reifen schnell zu jungen Frauen heran und ihr Körper braucht Pflege. Schon von jungen Jahren an lernen sie, jeden Tag siebenmal mehr Obst und Gemüse zu konsumieren, anstatt sich auf eine Ernährung zu verlassen, die reich an Stärke, Fleisch oder Fett ist. Jetzt lernen sie, wie man Speisen, ja sogar komplette Gänge im Rahmen einer ausgewogenen Ernährung zubereitet. Die Mädchen werden in der Hauswirtschaftsbrigade jeden Abend ein anderes Essen zubereiten.

Das Dritte Reich konzentriert sich auf die gesündesten, stärksten und diszipliniertesten jungen Mädchen, die dann für das Landjahr ausgewählt werden. Diese Mädchen erhalten vom Staat die bestmögliche Ausbildung. Bis 1941 dienen im Landjahr hunderttausend Mädchen und Gertrude (Trudel) Kerschner ist eine von ihnen.[198]

Die Welt dieser jungen Mädchen beginnt sich mit unendlichen Möglichkeiten zu öffnen. Eine innere Angst ist weitgehend unbegründet, denn die Frage «Was wäre wenn?» stellt sich nicht und kann so das Urteilsvermögen nicht trüben. Stattdessen lernen sie zu denken und fragen sich: «Wie kann ich was?» Sie sind bereit zu lernen. Trudel setzt sich dabei noch höhere persönliche Maßstäbe und engagiert sich für das Lernen. Auch sie möchte, dass ihr Land unter der universellen Denkweise der „Volksgemeinschaft" stark wird und das Beste Land der Welt ist.

Wie können so wenige Menschen eine ganze Nation von Kindern und deren Denkweise kontrollieren. Wie können sie ihrem Land bedingungslos dienen? Wenn es Trudel nicht erlaubt ist einen eigenen Verstand zu haben, wie kann sie dann in einem so jungen Alter entscheiden, gemeinsam mit anderen für ihr Land da zu sein? Woher kommt das Verlangen ein Teil davon zu sein?

Das junge Unterbewusstsein hat nur eine Antwort auf alle Befehle, das es erhält und diese Antwort lautet «Ja.»[199] Alles, was Trudel von ihren Führern, Gleichaltrigen und ihren Eltern lernt, ist direkt in ihre Glaubensstruktur integriert. In einem so beeindruckbaren Alter kann ihr Unterbewusstsein kaum Ideen ablehnen, es sei denn, sie fühlt sich bedroht oder kompromittiert. Doch Trudel fühlt sich in der Hitlerjugend weder bedroht noch kompromittiert. Stattdessen fühlt sie sich geschätzt, als „Mädchen im Dienst" für ihr Land. Schon in jungen Jahren wurde ihr eingeflößt, dass sie schön ist und «alles kann, was sie sich vorgenommen

---

[198] Bund Deutscher Mädel – "Die Landjahr Jahre"
[199] Bob Proctor

hat». Die ganze Ermutigung, die sie von ihrer Mutter und ihren Führungskräften erhalten hat, gibt Trudel sowohl die Ausdauer als auch die Entschlossenheit etwas zu bewerkstelligen, und das wiederum schürt ihren Mut und die innere Kraft, und spornt sie an trotz aller Widrigkeiten erfolgreich zu sein. Dank dieser Ausbildung verspürt Trudel keine Angst mehr. Es wird nicht einmal ihren Geist dämpfen. Wenn auch immer sie einen Anflug von Nervosität verspürt, lenkt sie die Energie um, indem sie über ihre Situation nachdenkt, und darüber welche Korrekturmaßnahmen sie ergreifen kann. Sie unterdrückt alle falschen Gefühle. Sie ist ständig bemüht, ein besserer Mensch zu sein, zu lernen und mehr zu tun. Sie ist eine natürliche Leistungsträgerin und hat die höchsten persönlichen Maßstäbe für ihr Leben gesetzt, basierend auf Werten, Prinzipien und einer unnachgiebigen Arbeitsmoral, die alle auf einem ehrlichen Gefühl der Integrität beruhen. Bereits von ihrem fünften Lebensjahr an hat sie von ihrer Mutter die ersten Grundlagen gelernt. Wie man zu Hause und im Garten hilft, eine Erfahrung die später in der Jungmädelschaft noch vertieft wird. Jetzt wird das Landjahr Trudel zu einer jungen Frau und zu einem beschäftigungsfähigen, produktiven Mitglied der deutschen Gesellschaft machen.

Der BDM verfolgt einen auf Aktivität basierenden Unterrichtsansatz. Anstatt die Mädchen aus dem Gedächtnis rezitieren zu lassen, was sie in ihren Lehrbüchern gelesen haben, bemühen sich die Leiterinnen, die Überzeugungen mit eigenem Verhalten zu verschmelzen. Die Teilnahme am Landjahr beschleunigt das Lernen durch Handlungen, Taten und Pflichten. Zusammen mit Tausenden anderer Kameradinnen wird sie sich von einem jungen Mädchen zu einem reifen «Mädel im Dienst» entwickeln.[200]

«Mädel im Dienst» ist eines der vielen Handbücher die vom Bund Deutscher Mädel verwendet werden. Dieses Lehrbuch unterrichtet die Mädchen über Sport und Gymnastik, Selbstverteidigung, gesundes Leben, Ernährung und Speisen, sowie Informationen und Tipps für die Organisation von Gruppentreffen, Tagesausflügen und die Einrichtung kultureller Abende. Es umfasst auch einwöchige Campingausflüge, Tipps für Erste Hilfe, Selbstverteidigungstechniken, das Lesen von Karten und Sternkarten und dergleichen. Dieses Handbuch lehrt sie auch ihre Ehre zu bewahren, in dem es die Freude an der persönlichen Selbstentwicklung weckt.

Diese Lehren zwingen Trudel oder ihre Kameraden jedoch nicht, gegen ihren Willen zu lernen. Das Landjahr hat einen elitären Ruf und Trudels Mutter nimmt die Gelegenheit für die Teilnahme ihrer Tochter bereitwillig an. Das Landjahr Jahr symbolisiert von Anfang an die positive Haltung der

---

[200] Mädel im Dienst

Jugend gegenüber der Natur. Die Natur ist ein wesentlicher Bestandteil der Bildungslandschaft, die zur Verbreitung der Ideologie der Volksgemeinschaft beiträgt. [201]

> Wenn der letzte Tag kommt, wirst du dem Herrgott
> deine Hände zeigen. Diejenigen, die hart arbeiten
> können im Himmel ruhen.
> Und wer feine weiße Hände hat,
> der muss zuerst sein Herz zeigen. [202]

Nach diesem Motto werden die Mädchen im Landjahr Lager erzogen. Auch die Lagerleiterinnen tragen eine kolossale Verantwortung für das Wohlergehen und die Sicherheit aller Mädchen.[203] In Zusammenarbeit mit dem Reichsministerium besteht die anfängliche Aufgabe der Lagerleiterinnen darin, eine geeignete Unterbringung zu finden, die Platz für bis zu hundert Mädchen bietet, den Transport zum und vom Lager zu arrangieren, tägliche Arbeitspläne und Lehrpläne vorzubereiten, Mahlzeiten zu planen und wöchentliche und monatliche Haushaltsberichte und Überwachung der Haushaltsführung vorzulegen. Sie bringen den Mädchen bei, wie man kulturelle Feste und Veranstaltungen organisiert und wie man einen Haushalt finanziell plant.

Diese Mädchen werden sich ausserdem der großen Ehre bewusst werden, die auf ihre Schultern gelegt wurde. Sie werden an sich und ihre Fähigkeiten glauben. Sie haben bei ihrem Leben geschworen, das Beste was sie für ihr Land sein können, zu sein. Die Mädchen akzeptieren, dass ihre Leiterinnen da sind, um zu unterrichten, und im Gegenzug müssen die Mädchen bedingungslose, willige Schülerinnen sein. Sie werden stärker, indem sie Körper, Geist und Seele zusammen einsetzen. Ihre Bewunderung für ihren Führer schürt ihren inneren brennenden Wunsch, ihrer Nation zu dienen, was dazu führt, dass ihr Geist vor Stolz aufblüht. Die Bindungen und Freundschaften, die sie im Landjahr eingehen, werden ein Leben lang halten. Bei den Leiterinnen des Landjahr Lagers wird es nicht anders sein. Diese Elitegruppe besteht aus den besten und klügsten Frauen, die speziell vom Reichsministerium ausgebildet wurden. Wenn der Führer ruft, wird jede ihr höchstes Potenzial entfalten, denn er erwartet nur das Beste.[204]

Tatsächlich lernt Trudel neue praktische Fähigkeiten, die ihr ein ganzes Leben lang erhalten bleiben werden. Was sie lernt, lernt sie durch freiwillige Teilnahme, denn sie weiß, dass sie hier ist, um ihrem Staat zu dienen, und ihr Staat wird wiederum ihr dienen. Dies ist ihre kulturelle Erziehung und dies

---

[201] Volksgemeinschaft
[202] Annemarie Leppien, Seite 53
[203] Mädel im Dienst, Seite 8
[204] Ibid

ist ihre Pflicht gegenüber ihrem Land. Trudels Ausbilderinnen zeigen ihr einen neuen Ansatz, wo sie durch die Zusammenarbeit in der Gemeinschaft völlig eigenständig und autark wird. [205] Trudel und ihre jungen Kameradinnen lernen das Leben auf eine neue Art und Weise zu begehen. Sie lernen alle aufkommenden Schwierigkeiten gemeinsam zu bewältigen. [206]

Sport ist ein weiterer Weg, um ihre Bindung zu festigen.

Wenn die verschwitzten Mädchen ihre Gymnastik beendet haben, rennen sie in die Waschräume, baden, ziehen sich um und treffen sich draußen im Hof zu ihrer geselligen Kaffeestunde. Sie nehmen sich einen Moment Zeit, um ihre Post zu lesen. Nur Trudel ist ein bisschen entmutigt, als sie keinen Brief von ihrer Familie erhalten hat.

Dennoch beschließt sie sich nicht der Enttäuschung hinzugeben und stattdessen ihre Zither zu spielen. Sie beginnt mit einem einfachen traditionellen österreichischen Walzer: „Wenn ich zur Alm gehe." Einige der Mädchen versammeln sich um sie herum um zu singen.

Niemand versteht als Steffi plötzlich aus dem Raum rast. Sie sind alle völlig überrascht, als sie mit einem staubigen alten Akkordeon zurückkommt, das sie auf dem Dachboden entdeckt hat.

Als sie um sechs Uhr zum Fahnenappel gerufen werden, bewegen sich die Mädchen etwas zögerlich. Sie sind müde. Der lange Tag mit seinen verschiedenen Aktivitäten hatte sie ausgelaugt. Als Fräulein Albrecht in die Hände klatscht, dauert es etwas bis die Mädchen sich zum Fahnenappell versammelt haben. Sie marschieren im Gleichschritt und veranstalten ihre Zeremonie und kehren danach um halb sieben in ihr Lager zurück und genießen ein leichtes Abendessen. Doch heute Abend ist es ruhiger am Tisch.

---

[205] Mädel im Dienst, Seite 199
[206] Bund Deutscher Mädel, Geschichte

Die Neuankömmlinge

PLÖTZLICH FRAGT TRUDEL «Könnt ihr auch das Singen hören?» Die anderen horchen aufmerksam auf.

Fräulein Albrecht, die am Kopfende des Tisches sitzt, antwortet: «Ich glaube auch, dass ich etwas höre. Wie wäre es denn wenn ihr Mädchen nach draußen geht und nachseht wer es ist? »

Die Mädchen sehen sich an, lassen ihre Gabeln auf die Teller fallen und rennen aus dem Speisesaal. Trudel schiebt sich nach vorne und sieht eine neue Gruppe von Mädchen die Auffahrt heraufkommen! Die Neuankömmlinge beenden ihr Wanderlied vor dem Haus.

«Willkommen, meine Damen!» proklamiert Fräulein Albrecht von oben. Die anderen Mädchen strömen herbei, um ihre neuen Kameraden zu begrüßen. Die Lagerleiterinnen erlauben den Mädchen sich kurz kennenzulernen. Nach ein paar Augenblicken jedoch schallt die Trillerpfeife, um die Aufmerksamkeit aller zu erregen.

«Mädchen, geht wieder hinein und beendet euer Abendessen und kümmert euch dann um die noch ausstehenden Aufgaben. Ich werde mich derweil um unsere neuen Bewohnerinnen kümmern.»

Im gesamten Lager herrscht reges Treiben. Während sich die Mädchen beeilen, ihr Essen zu beenden und ihre Aufgaben zu erledigen freuen sie sich auf die Möglichkeit in ihrer freien Stunde die neuesten Mitbewohnerinnen im Salon zu treffen.

Fräulein Albrecht gibt den neuen Mädchen in der Zwischenzeit eine Orientierungstour. Wie auch am Vorabend, teilt sie im Speisesaal die Neuankömmlinge in Arbeitsgruppen ein. Trudel freut sich zu hören, dass morgen acht weitere Mädchen zusammen mit ihrer Gruppe zum Kartoffeln setzen eingesetzt werden.

Als die Einweisung beendet ist, treffen sich die Mädchen im Salon, um einen weiteren Abend der politischen Diskussion zu beginnen, was bedeutet, dass Fräulein Dieter aus der Zeitung vorlesen wird.

Die Gruppenleiterin teilt ihren Schützlingen mit, was in der Welt vor sich geht. Trudel versteht nicht, wie die deutsche Verteidigungsindustrie funktioniert oder wie eine autarke Regierung den Agrarsektor für die Entwicklung von Ersatzprodukten intensiviert, um Deutschland in ein autarkes Land umzuwandeln, das Rohstoffe in Industriegüter umwandelt.

Anstelle des aktuellen Wirtschaftsgeschehen wandern Trudels Gedanken zu ihrer Familie. Sie bekommt wieder Heimweh, mit diesem unangenehmen Stich im Bauch.

«Fräulein Kerschner?»

Trudels Träumereien wurden jäh unterbrochen. Wird sie wegen des Tagträumens gerügt werden?

Trudel antwortet zögernd: «Ja, Fräulein Dieter?»

«Melden Sie sich nach diesem Treffen in meinem Büro!», befiehlt die Gruppenführerin.

Trudel errötet vor Verlegenheit, besonders als sie merkt wie alle anderen Augenpaare sie anstarren.

Sie fühlt sich gedemütigt, weil alle ihre Kameraden gerade Zeuge ihrer Tagträumerei geworden sind. Sie fühlt sich ihres Stolzes beraubt. Jedes Mädchen im Raum nimmt natürlich sofort das Schlimmste an. Trudel formuliert mehrere Ausreden in ihrem Kopf, während die politische Diskussion fortgesetzt wird.

Nachdem Fräulein Dieter den Unterricht beendet hat, verlassen alle Mädchen mit Ausnahme von Trudel den Salon.

«Warte hier, bis du gerufen wirst!» befiehlt Fräulein Albrecht, als sie von ihrem Stuhl aufsteht und den Raum verlässt.

Eines der Neuankömmlinge sieht Trudel an und erhebt ihren Zeigefingern zur «Schande über dich!» Geste und verlässt dann ebenfalls den Salon. Trudels Mitbewohnerinnen Steffi, Nelli, Elli, Maria und Ingrid verweilen noch kurz bei ihr um sie um zu trösten, bevor auch sie sich in ihr Zimmer zurückziehen.

Der Tag der Mädchen geht langsam zu Ende. Die neuen Mitglieder packen aus und lassen sich nieder, während die anderen noch etwas schwatzen. Sie reden über Trudel und den Preis den sie für ihre Unaufmerksamkeit zahlen wird. Aber warum hatte die Leiterin ausgerechnet das kleinste Mädchen von allen anderen hervorgehoben?

Um neun Uhr ertönt die Pfeife! Es wird still im Lager. Die drei Lagerleiterinnen sitzen in ihrem Büro und sprechen den Tag durch. Sie überprüfen die Unterlagen der neuen Mädchen aus Oberschlesien.[207] Sie machen sich Notizen und erörtern die aktuelle Tagesordnung.

Trudel wartet geduldig im Salon. Sie versucht sich vorzustellen, welche Fragen die Leiterinnen stellen könnten und formuliert die Antworten in ihrem Kopf. Sie spielt die ganze Situation in ihrem Kopf noch einmal durch und kommt schließlich zu dem Schluss, dass sie nur ehrlich sein und ihnen die Wahrheit über ihr Heimweh sagen muss. Es gibt keinen Grund zu lügen und ihre Handlungen zu vertuschen. Egal welche Strafe sie auch erhalten

---

[207] Peter Dubiel, Oberschlesien

wird, sie wird sich dieser stellen und schwören, in Zukunft besser aufzupassen.

Schließlich betritt Fräulein Albrecht den Raum. Sie spricht das reuige Mädchen mit hochgezogenen Augenbrauen an.

«Trudel, du kannst jetzt mit mir kommen.»

Trudel senkt bescheiden den Kopf und folgt ihrer Leiterin ins Büro. Sie sitzt vorsichtig in der Ecke und wartet auf ihre Bestrafung.

«Es gibt einen besonderen Grund, warum wir Sie heute Abend hierher gerufen haben, Frl. Kerschner.» fängt Fräulein Dieter das Gespräch an.

Trudel hebt langsam den Kopf und ist bereit, ihre Bestrafung zu akzeptieren aber es kommt alles ganz anders.

«Die beiden anderen Lagerleiterinnen und ich glauben, dass du außergewöhnliche Führungsqualitäten besitzt. Wir sind der Meinung, dass du eine Führungsanwärterin werden sollst! Daher wirst du in den nächsten zwei Tagen deine Fähigkeiten durch die folgenden Aufgaben unter Beweis stellen.»

Trudel seufzt erleichtert auf und Stolz schwillt in ihrer Brust. Sie setzt sich auf, wird aufmerksamer, ist aber immer noch unsicher und kann nicht glauben, was sie da hört. Sie wird eine Führungsanwärterin sein und die anderen Mädchen zwei Tage lang beaufsichtigen? Sie hört aufmerksam zu, während sie in ihre Aufgaben eingewiesen wird.

«Alles was du tust, musst du in diesem Buch dokumentieren.» Fräulein Dieter reicht ihr ein Notizbuch. «Du wirst detaillierte Aufzeichnungen führen, in denen alle deine Aktionen, Befehle und Aufgaben aufgeführt werden. Du wirst uns informieren, wenn die Aufgaben abgeschlossen sind.»

«Hier ist der Zeitplan für Aufgaben, die du in den nächsten zwei Tagen erledigen wirst. Bitte mache dich mit dieser Liste vertraut und führe die Aufgaben dann der Reihe nach aus. Verstanden?»

Trudel springt begeistert von ihrem Stuhl. Sie steckt sich das Buch unter den einen Arm, salutiert mit dem anderen und wird dann durch einen Pfiff entlassen.

«Du kannst jetzt gehen.»

Trudel macht es ihren Leiterinnen nach und dreht sich auf ihrem linken Fuß aus dem Raum in Richtung Flur. Am Fuß der Treppe, als sie ausser Sichtweite ist, springt sie vor Aufregung die ersten zwei Stufen hinauf. Danach greift sie nach dem Geländer, rennt den Rest der Treppe hinauf, stürmt in ihr Schlafzimmer und weckt ihre Mitbewohnerinnen auf.

«Oh je, was ist passiert?» Nelli schnappt nach Luft.

«Sie haben mich gerade zu einer Führungsanwärterin gemacht!» antwortet Trudel wahrheitsgemäß.

Es folgt eine verwirrte Pause. «Was genau bedeutet das?» fragt Ingrid.

«Das heißt, dass ich für die nächsten zwei Tage für alle Mädchen verantwortlich bin! Ist das nicht aufregend?» ruft Trudel aufgeregt aus.

«Was? Wirklich? Müssen wir jetzt Anweisungen von Dir entgegennehmen?» schmollt Steffi und wirft sich die Laken über den Kopf und rollt sich zur Seite. «Einfach toll!» murmelt sie unter dem Bettlaken.

«Oh, es ist nur für zwei Tage, Mädels! Es wird Spaß machen! Kommt schon. Lass uns etwas schlafen. Wir haben morgen einen anstrengenden Tag vor uns!»

«Trudel, als stellvertretende Anführerin, oh Gott, was wohl als nächstes kommen wird?» ruft Maria und zieht sich ebenfalls die Decke über den Kopf.

Auch die anderen Mädchen drehen sich um und sinken wieder in ihre Träume zurück.

Das Wesen der Führung liegt nicht im Befehl, sondern im Dienst.
In der Erklärung eines großen Deutschen heißt es:
"Ich bin der erste Diener meines Staates."
Dies ist auch ein Grundprinzip des Nationalsozialismus.

~Baldur von Schirach ~

Die Führungsanwärterin

ES IST VOLLMOND und Trudel sitzt auf dem Balkon und denkt über ihre Beförderung nach. Sie stellt den Wecker auf halb sechs. Danach geht sie leise in ihr Schlafzimmer zurück, bedacht darauf, ihre Kameradinnen nicht zu wecken. Sie zieht ihr Nachthemd an, kann aber nicht einschlafen. Es ist nicht nur die tickende Uhr die sie davon abhält, sondern auch die Tatsache, dass die Realität ihrer Beförderung so langsam einsinkt.

«Was ist, wenn jemand mitten in der Nacht schlafwandelt?» oder «Was ist, wenn es einen Notfall gibt?» Sie dreht sich die ganze Nacht hin und her, aus Angst den Wecker nicht zu hören. Schließlich schläft sie ein, aber viel Schlaf bekommt sie diese Nacht nicht.

Der Wecker klingelt um halb sechs. Der kleine metallene Hammer schlägt zwischen den beiden Glocken oben auf dem Wecker hin und her. Trudel stellt den Wecker ab und springt aus dem Bed. Sie schlüpft aus ihrem Nachthemd in ihre BDM Uniform und geht dann, Wecker in der Hand, die Treppe hinunter. *Schnell, schnell, schnell* ist ihr erster Gedanke an diesem Morgen.

Auf dem Treppenabsatz zwischen dem ersten und zweiten Stock angekommen, bleibt sie stehen und schaut auf den Wecker. Sie will die Pfeife nicht zu früh trillern und so steht sie da und beobachtet wie sich der Zeiger langsam auf die sechs Uhr zu bewegt. Sie freut sich bereits auf all die Aufregung die sie heute Morgen verursachen wird, auf ihren Befehl! Ob es wohl einfacher ist, wenn man Befehlsgewalt hat und die anderen nach ihrer Pfeife tanzen müssen?

Pünktlich um sechs trillert sie endlich die Pfeife. Der Pfiff schrillt durch das ganze Haus und weckt alle auf. Stimmen sind zu hören, Türen beginnen zu schlagen und einige der Mädchen rennen bereits an Trudel vorbei in Richtung Waschraum. Trudel geht die Treppe hinauf in den dritten Stock und trillert nochmals auf der Pfeife. «Aufstehen!» befiehlt sie und auch die letzten Nachzügler rennen jetzt in Richtung Waschraum.

Trudel begibt sich in den Speisesaal und wartet geduldig bis die Mädchen genügend Zeit hatten sich zu waschen und ihr Bett zu machen. Sie nutzt die Zeit, um ihr erstes Protokoll in ihr braunes Notizbuch zu schreiben:

«Es ist 6.00 Uhr morgens und ich habe zum Aufwecken gepfiffen. Die Mädchen laufen zum Waschen und beeilen sich, ihre Schlafsäle in Ordnung zu bringen, bevor ich die Inspektion durchführe.»

Sie wartet bis alle Mädchen wieder auf ihren Zimmern sind bevor sie sich in den zweiten Stock begibt, um dort mit den Zimmerinspektionen zu beginnen. Mit dem Buch unter ihrem Arm öffnet sie die Tür und ruft «Achtung!»

Die Mädchen stellen sich vor ihren Betten auf. Trudel geht auf jedes Mädchen zu und inspiziert die Anzugsordnung. Sie prüft, dass die Fingernägel sauber sind, geht durch die Zimmer, schaut unter Betten, öffnet Schränke und wirft eine Münze, genauso wie sie es bei ihrer Gruppenleiterin beobachtet hatte. Danach befiehlt sie den Mädchen sich draußen aufzustellen und zu warten, bis es Zeit zum morgendlichen Fahnenappell ist. Während die Mädchen draußen warten, macht sich Trudel Notizen über den Ausgang der Inspektion und geht dann zum Büro der Leiterinnen zurück, um Meldung zu machen.

«Zimmerinspektion abgeschlossen, alle Mädchen sind zum Fahnenappell angetreten, Fräulein Albrecht.» meldet sie.

«Gut, dann last uns mit dem Fahnenappell beginnen.»

Trudel marschiert stolz vor Fräulein Dieter, Fräulein Albrecht, und FräuleinGrüber nach draussen. Es ist das erste Mal, dass sie das Landjahr samt seiner Leiterinnen anführt. Ihre Befehlsgewalt und ihre Kenntnisse die richtigen Befehle anzuwenden werden jetzt unter Beweis gestellt.

So ein militärischer Befehl besteht immer aus zwei Teilen. Erstens die Andeutung, dass ein Befehl gegeben wird, und zweitens der Befehl selber.

«Achtung! Aufstellen! Stillgestanden!» befiehlt Trudel unter den wachsamen Augen und Ohren der Lagerleiterinnen.

«Abzählen – eins…!»

Die Mädchen zählen sich ab, bis sie bei vierzig angekommen sind.

Trudel dreht sich auf ihrem linken Absatz herum, schaut ihre Leiterinnen an, salutiert und meldet: «Gruppe vollzählig!»

Die Lagerleiterin nickt.

Trudel dreht sich wieder ihrer Gruppe zu und befiehlt: «Augen rechts! Abmarsch!»

Die Mädchen drehen sich wie befohlen und marschieren in Richtung Fahnenplatz. Dort hissen sie die Fahne und halten wie bereits am Vortag den Fahnenappell ab.

Fräulein Dieter hält die Morgenansprache.

«Ihr seid die Zukunft Deutschlands. Wo wir jetzt sind, werdet ihr bald stehen. Ihr seid die Zukunft Deutschland. So ist es und so sei es!»

Fräulein Dieter schaut sich in der Morgensonne alle ihre jungen Schützlinge genauestens an. Als Führerin muss sie sich schnell mit deren

272

Verhalten und Fähigkeiten bekannt machen, um zu entscheiden wie diese am besten eingesetzt werden können.

Dann beginnt sie ihre Morgenrede. «Wir freuen uns unsere Kameradinnen aus Oberschlesien begrüßen zu dürfen, die gestern Abend zu uns gestoßen sind. Nachdem wir unsere allmorgendlichen Aufgaben wahrgenommen haben werden wir uns heute Nachmittag im Aufenthaltsraum treffen, wo wir uns nicht nur gegenseitig ein wenig kennen lernen werden, sondern auch mit den Vorbereitungen für unsere Walpurgisnacht beginnen werden. Wir werden das Fest mit einem großem Lagerfeuer hier auf unserem Hügel feiern und die Dorfbewohner werden sich zu uns gesellen. Wir werden singen und die bösen Geister abwehren und Ceres, unserer Mutter Erde, gedenken. Morgen ist unser Nationalfeiertag. Anstatt zu arbeiten, werden wir mit den Bauern feiern! Wir werden an einer Parade teilnehmen und die Männer des Dorfes werden im Zentrum der Stadt den Maibaum aufrichten. Wir sind eingeladen worden und werden einen Maitanz darbieten.»

Die Mädchen sind begeistert.

«Wir werden heute also, anstatt Sport zu treiben, die traditionellen Kreis- und Bandtänze erlernen, die ihr morgen aufführen werdet. Und solltet ihr die Tänze noch nicht kennen, werdet ihr überrascht sein wie einfach diese zu erlernen sind. Wir werden sie später am Nachmittag auf dem Sportfeld üben, aber zuerst treffen wir uns wie gesagt im Aufenthaltsraum.

Bevor unsere Feierlichkeiten beginnen, werden wir ein herzhaftes Abendessen zu uns nehmen. Dann werden wir auf die Spitze des großen Hügels hinter unserem Lager gehen und uns den Dorfbewohnern anschließen. So und nun laßt alle zusammen unseren Führer und den neuen Tag begrüßen! »

Die Mädchen salutieren und sprechen ihren Treueid, bevor sie zum Frühstück ins Lager zurückkehren und die Ereignisse des Tages besprechen. Trudel sitzt mit ihren Leiterinnen zusammen und macht Notizen in ihr Buch. Nach dem Frühstück kümmert sie sich zuerst um die Versorgung der Tiere im Lager, leitet die neuen Mädchen an, die der Gruppe zugeteilt wurden und versammelt dann die gesamte Gruppe vor dem Haus um von dort aus zu dem Torge Hof zu marschieren Die Mädchen bilden eine Kolonne, und angeführt von Trudel marschieren sie singend zum Torge Hof, um einen weiteren Morgen lang Kartoffeln zu pflanzen.

Trudel beaufsichtigt die Mädchen, während diese auf dem Feld die Kartoffeln pflanzen. Sie besucht Nelli in der Küche und nimmt sich sogar etwas Zeit, um mit Frau Torge zu plaudern. Pünktlich zur Mittagszeit pfeift Trudel ihre Kameradinnen zum Essen fassen. Sie ist sehr stolz, wenn diese ihr nach Abschluss ihrer Aufgaben Bericht erstatten. Trudel stellt in ihren

Notizen fest, dass alle Mädchen glücklich bei der Arbeit waren, dass es keine Beschwerden gab und alle Mädchen ihre Pflichten ohne Zwischenfälle erfüllt haben.

Die Mädchen marschieren nach dem Mittagessen singend und Wohlgemutes ins Lager zurück. Sie waschen sich und pünktlich um 13:39 Uhr stellt Trudel ihre Kameradinnen zur nächsten Inspektion auf.

Fräulein Dieter kommt in den Versammlungsraum und erklärt den Mädchen die beiden Variationen der Maibaum-Tänze, die sie morgen aufführen werden.

Während die Mädchen üben, gehen Trudel und Nelli in die Stadt, um die Post zu holen. Die beiden Mädchen traben fröhlich die Straße «Zur schönen Aussicht» entlang. Sie gehen an den kleinen Bauernkaten vorbei.

Sie überqueren die Hauptstraße von Seidorf mit sprunghaften Schritt, vorbei an den Häusern im Tiroler Stil und winken den Dorfbewohnern zu, die das schöne Frühlingswetter genießen. Völlig fremde Menschen winken den beiden Mädchen in ihren BDM Uniformern in einer einladenden Geste zu. Die Mädchen fühlen sich in Seidorf willkommen. Und die Seidorfer sehen sie ebenfalls gern!

Als sie um die Ecke kommen, stoßen sie auf die Barockkirche. Sie machen eine kurze Pause, um den quadratischen Turm der bischöflichen Kirche zu bewundern, der von einer verkupferten Zwiebelkuppel gekrönt ist, die über die Zeit durch das Wetter eine grüne Patina angenommen hat. Die halbkreisförmigen Öffnungen in jeder der beiden großen roten Türen repräsentieren die Morgensonne und heißen gleichzeitig die Gemeindemitglieder willkommen.

Trudel dreht an dem Messinggriff der schweren Eichentür und das Paar tritt durch den gewölbten Eingang in die Kühle des Vorraums ein. Nelli schließt die Tür hinter sich. Die Mädchen gehen schweigend auf den Altar zu und bei dem Anblick der Schönheit dessen stockt ihnen fast der Atem. Oberhalb des Triforiums dringt das Sonnenlicht durch die halbkreisförmigen Fenster ein und beleuchtet das Kirchenschiff und den Altar darunter. Die barocke Architektur besteht aus einem würdigen, gut gearbeiteten Massivholzaltar, der sich durch besonders reiche Verzierungen auszeichnet. Zwei Säulen zur Seite des Altars tragen das Gewicht der Empore. Zwei weitere Säulen auf beiden Seiten der Empore tragen die Orgelpfeifen hoch über sich, die von einem Strahlenstoß gekrönt werden, der vom blauen Kranz ausstrahlt, der mittig angebracht ist. Über dem Altar befindet sich ein großes Ölgemälde von Christus, der mit offenen Händen seine Jünger begrüßt. Trudel zündet eine Votivkerze an, schlägt ein Kreuz, setzt sich dann in die Bank und betet für die Soldaten, ihre Familien, ihre Brüder Hans und Emmerich und ihren Vater. Sie schwört das Versprechen ihres Vaters zu halten. Sie vermisst ihn sehr und wünscht, dass er noch am Leben wäre.

Als sie aufsteht, bemerkt sie eine dunkle Gestalt, die schnell hinter eine der Säulen stürzt.

Als sie bei der Post ankommen, werden sie von dem Postmeister freundlich begrüßt und unterhalten sich eine Weile mit ihm. Die Mädchen gehen mit ihrem Bündel an Karten und Briefen wieder ins Lager zurück. Trudel weiß, dass alle Mädchen im Lager sehnsüchtig auf eine Nachricht von zu Hause warten. Sie blättert durch den Stapel und schaut auf die Absenderadressen. Sie sucht nach einer Nachricht von zu Hause. Als sie ihre Heimatadresse entdeckt wird ihr ganz heiß und kalt. Sie zieht die Karte aus dem Stapel und liest:

> Liebe Trudel,
> Wir freuen uns sehr, dass Du heil angekommen bist und können es kaum erwarten mehr von Deinen Erlebnissen zu hören. Wir vermissen Dich sehr. Bitte schreib bald. In Liebe Mutter und Franzl.

Trudel ist fassungslos, dass von zu Hause nicht mehr gekommen ist. Trotzdem schwört sie sich sofort zurückzuschreiben, da ihre Familie darauf bedacht zu sein scheint möglichst bald von ihr zu hören.

Als die beiden Mädchen ins Lager zurückkehren, haben sie die erste Phase der Tanzaktivitäten verpasst. Trudel sortiert noch schnell die Post, während Nelli sich ihrer Gruppe anschließt. Nachdem Trudel fertig ist, geht sie ebenfalls auf das Sportfeld und tanzt mit. Einige der Mädchen fragen, ob Post für sie eingetroffen ist, aber Trudel sagt kein Wort! Das wird ihr kleines Geheimnis bleiben.

Sie schließt sich den Mädchen für die nächsten Stunden an und übt mit den anderen die Tänze. Um vier Uhr pfeift Trudel dann zur Nachmittagspause. Nachdem sie alle Briefe verteilt hat, kümmert sie sich um den abendlichen Fahnenappel. Sie ärgert sich, dass einige der Mädchen immerzu am Bummeln sind. Kurz darauf beschließt sie das Thema mit Fräulein Albrecht zu besprechen, aber diese sagt ihr sie solle sich nicht weiter darum kümmern. Alles läuft gut und nach Plan.

Was für eine Erleichterung. Trudels Herz macht einen kleinen Sprung, als Fräulein Dieter ihr ausserdem noch mitteilt, dass sie bisher gute Arbeit geleistet hat. Alles wird gut werden.

Walpurgis Nacht

DER AUFSTIEG auf den Berg hinter dem Lager beginnt nach dem Fahnenappel und dem Abendessen. Es ist Trudels Aufgabe ihre Kameradinnen standesgemäß auf den Berg zu führen. Dort werden sich die Mädchen mit den Dorfbewohnern treffen, um gemeinsam die Walpurgisnacht zu feiern. Zuerst müssen sie jedoch noch lernen wie wichtig die Feier ist. Fräulein Albrecht erklärt das Ritual während des Fahnenappells. «Wie ich bereits heute Morgen angekündigt habe, ist heute Walpurgisnacht und unsere Zeremonie beginnt mit einem großen Lagerfeuer auf dem Berg Grodno. Die Dorfbewohner haben sich schon seit Tagen darauf vorbereitet und altes Holz gesammelt und dieses zu einem Lagerfeuer aufgeschichtet Dieses Holz symbolisiert unsere Gabe an die heidnischen Götter, denn das Lagerfeuer reinigt die Luft, vertreibt die bösen Geister und sorgt so für eine reichliche Ernte.

Dieses Fest begann mit den Menschen die in den höchsten Bergen Deutschlands lebten. Viele Jahrhunderte lang glaubten sie, dass Hexen durch den Abendhimmel ritten. St. Walpurga war eine angelsächsische Missionarin, die am 1. Mai 870 von Papst Adrian II. heiliggesprochen wurde. Sie schrieb die Erlebnisse ihres Bruders in Palestina nieder, eine Schrift, die in Lateinischer Sprache verfasst ist, und galt danach somit schnell als erste Autorin Deutschlands. Sie starb im Jahr 777 und wurde dreiundzwanzig Jahre später heiliggesprochen. Ihre Knochen wurden in Eichstätt in eine Felsnische gelegt und die Felsen sonderten ein wunderbares therapeutisches Öl ab, das Pilger zu ihrem Schrein brachte. Die Pilger sammelten das Öl und gaben Tropfen davon auf ihre Ernte. Sie waren erstaunt über das schnelle Wachstum und wie reichlich die Ernte gedieh. Um zukünftige Ernten zu sichern, stellten die Bauern am 1. Mai noch einen Maibaum auf.

In jedem Haus im Dorf wird die Hausbesitzerin heute Abend einen Besen neben den Eingang ihres Hauses stellen. Dies verhindert, dass die Dämonen die Schwelle überschreiten. Vom Ehemann wird verlangt um die Grenzen seines Besitzes zu laufen und dabei eine Peitsche zu schlagen. Dies soll verhindern, dass die bösen Geister sich auf seinem Gehöft niederlassen oder seine Ernte oder sein Vieh schädigen. Für zusätzlichen Schutz hat jedes Gehöft im Vorgarten eine kleine Tanne gepflanzt. Dann setzen die Dorfbewohner die Feierlichkeiten um ein großes Lagerfeuer auf dem höchsten Hügel der Umgebung fort.

Und jetzt geht hinaus in den Wald und sammelt so viele Stöcke und Hölzer wie ihr tragen könnt und bring sie her. Außerdem möchte ich, dass ihr im Wald Kiefernsaft sammelt. Trudel und Steffi wissen wie man das macht und werden euch zeigen wie das geht. Ausserdem wird Trudel euch heute Abend auf den Grodno Berg führen. Und jetzt «Rührt Euch!»

Der Kiefernsaft, den sie heute sammeln werden, wird während der Sommersonnenwende in den Fackeln verwendet. Für den heutigen Abend werden Opferbündel aus Zweigen und Stöckern gebunden werden. Trudel versammelt die Mädchen und stellt sie auf. Die Dunkelheit bricht bereits herein und sie befiehlt all ihren Kameradinnen dicht beieinander zu bleiben. Sie fühlt sich für deren Sicherheit und Wohlbefinden verantwortlich.

Die Mädchen werden fünfundvierzig Minuten brauchen, um durch den Wald zur Spitze des großen kuppelförmigen Hügels zu gelangen. Sie verlassen singend das Lager und bahnen sich spielerisch den Weg zur Bergkuppe hinauf. Die gelbe-weiße Markierung weist den Weg und vermeidet die steilen Hänge, die sich im Süden befinden. Der Weg schlängelt sich durch ein sanft abfallendes Gelände, überquert einen Bach und führt an den vor 320 Millionen Jahren entstandenen dunkelgrauen, kantigen Granitfelsen vorbei. Diese massiven Felsbrocken wurden von Gletschern auf die Seite des Berges gedrückt, wo sie liegengeblieben sind. Jahrelange Verwitterungen haben diese porphyrischen Gesteine geformt. Einige behaupten, Umrisse von Hühnern, Kamelen und sogar den Kopf eines Riesen darin sehen zu können.

Die letzten Sonnenstrahlen verschwinden hinter dem Riesengebirge und der Wald liegt jetzt im Dunkeln. Die Mädchen erreichen die Lichtung auf der Bergkuppe und erblicken den Rauch, der bereits über den massiven Burgruinen von Prinz Heinrich aufsteigt. Die Flammen des großen Lagerfeuers sind kilometerweit zu sehen. Trudel und die Mädchen halten an um den magischen Anblick zu betrachten.

Die Dorfbewohner spielen rhythmische Volksmusik, tanzen und unterhalten sich bei Essen und Trinken. Einige Erwachsene tragen ihre traditionellen Lederhosen und Schnürröcke. Andere haben sich in festlichen Kostümen als Teufel, Riesen oder Hexen verkleidet. Einige Kinder sind in ebenso gruselige Kleider gehüllt und laufen wild in und um die Schlossruine herum und jagen sich gegenseitig im Spiel.

So ist das in der Walpurgisnacht, in der die Menschen die bösen Geister des Winters mit Feuer abwehren und das Kommen des Frühlings ankündigen. Um die bösen Geister weiter zu erschrecken, läuten die Männer des Dorfes gelegentlich ihre Kuhglocken und knacken ihre Peitschen. Die Frauen tragen brennende Fackeln mit Hemlocktanne, Rosmarin und Wacholder und werfen sie in die Flammen, was das Verbrennen der Hexen symbolisiert. Indem sie die bösen Geister des Winters und der Dunkelheit abwehren, schützen sich die Menschen vor landwirtschaftlichen Katastrophen und Hungersnöten. Nachdem sie die langen Winternächte überstanden haben, feiern sie den Beginn des Frühlings und die Wiedergeburt des Lebens. [208]

Trudel schaut sich nach ihren Lagerleiterinnen um, kann diese aber nirgends entdecken.

Einige der Dorfkinder kommen auf Trudels Gruppe zu und bitten sie mit ihnen zu spielen. Ein paar der Mädchen greifen nach den Händen der Kinder und lassen sich zum Spielen verleiten, während andere zurückbleiben. Die Geselligen unter den Mädchen schlüpfen weg, um sich unter die Menge zu mischen und sich mit ihren Dorfnachbarn zu unterhalten.

Die riesigen lodernden Flammen werfen unheimliche, flackernde Schatten gegen die Schlossruine. Einige der kleinen Jungen rennen hin und her und auf die Ruinenreste zu und stellen sich vor, dass ihre Schatten riesige Monster sind, die auf die Burg herabsteigen! Hexen, Kobolde und Vampire verkörpern die Magie der Walpurgisnacht, einer geistigen Unterwelt, die tief in traditionellen heidnischen Werten verwurzelt ist. Der Legende nach ist nur ein furchterregender Jäger, ein stattlicher Prinz oder ein Gott mächtig genug, um einen Kampf mit den bösen Geistern zu führen, um diese ein für alle Mal zu besiegen und zu verbannen.

Plötzlich bemerkt Trudel aus ihrem Augenwinkel heraus wie drei hässliche, weit nach vorn gebeugte Hexen, mit krummen Spazierstöcken hinter den Ruinen hervorkommen und auf das Lagerfeuer zu gehen. Die buckligen Hexen greifen in ihre Schulranzen und ziehen dann eine Handvoll magischer Kräuter heraus, die sie in die Flammen werfen. Dabei murmeln sie etwas unverständliches, vermutlich einen Hexenzauber. Ihre knisternde Magie lässt sofort große Funken in die Luft fliegen!

Sobald die Hexen von den Flammen zurücktreten, treten die Dorfbewohner auf und werfen ihre Opferbündel ins Lagerfeuer. Die jetzt lodernden Flammen werden die bösen Geister und den dunklen Winter austreiben.

Jenseits der Flammen taucht bald eine rote Schattenfigur auf. Sie nimmt die Form des Teufels an. Die kleinen Kinder schreien und rennen entsetzt davon. Die drei Hexen humpeln ruhig auf die Kreatur zu. Hand in Hand brechen sie in einen Tanz aus, kreisen um ihn herum und singen ihre seltsamen Worte.

Plötzlich platzt der Held aus der Menge. Ein starker Mann mit dicken goldenen Haaren. Ein mächtiger Kerl, der eine rote Tunika, einen goldenen

---

[208] Irma M. Nagengast-Rosich

Gürtel und Ledersandalen trägt. Er beginnt seinen riesigen Hammer zu schwingen. Eine Schlacht tobt, bis der gute Krieger mit einem riesigen Gebrüll die bösen Gegner aus dem Wald wirft!

Das Spiel ist vorbei und die fünf erwachsenen Schauspieler halten sich an den Händen und verneigen sich vor tosendem Applaus.

Es ist Mitternacht und unten im Dorf läutet eine Kirchenglocke. Die Lagermädchen werfen ihre Bündel in die Flammen. Sie umkreisen das Lagerfeuer und tanzen zusammen mit den Dorfbewohnern einen Reigen und singen ein traditionelles Lied, das den Frühling willkommen heißt.

Danach steigt die Truppe unter zunehmendem Mond den Hügel hinunter. Es ist spät und im Lager angekommen verteilen sich die Mädchen erschöpft in ihre jeweiligen Schlafzimmer und schlafen sofort ein.

Trudel macht noch einmal eine Runde durch das ganze Haus, um sicherzustellen, dass alle Fenster und Türen verschlossen sind. Sie ist gerade im Keller, in der Küche und überprüft die Hintertür, als sie hört, wie oben im Haus die Seitentür knarrt. Sie schleicht auf Zehenspitzen die Treppe hinauf und kommt gerade noch rechtzeitig um drei dunkle Gestalten in der Halle stehen zu sehen. Sie schaut um die Ecke und sieht wie eine der Figuren im Büro verschwindet. Die junge Trudel nimmt allen Mut zusammen und stößt die Tür auf.

«Also ihr wart die Hexen!» ruft sie überrascht aus. «Aber wie habt ihr das Feuer so zum Knistern und Funken gebracht?»

Fräulein Grüber greift in ihre Tasche und zieht eine Handvoll ihrer „magischen Kräuter" heraus. «Meinst Du das? Das sind alte Kiefernnadeln. Wenn man sie ins Feuer wirft, knistern sie und sprühen Funken, aber sage es niemandem. Lass es unser kleines Geheimnis sein.»

Trudel bestätigt den Pakt mit einem wissenden Lächeln. Sie verlässt leise das Büro. Sie fühlt sich diesen Frauen besonders verbunden. Bevor sie die Tür hinter sich vollständig schließt, steckt sie ihren Kopf zurück in den Raum. «Gute Nacht.» Die drei Frauen kichern leise, bevor sie Trudel eine gute Nacht wünschen.

Am Morgen wird Trudel ihre Aufgaben als Führungsanwärterin wieder erfüllen müssen. Sie schleppt sich mit letzter Kraft die Treppe hinauf und in ihr Schlafzimmer. Sie entfernt ihre Uniform und lässt sich erschöpft auf ihre Matratze fallen. Diese Nacht hört sie nicht einmal das Ticken ihres Weckers. Sie ist zuversichtlich, dass alle bösen Geister aus Seidorf und vom Berg Grodno vertrieben worden sind.

Prinz Heinrichs Burgruine
Berg Grodno – Sosnówka, Polen

Der Maifeiertag

DIE LAGER IDEOLOGIE ist stets darauf bedacht die Zusammenarbeit zwischen den Mädchen und den Dorfbewohnern zu fördern. Dies steht im Einklang mit der Volksgemeinschaft, der Ausbildung der Mädchen und stärkt gleichzeitig die Arbeitserfahrung. So entsteht eine besondere Bindung, die sich während des achtmonatigen Aufenthalts immer weiter vertieft. Um die Volksgemeinschaft möglichst effektiv zu unterstützen, beginnen die Landjahre im ganzen Land im April und enden im November, da sie so in die natürliche Saat- und Erntezeit fallen.

Die Lage des Lager Seidorf ist einzigartig. Das Herrenhaus ist groß und bietet Platz für bis zu 60 Mädchen. Es liegt in unmittelbarer Nähe des Dorfes und der Gutshöfe. Seine Dominanz wird durch die Hakenkreuzfahne projiziert, die jeden Tag hoch über dem Lager weht und vom Dorf aus gesehen werden kann.

Die Walpurgisnacht hat bewiesen, wie sehr die Dorfbewohner die neuen Mädchen von ganzem Herzen in ihre Mitte aufgenommen haben . Heute werden die Feierlichkeiten mit dem Maifeiertag, dem Tag der Arbeit, fortgesetzt, an dem die Bemühungen aller deutschen Arbeitnehmer gewürdigt werden.

Die Mädchen stehen früh auf und ziehen ihre für den Tag zurechtgelegte Kleidung an, die aus einem weißen Leinenkleid besteht, das knapp unterhalb des Knies endet. Die dunkelgrünen Schürzen werden hinten auf dem Rücken gekreuzt und dann vorn mittig mit einer Schleife gebunden. Ein weißes Kopftuch bedeckt die Haare. Immer noch in festlicher Stimmung, begeben sich die Mädchen daran ihre morgendlichen Aufgaben zu erledigen, bevor sie ihre Führerinnen zu den Feierlichkeiten begleiten.

Das jährliche Aufstellen des Maibaums, in jedem Dorf und jeder Stadt im Reich, symbolisiert die Begrüßung des Frühlings. Es ist eine altehrwürdige Tradition, die ihre Wurzeln noch vor der Eisenzeit hat und auf die nordische Legende des Gottes Thor zurückgeht. Er ist der Gott der Blitze, Stürme und des Waldes, der Gott, der die Menschheit schützt und den Bauern die Kraft verleiht. Er steht für Heilung und Fruchtbarkeit und ist auch unter dem heidnischen Namen Donar bekannt. Er ist ein mitfühlender Ehemann und Vater, der viele Kinder sein eigen nennt. Als Sohn von Odin beschützt er seine Frau Midgard (Mutter Erde). Er reitet auf einem Streitwagen daher, der von zwei Ziegen gezogen wird. Sein Zuhause gilt als seine Festung. Sein mächtiger Hammer zerschlägt Berge und bekämpft die Feinde. Die Eiche ist ein Symbol für Thors Stärke und steht für die traditionellen Werte Integrität, Langlebigkeit, Loyalität und vor allem Fruchtbarkeit.[209]

Mit Rechen und Schaufeln in der Hand versammelt sich die Truppe auf der Rückseite des Lagers und marschiert voller Eifer in Richtung Stadt. Trudel und Nelli dürfen den kleinen Holzwagen ziehen, der mit Bändern und Blumen geschmückt ist und die Maibaumkrone enthält.

Am Rande des Dorfes stoßen sie auf den Pferdewagen, der den 30 Meter langen Maibaum aus Kiefernholz transportiert. Er wird die Parade anführen. Bürgermeister Werner Blasius aus Hirschberg weist die Mädchen an, hinter der Blaskappelle zu marschieren.[210]

Trudel und Nelli führen die Mädchen an, während ihre Kameradinnen sich in Dreierreihe hinter ihnen aufstellen. Danach folgen die Bauern. Die Männer tragen ihre traditionelle Trachtenkleidung und ihre Frauen gehen stolz mit ihren schlesischen Schnürkleidern hinter ihnen her. Am Ende der Prozession steht der von Pferden gezogene Heuwagen, der mit Kiefernkränzen, Blumen und Bändern verziert ist und die Dorfkinder transportiert.

Trudel ist stolz, dass sie mit Nelli an der Spitze des Umzugs gehen darf, nur wenige Schritte hinter ihren drei Lagerführerinnen.

Bürgermeister Blasius leitet die Spitze der Prozession und signalisiert der 12-köpfigen Blaskapelle mit einer Handbewegung, dass es an der Zeit ist aufzuspielen. Der Tuba-Spieler gibt den Ton an, gefolgt von der Kapelle, die eine rhythmische Polka spielt. Die Musiker marschieren an Ort und Stelle bis sich der Wagen mit dem Maibaum in Bewegung setzt.

Mit einem schnellen Schlag auf die Zügel gibt der Wagenmeister den vier Pferden das Signal, und die Prozession beginnt!

Zuschauer säumen die Straßenseiten entlang der Prozessionsstrecke. Junge Mädchen in fließenden weißen Kleidern mit Kränzen im Haar gehen neben den marschierenden Landjahrmädchen her. Alle strahlen mit freundlichen Lächeln und sind stolz darauf die deutschen Arbeiter ehren zu dürfen.

Dieses altgermanische Fest wird auch zu Ehren der Bauern und deren Frauen gefeiert. Dieser Tag markiert nämlich ebenfalls den Beginn der Pflanzzeit. Durch die wechselnde Ideologie hat sich die Art der Feierlichkeiten geändert und es werden nicht mehr nur Frühlingsbeginn und Pflanzzeit gefeiert sondern auch Deutschtum sowie der deutsche Arbeiter, und die neue germanische Weltanschauung.

---

[209] Thor

[210] Europeana

So wie antike griechische Schriftsteller ausländische Gottheiten mit Mitgliedern ihrer eigenen mythologischen Betrachtung gleichsetzen, taten dies auch die deutschen Heiden des zehnten Jahrhunderts, die dieselben Praktiken übernahmen. [211] Am Ende des 19. Jahrhunderts wurde die völkische Bewegung zur eine populistischen Bewegung, mit romantischen Fokus auf die heidnische Folklore.[212] Das deutsche Heidentum verbindet die Mystik mit der historischen Kultur, die auf diesen alten Gottheiten basiert.[213]

Der Bauer wird als überlegene Gestalt gesehen, der fast dem nordischen Gott Thor ähnelt, der seine ländlichen Werte in das Land zurückgebracht hat. Er verkörpert die Bewahrung der ethnischen Wurzeln durch seine moralische Verpflichtung, sein Land organisch und rein zuhalten. Seine starke Arbeitsmoral hilft das Land zu kultivieren und Nahrung für seine Familie und sein Reich bereitzustellen.

Die Frau mit ihrer moralischen Überlegenheit, und mit der Erziehung ihrer Kinder, sowie der Haushaltsführung des Gehöfts betraut, steht dem Bauern beispielhaft zur Seite. Sie verkörpert die germanischen Werte der Virtuosität und Tugend. Die Bauernfrauen werden als die wertvollsten Frauen der Nation verehrt.

Der Wert einer Nation zeigt sich in der Bereitschaft ihrer Frauen, Mütter zu werden.[214] Jede Frau ist von Natur aus stolz, wenn sie an diesem Ereignis teilnimmt, denn sie verkörpert das Bild von Ceres, der Mutter Erde, der altnordischen mythologischen Göttin der Erde, der Landwirtschaft, des Getreides, der Ernte, der Fruchtbarkeit und der Mutterschaft. Sie trägt als Symbol ein Kornbüschel im Arm. Ihr Fruchtbarkeitssymbol ist der Maibaum, der viele Früchte trägt. Ihr Ehrentag ist der erste Tag im Mai. Ceres, Mutter Erde gebärt zusammen mit ihrem Ehemann Thor, dem Gott des Donners, zwei Kinder, Móði und Magni. Sie gilt als Beschützerin, die ihre jungen Samen nährt und für eine gute Ernte sorgt. Sie bereitet der Menschheit die Gabe der Landwirtschaft. Sie ist die Beschützerin des weiblichen Wesens, von der Kindheit bis zur Frau, unverheiratet bis zum Eheleben, und weiter bis zur Mutterschaft. Am Ende des Lebens hilft sie der verstorbenen Frau auf den sicheren Weg ins Jenseits.[215]

Während die Bauersfrau den Haushalt verwaltet und die Kinder großzieht, verwaltet der Bauer das Land und züchtet sein Vieh. Die Erwachsenen sind sich ihrer Arbeitsteilung in der Familie bewusst, da sich ihre kombinierten Fähigkeiten ergänzen. Gemeinsam veranschaulichen der

---

[211] Interpretatio graeca

[212] Völkische Bewegung

[213] Ariosophie

[214] Lisa Pine, Nationalsozialistische Familienpolitik," Seite 9

[215] Ceres

Bauer und seine Frau den Kern der deutschen Arbeit. Als Erwachsene ist es ihre Pflicht und liegt in ihrer Verantwortung, die Kinder des Landes durch die Umsetzung höchster Arbeitsstandards, zu betreuen. Die gesamte Gemeinde arbeitet zusammen, um den Kindern ihren Lebensweg aufzuweisen.

Die Prozession zieht durch die Stadt und endet am Marktplatz. Zwanzig Männer stehen bereit, um das dickere Ende des Maibaums vom Wagen in die von Hand gegrabene Öffnung im Boden zu heben. Mit einem großen Schwung heben die Männer den Stamm an und platzieren ihn in der Nähe des Lochs, während andere dabei helfen, einen Baumstamm unter die Spitze des Maibaums zu rollen. Danach manövrieren die Männer, zehn auf jeder Seite, den Maibaum an seinen Platz.

Trudel und Nelli rollen ihren Wagen auf den Maibaum zu. Mit Hilfe von Steffi, Elli und Maria beginnen sie damit dessen Spitze zu dekorieren. Die örtlichen Weber hatten zusammen mit dem Schmied eine aus Blumen, Bändern und Metall bestehende Krone gefertigt, die mit Girlanden aus Tannen und Blumen geschmückt ist.

Danach folgt der schwere Teil. Der Maibaum muss jetzt aufgestellt werden. Die Männer benutzen lange Stangen die mit dicken Lederbändern versehen sind. Beginnend an der Spitze ziehen die Männer unter Trommelwirbel den Maibaum in die Senkrechte. Die Trommler schlagen ihre Trommel immer schneller während sich die Spannung erhöht. Langsam aber sicher rutscht der Maibaum in das für ihn gegrabene Loch. Die Menge freut sich und die Kapelle spielt auf.

Bürgermeister Blasius betritt die Bühne, um seine alljährlich Ansprache zum 1. Mai zu halten. Als er beide Arme hebt kehrt sofort Ruhe ein. Alle Augen sind auf ihn gerichtet.

«Willkommen an diesem schönen Tag, liebe Seidorfer. Heute ist der Tag, an dem wir alle unsere Arbeiter ehren wollen.Heute erwacht die deutsche Seele mit der starken Sehnsucht unsere Felder zu pflügen und unsere Saaten in die Erde zu bringen! Die Erde ist fruchtbar und wartet darauf bestellt zu werden. In ihr liegt unsere Kraft, unsere Stärke. Es ist unser Verlangen, genau wie es schon das Verlangen unserer Vorfahren war, diese Erde zu bestellen und ihr alle Fruchtbarkeit zu entlocken.»

Die Menge applaudiert.

«Und wieder hat uns unser Führer mit vielen starken Landjahrmädchen gesegnet, die uns auch dieses Jahr tatkräftig zur Seite stehen werden. Sie werden auf unseren Feldern arbeiten und im Herbst mit uns die Ernte einbringen. Wir schätzen ihre Anwesenheit und danken ihnen von Herzen.»

Die Mädchen applaudieren einander, und die Menge applaudiert den Mädchen.

«Ohne diese Hilfe könnten wir unsere Jungen und deren Kriegseinsatz nicht so tatkräftig unterstützen. Wenn die Zeit gekommen ist, werden wir froh sein wie tatkräftig uns die Mädchen helfen werden. Unsere Bauern sind die Säulen der Gesellschaft und unser Lohn und unser Brot ist ein Produkt der harten Arbeit, die ein jeder an den Tag gelegt hat.»

Die Menge klatscht.

«Wir sind diesen schönen jungen Frauen, die aus den Fernen unseres großen Reiches gekommen sind, um bei der Arbeit auf unseren Höfen zu helfen, auf ewig und zutiefst dankbar. Nur gemeinsam, Hand in Hand, können wir für das Wohl des Deutschen Reiches arbeiten. Wir werden niemals ohne Mehl für unser Brot sein und ohne Wurst, die von unseren Schweinen kommt. Wir werden immer frische Milch trinken und auch Bier haben! Die Nahrung, die unser Volk benötigt, wird von unseren eigenen Händen gesät werden. Solange wir zusammen halten werden wir immer reichlich gedeckte Tische haben!»

Wieder applaudiert die Menge.

«Daher danken wir heute besonders unseren Bauern und deren Frauen, dem Metzger und dem Schmied, unseren Webern, und ganz besonders den Lagerleiterinnen des Lager Seidorf und ihren Mädchen. Wir freuen uns Euch hier zu haben und sind für Euch da, so wie ihr für uns da seid. Unsere Türen stehen Euch jederzeit offen.

Applaus für unsere Landjahrmädchen, Seidorfer.»

Die Menge klatscht und tobt.

«Die Stärke der Menschheit liegt in unserer Bereitschaft zur Arbeit, was wiederum durch unseren Glauben angetrieben wird. Dieser Maibaum symbolisiert den Glauben und die Traditionen unserer Vorfahren, weil sie die Eiche als einen heiligen Baum verehrten. Sie steht nicht nur für unsere Stärke sondern auch für die Stärke unserer Soldaten, die sich heute auf den fernen Schlachtfeldern befinden und für unser Land kämpfen.»

«Ein Großteil der Kartoffelernte, die wir in diesem Jahr anbauen, wird direkt an unsere Jungs, an die vorderste Front gehen. Lasst uns deshalb unsere Felder pflegen und schützen. Um unseres Führers, unserer Soldaten, unserer Ältesten, unserer Bauern und unserer Jugend willen, schließen wir uns an diesem ersten Tag im Mai den Mädchen des Landjahres bei der Weihe an.

Für unseren Führer und das Vaterland!»

Die Menge applaudiert der Rede des Bürgermeisters.

«Und jetzt freue ich mich sehr, Ihnen Fräulein Dieter, die Lagerleiterin des Landjahr Lagers Seidorf vorstellen zu dürfen.»

Die Menge begrüßt sie herzlich auf der Bühne.

«Liebe Kameraden und Kameradinnen!» beginnt Fräulein Dieter ihre Rede.

«Dies ist bereits das zweite Jahr, dass wir dem schönen Seidorf unsere Unterstützung zu Teil werden lassen. Nur die besten Mädchen aus Oberschlesien und aus den unteren Donauregionen wurden vom Reichsministerium ausgewählt, um hier zu arbeiten. Sie wollen lernen und unserem Volk dienen. Unser Ziel ist es Euch Bauern zu helfen. Zu unserer aller Wohl. So haben wir das Glück, dass uns diese starken und gesunden Mädchen, die den größten Willen zur Arbeit besitzen, zur Hand gehen werden. Unser Augenmerk liegt auf dem Wohle der Gemeinschaft, sei es das Lager, die Gemeinde oder gar das ganze Reich. Wir arbeiten zum Wohle des Volkes. Wir halten an unseren Überzeugungen fest, wir legen das Fundament für ein neues Deutsches Reich, ein neues Leben. Wir stehen an diesem Mai Tag nicht aus Selbstaufopferung hier, sondern weil wir unser Land lieben.»

Die Menge brüllt vor Zustimmung.

Bürgermeister Blasius und Fräulein Dieter wenden sich einander zu und geben sich die Hand. Der örtliche Fotograf macht ein Foto für die nächste Ausgabe der Zeitung.

Als die Lagerleiterin die Bühne verlässt, geht der Bürgermeister zum großen hölzernen Bierfass hinüber. Ihm wird ein Hammer und ein Zapfen gereicht. Er hält beide hoch über die Menge und zeigt allen an, dass das erste Fass des Jahres kurz vor dem Anzapfen steht.

Er positioniert den Zapfen direkt über dem Korken und treibt ihn mit einem kräftigen Schlag hinein. Danach gibt er den Hammer an seinen Nachbarn weiter, der ihm wiederum einen Stein zum Füllen reicht. Da Bürgermeister Blasius der ranghöchste Beamte der Stadt ist, wird er die Ehre haben, das erste Glas Maibock zu trinken. Er hebt den schäumenden Stein der Menge entgegen und verkündet:

«Prost! Last die Feierlichkeiten beginnen!»

Während er den ersten Schluck trinkt, spielt die Kapelle einen Tusch und die Menge jubelt. Die Männer, die den Maibaum aufgestellt haben, sind die nächsten die sich einen Schluck Bier verdient haben.

Eine gemütliche Atmosphäre breitet sich über dem Dorfplatz aus. Ein unbeschwertes, freundliches, warmes Gefühl bringt alle zusammen. Geschichtenerzähler, Dichter und Puppenspieler unterhalten die Kinder, während die Erwachsenen reden, tanzen, essen und trinken. Doch bevor der Tanz in den Mai beginnt, dürfen die Mädchen des Landjahres mit den Kindern herumtollen und an den spielerischen Tätigkeiten teilnehmen.

Die Gruppenleiterinnen mischen sich derweil unter die Dorfbewohner, um zu beobachten und zu notieren wie ihre Mädchen innerhalb der Gemeinschaft agieren.

Trudel, Elli, Nelli, Steffi, Maria, Lotte, Anna, Elfie, Sabine, Renate und Helli begleiten die Dorfkinder, um das Kasperletheaterspiel anzusehen.

Trudels neu gefundene Freundin Anna sitzt auf ihrem Schoß und sieht sich die Aufführung an. Dem Kind mangelt es nicht an Sprachfähigkeiten und es fragt die jungen Erwachsenen ständig, warum der Himmel blau ist oder wer diese lustig aussehende Marionette ist. Trudel kann gut mit Kindern. Es freut sie wenn Annas Augen vor Glück funkeln und wie ihr Gesicht sich aufhellt wenn sie lacht. Das Kind ist so sorglos und unschuldig. Die beiden lachen und haben Spaß zusammen. Doch als Kasperle die Hexe mit dem Stock schlägt, bekommt Anna Angst und fängt an zu weinen. Sie vergräbt ihr Gesicht in Trudels Brust. Trudel wiegt sie hin und her und flüstert:

«Mach dir keine Sorgen. Die spielen doch nur.»

Als die Aufführung vorüber ist, gehen Trudel und Anna zusammen mit ihren Kameradinnen zur Vorderseite des Puppentheaters. Trudel klopft an die Klappe und gibt vor, ein Würdenträger zu sein. «Wir bitten um eine Audienz bei Kasperle.» Sobald er hört wie sein Name gerufen wird, späht Kasperle hinter den Vorhängen hervor. Er verbeugt sich förmlich und beginnt, den Kindern Fragen zu stellen. Zuerst sind die Kinder etwas zu schüchtern um sich mit der rotwangigen, orangefarbenen Figur zu unterhalten, die einen schlaffen blauen Hut trägt. Kasperle aber weiß, wie man die Spannung löst.

"Wißt ihr wo ich die Nase der Hexe versteckt habe?"

Die Kinder lachen und nehmen ihren Mut zusammen und unterhalten sich mit der Papiermaché-Figur. Ihre Augen funkeln und ihre Wangen röten sich, während sie über seine Scherze lachen.

Die Kinder sprechen mit der Puppe über alles was ihnen in den Sinn kommt. Kasperle hört geduldig zu und beantwortet alle ihre Fragen. Er ist ein fürsorglicher, mitfühlender Kerl, der immer gute Laune hat. Die Kinder rufen: «Wir wollen Kasperle nochmal spielen sehen!»

Anna windet sich und versucht sich aus Trudels Armen zu lösen. Sobald Trudel die Kleine absetzt, rennt sie in die Menge. Trudel jagt sie über das Feld. Als Barbara, Hermine, Gabriele, Ingrid, Nelli, Elli, Steffi, Maria und Sabine, die auch alle ein Kind zur Betreuung bekommen haben, sehen wie viel Spaß die beiden haben machen sie es ihnen nach. Die Kleinen strecken ihre Arme weit aus und schwanken hin und her, schürzen ihre Lippen und blasen und tun so, als wären sie Flugzeuge, die durch den Himmel fliegen.

Andere Eltern, die mit ihren Kindern auf dem Boden sitzen schauen sich das Spiel an. Als sie den ganzen Spaß sehen, spielen sie ebenfalls mit. Es dauert nicht lange und alle Kinder haben sich zu einem großen Reigen zusammengeschlossen und mit Trudel vorne an, spielen sie das Flugzugspiel.

Kristin, Liesel, Charlotte, Elfie, Katharina und Louise sind in dem abgezäunten Teil der Wiese, dem Streichelzoo und streicheln die Ziegen und Schweine.

Marta, Magdalena, Helli, Sylvia und Dorothea, inzwischen die oberschlesischen "Stadtmädchen" genannt, interessieren sich weder für die Bauern noch für ihren angeblich bäuerlichen Lebensstil. Sie ziehen es vor, für sich zu bleiben und auf all dieses ausgelassene Verhalten als unreife Dummheit herabzusehen.

Ein Trompeter bläst zum Tanz. Während einige zurückbleiben, um das große Festessen zuzubereiten, versammeln sich die meisten Dorfbewohner um den Maibaum, um den Tanz in den Mai zu beobachten.

Lange farbige Bänder hängen anmutig von der Krone herab. Die Teilnehmer ergreifen die Enden der Bänder und treten in einen weiten Kreis zurück. Sobald alle Bänder gespannt sind, verneigen sich die Tänzer voreinander. Mit Blick nach vorne halten die Tänzer die Bänder fest und warten, bis die Musik beginnt. Der erste Tanz ist ein einfaches Webmuster. Die Jungen positionieren sich zwischen den Mädchen. Als die Kapelle dann anfängt «Tanz Rüber» zu spielen, fangen die Tänzer an die Bänder um den Maibaum zu weben.[216]

Der einfachste Maibaumtanz ist der große Reigen. Während die Mädchen sich im Uhrzeigersinn drehen, tanzen die Jungen gegen den Uhrzeigersinn, beide ducken sich abwechselnd unter den Bändern hindurch und heben diese über die nächste Person.

In einer anderen Variante stehen die Jungen still, während sich die Mädchen im Uhrzeigersinn bewegen. Dann wechseln sie und die Jungen bewegen sich im Uhrzeigersinn, während die Mädchen still stehen.

Alle sind mit dem Ergebnis zufrieden.

Während sie dem Weben der Bänder um den Maibaum zusehen, diskutieren Trudels Mädchen die Tanzbewegungen, die sie gestern während ihres Sportsnachmittages gelernt haben. Sie stellen sich auf, greifen nach den Bändern und warten auf die Kapelle. Als die Musik beginnt, demonstrieren sie ihre komplexe Choreografie.

Die abgestumpften Stadtmädchen starren vor Neid und ein wenig Konkurrenzgeist beginnt zu brauen! Die Stadtmädchen setzen ihre Köpfe zusammen und entscheiden über ihr Webmuster. Als sie an der Reihe sind, gehen sie auf den Maibaum zu und tanzen ebenfalls tadellos. Die Menge lacht und applaudiert den Mädchen für ihre gute Leistung. Sogar die sportlichen Landmädchen gehen auf die Stadtmädchen zu und schlagen ihnen zur Gratulation in die Hände.

---

[216] Wir Mädel Singen, Seite 49

Der Tanz ist beendet, sobald die Bänder komplett um den Pfosten gewebt sind. Jetzt ist es Zeit für die Jungen, sich den Männern anzuschließen und ihre Tanzfähigkeiten zu demonstrieren. Um die Mädchen aus der Niederdonauregion zu beeindrucken, haben sie dieses Jahr beschlossen einen österreichisch-bayerischen «Schuhplattler» aufzuführen. Im Takt eines Walzers aufgeführt, steht ein Junge in der Mitte der Bühne, während die anderen Männer einen Kreis um ihn bilden. Als die Musik beginnt, schließen sie einen vollen Kreis und fallen dann auf ein Knie wodurch der Junge in der Mitte wieder sichtbar wird und dann im Takt der Musik zu plattlern anfängt. Wenn er fertig ist, treten die anderen einen Schritt zurück und führen ebenfalls eine Reihe von Bewegungen durch. Sie schlagen sich mit den Handflächen auf ihre Schenkel, kreuzen ein Bein vor dem anderen und dann hinter sich. Sie schlagen sich auf die Fersen und Sohlen ihrer Stiefel, springen rhythmisch und stampfen mit den Füßen, drehen sich dann um und lassen sich wieder auf die Knie fallen. Der mittlere Junge folgt dem Beispiel der anderen. Dieses Muster wiederholt sich für die Dauer des Tanzes. Die Dorfmädchen haben sich um die Bühne versammelt und kichern und beraten flüsternd darüber welches der süßeste Junge ist. Als die Nacht über die Dorfbewohner hereinbricht, zünden die Männer einige Fackeln und ein Lagerfeuer an, um das sich alle Anwesenden versammeln und an den Händen halten und singen.

Die Feierlichkeiten werden mit dem Festessen fortgesetzt. Die Frauen servieren gehäufte Platten mit Wurst und Fleisch, Sauerkraut und Rotkohl, Knödeln, Obst, Salaten, Apfel- und Käsekuchen, Blätterteiggebäck und Zimtschnecken. Ausserdem hatte der Dorfschlachter bereits am Nachmittag ein Spanferkel angesetzt. Während Stunden über einen Feuer gedreht, bildet das Ferkel das Hauptgericht. Mit Hilfe einiger seiner Angestellten wird das Tier auf eine große Platte gelegt, natürlich mit einem Apfel in der Schnauze. Es wird von allen bewundert bevor es angeschnitten wird.

Das Ferkel wird als ein angemessenes Opfer für Mutter Erde angesehen. Die Haut ist knusprig, von einer tiefen, goldenen Bräune und die Beine spreizen in beide Richtungen. Mit einem großen Tranchiermesser schneidet der Metzger sein Festmahl in Stücke. Das zarte Fleisch fällt leicht vom Knochen, sehr zur Freude der hungrigen Dorfbewohner.

Nach ihrem festlichen Abendessen beenden die Mädchen ihren Abend mit der Teilnahme am „Mayrhofer Tanz", einer rasanten Polka. Trudel beobachtet schüchtern von der Seite, wie alle in einem großen Kreis hintereinander treten und hüpfen. Sie bewundert die Art und Weise, wie die Erwachsenen so eloquent tanzen und sich im Kreis drehen. "Ich wünschte, ich könnte eine Polka tanzen.", sagt sie zu Steffi.

Steffi hört die Enttäuschung in Trudels Stimme und nimmt sie bei der Hand. „Hier komm, ich kann es dir zeigen! Komm schon!" Sie gehen zu den Tänzern hinüber und stehen sich gegenüber. Steffi legt ihren Arm um Trudel. „Die grundlegenden Tanzschritte sind schnell, schnell und dann langsam, schnell, schnell und dann langsam.

Trudel hält Steffis Hand und legt ihren anderen Arm um Steffis Taille. Steffi steht mit beiden Füßen leicht auseinander, die Knie gebeugt, und zeigt Trudel langsam die Polka-Schritte. Die beiden Mädchen üben die Bewegungen, treten sich gegenseitig auf die Füße und fangen an zu kichern.

Zwei gutaussehende Jungs nähern sich den Mädchen, verneigen sich und bitten sie zum Tanz. Die Mädchen knicksen und nehmen die Hände der Jungen, und lassen sich führen.

Trudel ist begeistert. Sie tanzt mit einem der Jungen, den sie schon beim Schuhplattler beobachtet hatte. Sie kann ihr Glück kaum fassen, denn dies ist das erste Mal, dass sie von jemandem zum Tanzen aufgefordert wurde und sie kennt nicht einmal seinen Namen!

Die beiden Jugendlichen schauen sich in die Augen, während sie unter dem sternenklaren Abendhimmel den Abend vorüber tanzen. Trudel fühlt sich belebt. Ihre Haut kribbelt vor Aufregung und sie spürt wie sehr ihr seine Nähe gefällt. Die Erwachsenen schauen lächelnd zu.

Wenige Minuten später hört Trudel den Pfiff ihrer Anführerin. «Ich muss jetzt gehen.», sagt sie und starrt in seine Augen.

«Nein, bleib bitte noch eine Weile bei mir.», fleht er.

«Es tut mir leid, aber ich muss jetzt wirklich gehen.» Trudel knickst und läuft dem Ruf der Pfeife zu. Sie blickt noch kurz über ihre Schulter und sieht ihn schmollend da stehen. Sie lächelt und bläst ihm einen Kuss. Er schnappt sich den Kuss aus der Luft, wirbelt herum, legt beide Hände auf sein Herz und lässt sich auf die Knie fallen. Trudel wird bei der romantischen Geste ganz warm ums Herz, verschwindet dann aber aus seiner Sicht.

Wie schade, dass man immer dann gehen muss, wenn es am schönsten ist. Pflichtbewusst schnappt sie sich den Wagen. Die anderen Mädchen sammeln ihre Rechen und Schaufeln zusammen, stellen sich auf und gehen den Hügel zum Lager hinauf. Fräulein Albrecht erspart ihnen, ob des langen Tages, das Marschieren. Die Mädel singen auch auf dem Heimweg in gewohnter Manier.

Auf halber Höhe hat Trudel Probleme den Wagen den Hügel hinauf zu ziehen. Erika und Sabine bemerken, dass sie Schwierigkeiten hat und helfen, indem sie den Wagen von hinten schieben. Die Gruppe biegt links an den kleinen Katen ab und geht die Straße der Schönen Aussicht hinauf zum Lager.

Die Anführerinnen befehlen den Mädchen, alle Rechen, Schaufeln und den Wagen noch vor dem Schlafengehen ordentlich in die entsprechenden Schuppen hinter dem Haus abzustellen.

Die Mädchen schleichen sich mit allerletzter Kraft die Treppe hoch und fallen todmüde in ihre Betten, mit einer Ausnahme. Trudel hat immer noch das Gefühl auf Wolken zu schweben.

Ein scharfer Pfiff dringt durch das Haus. «Licht aus!» befiehlt die Lagerleiterin. Steffi springt aus dem Bett, macht das Licht aus und springt zurück ins Bett. Alle sind erschöpft und schlafen kurz darauf tief und fest. Nur Trudel steht in der Stille der Nacht allein draußen auf dem Balkon und schaut über den Seidorfer See. In der Ferne sieht sie das Leuchten des riesigen Lagerfeuers.

Das Ehrenkreuz der deutschen Mutter

ES GIBT keinen Moment, in dem diese Mädchen Zeit haben eitel, apathisch oder gar gelangweilt zu sein. Der ganze Tag ist perfekt organisiert und strukturiert und mit kontinuierlichen Aktivitäten gefüllt. Die Mädchen haben aber auch viel Spaß. Sie arbeiten, lernen und spielen. Sie sind gesund, stark und diszipliniert. Sie bilden zwischen sich und den Dorfbewohnern, sowie ihrem Vaterland, ein besonderes Bündnis auf. Sie kräftigen ihre Lebensweise durch eine Schwesternschaft, die sich vollkommen auf das Wohlergehen ihrer Gemeinschaft konzentriert und auch im Einklang mit der Natur ist. Und genau das ist der Zweck des Landjahres, und die vom Schwert durchbohrte Odal-Rune symbolisiert das kontinuierliche Streben nach Kontinuität in der Gesamtheit des Lebens.[217]

In einer großen Feier am 8. Mai erhalten Mütter im ganzen Land das „Ehrenkreuz der deutschen Mutter". Diese zivile Verdienstordnung wird vom Dritten Reich verliehen, um die deutschen Mütter für ihre außergewöhnlichen Verdienste um die Nation zu ehren. Das Kreuz erinnert an die geliebte Mutter des Führers, Klara Hitler. In einer großen Feier können Mütter die Redlichkeit und vorbildliche Mutterschaft gezeigt haben, und mindestens vier Kinder gezeugt und aufgezogen haben, diese staatliche Auszeichnung erhalten. Staatsbeamte verleihen den Müttern, die acht oder mehr Kinder geboren haben, ein goldenes Kreuz. Das Mutterkreuz in Silber wird an Mütter verliehen die mindestens sechs Kinder geboren haben und das Mutterkreuz in Bronze wird an Mütter mit vier Kindern verliehen.[218]

Um ihre Liebe und Bewunderung auszudrücken, schmücken die Landjahr-Mädchen den Festsaal mit Blumenarrangements, Kränzen und Kerzen. Der Tisch biegt sich fast unter frisch gebackenem Brot, Gebäck und Kuchen. Ein Geschenkkorb wird an jene Mütter überreicht, die das Ehrenkreuz erhalten haben. Dieser enthält herzerwärmende handgemachte Gegenstände, die von den Mädchen selbst hergestellt wurden. Dazu gehören Karten, bestickte Servietten, Taschentücher, Deckchen, Tischsets und Untersetzer. Die Mütter werden mit Geschenken und einer besonderen Aufführung geehrt. Jede Mutter erhält eine spezielle Urkunde mit ihrem Namen.

Frau Torge schaut die Mütter, die geehrt werden, bewundernd an.

---

[217] Odal Rune
[218] Mutterkreuz

Wie ein blanker Acker ist die Erde jetzt.
Her zu uns, daß wir die Saat beginnen!
Ein Hunger ist in die Augen gesetzt.
Neue Lande, neue Lande,
wollen wir uns gewinnen.

~ Die Morgenfrühe ist unsere Zeit 4. Strophe ~
Hans Baumann

Lagerleben

STUNDEN WERDEN zu Tagen und Tage werden zu Wochen. So langsam entwickeln sich die wahren Persönlichkeiten der Mädchen. Trudel, Elli, Nelli, Steffi und Maria verbindet eine besondere Freundschaft. Sie unterhalten sich während der Arbeit darüber wie sie sich an das Leben im Lager angepasst haben, sie geben sich gegenseitig Tipps und moralische Unterstützung. Auch die Stadtmädchen öffnen sich, obwohl es manchen von ihnen unglaublich schwer fällt sich an das Lagerleben anzupassen. Einige von ihnen haben Heimweh, andere Schwierigkeiten mit dem paramilitärischen Drill, der ihre Loyalität und ihr Selbstwertgefühl stärken soll. Ausserdem ist es sicher nicht einfach mit fünf anderen Mädchen in einem Raum zu schlafen und 24 Stunden am Tag, sieben Tage die Woche, zusammen zu verbringen. Einige der Mädchen vermissen ihre Privatsphäre, andere weinen aus Heimweh oder schmollen, wenn sie ihren Willen nicht bekommen.

Die Arbeit und die sportlichen Aktivitäten im Lager halten die Mädchen geistig und körperlich fit. Ihre Anführerinnen stellen sehr hohe physische und psychische Erwartungen. Die disziplinarischen Ansprüche, die die Anführerinnen in Seidorf stellen gehen weit über den formalen Lehrplan hinaus. Die Leiterinnen vermitteln neue Tugenden, bauen Charaktere auf und festigen den Willen zur Arbeit, damit die Landjahrmädchen zu starken Frauen heranreifen, die stolz und eigenständig handeln können. Es ist die Aufgabe der Lagerleiterin Fräulein Dieter, die Mädchen zur Bereitwilligkeit zu inspirieren und ihnen einen hohen Ehrenkodex beizubringen. Es ist die Aufgabe der Gruppenführerin Fräulein Albrecht, den Mädchen das Pflichtbewusstsein zu vermitteln, die ihnen aufgetragenen Arbeiten gewissenhaft und präzise auszuführen. Es liegt in der Verantwortung des Wirtschaftsleiterin Fräulein Grüber, den Mädchen das Leiten eines Haushalts und den Umgang mit den Finanzen beizubringen. In einer Welt des ständigen Wandels besteht die einzige Stabilität der Mädchen darin, sich auf ihre Aufgaben zu konzentrieren. Was sie heute lernen, wird das Fundament dessen sein, was sie als Erwachsene erleben werden.

Die drei Führerinnen bemerken eine gewisse Reibung zwischen den beiden Gruppen der Mädchen und glauben, dass die Ursache in den unterschiedlichen Dialekten liegt, die die Mädchen sprechen. Um Missverständnisse zu beseitigen, weisen die Leiterinnen die Mädchen an nur noch formelles Hochdeutsch miteinander zu sprechen. Fräulein Albrecht glaubt auch, dass es die Stimmung heben wird, wenn sie einen Brief an ihre Familien schreiben. Als die Mädchen ihre Briefe zum Verschicken einreichen, bemerkt sie eine deutliche Verbesserung der Moral und beschließt ein Gruppentreffen im Freien einzuberufen, um weitere Möglichkeiten zu besprechen, wie sie ihren Schützlingen den Aufenthalt im Lager angenehmer gestalten kann.

Das Treffen findet noch am selben Tag unter den großen Birken statt. Die Mädchen äußern ihre Bedenken, während die Lagerleiterinnen eine Diskussion anfachen. Fräulein Albrecht versteht, dass dies eine sehr wichtige Phase in der Entwicklung der Mädchen ist. Die Leiterinnen sind jederzeit bereit die Probleme der Mädchen zu erörtern und mit ihnen gemeinsam nach Möglichkeiten zur Lösung ihrer Differenzen zu suchen. Probleme müssen angegangen und gelöst werden und gute Kommunikationsfähigkeiten müssen erlernt werden.

Während des Treffens wendet sich Fräulein Dieter auch an Trudel und bittet sie ihre Eindrücke zu schildern.

«Es fühlt sich so an als wäre ich erst kürzlich hier angekommen. Ich habe neue Freunde gefunden, neue Lieder gelernt und ich liebe es mich um die Tiere zu kümmern. Aber ich erinnere mich auch an etwas, das meine Mutter vor meiner Abfahrt am Bahnhof zu mir gesagt hat. Sie sagte, ich müsse von meinen Führerinnen lernen und auf sie hören. Sie sagte auch, dass ich für alles dankbar sein sollte, was mir von der Regierung zur Verfügung gestellt wird. Und sie hat recht. Wir sollten die bequemen Betten, das gute Essen, das wir bekommen, sowie die kostenlose Ausbildung schätzen. Wir sollten diese Gelegenheit nutzen, um uns zu verbessern! Was nützt es schließlich, wenn ihr nicht lesen, schreiben oder arbeiten könnt? Das ist kein Leben. Denkt doch einmal darüber nach, wie ihr euch eure Zukunft vorstellt. Vergesst nicht wo ihr herkommt. Mein Vater starb, als ich noch sehr jung war. Nach seinem Tod war das Leben für uns sehr schwierig und wir haben bis zum Anschluss in Armut gelebt, danach aber wurde das Leben besser. Meine Mutter hat Arbeit gefunden, wir hatten Essen auf dem Tisch und Geld, um zu kaufen was wir brauchten. Ich möchte ein Versprechen mit euch teilen, dass ich mit meinem Vater gemacht habe, bevor er starb. Er sagte mir, dass ich mir einen starken, fürsorglichen Mann suchen soll, der auf mich aufpassen wird. Ich soll heiraten und Kinder haben und in einem schönen großen Haus an einem See leben. Mein Vater wollte immer nur das Beste für mich. Bevor ich dieses Versprechen halten kann, muss ich lernen, wie man arbeitet und eine gute Hausfrau wird. Ich habe meiner Mutter versprochen, dass ich hart arbeiten und so viel wie möglich lernen werde, weil ich meine Zeit hier im Landjahr nicht als selbstverständlich betrachte!»

Die Mädchen sind von Trudels Kommentaren beeindruckt, und nicht nur die Mädchen, sondern auch die drei Leiterinnen. Und auch Trudel bemerkt, dass sie selbst schon fast wie eine Führungskraft gesprochen hat.

Nach langen Diskussionen erklären sich die Mädchen endlich bereit, ihre eigenen Interessen beiseitezulegen und sich auf die Leistungen zu konzentrieren, die sie für ihr Lager und ihre Gemeinde erbringen sollen. Sie vereinbaren, zusammenzuarbeiten, egal was passiert. Sie formalisieren ihren Pakt mit einem neuen Lagermotto:

Unser Wille und unser Glauben sind nur in der Gemeinschaft zu finden!
Wir werden nach Glück und neuem Leben streben.
Denn nur gemeinsam sind wir stark! [219]

Die Regeln sind gesetzt. Jeder versteht seine Rolle und verspricht jederzeit sein bestes Verhalten an den Tag zu legen. Durch die Möglichkeit, ihre Bedenken zu äußern, gewinnen die Mädchen ein tieferes Bewusstsein und einen tieferen Einblick in den Zweck ihres eigenen Lebens

Die drei Lagerleiterinnen wissen genau, wie und wann sie die Mädchen stärken müssen. Sie verstehen die Unterschiede zwischen der ländlichen und der städtischen Kultur und deren unterschiedlichen Werte. Die Mädchen, die aus St. Pölten angereist waren, stammen aus dem unteren ländlichen Donauraum und haben einen anderen Lebensstandard genossen. Sie haben eine eingeschränktere Ausbildung erfahren und sind mit weniger finanziellen Möglichkeiten aufgewachsen. Sie wurden immer zum Helfen in Haus und Hof angehalten und eine akademische Ausbildung wurde als zweitrangig angesehen. Die Mädchen aus Oberschlesien hingegen sind an einen extravaganten Lebensstil gewöhnt, der sich durch eine kulturelle Vielfalt auszeichnet. Diese Mädchen aus der Stadt müssen die Ideologie von «Blut und Boden», die die Tugenden des ländlichen Lebens preist, erst erlernen. Diese wohlhabenden Mädchen von den Verlockungen der Stadt fernzuhalten, wird sie lehren sich anzupassen und ihren Geist und Körper reinzuhalten.

Es ist die Aufgabe der Führerinnen, die Mädchen mit einer universellen Weltanschauung in Einklang zu bringen. Diese Lehre muss mit dem Ziel bekräftigt werden, in Harmonie zu dienen und zusammenzuarbeiten. Diese neue ideologische Grundlage unterstützt das Wohlergehen der Mädchen und soll das Überleben des Landes sichern.

---

[219] Annemarie Leppien, Seite 39

Während der Diskussion im Freien muss Fräulein Albrecht eine gemeinsame Denkweise aufstellen, die jedes Mädchen dazu inspirieren wird, sich unabhängig von ihren individuellen Talenten zu entwickeln. Sie erklärt, wie die Saat im Boden steckt und die Felder, die sie gesät haben, ihre ersten Triebe produzieren. Danach wird sich ihr Fokus auf den Wert einer starken Arbeitsmoral verschieben.

Wenn Trudel die Worte «Ihr könnt alles erreichen was ihr euch vorgenommen habt wenn ihr nur wollt.» hört, beeindruckt sie dies so tief, dass sie es in ihrem Tagebuch notiert. Dieses einfache Axiom ist in ihr so tief verwurzelt, dass es ihre Lebenseinstellung komplett verändert. Sie erkennt, dass sie an der Schwelle einer neuen Welt angekommen ist! Sie fühlt sich belebt und bestätigt. Trudel hat schon von zu Hause aus einen hohen Wert auf ihre eigenen Fähigkeiten und Talente gelegt. Sie spürt eine Steigerung ihres Selbstbewusstseins, wenn sie ihre Aufgaben mit Bravour erledigt. Sie fragt sich, ob es den anderen in ihrer Truppe genauso geht, denn es erscheint ihr unerträglich, wenn nicht alle gemeinsam am gleichen Strang ziehen.[220]

Diese Diskussionen haben mehrere Vorteile; sie fördern nicht nur bessere soziale Fähigkeiten, verbessertes Zuhören und Kommunikation, sondern ausserdem auch den Wunsch der Mädchen als Gemeinschaft zu arbeiten. Manchmal sind Anweisungen, Diskussionen und Kompromisse unvermeidbar, aber die enge Zusammenarbeit mit den Erwachsenen gibt den Mädchen das Gefühl, geschätzt zu werden.[221]

Die Mädchen verstehen nicht wie bahnbrechend ihre Arbeit eigentlich ist. Sie wissen aber, dass ein Land nur so stark ist wie die Menschen die in ihm leben. Durch ihre Bereitschaft zur Arbeit bestätigten sie, dass die Erziehung, die sie bisher erhalten haben, funktioniert. Sie haben schon in diesem jungen Alter gelernt ihren Führer zu schätzen. Dessen ständige Ermutigungen an sein Volk hat sie wissen lassen, dass sie durch ihre stolze gemeinschaftliche Arbeit die Kriegsnot verringern. Sie stellen die Bedürfnisse des Kollektivs vor ihre selbstsüchtigen Wünsche.

Als das Kartoffelsetzen abgeschlossen ist, sind die schweren landwirtschaftlichen Arbeiten vorerst beendet. Der Lehrplan der Mädchen zielt nun darauf ab, ihre eigene Kreativität zu entwickeln. Dies geschieht durch Bastel- und Handwerksstunden

Das geräumige Bastelzimmer befindet sich im selben Gebäude wie die Turnhalle. Das Erlernen eines Kunsthandwerkes ist für die psychologische Entwicklung der Mädchen von entscheidender Bedeutung. Es wird sie lehren, lateral zu denken und die Beziehung zwischen Ursache und Wirkung

---

[220] Annemarie Leppien, Seite 11
[221] Jeanne Onuska

zu erlernen. Diese kreative Arbeit wird ihr Temperament auf die Probe stellen, denn handwerkliche Arbeiten erfordern Geduld und Ausdauer. Man muss sich konzentrieren, wenn man etwas aus Holz schnitzt, eine Tischdecke bestickt, Skulpturen herstellt oder Socken für die Winternothilfe strickt. Der intensive Fokus offenbart tendenzielle Emotionen, die in den jungen Herzen verborgen sind, sowie Gedankenmuster, die tief in den Köpfen vergraben sind. Und am Ende kann ein fertiges Produkt bewundert werden und Lob einbringen. [222]

Die jungen Handwerkerinnen werden damit beauftragt Ideen zu Papier zu bringen und dann herauszufinden wie sie ihre Idee umsetzen werden. Sie müssen genug Disziplin an den Tag legen ihre eigene Arbeit zu manifestieren. Manchmal kann dieser Prozess sogar ein echtes Naturtalent aufdecken!

Die Mädchen arbeiten mit einer Vielzahl von Materialien, Texturen, Stoffen, Werkzeugen und Geräten. Das Kunsthandwerk unterstreicht die individuellen Talente und Kenntnisse der Mädchens. Jede neue manuelle Fähigkeit, die die Mädchen erlernen, lehrt sie wie sie zu denken, planen, entwickeln und anzuwenden haben und dabei erleben sie das Gesetz der würdigen Arbeit.[223]

Diesen Abend schreibt Trudel über ihre kreative Arbeit im Lager. Ihr Tagebucheintrag liest wie folgt:

«Unser Landjahrlager ist einfach wunderbar! Wenn ihr unsere Werkstatt sehen könntet, würdet ihr denken ihr wärt in einer Möbelfabrik! Was auf den ersten Blick als eine Menge Arbeit und fast unmöglich erschien, entpuppte sich fast als ein Kinderspiel, nachdem uns unsere Leiterinnen gezeigt hatten, wie wir die unterschiedlichen Werkzeuge zu unserem Vorteil nutzen konnten. Und jetzt läuft alles reibungslos. Wir füllten die Risse in den Holzmöbeln und begannen auch damit Spielzeug für die Kinder im Dorf herzustellen. Alle Mädchen sind stolz am Hämmern, Sägen, Schleifen und Kleben. Es war auch ein bisschen lustig als Elfie ihren Finger mit dem Hammer schlug und lautstark zu fluchen begann und dann sagte, dass es die Schuld des Hammers sei!

Auf der anderen Seite des Raumes haben einige von meinen Kameradinnen in der Nähstube gesessen und entweder von Hand genäht oder an den Nähmaschinen gelernt, wie man Kappnähte näht. Es wurden Schürzen genäht, Socken gestrickt und Kleidung repariert. Wir

---

[222] Magdalena Shears
[223] Reinhold Sautter, Seite 177

lernen, wie man neue Kleider und Blusen herstellt. Wir haben so viel Spaß!

Und Fräulein Albrecht hat recht gehabt. Wir können alles tun, was wir uns vorgenommen haben. Bisher habe ich ein Taschenbuch mit Ledereinband und zwei Gürtel hergestellt. Ich habe sogar gelernt, wie man einen Korb flechtet und wie man aus alten Stoffen einen Läufer herstellt. Unsere Leiterinnen hielten uns an, Papier für eine Kladde zurechtzuschneiden und diese zu binden. Wir werden diese Kladde während unserer Abschlussprüfung benutzen. Ausserdem haben wir auch gelernt unsere eigenen kleinen Taschen für unsere Federstifte und Flöten herzustellen. Wir arbeiten jeden Tag sehr hart und lernen viel. Das Ganze bereitet uns viel Freude. Wegen des Krieges müssen wir nämlich jedes wiederverwertbare Material retten. Ich wünschte wirklich wir hätten mehr. Wir alle werden eines dieser von uns erstellten Teile mit nach Hause nehmen und dort weiter verwenden dürfen.

Morgen wird mir eine neue Aufgabe zugeteilt werden! Ich werde alles über Hauswirtschaft und Haushaltsführung lernen. Wir lernen hier so viel.»

Hauswirtschaft

DER ERSTE ARBEITSEINSATZ ist vorüber, die Kartoffeln sind gepflanzt und die Mädchen tauschen jetzt die Rollen. Für Trudel ist es Zeit jetzt etwas über Hauswirtschaft lernen. Ziel ist es den Mädchen beizubringen einen Haushalt zu führen, sich mit allen in einem Haushalt anfallenden Arbeiten vertraut zu machen, und die Finanzen zu verwalten.

Da Trudel zu Hause in Kleinzell in einem sauberen, ordentlichen und gut geführten Haushalt aufgewachsen ist, ist sie der Meinung, dass die Haushaltsführung ein leichtes sei. Doch es besteht ein gravierender Unterschied: Das Haus, in dem sie aufgewachsen ist, ist klein und ihre Mutter ist praktisch veranlagt, während die Hauswirtschaft hier sich auf ein Gebäude mit 30 Zimmern bezieht und seiner derzeit 43 Personen. Trudel weiß noch nicht, dass ein sauberer und gut geführter Haushalt viel mehr Arbeit erfordert, als nur den Boden zu kehren und die Betten zu machen.

Trudel zieht ihr Hauskleid an, bindet sich ihre Schürze um und auch das Kopftuch. Mit Besen, Kehrschaufel und Zinkeimer in der Hand macht sie sich auf den Weg, um zusammen mit Lotte, Elli und Anna die Zimmer zu putzen. Zuerst gehen die Mädchen von Raum zu Raum und öffnen alle Fenster. Sie nehmen die Teppiche auf, bringen sie nach draußen und hängen sie über die Teppichstange. Um den Schmutz und die feinen Staubpartikel restlos zu entfernen, verwenden die Mädchen einen Teppichklopfer aus Rattan und klopfen die Teppiche so lange bis alle Staubwolken verflogen sind.

Sie kehren ins Haus zurück und fegen die Böden. Im Lagerraum greifen sie nach den Rosshaarbürsten und gießen kochendes Wasser auf das Irmi Reinigungspulver in ihren Eimern. Sie beginnen in den Schlafzimmern im dritten Stock und arbeiten sich dann durch das Haus nach unten. Die Mädchen scheuern die Böden in den Zimmern und auf den Fluren, sowie die Treppen. Sie schrubben auf Händen und Knien, wobei sie besonders darauf achten, den gesamten Schmutz aus den Ecken zu entfernen. Im Erdgeschoß angekommen, reinigen sie die Flure, die Büros, das Krankenzimmer, das Esszimmer und schließlich den Salon, bevor sie draußen die Eingänge und Außentreppen schrubben. Als die Böden trocken sind, beginnen sie erneut im dritten Stock und tragen Bohnerwachs auf die hölzernen Parkettböden auf und polieren so lange bis diese „wie Glas funkeln und leuchten".

Kristin, Liesel und Renate arbeiten während dessen zusammen um die Türen, Spiegel und Fenster auf Hochglanz zu polieren. Alles muss blitz blank sein. Sie entfernen die Fingerabdrücke von den Türgriffen und den Stoßplatten oberhalb der Türgriffe. Zur Pflege der Holztüren wird Leinöl verwendet. Eine spezielle Messingpolitur bringt Türgriffe, Zimmernummern und Scharniere zum Leuchten. Dann gehen die Mädchen durch das ganze Haus und nehmen die Vorhänge ab. Diese werden draußen zum Auslüften auf die Wäscheleine gehängt.

Sabine, Ingrid und Steffi polieren die Möbel, waschen die Innen- und Außenseiten der Fenster ab und reinigen die Waschräume zusammen mit den Duschen, Toiletten, Waschbecken, Seifenschalen und Zahnputzbechern. Die Regale und Kleiderhaken im Umkleidezimmer werden ebenfalls gründlich abgewischt.

Nach einem langen Tag vermeldet Trudel der Haushälterin, dass alle Arbeiten abgeschlossen und bereit zur Inspektion sind.

Fräulein Grüber reiht ihre Hauswirtschaftsbrigade auf und befiehlt ihnen zu warten, bis sie eine formelle Inspektion des ganzen Hauses durchgeführt hat. Sie inspiziert alle drei Stockwerke, schaut in jeden Raum, jede Ecke und jede Nische. Es wird schnell offensichtlich werden, sollten die Mädchen nicht mit Herz und Seele bei der Sache gewesen sein. Mit ihrem weißen Baumwollhandschuh sorgt Fräulein Grüber dafür, dass nicht nur alle Ecken sauber sind, sondern auch die Lampenschirme von Staub befreit sind und in den Waschräumen keine Seifenreste mehr die Waschbecken oder Duschen verzieren. Missstände müssen sofort beseitigt werden und die Mädchen werden dann dazu angehalten den ganzen Bereich noch einmal zu reinigen anstelle nur die Mängel zu beseitigen. Erst wenn Fräulein Grüber mit dem ganzen Haus zufrieden ist, können die Mädchen aufatmen.

Am folgenden Tag ist Waschtag und es wird viel darüber nachgedacht, wie am besten vorgegangen werden kann. Schließlich will man ob der gewaltigen Aufgabe keine Zeit vertrödeln. Elektrische Waschmaschinen, so wie bei Trudel zu Hause, sind nicht vorhanden. Das Waschen, Auswringen, Trocknen und Bügeln von Bettwäsche, Handtüchern, Socken, Tischdecken, Hemden, Unterwäsche, Kleidern, Röcken, Schürzen und Sportuniformen für vierzig Mädchen und drei Führungskräfte ist eine gigantische Aufgabe! Es wird den ganzen Tag dauern, bis die acht Mädchen diese Aufgabe bewältigt haben.

Nach dem Frühstück bleiben die Mädchen zusammen mit der Hauswirtschafterin Fräulein Grüber im Speisesaal zurück und teilen die Arbeitsbelastung in überschaubare Bereiche auf. Trudel, Lotte, Elli und Anna werden die gesamte Wäsche einsammeln und je nach Verschmutzungsgrad der Kleidung und auch nach Farbe trennen. Die Weißwäsche wird immer zuerst gewaschen. Kristin und Liesel heizen das

Feuer an und kochen das Wasser für den großen Waschtrog. Renate und Sabine werden draussen die Zinkwannen aufreihen, die zum Ausspülen der Wäsche mit kaltem Wasser gefüllt werden und werden ausserdem die großen, hölzernen Wäschezangen bereit legen. Ingrid und Steffi bleiben drinnen und bereiten das Mittagessen vor. Auf geht's! Die Arbeit ruft!

Trudel, Lotte, Elli und Anna begeben sich in jedes Zimmer und ziehen die Bettwäsche ab. Sie beginnen in der obersten Etage und öffnen gleichzeitig alle Fenster, um zu lüften. Sie entfernen die Bettwäsche und Kissenbezüge. Die Kissen werden aufgeschüttelt und auf die Fensterbänke gelegt. Die Mädchen nehmen alle Matratzen aus ihren Holzrahmen und stellen sie draußen im direktem Sonnenlicht senkrecht auf. Dies wird die Hausstaubmilben töten. Als nächstes sammeln sie die schmutzigen Kleidungsstücke ein und trennen sie in drei Körbe. Ein Korb ist für farbige Kleidung, einer für Weiße und einer für stark verschmutzte Kleidung. Renate und Sabine holen die Waschbretter und Bürsten. Die Mädchen füllen drei Zinkbadewannen mit kaltem Wasser aus der Handpumpe.

Kristin holt Holz aus dem Holzschuppen und zündet unter dem großen Trog ein Feuer an. Dann fügt sie dem warmen Wasser eine Mischung aus Irmi-Waschmittel und Kernseife Flocken hinzu, während Liesel die Lauge mit dem großen Holzlöffel umrührt. Das Seifenwasser muss fast kochen damit die Weißwäsche weiß bleibt

Sobald das Wasser in dem Waschtopf zu dampfen beginnt, fügen die Mädchen zuerst die weniger schmutzigen Gegenstände hinzu. Während die Mädchen der Hauswirtschaftsbrigade sich auf ihre Aufgaben einstellen, beginnt der Waschtag wie am Schnürchen abzulaufen. Der große Holzlöffel bewegt die Kleidung hin und her und vermeidet somit nicht nur die Schaumschicht auf dem Wasser, sondern verhindert gleichzeitig auch, dass Wäsche an dem Topfrand klebt. Je länger die Wäsche „gekocht" wird, desto eher brechen die Fasern und der Stoff kann auseinanderfallen. Die Mädchen lernen daher die Kleidung genau zu beobachten und heben das Material regelmäßig zur Betrachtung aus dem Waschtrog.

Mit einer langen Holzzange fischen die Mädchen dann die Bettwäsche aus dem dampfenden Wasser und lassen diese in die Zinkwannen fallen. Mit groben Bürsten und Waschbrettern schrubben sie den Rest des Schmutzes von Hand aus den Laken, während sie dabei ein Lied singen. Danach wird die Wäsche in die nächste und auch übernächste Wanne befördert und in dem klaren, kalten Wasser reingespült. Das Wasser in der zweiten und dritten Wanne wird regelmäßig gewechselt. Die Lauge, die sich in diesen Wannen angesammelt hat, wird in offenen Holzfässern aufbewahrt und später zum schrubben des Küchenfußbodens und der Treppenstufen draußen verwendet. Als letztes führt Kirstin dann die Wäsche durch die große Holzmangel, während Liesel die Metallkurbel dreht. Renate steht bereit die Wäsche aufzufangen, während sie durch die schwere Mangel aus Holz und Eisen gedrückt wird. Das überschüssige Wasser das von der sich drehenden Mangel tropft läuft über die nackten Beine des Mädchen und wird über einen kleinen Entwässerungsgraben den Berg hinab geführt.

Die Mädchen wechseln sich mit den Aufgaben ab. Alle waschen und mangeln und hängen die Wäsche auf die lange Wäscheleine auf. Wäscheklammern aus Holz, ähnlich eines Stiftes, halten den Stoff an Ort und Stelle. Die Wäsche weht sanft in der warmen Frühjahrsbrise und trocknet in der Nachmittagssonne.

Die Mädchen arbeiten den ganzen Morgen Hand in Hand. Sie waschen, schrubben, spülen, wringen und hängen. Zur Mittagszeit ist bereits die ganze Bettwäsche gewaschen und zum Trocknen aufgehängt. Trudel geht auf die Wäscheleine zu und hält sich ein Laken gegen ihre Nase, und atmet tief ein. Sie liebt den Geruch von frisch gewaschener Wäsche.

Nach dem Mittagessen nehmen die Mädchen die Bettwäsche und Kissenbezüge von der Wäscheleine und beginnen mit dem bügeln. Die Eisen waren zuvor auf dem Küchenherd vorgewärmt worden. Die Mädchen arbeiten akribisch, um sicherzustellen, dass die Bettwäsche glatt ist. Danach wird diese mit scharfen Kanten gefaltet. Wenn ein Mädchen eine Stelle findet wo der Stoff ein Loch aufweist oder zerrissen ist, hört sie mit ihrer Tätigkeit auf, um die Stelle von Hand zu reparieren.

Als nächstes übernimmt eine Gruppe der Mädchen die Aufgabe die dreiundvierzig Betten zu beziehen, während eine zweite Gruppe die Kleidung der Mädchen bügelt. Jedes Kleidungsstück ist leicht an den eingestickten Initialen der Mädchen zu erkennen, die sich im Kragen oder Bündchen ihrer Kleidungsstücke befinden.

Eine der Aufgaben der Hauswirtschafterin Fräulein Grüber, ist es den Lagerbestand zu überwachen. Sie schaut nicht nur nach Sauberkeit sondern auch nach Vollzähligkeit. Dies gilt nicht nur für die Lebensmittelvorräte, sondern auch für die Wäschekammer. Sie besichtigt die Wäschekammer und stellt sicher, dass alle Tischdecken, Handtücher und Servietten richtig gefaltet und verstaut sind. Danach geht sie durch die Zimmer und schaut ob die Betten ordentlich gemacht sind und die sauberen Kleidungsstücke ordentlich gefaltet und in die entsprechenden Schränke verstaut worden sind. Erst nachdem die Mädchen die Inspektion bestanden haben, dürfen sie alle ihre Waschsachen wegräumen. Sobald das Wasser abgekühlt ist, schieben die Mädchen den schweren Waschtrog zu einem der Ausgüsse hinüber und entleeren das schmutzige Wasser. Sie machen sich daran ihre Ausrüstung gründlich zu reinigen und abzuwischen.

Früh am nächsten Morgen versammeln sich die Mädchen wieder bei Fräulein Grüber in der Küche. Alles im Lager ist auf das Wohl der Mädchen ausgelegt, aber die Anforderungen des täglichen Lebens, einschließlich der

Ernährung, liegen in der Verantwortung der Hauswirtschafterin. Sie muss bis ins letzte Detail aufzeichnen was jeden Tag konsumiert wird. Ende des Monats werden ihre Berichte zur Überprüfung an das Bildungsministerium geschickt.

Der erste Teil der Lektion des heutigen Tages befasst sich mit der Ernährung. Die Mädchen lernen wie sie ihren Körper nicht nur sauber, sondern auch gesund und kräftig halten können. Die selbstangebauten Lebensmittel liefern die notwendige Nahrung für schöne Haut und Haare, starke Knochen, Nägel und Zähne. Diese biologisch angebauten Lebensmittel helfen den Mädchen, gesund und munter zu bleiben. Und eine gute Gesundheit ist die beste Vorraussetzung für ein glückliches und erfülltes Leben. Für einen körperlich aktiven Lebensstil ist gesunde Ernährung eine wichtige Vorraussetzung. Dazu ist die richtige Kombination von Kohlenhydraten, Proteinen, Vitaminen und Mineralien erforderlich. Die Mädchen wissen, dass überschüssige Kohlenhydrate vom Körper in Fett verwandelt werden, und die Regierung erlaubt es ihren Mädchen nicht, fettleibig zu werden! Ihr täglicher Fettbedarf ist gering und stammt hauptsächlich aus Butter, die von den örtlichen Bauern bereitgestellt wird. Protein ist für schönes Haar, Fingernägel und glatte Haut sowie für den Aufbau und die Reparatur von Muskeln, Organen und Gewebe wichtig. Die Mädchen beziehen die Vitamine, die sie benötigen, aus Rinderleber, Nieren, Herz und einer Vielzahl von frischem Gemüse. Süßigkeiten sind nur auf ganz besondere Anlässe beschränkt. Natürlich konsumieren sie jeden Tag siebenmal mehr Obst und Gemüse als Fleisch oder Gebäck.

Die größte Mahlzeit des Tages wird mittags eingenommen, während am späten Nachmittag eine Kaffeepause eingelegt wird und abends nur eine leichte Stärkung serviert wird. Den Mädchen fehlt es an nichts, was sie brauchen, um ihre jugendlichen athletischen Körper fit zu halten. Alle Mahlzeiten werden nach einem speziellen Speiseplan gekocht, der immer für zwei Wochen im Voraus erstellt wird. In den nächsten zwei Wochen lernen die Mädchen, wie man einen Speiseplan erstellt und komplette Menüs zubereitet. In den täglichen Mahlzeiten steckt viel Planung. Nicht nur damit sie heiß und pünktlich serviert werden können. Bei der Planung ihrer Mahlzeiten beziehen sich die Mädchen auf die Vorräte, die sich in der Speisekammer befinden und natürlich auch auf das was das Ministerium an Lebensmittelmarken gesandt hat. Sie vermerken den Lebensmittelbestand und die Kosten ihrer Lieferungen in einem speziellen Buch. Die gesamte Essenszubereitung muss schnell und pünktlich sein. Sie kreieren sogar ein kleines Lied.

Wenn jeder Montag, Nudel Tag wäre,
wären wir glücklich und froh

Wenn jeder Dienstag, Strudel Tag wäre,
wären wir glücklich und froh.
Mittwoch ist Knödeltag, das geht noch so
Donnerstag gibt es Fleisch,
Freitag ist Fastentag,
Samstag ist Tag der kalten Platten
Sonntag ist unser Ruhetag.[224]

Zum Frühstück erhält jedes Mädchen eine große Kelle Rührei, eine Scheibe Sauerteigbrot und eine Scheibe Schinken sowie ein großes Glas nicht pasteurisierter Milch. Die Eier stammen von den Hühnern im Stall und werden morgens frisch gesammelt. Das Brot stammt aus dem Mehl, das sie von den örtlichen Bauern gekauft haben, und sie lernen schnell ihr eigenes Brot zu backen und wie man einen Sauerteig ansetzt und nährt. Die Milch stammt von den eigenen Kühen. Große Teller mit hart gekochten Eiern, Tomaten, Radieschen, Gurken, Salat, Spinat, Käse sowie verschiedenen Aufschnitt Sorten werden serviert, um die Frühstücksbrote zu belegen. Jeden Morgen, bevor sich die Mädchen zum Frühstück hinsetzen, stehen sie um den langen Tisch, reichen sich die Hände und sprechen ihr Dankesgebet.:

«Segne, Vater unser Essen, segne Vater unser Brot.
Lass uns jene nicht vergessen, die da hungernd sind in Not.»

Die umliegende Landschaft bietet eine Fülle von Nahrungsmitteln. Der Fischzüchter aus Glausnitz (Głębock) tauscht gerne seine frischen Karpfen gegen etwas Gemüse ein. Rindfleisch, Schweinefleisch, Hühnchen und Schinken werden von den Fleischbauern in Seidorf (Sosnówka) geliefert, und die Obstgärten in Saalberg (Zachełmie) liefern frisches Obst, darunter eine Fülle von Äpfeln, Birnen und Kirschen.

Aus diesen Zutaten lernen die Mädchen, eine Vielzahl von Hauptgerichten zuzubereiten, darunter Spätzle, die aus Weizenmehl und Eiern hergestellt und mit Käse serviert werden, Eintöpfe mit Gemüse und Fleisch, Kartoffelpuffer aus geriebenen Kartoffeln mit Buchweizenmehl, mit Eiern und Zwiebeln gestreckt, Sauerbraten, traditionell vom Pferd, in Essig eingelegt, gegrilltes Hähnchen und Trudels Lieblingsgericht Knödel. Zu den Beilagen gehören geschmorter Rotkohl, Möhrensalat, Gurkensalat und Kartoffelsalat. Bohnen werden sauer in Salz eingelegt und die Mädel lernen

---

[224] Lotte Landl, Seite 25

Hühnersuppe, Kartoffelsuppe, Linsen- und Erbsensuppe zu kochen. Zu besonderen Anlässen werden Apfelstrudel und sogar Kirschkuchen gebacken!

Alle zwei Wochen wird eine Inventur durchgeführt. Zusätzlich werden die Teller, Servietten, Besteck, Geschirr, Gläser, Töpfe, Pfannen und Grundnahrungsmittel gezählt. Die Mädchen tragen nicht nur die Anzahl der gezählten Gegenstände, sondern auch die Einzel- und Gesamtkosten in ihre Inventurlisten ein. Sie arbeiten mit einen monatlichen Betrag pro Kopf, den sie dann auf einen täglichen Betrag herunter rechnen. Das Verständnis des Hauswirtschaftens ist eine gute Vorbereitung für die Arbeit in der Gastronomie.

Trudel ist sehr aufgeregt als sie hört, dass die Mädchen am nächsten Morgen an einem Kochwettbewerb teilnehmen werden. Trudel ist eine geborenen Köchin. Sie genießt es Zutaten zu vermischen und neue Rezepte auszuprobieren. Sie ist sowohl nervös als auch aufgeregt, denn sie muss den Führungskräften und deren Gästen zeigen, was sie bisher gelernt hat. Den ganzen Tag über denkt sie nach, was sie kochen wird. Sie bespricht sich mit den anderen Mädchen, was das einfachste und wohlschmeckendste Hauptgericht, Kuchen oder Gebäck sein könnte und beschließt dann Kartoffelknödel zu kochen.

Am nächsten Tag stehen die Mädchen in der Küche und beraten sich leise über den Kochwettbewerb. Die Tür öffnet sich und alle drei Lagerleiterinnen treten ein. Sie halten die Wettbewerbsunterlagen in ihren Händen. Ihr Lächeln zeigt, dass den Mädchen eine besondere Prüfung bevorsteht.

Fräulein Grüber erklärt die Regeln des Wettbewerbs. Die Hauswirtschafterin teilt der Gruppe mit, dass sie ohne fremde Hilfe eine Auswahl aus den bereits gelernten Rezepten treffen müssen und dass sie nur zwei Stunden Zeit haben, um die von ihnen gewählte Speise zu kochen und zu servieren. Sie ermahnt die Mädchen, dass diese sich voll und ganz auf das Kochen konzentrieren müssen und mit niemanden sprechen dürfen oder ein anderes Rezept verwenden dürfen. Jede Mahlzeit muss perfekt zubereitet sein, denn ein Komitee von Gutsfrauen aus dem Dorf wird kommen und die Gerichte kosten. Die Ergebnisse werden zu einem späteren Zeitpunkt in der Lokalzeitung bekannt gegeben!

Trudel ist fassungslos! Sie war der Annahme dass sie kochen konnte, was sie wollte. Dies war jedoch eindeutig nicht der Fall. Sie hatte sich auf Kartoffelknödel eingestellt und jetzt hat sie keine Ahnung, was auf sie zukommen wird!

Die Mädchen gehen nacheinander auf Fräulein Albrecht zu und ziehen einen der gefalteten Zettel. Sie halten den Zettel in der Hand und entfalten ihn. So wird jedem Mädchen ein Gericht zugewiesen. Ein Mädchen bekommt den Auftrag Nudelsuppe zu kochen, während die anderen Pfannkuchen, Schweinebraten, Kartoffelkroketten, Sauerkraut, einen grünen Salat oder eine kalte Platte zubereiten müssen. Ein besonders überglückliches Mädchen darf sogar einen Kuchen backen! Einige der Mädchen springen vor Aufregung auf und ab, während andere ihre Gruppenleiterin enttäuscht ansehen. Aber das nützt jetzt nichts. Die Mädchen machen sich an die Arbeit und der Wettbewerb beginnt!

Dieser Wettbewerb wird nicht nur die Auffassungsgabe der Mädchen testen, sondern auch etablieren, ob sie in den Kochkursen von Fräulein Grüber aufgepasst haben oder nicht. Sie hat ihrer Hauswirtschaftsbrigade in den letzten zwei Wochen viele Rezepte beigebracht. Ausserdem werden die Mädchen jetzt beweisen können, ob sie in der Lage sind, alleine eine große Herausforderung zu bestehen.

Fräulein Grüber, schreitet in ihrer BDM Uniform, die Hände hinter dem Rücken verschränkt, in der Küche auf und ab. Sie schaut den Mädchen über die Schultern und beobachtet prüfend deren Kochkünste. Alle sind tief im Wettbewerb versunken und konzentrieren sich auf ihr Gerichte. Trudel gehen tausend verschiedene Fragen durch den Kopf: Habe ich auch die die richtigen Zutaten verwendet? Sind die Maße korrekt? Ist die Temperatur im Ofen heiß genug? Wie wird mein Essen schmecken, wenn ich fertig bin? Trudel war schon immer sehr stolz auf ihre Kochkünste und hofft dass ihr das Gericht gelingen wird.

Die Mädchen beschleunigen ihr Arbeitstempo als die Gruppenleiterin zur Halbzeit ruft. Zwei weitere Warnungen erfolgen, eine als nur noch eine halbe Stunde verbleibet und dann jene für die letzten fünfzehn Minuten. Bei jeder Warnung legen die Mädchen einen Zahn zu. Als die letzten fünfzehn Minuten angekündigt werden gerät die Küche in ein geschäftiges Chaos. Die Mädchen bewegen sich immer und immer schneller, stoßen aneinander, rasen durch den Raum und lassen hier und da auch noch Gegenstände auf den Boden fallen.

Und dann ertönt der Schlusspfiff. Der Wettbewerb ist vorbei.

Jetzt liegt alles in den Händen der Gutsfrauen, die das Gekochte bewerten werden. Es geht nicht nur um den Geschmack, sondern auch um die Präsentation.

Der Esstisch ist heute besonders feierlich geschmückt. Das Blumengesteck in der Mitte ist aus Chrysanthemen und gelben Globusblumen zusammengesetzt, unterbrochen von blauen Lilien und Steinbrech. Die Gedecke sind präzise und geometrisch ausgerichtet, wobei sich das Besteck zu beiden Seiten des Esstellers befindet, und der Brotteller ist in der oberen linken Ecke gegenüber den Gläsern platziert. Es wird nicht mehr lange dauern, bis das Ergebnis vorliegt. Haben die Mädchen aufgepasst oder nicht?

Die Mädchen heben das Essen in den Speiseaufzug und ziehen es in den Speisesaal hinauf. Sie servieren die zubereiteten Speisen höchstpersönlich. Die Frauen, die sie servieren, sind selber Köchinnen und Wirtschafterinnen auf ihren eigenen Höfen und gehören zu den besten in Seidorf. Während sich die Frauen niederlassen und mit den Leiterinnen sprechen, stehen die Mädchen der Tafel gegenüber in Reih und Glied, die Hände hinter dem Rücken verschränkt und wagen es nicht auch nur einen Mucks zu machen.

Trudels Herz macht einen kleinen Sprung, als die erste Frau ein kleines Stück ihres Schweinebratens anschneidet und es zu ihrem Mund führt. Trudel hat besonders darauf geachtet, das Fleisch mit seinen eigenen Säften zu begießen. Sie hat den Braten auf Kartoffeln, Karotten und Zwiebeln gelegt damit er nicht am Boden anhaftet und ihn leicht anbräunen lassen. Ausserdem hat sie den Braten immer und immer wieder mit seinen eigenen Säften begossen. Sie hat ihr Gericht genauso zubereitet, wie es ihr von ihrer Hauswirtschaftsleiterin beigebracht wurde. Sie beobachtet das Gesicht der Frau auf irgendwelche Anzeichen. Aber sie kann nicht sagen, ob die Frau den Braten genossen hat oder nicht. Stattdessen nimmt die Frau einen Bleistift, markiert ihr Papier und nimmt das Essen wieder auf.

Fräulein Albrecht befiehlt den Mädchen, ihre Arbeit wieder aufzunehmen und mit dem Aufräumen der Küche zu beginnen. Trudels Blick schweift noch einmal über ihre Schulter zu den Frauen hinüber als sie den Speisesaal verlässt, aber sie kann nicht deuten ob den Frauen das Essen schmeckt oder nicht. Sie und ihre Kameradinnen steigen die Treppe hinunter und stehen in einem völligen Chaos. Die Küche ähnelt einem Katastrophengebiet! Töpfe und Pfannen stapeln sich auf dem Herd, der mittlere Tisch ist mit Essensresten bedeckt und ein Teil des Bodens mit Mehl. Die obere Vorderseite des Ofens weist Rußspuren auf. Aber es dauert nicht lange bis sich die Mädchen gegenseitig beim Abwischen, Spülen und Putzen helfen.

Kristin und Liesel beschließen schließlich, sich noch einmal nach oben zu schleichen und das Gespräch der Frauen zu belauschen. Gerade als sie die Treppe erklommen haben sehen sie wie Fräulein Dieter auf sie herabstarrt. Sie rasen in die Küche zurück und räumen weiter auf.

Erst als die Küche makellos ist, dürfen die Mädchen ins Esszimmer zurückkehren. Sie räumen den Tisch ab, stellen das schmutzige Geschirr und Besteck in den Aufzug und decken den Tisch für die Nachspeise ein. Erst wenn auch dieser Teil der Bewertung abgeschlossen ist und das Komitee seine Kommentare gründlich mit den Lagerleiterinnen besprochen hat, dürfen die Mädchen selbst essen. Die Damen des Komitees verabschieden sich liebevoll und beglückwünschen die Mädchen zu ihrer guten Arbeit.

Die Hauswirtschaftsbrigade setzt sich zurück an den Tisch. In einer für das Lager ungezwungenen Atmosphäre, denn das Ziel besteht darin, neue

Gerichte einzuführen und das Angebot an Speisen zu erweitern. Fräulein Grüber beglückwünscht die Mädchen zu ihrer guten Arbeit. Sie spricht sachlich über jedes Gericht und gibt bekannt, ob die Köchin das Essen richtig zubereitet hat. Während die Mädchen die Gerichte der anderen probieren, haben auch sie die Gelegenheit zu besprechen wie das Essen schmeckt, welche Verbesserungen sie vornehmen würden und ob alle Zutaten verwendet wurden oder nicht. Dies ist eine Lernerfahrung. Es soll die Mädchen inspirieren und ermutigen neue Rezepte zu erlernen und den Nährwert jeder servierten Mahlzeit zu verstehen.

Trudel hört sich die Kommentare aufmerksam an. Sie lernt die Kunst des Kochens. Ausserdem gibt es in diesem Wettbewerb keine herausragende Gewinnerin, denn jede ist eine Gewinnerin, auf die eine oder andere Art und Weise.

Während der abendlichen Freistunde schreibt Trudel einen langen Eintrag über ihre bisherigen Wahrnehmungen im Landjahr in ihr Tagebuch:

«Wenn Du deine Augen nicht selbst aufhältst wirst Du nie wieder glücklich sein. Die morgendliche frische Luft ist unsere Zeit und wir glauben an uns. Wir glauben an harte Arbeit. Von nichts kommt nichts. Wir achten auf das was wir lernen und es ist uns bewusst, dass der Tag kommen wird an dem wir das Gelernte anbringen werden und dazu sind wir jederzeit bereit.

Wir glauben an einen Gott und er bringt uns zusammen. Wir sind geschaffen, um uns in unseren Stärken, in unseren Hoffnungen und in unseren Träumen wiederzufinden. Wir werden immer an unsere Freunde, unser Land, unseren Gott und unseren Führer denken.

Gott hat uns erschaffen, damit wir gemeinsam wirken und so wird es auch sein. In den Augen unseres Volkes ist Gott unser Schöpfer. Als Menschen müssen wir uns in unseren Tugenden, unseren Stärken und unseren einzigartigen Talenten wiederfinden, damit wir einander bereitwillig geben und helfen können und dazu sind wir bereit, weil wir an uns glauben. Wir arbeiten stets fleißig, um zu zeigen, was wir gelernt haben. Wir leisten unsere Arbeit pflichtbewusst und mit Stolz. Das Volk, das Land und unser Führer geben uns, was wir brauchen und dort finden wir unsere innere Stärke.

Unser Wille und unser Glaube sind eins. Wir freuen uns auf unsere Wiedergeburt und auf unser künftiges Leben, denn wir sind eins miteinander.

Wenn wir in die Ferne ziehen, singen wir unsere Lieder – wir finden Kraft in ihren Worten denn diese Worte haben Bedeutung.

Unsere Überzeugungen machen uns glücklich. Unsere Augen beobachten wie die Sonne auf natürliche Weise über den Bergen aufgeht. Die Sonne kann nur auf uns herabblicken, da Gott sie geschaffen hat. Wie könnten wir anders denken?

Die Morgensonne lächelt in unsere Herzen, auf unser Land und unsere gesunden Deutschen die glücklich mit dem Leben und mit der Natur verbunden sind. Wir erfüllen unsere Pflichten und jeder kann sehen wie wir uns bemühen und uns loben wie viel wir gelernt haben.

Wenn wir uns in unserer Freizeit ausruhen wollen, verbringen wir die Zeit in der Natur, atmen die saubere frische Luft ein oder trinken das reine Bergwasser. Wir unterhalten uns und blicken auf all unsere Leistungen zurück. Dabei können wir ehrlich sagen: «Schau dir an, was unser Schöpfer für uns getan hat.» Erinnere dich an all die guten Dinge im Leben. Denke daran, wie schön und glücklich das Leben sein kann. Genieße es!

Wir dürfen frei denken und uns frei entfalten. Wir gehen mit offenen Augen und offenem Bewusstsein durch unser Land. Wir schauen auf unsere majestätischen Berge. Nur unser Gott kann uns den Willen und die Stärke gegeben, die er durch diese höchsten Berge Deutschlands zum Ausdruck bringt.

Auch dürfen wir niemals unsere Verantwortung gegenüber unserem Volk, unserem Land und unserem Führer vergessen. Wir dürfen niemals unsere innere Kraft verlieren - das wird von uns erwartet. Wir müssen zeigen, dass wir etwas erreichen können, strahlen und scheinen, so wie die Sonne. Unserer Hände Arbeit ist genauso wie die Sonne, von Gottes Händen geschaffen worden.

Auf jedem Feld das uns umgibt, und auf jedem noch so kleinen Flecken Erde wächst unsere Nahrung. Wir kümmern uns um unser täglich Brot und werden stets zusammenarbeiten, um die Saat zu pflegen und deren Erträge zu ernten, wenn es so weit ist. Unsere Nahrung wurde von unseren eigenen Händen geschaffen und wir sind stolz darauf, dass wir reichliche Ernten produzieren können. Der Allmächtige hat uns die Samen gegeben, die wir in die Mutter Erde einbringen und die unserem Volk die mächtige Ernte liefern. Deutschland ist unser heiliges Land auf alle Ewigkeit!

Aufgrund unserer starken Arbeitsmoral können wir uns am Tag Gottes ausruhen. Wir schätzen diesen Tag und schauen in die Morgensonne und sagen: «Deutschland genießt Gottes Segen.» In der Ferne können wir die Seen, den Wald und die Hügel sehen. Gott legt seine Hände schützend über unser Land, um zu erleuchten und uns zu den grünen Ozeanen der Ferne zu führen.»

Der Zeitungsartikel

DIE SOMMERTAGE werden länger und wärmer, aber die Nächte bleiben angenehm kühl. An diesem schönen Sonntagmorgen des 22. Juni 1941 kümmern sich Trudel und ihre Mitbewohnerinnen Ellie, Nelli, Steffi und Maria draußen um die Nutztiere. Hinter ihnen steht stolz das schöne Riesengebirge. Die Mädchen sprechen gerade darüber, was sie vor den Feierlichkeiten der heutigen Sommersonnenwende noch unternehmen möchten, als sie unerwartet jemanden laut aufschreien hören. Es scheint als kommt der Schrei aus dem Haupthaus.

«Schnell, schnell ! Kommt schnell. Alle zusammen!» ruft Fräulein Grüber, während sie von ihrem Büro aus ins Esszimmer rennt. «Es gibt einen Sonderbericht vom Oberkommando der Wehrmacht in der Zeitung!»

Als Trudel und ihre Kameradinnen die Aufregung im Haus hören, rennen auch sie um zu sehen was los ist. Die Ankündigung rast wie ein Blitz durch das Lager. Alle versammeln sich im Speisesaal um die neuesten Nachrichten zu hören.

Fräulein Grüber liest aus der Zeitung vor.

«Kurz vor Tagesanbruch nahmen unsere Truppen ihre Angriffspositionen ein. Vier Millionen Soldaten drängen entlang einer achtzehnhundert Kilometer langen Frontlinie von der Ostsee bis hin zu den östlichen Karpaten auf das Gebiet des Feindes vor. »

Trudel ist sehr daran interessiert Neuigkeiten über den Krieg zu hören. Ihre beiden Brüder Emmerich und Hans leisten aktiven Dienst, sie weiß jedoch nicht, wo. In ihrem Herzen betet sie immer, dass es ihnen gut geht. Immerhin sind es ihre Brüder und ihnen wird schon nichts passieren.

„Es heißt hier weiter, dass der Feind vor uns zittert. Unsere Kräfte gehen den Feind aus der Dunkelheit und aus dem Wald heraus an. Sie dringen jetzt auf den Boden des Gegners vor. Unsere Panzer feuern ihre Projektile mit großer Wucht. Die Rauch- und Feuerwolken auf der anderen Seite der Grenze signalisieren einen triumphierenden Einmarsch in die Sowjetunion.»

Die Mädchen hören aufmerksam zu und versuchen, das Ausmaß der Situation zu erfassen.

Fräulein Grüber liest weiter.

«Heute Morgen um fünf Uhr verkündete unser Reichsminister Joseph Goebbels im Namen unseres Führers die Kriegserklärung. Er verkündet der Welt, dass... » Fräulein Grüber hört auf zu lesen und legt die Zeitung auf den Tisch. Sie holt gerade tief Luft, als Fräulein Albrecht und Fräulein Dieter den Raum betreten.

«Die Kriegserklärung ist in der heutigen Zeitung veröffentlicht worden.», informiert ein bestürztes Fräulein Grüber die beiden anderen jungen Führerinnen. Diese setzen sie sich zu ihren Schützlingen und hören ebenfalls zu als Frl. Grüber die Kriegserklärung zitiert:

«Deutsche! Nationalsozialisten! Volksgenossen! Nach langen Monaten, in denen ich trotz großer Bedenken zum Schweigen gezwungen war, ist die Zeit gekommen, in der ich offen sprechen kann…

«…Als das Deutsche Reich am 3. September 1939 die Kriegserklärung Englands erhielt, versuchten die Briten erneut den Versuch einer Konsolidierung zu unternehmen und damit eine Stärkung Europas gegen die damals stärkste Macht des Kontinents zu vereiteln. England hatte bereits schon einmal Spanien durch viele Kriege zerstört. Aus dem gleichen Grund führte es seinen Krieg gegen Holland. Mit Hilfe von ganz Europa kämpfte es später gegen Frankreich. Außerdem begann es um die Jahrhundertwende, das Deutsche Reich zu umkreisen, und begann 1914 den großen Krieg. Deutschland wurde 1918 nur wegen seiner internen Uneinigkeit besiegt. Und die Ergebnisse waren schrecklich.

Als sie scheinheilig erklärt hatten, nur gegen den Kaiser und sein Regime zu kämpfen, begannen sie mit der systematischen Zerstörung des Deutschen Reiches, nachdem die deutsche Armee ihre Waffen niedergelegt hatte. Die Prophezeiung eines französischen Staatsmannes, der gesagt hat, es gibt zwanzig Millionen Deutsche zu viel, [225] können wir so nicht hinnehmen. Und als Hunger, Krankheit, Auswanderung und Arbeitslosigkeit zuschlugen, begann die nationalsozialistische Bewegung, die Einheit des deutschen Volkes aufzubauen und damit die Wiedergeburt des deutschen Reiches vorzubereiten.

Diese Befreiung unseres Volkes von Armut, Elend und beschämender Verachtung war ein Zeichen unserer inneren Wiedergeburt. England war davon nicht betroffen, geschweige denn bedroht. Trotzdem erneuerte sie sofort ihre hasserfüllte Politik der Einkreisung Deutschlands. Sowohl im Inland als auch im Ausland standen wir vor der Verschwörung, die wir alle kennen, zwischen Juden und Demokraten, Bolschewisten und Reaktionären, alle mit dem gleichen Ziel, die Errichtung eines neuen deutschen Reiches zu verhindern, und das Volk wieder in Ohnmacht und Elend zu stürzen.

Der Hass dieser internationalen Weltverschwörung richtet sich nicht nur gegen uns, sondern auch gegen jene Völker, die vom Glück vernachlässigt

---

[225] Georges Clemenceau

worden waren und die ihr tägliches Brot nur durch den härtesten Kampf verdienen konnten. Vor allem Italien und Japan war es neben Deutschland fast verboten, ihren Anteil am Reichtum der Welt zu genießen. Das Bündnis mit diesen Nationen war daher nur ein Akt der Selbstverteidigung gegen eine bedrohliche, egoistische Koalition von Reichtum und Macht.

Bereits 1936 hatte Churchill nach Aussage des amerikanischen Generals Wood vor einem Ausschuss des amerikanischen Repräsentantenhauses gesagt, dass Deutschland wieder zu stark werde und daher zerstört werden müsse.

Im Sommer 1939 glaubte England, daß es an der Zeit sei, seine Versuche, Deutschland durch eine Politik der Einkreisung zu zerstören, zu erneuern. Ihre Methode bestand darin, eine Lügenkampagne zu beginnen. Sie erklärten, dass Deutschland andere Völker bedrohte. Als nächstes stellten sie dann eine englische Garantie zur Unterstützung und Hilfeleistung, genauso wie im großen Krieg aus und ließen so gegen Deutschland marschieren.

So gelang es England zwischen Mai und August 1939, die Behauptung auf der ganzen Welt zu verbreiten, Deutschland habe Litauen, Estland, Lettland, Finnland, Bessarabien und sogar die Ukraine direkt bedroht. Einige dieser Nationen ließen sich irreführen, nahmen die angebotenen Unterstützungsversprechen an und schlossen sich somit dem neuen Versuch der Einkreisungspolitik an.»[226]

Trudel schaut ihre Kameradin Steffi verwirrt an. «Über was redet sie da?» Flüstert Trudel ihr ins Ohr.

«Ich weiß es nicht.», flüstert Steffi zurück.

Fräulein Grüber liest weiter:

«Die Ergebnisse der englischen Bemühungen bei jeder Nation resultierten in Chaos, Elend und Hunger. Andererseits habe ich zwei Jahrzehnte lang eine neue sozialistische Ordnung in Deutschland aufgebaut, mit einem Minimum an Interventionen und ohne unsere Produktionskapazität zu beeinträchtigen. Dies hat nicht nur die Arbeitslosigkeit entfernt, sondern auch die Gewinne aus der Arbeit sind zunehmend den Arbeitern zugeflossen.

Die Ergebnisse unserer Politik sind weltweit einzigartig. Unsere wirtschaftliche und soziale Umstrukturierung hat zur systematischen Beseitigung sozialer und Klassenbarrieren geführt, mit dem Ziel das wir eine echte Volksgemeinschaft gebildet haben.

Daher war es für mich im August 1939 schwierig, meinen Minister nach Moskau zu schicken, um gegen den britischen Plan zu arbeiten, Deutschland zu umkreisen. Ich tat es nur aufgrund meines Verantwortungsbewusstseins

---

[226] A.H. - Rede vom 22.Juni 1941

gegenüber dem deutschen Volke, vor allem in der Hoffnung, ein dauerhaftes Verständnis zu erreichen und vielleicht das Opfer zu vermeiden, das sonst von uns verlangt werden würde.»

Die Mädchen sitzen verloren im Speisesaal und haben wenig Verständnis für die politischen Konsequenzen und möglichen Auswirkungen dieser Ankündigung auf ihr eigenes persönliches Leben. Aufgrund der Schwere der Situation sind die Mädchen jedoch verpflichtet sitzen zu bleiben und bis zum Ende der Lesung zuzuhören.

«Deutsche! In diesem Moment hat ein, in der Geschichte der Welt an Umfang und Größe, beispielloser Angriff begonnen. Zusammen mit unseren finnischen Kameraden stehen die Sieger von Narvik am Arktischen Meer. Deutsche Divisionen verteidigen unter dem Kommando des Eroberers von Norwegen zusammen mit den Helden der finnischen Freiheit und deren Marschall den finnischen Boden. An der Ostfront erstrecken sich deutsche Formationen von Ostpreußen bis hin zu den Karpaten. Von den Ufern der Pruth, von der unteren Donau bis zum Schwarzen Meer sind deutsche und rumänische Soldaten unter dem rumänischen Generaloberhaupt Antonescu vereint.

Der Zweck dieser Front ist nicht mehr nur der Schutz der einzelnen Nationen, sondern die Sicherheit Europas und damit die Rettung aller.

Ich habe mich daher heute noch einmal entschlossen, das Schicksal Deutschlands und die Zukunft des Deutschen Reiches und unseres Volkes in die Hände unserer Soldaten zu legen.

Gott helfe uns in diesem Kampf.» [227]

Fräulein Grüber erhebt sich von ihrem Stuhl. Der Raum ist still.

«Was bedeutet das?» Fragt Steffi.

«Oh, es gibt keinen Grund zur Sorge, Mädchen.», antwortet Fräulein Dieter und legt ihre Arme um Trudel und Elli. «Lasst uns mal auf die Karte schauen. Ich werde Euch zeigen, wo sich unser Lager befindet und wo unsere Soldaten kämpfen. Und ihr werdet sehen, dass nichts zu befürchten ist.»

Bei der größten Militäroperation der Welt fällt Deutschland in die Sowjetunion ein, den kommunistischen Riesen im Osten.

Trudel hört Fräulein Dieter zu, wie sich diese mit den Geheimnissen der deutschen Außenpolitik auseinandersetzt.

«Warum können nicht alle glücklich sein, egal wo sie gerade leben? Warum muss jemand kämpfen oder in den Krieg ziehen?» fragt sie sich.

Trudel beobachtet wie der Zeigestock ihrer Leiterin erst auf einen Teil der Karte und dann zurück auf einen anderen zeigt. Der Krieg scheint nicht real zu sein.

---

[227] Professor Randall Bytwerk, - "The Führer to the German People"

Als die Gruppenführerin ihre Erklärung beendet hat, befiehlt sie Maria und Steffi, einen Bericht über die Proklamation des Krieges zu schreiben. Er muss bis Dienstagmorgen fertig sein und auf ihrem Schreibtisch liegen.

Nach dieser unerwarteten Lektion befiehlt Fräulein Dieter den Mädchen, sich zurück an ihre morgendlichen Aufgaben zu begeben und sich auf die am Abend stattfindende Sommersonnenwende vorzubereiten.

Die Sommersonnenwende

DIE MÄDCHEN sammeln Kieferzweige und Steinbrech aus den umliegenden Wäldern ein. Sie fertigen Kränze und schmücken das alte hölzerne Wagenrad, das gegen den Fahnenmast gelehnt ist. Zweige und Äste, die bereits unter der Woche gesammelt wurden, stapeln sich neben der Feuerstelle auf.

In der Mitte des Feldes zeigt die Gruppenführerin den Mädchen, wie man Zunderstücke aneinander lehnt, um hohe Flammen zu erzeugen, sobald das Lagerfeuer angezündet ist. Ein schützender Steinring umgibt das Holz und verhindert so das Ausbrechen des Feuers. Papier und anderes Zündmaterial werden in kleine Öffnungen am Boden der Stativstruktur gesteckt, um für ein schnelles Greifen des Feuers zu sorgen.

Eines der Reinigungsrituale für die Sommersonnenwende besteht darin, den Rest des Tages mit Schwimmen zu verbringen. Die Mädchen rennen aufgeregt in ihre Zimmer und sammeln ihre Badeanzüge, Kappen und Handtücher ein. Singend wandern sie zum Fuß des Hügels hinunter. Sie überqueren die Hauptstraße, biegen in den schmalen Schotterweg ein, und gehen in Richtung See. Sie ziehen sich in dem hölzernen Badehaus um und treffen sich dann mit ihren Anführerinnen auf dem Steg.

Der See hat genau die richtige Größe für die Dorfbewohner, um in seinem kühlen, erfrischenden Wasser Zuflucht zu suchen. Doch an diesem Tag wird er nur von wenigen Schwimmern genutzt. Eine Frau sitzt auf einem der erweiterten Stege auf der anderen Seite und sonnt sich. Drei weitere Besucher sitzen in ihren Liegestühlen am Strand. Ein langer Stapel von Holzstämmen blockiert die Ansicht aller vorbeikommenden Zuschauer. Ein Seil mit Bojen markiert das flache Ufer. Am tiefen Ende stehen ein drei und ein fünf Meter hoher Sprungturm.

Die Mädchen haben sich in zwei Reihen aufgereiht. Sie alle tragen schwarze Badeanzüge und weiße Badekappen. Marta, Magdalena, Helli, Sylvia und Dorothea haben bisher nur in der Stadt gelebt und können nicht schwimmen. Sie werden aufgefordert sich zum flachen Ende zu begeben und dort auf weitere Anweisungen zu warten. Für die Stadtmädchen ist dies der Tag an dem sie schwimmen lernen werden!

Wer bereits schwimmen kann, nutzt die Gelegenheit im Wasser herumzutoben. Die Landmädchen rennen los und springen vom Steg ins Wasser. Sie entwickeln verschiedene Spiele, wie sich in einer langen Reihe aufzustellen, die Hand der anderen zu halten und auf einen Schlag zusammen ins Wasser zu springen.

Steffi und Maria tun so, als würden sie ertrinken und lassen sich von den anderen retten. Sie schwimmen zum Steg zurück und klettern lachend und schreiend die Leiter hinauf und stoßen sich gegenseitig von der Plattform ins Wasser, bevor sie mit einem Mund voller Wasser wieder an der Oberfläche auftauchen.

Die Landmädchen wissen, wie man schwimmt und starten einen kleinen Wettkampf, um zu sehen, wer am schnellsten vom Steg zur Plattform und wieder zurück schwimmen kann und wer am längsten den Atem anhalten und unter Wasser schwimmen kann.

Die Stadtmädchen sehen neidisch zu, aber es dauert nicht lange bis auch sie Paddeln und Brustschwimmen lernen. Fräulein Dieter führt die Mädchen langsam in das tiefe Wasser und wieder zurück, um ihr Selbstbewusstsein zu stärken. Als sie das Gefühl hat, dass die Stadtmädchen fähig genug sind, ermutigt sie diese alleine zu der tiefen Seite des Teiches und wieder zurückzuschwimmen. Nach ein paar Stunden zeigt sie ihnen wie man vom Sprungbrett springt.

Die Mädchen stehen auf dem Steg und beobachten, wie ihre Leiterin von dem drei Meter hohen Sprungbrett springt. Es scheint nicht allzu schwierig zu sein. Marta, Magdalena, Helli, Silvia und Dorothea schließen sich zusammen und weigern sich, das Tauchen zu lernen. Sie glauben, dass sie an ihrem freien Tag ihre eigenen Regeln aufstellen können. Sie setzen sich lässig auf den Steg und beginnen miteinander zu reden, während sie gleichzeitig versuchen sich Fräulein Dieter zu widersetzen. Fräulein Albrecht kann solchen Ungehorsam nicht tolerieren. Mit ärgerlicher Stimme befiehlt sie den Mädchen aufzustehen, und ins Wasser zu springen und das Tauchen zu lernen. Verlegen, ob der öffentlichen Schelte, tun die Stadtmädchen wie geheißen, stellen sich auf und springen widerwillig ins Wasser. Die Leiterinnen beobachten die Mädchen und bewerten ihre Tauch- und Schwimmkenntnisse in ihrem Leistungsbuch. Es ist wichtig zu wissen, welche Mädchen über gute Schwimmfähigkeiten verfügen, da eines dieser Mädchen nach Kriegsende möglicherweise die Möglichkeit hat, ihr Land bei den nächsten Olympischen Spielen zu vertreten. Als nächstes kündigt Fräulein Dieter einen Sprungwettbewerb an. Eine Übung, um zu sehen, wer anmutig springen und mit den geringsten Spritzern in das Wasser eintauchen kann. Drei Punkte werden für den besten Start, Sprung und Flexibilität vergeben und ein Punkt für den besten Eintritt ins Wasser. Alle Ergebnisse werden im BDM-Kompetenzbuch festgehalten. Diejenigen, die eine Punktzahl von über acht erreicht haben, werden auf das höhere Brett wechseln und gegeneinander antreten. Das Mädchen mit den meisten Punkten gewinnt ein Siegerband für den ersten Platz, und wenn es ein

Unentschieden gibt, wird der Gewinner durch ein Stechen festgelegt. Für manche Mädchen ist es einfach vom Sprungbrett zu springen. Anderen fällt das springen schwer, aber sie werden von ihren Kameradinnen ermutigt und schaffen es schließlich doch. Das Gefühl von Vertrauen, Offenheit und Sicherheit innerhalb der Gruppe wächst. Die Leiterinnen achten sorgfältig auf die Gruppendynamik. Sie erkennen ebenfalls, dass die Gruppe an Stärke gewinnt, wenn die Mädchen kleine Risiken eingehen und ihre Versuche erfolgreich sind, welches ihr Gemeinschaftsgefühl vertieft. Die Taucher springen abwechselnd von dem niedrigen Brett. Da die Leiterinnen bestrebt sind ein Gleichgewicht zwischen den Stadt- und den Landmädels herzustellen, wissen sie, dass es weder schwer ist noch einschüchternd wirkt, sich einen Tag lang auf das Schwimmen und Tauchen zu konzentrieren. Jedes der Mädchen wird einfach seine Leistung nach besten Kräften vollbringen. Silvia, eines der Mädchen aus der Stadt, taucht nicht wieder auf. Auf der Plattform herrscht angespannte Stille. Alle säumen den Rand und starren ängstlich auf das Wasser. Endlich, da ist sie. Schreiend und nach Luft schnappend. Fräulein Dieter springt sofort in den See hinein und schwimmt schnell auf sie zu. Sie legt ihren Arm unter Silvias Kinn und schwimmt zu den anderen zurück zur Plattform. Nelli und Maria strecken ihre Hände aus und packen Silvia unter den Armen und ziehen sie auf die Plattform hinauf. Silvia bricht zusammen, rollt sich auf den Rücken und spuckt eine Menge Wasser aus. Fräulein Albrecht rennt und leistet Erste Hilfe, während die anderen Mädchen ängstlich die Daumen drücken. Als Silvia wieder zu sich kommt jubeln die Mädchen erleichtert!

Die erste Runde ist abgeschlossen, die Punkte werden gezählt. Als nächstes werden die Namen der Mädchen aufgerufen die genügend Punkte gesammelt haben, um von dem fünf Meter Brett zu springen. Trudels Herz beginnt ihr fast bis in den Hals zu schlagen, als sie hört wie ihr Name aufgerufen wird. Sie weiß nicht wie, aber sie hatte die erste Runde mit Bravour bestanden. Doch jetzt ist sie ganz schön nervös. Mit beiden Händen an der Leiter und ihrem rechten Fuß auf der untersten Sprosse, erstarrt sie vor Angst. Sie atmet schwer und sagt ein kurzes Stoßgebet zu sich selbst, bevor sie endlich die Leiter hinauf klettert. Oben angekommen steht sie auf dem Brett und schaut auf ihre Kameradinnen hinunter. Diese schauen sie erwartungsvoll an. Zum Spaß fangen sie an Trudel zu hänseln: "Spring, nun komm schon, spring!" Die Stadtmädchen einschließlich Silvia, necken Trudel und singen: «Trudel, Trudel, Hühnernudel.» Die Gruppenführerin befiehlt den Mädchen sofort still zu sein. Von unten erschien das Brett gar nicht so hoch zu sein. Aber von oben hat sich die Wahrnehmung verändert. Trudel starrt auf die schwarzen Wassermassen unter ihr. Sie kann nicht einmal den Boden sehen, weiß aber dass sie springen muss. Alle warten. Sie stellt sich den Tauchgang in ihrem Kopf vor.

Sie erinnert sich an die Techniken, die die anderen Mädchen vor ihr angewendet hatten. Sie denkt an die Worte ihrer Anführerin zurück: «Ich kann alles tun, was ich mir vorgenommen habe.» Angst wird zu Wut.

«Natürlich werde ich ihnen zeigen, dass ich springen kann!»

Die Gruppenleiterin ruft: «Achtung, fertig, los!» Und schon ertönt die Trillerpfeife.

Mit geraden Augen und hoch erhobenem Kinn macht Trudel vier Schritte vorwärts. Am Ende angekommen, federt sie hoch. Um den größtmöglichen Schwung zu erzielen, kreisen ihre Arme ausgestreckt neben ihrem Körper herum. Mit gebeugten Knien drückt sie fest auf das Brett. Sie hat das Gefühl, sich in Zeitlupe zu bewegen. Ihre Arme schwingen an ihrer Seite und strecken ihren Körper nach vorne, während er sich in die Luft erhebt. Als sie den Scheitelpunkt ihrer Flugbahn erreicht hat, folgt ihr Körper einer parabolischen Kurve, während die Schwerkraft sie auf natürliche Weise nach unten zieht. Es scheint, als wäre eine Ewigkeit vergangen, aber innerhalb von den Bruchteilen einer Sekunde hält Trudel ihren Körper gerade und taucht mit gestreckten Armen ins Wasser. Sie hört das gedämpfte Platschen und dann wird alles still. Das kühle Wasser fühlt sich glatt und erfrischend an. Sie öffnet die Augen und kann den braunen Farbton des See erkennen. Sie streckt beide Arme nach oben und bewegt ihre Beine mit einem kräftigen Schlag.

Trudels Kopf taucht unter dem Jubel aller aus dem Wasser hervor! Das ungeheure Lächeln auf ihrem Gesicht zeigt ein Gefühl der Zufriedenheit. Sie schwimmt zur Seite der Plattform hinüber, um noch einmal zu springen!

Nachdem alle ihre Sprünge abgeschlossen haben, trägt Fräulein Albrecht die neue Punktzahl im Leistungsbuch ein und gibt die Ergebnisse des Wettbewerbs bekannt.

«Trudel Kerschner hat gewonnen!»

Trudels Kameradinnen umarmen sie und gratulieren ihr. Sie geht auf ihre Leiterin zu, salutiert und nimmt die Auszeichnung mit Stolz entgegen. Sie dreht sich um und sieht ihre Kameraden freudig an. Dann bemerkt sie, dass die Stadtmädchen verächtlich die Augen verdrehen.

Nachdem der Wettbewerb vorbei ist, duschen die Mädchen, ziehen sich um und wandern singend in ihr Lager zurück. Ihre Körper fühlen sich wie neu. Sie gehen hüpfend und singend die Straße entlang. Die Sonne steht immer noch hoch am Himmel, als sie pünktlich zu ihrer Freistunde wieder im Lager ankommen.

Im Salon warten die Mädchen gespannt, bis Fräulein Albrecht die Post aufnimmt und die Namen der Empfänger von den Umschlägen und Postkarten abliest. Alle möchten einen Brief von zu Hause erhalten, aber nicht alle bekommen Nachricht von ihrer Familie. Trudel springt auf, als sie ihren Namen hört. Sie salutiert und akzeptiert stolz eine Postkarte. Zurück auf ihrem Stuhl schaut sie nach unten. Nichts ist aufregender als Post von zu Hause zu bekommen, oder?

> 12 Juni 1941
> Unsere liebe Trudel!
> Wie haben uns sehr über Deinen Brief gefreut und dass Du heile in Seidorf angekommen bist. Wir freuen uns, dass es Dir dort gefällt und dass Du neue Freundschaften geschlossen hast. Wir sind sehr stolz auf Dich. Leider müssen wir Dir eine schlechte Nachricht mitteilen, Dein Opa Bernhard ist gestorben. Wir werden ihn sehr vermissen. Wir haben Tante Aloise, Onkel Johann und Hilda in Rainfeld besucht. Es gefällt ihnen sehr in ihrem neuen Haus und wir dürfen sie dort jederzeit besuchen. Du fehlst uns sehr und wir warten geduldig auf deine Rückkehr. Grüße und Küsse von Mutter, Franz, Opa, Oma und Hilda

Trudel drückt die Karte fest an ihre Brust. Sie verspürt einen kleinen Stich und fragt sich, was ihre Familie heute macht. Der strenge Tagesablauf lässt Trudel jedoch wenig Zeit zum Nachdenken. Für den Rest des Nachmittags wird sie Lieder üben und zusammen mit den anderen Mädchen ihre Fackel für die Sommersonnenwende vorbereiten.

Um den Gemeinschaftssinn der Gruppe zu bereichern, werden auch entspanntere Aktivitäten, wie das Erlernen eines Repertoires von Volksliedern, hauptsächlich aus der Bewegung der jungen Wanderer (Wandervogel), gelehrt. [228] Einige der Lieder fallen mit dem Fest der jährlichen Sommersonnenwende zusammen und fassen die Verehrung des Nationalsozialismus und ihres Führers neu zusammen. Die Poesie des deutschen Erbes spielt eine zentrale Rolle bei der Erziehung der Hitlerjugend zum Nationalsozialismus. [229] Deutsche Volkslieder konzentrieren sich stark auf den Aufbau von Gemeinschaften und bieten so auch die Möglichkeit, das soziale Bewusstsein zu erwecken. Musik verbessert den Zusammenhalt, stärkt den Charakter und die Treue.

Musik ist der Klebstoff der Freundschaften festigt.

Die meisten Lieder, die die Mädchen lernen, stammen aus dem Liederbuch «Wir Mädel singen». Trudel schreibt in ihrem Tagebuch über das Singen:

---

[228] Landjahralbum
[229] Rachael Jane Anderson, Seite 1

«Singen macht mich glücklich. Wir beginnen jeden Tag mit einer halben Stunde Singen und Musizieren. Ich sage dir, niemand merkt mehr wie müde wir sind, obwohl es noch früh am Morgen ist. Wenn wir die schönen Lieder hören, die wir singen und die Musik, die wir dazu spielen, kommen natürlich alle zusammen und wollen mitsingen.

Anfangs war es schwierig, weil wir ganz schön schief gesungen haben. Sobald wir jedoch die Lieder etwas geübt und gelernt hatten, konnten wir sie perfekt singen. Es spielt keine Rolle aus welchem Teil des Landes du stammst, denn alle kennen die gleichen Lieder

Wir singen viele Volkslieder über die Natur, unsere Mütter und unser Vaterland. Während unserer wöchentlichen Proben lernen wir neue Lieder über die Sterne, die Bäume, die Menschen, die Landschaft und unsere Flagge. In den Ferien singen wir über die Bauern und die Arbeiter. Wir haben sogar gelernt dreistimmig zu singen. Manchmal kann das einfachste Lied unseren Kopf verdrehen, wenn wir es nur richtig singen. Manchmal machen wir auch Fehler, aber mit viel Übung geht es dann doch und es klingt so schön wenn wir alle die Stimme halten! Wir sind so stolz aufeinander und wollen oft nicht aufhören, sondern einfach weiter singen.

Bevor wir ein neues Lied lernen, erklärt Fräulein Dieter uns die Bedeutung und wann wir es singen sollen und können. Dann bringt sie uns bei, wie man das Lied singt. Wir üben unsere Lieder jeden Tag. Wenn wir es endlich richtig machen, lobt uns unsere Leiterin, weil wir so gute Arbeit geleistet haben. Mein Herz rührt sich, wenn ich die schönen Lieder höre, die wir singen. Heute Abend werden wir viele Lieder für unserem Führer, unsere Flagge und unser Vaterland singen.

Ich lerne auch Flöte zu spielen. Wir müssen besonders darauf achten, wie die Noten klingen. Nicht jeder kann die Flöte richtig spielen, aber wir lieben es trotzdem weiter zu lernen. Fräulein Dieter meint wir müssen nur Geduld haben, und üben, üben, üben.

Wir lernen auch Noten lesen. An manchen Tagen möchten wir alles über die Musik wissen, weil sie so viel Glück in unsere Herzen bringt. Wenn wir Mozart oder Beethoven hören, fragen wir uns: «Wie konnten die so schöne Musik schreiben?» Wir wissen nicht, woher sie all diese Noten haben? Manchmal frage ich mich, ob sie das Lied zuerst in ihrem Kopf gehört haben oder es zuerst aufgeschrieben und dann gespielt wurde.

Heute Abend werden Hermine und Steffi eine Aufführung geben und bei unserer Sommersonnenwende ein neues Gedicht rezitieren. Heidi und Helli werden ihre Flöten spielen. Gütiger Gott! Ich habe ihnen beim Üben zugehört und alles lief falsch! Es ist erstaunlich wie viel Geduld Fräulein Dieter in sich hat. Ich muss jetzt auch noch ein bisschen auf meiner Zither üben, weil ich heute Abend ebenfalls auftreten werde!»

Der Wert des Liedes liegt nicht nur darin göttliche Gedanken anzuregen, sondern auch darin, den Charakter dieser leicht zu beeindruckenden jungen Zuhörer zu beeinflussen. Ihre neuen Überzeugungen und ihre neue Ideologie greifen auf Werte zurück, die dem Hörer ein starkes Gefühl der Verpflichtung vermitteln und diesen unschuldigen Mädchen ein Gefühl einer zielgerichteten Identität verleihen. Auch heute Abend werden Lieder und Gesang eine wichtige Rolle spielen.

Die Sommersonnenwende wird die Weiblichkeit der Mädchen mit dem Element des Feuers verbinden, welches diese Weiblichkeit mit Gerechtigkeit und hohen moralischen Werten in Verbindung bringt. Alle Mädchen des BDM gelten als «zukünftige Wächterinnen des Hauses» und es wird von ihnen erwartet, dass sie als solche diese Werte einhalten. Der symbolische Zweck der Zeremonie ist es, sich von dem Alten zu trennen, indem die Spuren der Vergangenheit verbrannt werden und in den Mädchen ein neues Bewusstsein erweckt wird. Die Feier der Sommersonnenwende findet Landesweit für alle deutschen Jugendlichen gleichzeitig statt, und das Element des Feuers repräsentiert dabei die Gemeinschaft.

Fräulein Albrecht zeigt den Mädchen, wie man mittels einer Lupe die zeremonielle Urne anzündet. Der Glaube ist, dass die Sonne alle Lebenskraft für die Erde spendet. Die Sonnengöttin heißt Sunna (Sol) und ist die Schwester des Mondes. Sunna ist in der nordischen Mythologie personifiziert. Sie ist die Tochter des Mundilfari, Schwester des Mondgottes Mani und Gattin des Glenr. Die Sonne selbst wurde von den Göttern aus einem einzigen Funken erzeugt. Sunna fährt mit ihrem Sonnenwagen, gezogen von den Pferden Arvakr (der Frühwache) und Alsvidr (der Allgeschwinde) dem Himmel entlang. Das Schutzschild Swalin schützt den Wagen vor der Hitze der Sonne. Das Gespann wird unablässig von dem Wolf Skalli (Skoll) verfolgt. Am Tag des Weltunterganges (Ragnarök) wird Skalli die Sonne einholen und verschlingen. Doch dann gebärt Sunna eine Tochter, schöner als sie selbst, die in der neuen Welt weiterscheinen wird.

Nach dem zeremoniellen Anzünden der Urne gehen die Mädchen los und sammeln Materialien zur Fertigstellung ihrer Fackeln.

Als sie am späten Nachmittag zurückkehren sitzen sie mit ihren Leiterinnen auf der Mauer bei dem Appellplatz und helfen sich gegenseitig bei der Herstellung ihrer Fackeln.

Das Pech der Kiefer, das das ganze Jahr über gesammelt wurde, schmilzt in einem Metalltopf vor sich hin. Während es sich verflüssigt, schneiden die Mädchen mit ihren Messern vorsichtig kreuzförmige Schlitze in ihre grünen Kiefernhölzer. Sie öffnen die Spitzen, indem sie kurze Zweige in die Schlitze klemmen. Diese Zweige bilden die Basis eines Tropfschutzes, der um den Ast geflochten wird, wodurch der Ast gleichzeitig geöffnet und ein Gefäß geschaffen wird, in das das geschmolzene Pech gegossen wird. Die Mädchen umweben dann Bastfasern um die Öffnung und fertigen so einen Tropfschutz. Schließlich ist das Gefäß fertig und für das Kiefernpech bereit. Getrocknete Bernsteinklumpen und aufgerollter Bast werden mit einem Stock in die Öffnung gestopft. Bei der Übertragung des heißen Pechs ist besondere Vorsicht geboten. Die Mädchen benutzen eine alte Holzkelle, um das Pech in die Gefäße zu löffeln. Nach Fertigstellung werden die Fackeln zum Abkühlen zur Seite gestellt.

Um zehn Uhr abends treten die Mädchen in voller Uniform an. Fräulein Albrecht führt die jungen Mädchen vom Salon zur Rückseite des Hauses, wo Fräulein Grüber und Fräulein Dieter darauf warten, jedem Mädchen ihre symbolische Fackel zu überreichen. Draußen ist es bereits stockdunkel und die Mädchen können den Weg nur schwer erkennen. Nur die brennenden Fackeln der beiden Leiterinnen erhellen den Weg. Die Mädchen stellen sich in doppelter Reihe auf. Eine nach der anderen werden die Fackeln angezündet und erhellen die Dunkelheit.

Die Fackelparade marschiert gemeinsam die Schotterauffahrt hinunter zum Sportplatz, wo die zweistündige Wiedergeburtszeremonie stattfinden wird. Dies ist das erste Mal dass Trudel an diesem heidnischen Ritual teilnimmt.

Die Mädchen umkreisen das große Feuer. Das Holz knistert, als die Flammen in den Himmel schießen. Funken tanzen anmutig im Wind.

Fräulein Albrecht beginnt die Zeremonie mit dröhnender Stimme. „Heute Abend feiern wir unser Erbe! Lasst uns unseren Führer loben!"

Die Mädchen sprechen gemeinsam ihren Treueid, während das Feuer gen Sternenhimmel lodert.

> Ich verspreche meinen Dienst im Landjahr auszuführen,
> in Liebe und in Treue
> für unseren Führer und unsere Fahne,
> so wahr mir Gott helfe.

Fräulein Albrecht räuspert sich. «Bereits seit der Antike haben unsere Vorfahren die goldene Scheibe der Sonne als Geber des Lebens und der Wärme geehrt. Sie ist wie ein Rad, das durch den Himmel rollt. Sie heißt Sól und das Rad ist ihr Symbol, weil sie sich in einem Bogen über der Erde bewegt. Jeder Tag ihres Kurses ist vorbestimmt. Um sechs Uhr morgens erhebt sie sich im Osten. In der zwölften Stunde steht sie hoch oben am Horizont. Um sechs Uhr abends ist sie im Westen. Um Mitternacht hat sie sich hinter die Berge gesetzt, um sich am nächsten Morgen wieder zu erheben und ihren Kreis zu schließen. Unsere Vorfahren markierten den Verlauf eines Kalenderjahres, indem sie die Speichen eines Rades visualisierten.

Die Sommersonnenwende ist der längste Tag des Jahres, denn die Sonne erreicht ihren höchsten Punkt. Im Gegensatz dazu steht die Wintersonnenwende, der kürzeste Tag des Jahres, wo der höchste Stand der Sonne am tiefsten Punkt des Himmels liegt. Die Verbindung dieser beiden Punkte erfolgt von Osten nach Westen. In unseren Breitengraden liegt der Anfangspunkt der Sonne im Nordosten und beginnt am Mittsommertag und endet im Südwesten. Diese Linie kreuzt die erste Linie und das resultierende X formt einen Teil der Hagal-Rune, dem Schicksalsrad.

Unsere Vorfahren haben uns Riten gebracht, die nicht nur für ihre Zukunft wichtig waren. Heute Abend werden wir ihr Erbe antreten und lernen wie wichtig diese Riten für unsere Zukunft sind. Wir werden unser Erbe immer ehren und daran glauben, im Gegensatz zu Märchen von Geistern oder anderen Aberglauben.

In der Antike zelebrierten unsere Vorfahren alle Sonnenwenden. In ihren Gedanken verbinden sich Licht und Dunkelheit miteinander. Obwohl die Winter dunkel und sehr hart sind, hielten die Menschen durch.

Das helle Sommerlicht wird immer noch als Meister über die Dunkelheit und die langen Winter angesehen. Wenn wir dann nach dem Tod des nordischen Volkes das alles mit der heutigen Zeit vergleichen, was bedeutet es dann? Wir können behaupten, dass es sehr traurige Erinnerungen sind. Im Winter bewegt sich die Sonne immer weiter weg und erzeugt eine raue Kälte, im Sommer hingegen wenn die Sonne näher kommt, bringt sie Wärme auf die Erde zurück. Nach einem Sommerregen sehen wir wunderschöne Regenbögen, die den Himmel mit wunderbaren Farben füllen. Wenn die Sonne über dem Horizont untergeht, dauert es nicht lange bis sie im Meer versinkt. Am nächsten Morgen taucht die Sonne jedoch wieder hinter den Bergen auf. Wieder einmal ist die aufgehende Sonne ein wunderschöner Anblick. Jeden Morgen erwärmt die Sommersonne unsere Böden und nährt unsere Ernten. Am Abend steigt sie in die Dunkelheit ihres Grabes hinab. Wir sollten uns also fragen ob wir, die Menschheit, unser

Leben für unser Land geben sollten, so wie die Sonne jeden Abend untergeht.

Wir sehen wie sie mitten im Winter abends in ihrem Grab versinkt, aber wir sehen auch wie sie am nächsten Morgen wiedergeboren wird, wie sie wieder lebendig wird und ihre Kraft zeigt, so wie wir wiedergeboren werden. Und deshalb feiern wir den Sonnenaufgang, die Wiederauferstehung, wobei wir gemeinsam als eins auferstehen werden. »

Trudel spürt eine unaufhaltsame Kraft in ihrer Seele, als sie die inspirierende Proklamation hört. Fräulein Grüber wird als nächstes zu den Mädchen sprechen.

« Heute Abend feiern wir gemeinsam. Als Teil einer großen Gemeinschaft. In diesem Augenblick stehen unsere Jungen und Mädchen in jeder Ecke unserer großen Nation zusammen, um sich durch dieses Feuer, diese Flammen, von der Knechtschaft ihrer Vergangenheit zu befreien. Ihr alle seid frei. Ihr alle seid gesund. Heute Nacht erwacht ihr auf von eurem Tod und wir feiern Eure Auferstehung. Wie lange werden wir unsere heiligen Feuer feiern, die unsere Nation erleuchten? Wie lange werden wir die aufgehende Sonne und die damit verbundene Freiheit feiern? In unserem, diesem triumphalen Moment wissen wir, dass wir das Licht und das Leben dieser Mittsommernacht sind. Und somit heben wir gemeinsam die Hände zum Gruß!»

Ihr Ruf hallt mit einem unheimlichen Echo in das Tal hinunter.

Fräulein Grüber macht eine Pause und genießt den Augenblick. «In günstigen Nächten sind die Glücklichen gesegnet, für einen kurzen Augenblick lang zu erleben, wie die farbigen Lichter durch den Himmel huschen. Diese Sonnenwende ist die alljährliche Hochzeit mit unserem Volk hier auf Erden, für die wir auf ewig dankbar sind. Nach der heutigen Feier wird die Sonne beginnen an Kraft zu verlieren, sie wird sich weiter weg bewegen und die Erde wird langsam wieder in die Dunkelheit der Winternächte hinabsteigen. Somit beginnt ein neuer Lebenszyklus. Unsere Vorfahren sind zwar gestorben, aber ihre Lebenskraft wurde durch die Geburt ihrer Kinder wiederbelebt. Das ist der Kreislauf des Lebens.

Bereits vor tausenden von Jahren waren sich unsere Vorfahren über diesen Kreislauf bewusst. Sie teilten ihre Kenntnisse durch dieselben Sagen mit, die wir heute feiern. Und wir haben die Ehre diese Geschichten teilen zu können. Wir haben tausende von Jahren deutscher Folklore gesammelt und alles aufgeschrieben. Das ist unser Erbe, unser Vermächtnis und die Geschichte unserer Nation!

Die junge Sonnengöttin Sunna, Tochter des Königs Mundilfäri, wurde von einem mächtigen Wolf getötet. Der sommerliche silberne Ritter erweckte sie wieder zum Leben und sie gebar eine Tochter. Geburt und Tod bilden den Kern unserer Sagen. Geburt und Tod sind gleich, denn sie sind wie die Seiten einer Tür. Einen Raum zu betreten bedeutet immer, einen anderen zu verlassen. Es hängt davon ab, in welchem Raum oder in welchem Leben wir uns befinden, ob wir es als einen Eingang oder Ausgang, Leben oder Tod bezeichnen. Für den, der das versteht, birgt der Tod keinen Schrecken.

Wer jedoch im Leben nicht den richtigen Weg gegangen ist und gesündigt hat, wird seine Schuld im Tod sehen. Es gibt ein Leben nach dem Tod. Es ist kein Ort der Folter, noch ist es die Hölle. Seine Schuld zu sehen ist das schwerste Urteil und gleichzeitig die größte Strafe. Urteil und Bestrafung begleiten Euch. Vernachlässigte Arbeit kann nur mit doppelter Anstrengung nachgeholt werden. Und wieder steht ihr vor der Wahl. Entweder ihr arbeitet auf den Weltenplan zu oder dagegen. Das ist der einzige Tod, den es gibt; Kraft der Zerstörung zu geben, und nicht der Schöpfung, und dieser Tod ist nicht physisch. Ihr könnt frei entscheiden auf welcher Seite ihr stehen wollt, auf Gottes Seite oder auf der Seite des Teufels. Was wir Geburt und Tod nennen, ist nur die Tür zwischen zwei Welten. Es gibt keine Geburt und keinen Tod, nur Veränderung und wir können sicher durch die Tür gehen, denn alle Welten wurden von einer Hand erschaffen. Deshalb könnt ihr getrost glücklich sein, denn die Tränen, die wir für unsere Lieben vergießen, bezeichnen nicht unsere Trauer, sondern sind ein Ausdruck der Freude des ewigen Lebens.

Wie das Leben mit dem Tod, so endet auch das Jahr und die Sonne beginnt von neuem. Es ist ein neues Jahr für alle lebenden Tiere und alle lebenden Pflanzen in der Natur. Selbst unser Leben hat Jahreszeiten, Zeiten in denen wir Kinder waren, Zeiten des Heranwachsens, Zeiten der mittleren Jahre und dann die Zeit in der wir alt sind und sterben werden. Wir werden wiedergeboren. Ja, unser ganzes Leben besteht aus Kommen und Gehen! Wir sterben und wir sind wieder auferstanden! Und es ist unser Schicksal, geboren zu werden, zu leben, zu sterben und zu auferstehen!»

Trudel zittert vor Schreck. Sie muss für einen Moment an ihre Brüder Hans und Emmerich denken. Sie fragt sich, ob sie von dieser wichtigen alten Zeremonie wissen oder nicht und wissen, was Tod bedeutet und dass sie wiedergeboren werden.

«Deshalb waren sich unsere nordischen Vorfahren ihrer selbst und ihrer Auferstehung so sicher. Wir können nichts tun um das Unvermeidliche zu ändern. Wenn wir über unseren Tod nachdenken, müssen wir über unser Schicksal nachdenken. Dies ist der tiefste Samen den wir heute Abend in euch pflanzen können.»

Fräulein Grüber tritt zur Seite, damit Fräulein Albrecht den Diskurs fortsetzen kann.

«Unsere Vorfahren schauten nicht nur nach oben auf die Sonne, sondern auch auf die kleinsten Kreaturen im Wald und auf den Bäumen.

Bäume haben tiefe, starke Wurzeln, ebenso wie unser Erbe, unser Vermächtnis und unsere Folklore. Die Esche, in der nordischen Mythologie der Weltenbaum Yggdrasil genannt, wird in der Sage über zweihundert Meter hoch, und bildet einen riesigen Baldachin. Dieser immense Baum spielt eine zentrale Rolle in unserem Leben und gilt als äußerst heilig. [230]

Unsere Götter besuchen an diesem Tag den Weltenbaum, um Holz für Odin zu schlagen. Die Zweige der Esche erstrecken sich weit in den Himmel, während seine Wurzeln in die Tiefen der Erde reichen. Als Odin spricht zitterte der alte Baum. Er stöhnt und der Riese rutscht frei.[231]

Das Symbol des Landjahres ist die Odal Rune, wie sie von einem Schwert durchstochen wird. Dies soll die Verbindung zwischen dem Land und dem Volk symbolisieren. [232] Die Odal-Rune symbolisiert unsere Lebenskraft, unsere Spiritualität, unser Zuhause und das Nähren des Landes. Unser Reich hat sich geschworen, seine Familien und die an sie übertragenen Bauernhöfe zu schützen. So wird das Land vom Vater auf den Sohn übertragen werden. Niemand kann den Bauern dieses Land jemals wegnehmen! Unser Führer erkennt dieses inhärente Gesetz an. Er hat geschworen, unser Land, unseren Boden und unser Volk zu schützen. Tod und Zerstörung werden zu denen kommen, die dieses Recht aufgeben.

Unsere Gedanken müssen die Gesamtheit des Lebens umfassen, die Natur, die Welt in die wir geboren wurden! Dies ist bei weitem die tiefste Bedeutung unseres Werdens und Seins und die wahre Essenz unserer Denkweise! Wir werden immer auf die Erde zurückkehren, aus der wir geboren wurden und in dem wir als ein Volk vereint sind!»

Fräulein Albrecht zittert vor Leidenschaft. Sie legt ihre Notizen bei Seite und spricht weiter. Ihre leidenschaftlichen Worte sprechen aus ihrem Herzen und ihrer Seele.

«Unsere Verwandtschaft, unsere Familie und unser Zusammenkommen sind so tief verwurzelt wie die Wurzeln der Esche Yggdrasil. Wenn ihr euch die Ältesten, deren Gesetze und deren Kommen und Gehen anschaut, dann schaut auch wie sie diesen Lebensrhythmus erbaut haben.[233]

Da unsere heutige Feierlichkeiten von unseren nordischen Vorfahren an uns weitergegeben wurden, müssen wir ihnen dankbar sein, dass sie uns ihr Feuer, ihre Bäume und vor allem ihr Sonnenrad gebracht haben. Diese Reichtümer, die wir hier geerbt haben, sind auf den Gräbern unserer Vorfahren gewachsen, und ihr werdet nun die Neugeweihten sein und euer

---

[230] Fritz Weitzel, Seite 9 - 12
[231] Odin - Prosa Edda
[232] Odal Rune
[233] Fritz Weitzel, Seite 12

ganzes Leben wird unter diesem Erbe geschützt sein![234] Und nun lasst uns Freude in unsere Herzen fluten lassen, indem wir eine Strophe aus «Also sprach Zarathustra von Friedrich Nietzsche hören. Hermine und Steffi lesen jetzt aus Kapitel 11 «Die Genesung». Nietzsche behandelt hier die Wiederkunft.»

> Alles geht, Alles kommt zurück;
> ewig rollt das Rad des Seins.
> Alles stirbt, Alles blüht wieder auf, ewig läuft das Jahr des Seins.
> Alles bricht, Alles wird neu gefügt;
> ewig baut sich das gleiche Haus des Seins.
> Alles scheidet, Alles grüsst sich wieder;
> ewig bleibt sich treu der Ring des Seins.
> In jedem Nu beginnt das Sein;
> um jedes Hier rollt sich die Kugel dort.
> Die Mitte ist überall.
> Krumm ist der Pfad der Ewigkeit.[235]

Hermine und Steffi kehren wieder auf ihre Plätze zurück. Es herrscht Stille, nur das Feuer knistert laut vor sich hin.

Trudel's Blick folgt einem Funken hinauf in den Himmel. Der Neumond der Sommersonnenwende und Millionen von Sternen schauen in dieser lauen Sommernacht auf sie hinab.

«Wie viele Menschen mussten wohl vor mir sterben, bevor ich wiedergeboren wurde?» fragt sie sich.

«Nun last uns zusammen das Lied zur Sommersonnenwende singen.» befiehlt Fräulein Albrecht.

Trudel gibt ihre Fackel an Ingrid weiter und tritt vor die Versammlung. Heidi und Helli werden sie auf ihren Flöten begleiten. Trudel setzt sich und fängt an auf ihrer Zither zu spielen. Die anderen stimmen mit Gesang ein.

> Menschen werden Menschen sein,
> Blut wird unser Blut sein.
> Die Flamme wird zum Himmel steigen.
> Unser heiliges Feuer!
> Von Stumpf zu Stumpf,
> von Mensch zu Mensch,

---

[234] Ibid
[235] Fritz Weitzel, Seite 12

Ein Opfer des Angriffs,
denn wir sind alle von einem Zeug.
wird es leuchten
hoch oben am Deutschen Dom
in Gottes Schein
Menschen zu Menschen, Blut zu Blut
Geh hinauf in den Himmel,
Du heilige Glut unserer Flamme
Stumpf zu Stumpf[236]

Trudel, Heidi und Helli gehen wieder zu ihren Kameradinnen zurück. Trudel ergreift ihre Fackel und Fräulein Albrecht ruft zum Treueeid für den Führer auf.:

Dies wird unsere Realität und unser Glaube sein.
Mein Glaube ist bei mir in dieser Welt.
Das Höchste ist in Gott, denn er hat uns diese Welt gegeben
und was er dem Volk gegeben hat.
An ihn glaube ich.
Ich werde immer mein Bestes geben.
Ihm gebe ich mein Leben.[237]

«Nun lasst uns auf unser Sommersonnenwendefeuer schwören.»

Jetzt brennt das Feuer unseres Bodens in Brunnen
und Gräben.
Das Feuer brennt nach alten und heiligen Gesetzen,
und in uns sind alte und heilige Zeiten.
Wir können unser Fest nicht im Glück beginnen.
Wir feiern erst, wenn der Kampf vorbei ist.
Aber wir haben viel Hoffnung und Verständnis
für die Not und Entbehrung dieser Gegenwart.
Hoch klingen die Flammen in den Nachthimmel
hinein,
Hoch schlägt unser Herz und unser Denken ist frei
So wie heute werden wir für immer in unserem Kreis
stehen,
das ist unser Anfang, der Anfang unseres Volkes.[238]

---

[236] Fritz Weitzel, p. 55
[237] Ibid, p. 33
[238] Das Lied der Getreuen, Seite 37

Zu guter letzt beenden die Mädchen den Abend mit dem Singen des Liedes «Die Fahne hoch».

Die Mädchen werfen ihre Fackeln gleichzeitig auf das lodernde Feuer, als wollten sie dadurch ihr Bündnis erneuern, und das Bündnis zu ihren Leiterinnen, ihrer Nation und ihrem Führer. Mit dem rechten Arm in die Höhe gestreckt singen sie lauthals das Horst Wessel Lied.[239]

Die Zeremonie wird mit einigen letzten Worten der Lagerleiterin beendet.
«Mögen wir unseren nordischen Vorfahren für immer dafür danken, dass sie uns die Kraft gegeben haben, unser gesamtes Deutsches Reich durch unsere unsagbare Arbeitsmoral wieder aufzubauen! Unser Lebenskreislauf hat kein Ende, denn unser Feuer ist die heilige Flamme, die in Zukunft auch den Weg unserer Nachkommen erleuchten wird. Dies ist die Bedeutung unserer Flamme, denn unsere Flamme bringt uns unsere Freiheit! Heil Hitler!»

---

[239] Horst Wessel Lied

Die Aufführung

DIE MÄDCHEN hatten sich monatelang auf diese Theateraufführung vorbereitet. In stundenlanger Arbeit hatten sie sogar das Drehbuch geschrieben, die Kulissen gebaut und die Kostüme genäht. Und all das zusätzlich zu ihrer täglichen Arbeit und den täglichen Leibesübungen.

Jetzt, zwei Wochen vor der Aufführung laden sie die Dorfbewohner zu der Uraufführung ein, indem sie einen Anschlag auf der Tafel vor dem Bürgermeisterhaus aushängen.

Was ursprünglich als ein einfaches spontanes Spiel begonnen hatte, hatte sich dank des Ehrgeizes der Mädchen schnell zu einer anspruchsvollen Aufführung entwickelt, die sich besonders der Kultur und Folklore dieser Region, Niederschlesien widmete.[240]

Theateraufführungen sind eine der eher ernsteren Arten von Veranstaltungen, in denen die jungen Mädchen ihre Kreativität und ihr Wissen zum Ausdruck bringen können. Das Schreiben des Drehbuches, das Erstellen und Spielen der einzelnen Szenen kombinieren das freie, gesprochene Wort. Die kreative Fantasie wird geweckt, indem jede Aufführung mit warmem, nie verletzenden Humor, mit Kühnheit und Witz versehen wird. Diese evolutionäre Entwicklung, von der Kindheit bis zum Jugendalter, erhöht das Selbstbewusstsein der Mädchen und lehrt sie, unkompliziert zu denken. Gesang und Aufführung sind ein wesentlicher Bestandteil in der Entwicklung der ideologischen Erziehung der Mädchen.[241]

Somit herrscht heute viel Aufregung im Lager. Herr Torge kommt mit einem von zwei Ochsen gezogenen Heuwagen ins Lager. Zwei seiner Knechte begleiten ihn und helfen den Mädchen dabei die Kulissen und Kostüme aufzuladen. Einige der Mädchen steigen auf den Wagen auf und fahren mit in die Stadt, während die anderen zu Fuß folgen.

Die Männer helfen beim Abladen und beim Aufstellen der Kulisse auf der Heimatbühne. Eine zweite Gruppe von Mädchen schmückt den Saal mit Blumensträußen, Girlanden und Schleifen. Klappbare Holzstühle werden in perfekten Reihen aufgestellt. Ein gerahmtes Porträt des Führers hängt, für alle sichtbar, neben der Eingangstür, während eine große Deutschlandfahne

---

[240] Niederschlesien
[241] Reinhold Sautter, S. 172 - 174

den Eingangsbereich ziert. Die Mädchen möchten, dass sich ihre Gäste wie zu Hause fühlen.

Hermine und Heidi sitzen neben der Eingangstür an einem Tisch um den Eintritt zu kassieren. Zusätzlich zu den Geldern, die sie durch die Arbeit auf dem Bauernhof bereits verdient haben, wird das Geld, das sie heute Abend erhalten, dazu beitragen die Kosten für die große Wanderung zu decken, die für August geplant ist.

Die Mädchen rasen hinter den Kulissen hin und her, treffen letzte Vorbereitungen und proben nochmals ihre Harmonien. Die Gruppenführerin Fräulein Dieter wird die Veranstaltung moderieren, während die stellvertretende Leiterin und Hauswirtschafterin Fräulein Grüber die Schauspielerinnen hinter den Kulissen anleiten und aufrufen wird. Die Lagerleiterin Fräulein Albrecht wird sich um die geladenen Gäste kümmern.

Trudel schaut hinter dem Vorhang hervor und sieht wie sich das Publikum aufgeregt auf seinen Plätzen unterhält. Alle tragen ihre Sonntagskleidung. Sie rennt aufgeregt zu den Mädchen zurück und kündigt an, dass sie ein volles Haus haben. Die Aufregung hinter den Kulissen steigt. Auch Trudel huscht aufgeregt herum und kann es dabei nicht lassen noch einmal durch die Vorhänge zu spähen. Diesmal bemerkt sie, dass es keine freien Stühle mehr gibt, auf denen die Leute sitzen können! Es gibt nur Stehplätze! Sie sieht sich im Saal um und beobachtet wie ihre Lagerleiterin mit einigen sehr hohen Beamten spricht. Sie erkennt es an deren Uniformen. Ein Kloß bildet sich in ihrem Hals und sie muss vor lauter Nervosität schwer schlucken. Sie ist schließlich noch nie vor einem so großen Publikum oder so wichtigen Leuten aufgetreten. Sie zwingt sich ruhig zu bleiben und versucht ihre Gedanken zu sammeln.

Niemand hat mit einer so großen Beteiligung gerechnet. Die Gastgeberinnen laufen schnell zu der angrenzenden Brauerei hinüber, um mehr Stühle für ihre Gäste zu erbitten. Hinter der Bühne schlägt jetzt bei allen das Lampenfieber ein und die Mädchen fummeln noch ein letztes Mal an ihren Kostümen.

«Mädels, bitte, stellt euch auf!» Fräulein Grüber klatscht in die Hände, um die Aufmerksamkeit der Mädchen zu erregen. Die Hauswirtschafterin versammelt ihre Mädel ein letztes Mal um sich, um ihnen Mut zu machen bevor sich der Vorhang auf tut.

Fräulein Dieter betritt die Bühne und der Applaus des Publikums verschlingt den Raum. Sie neigt höflich den Kopf und wartet darauf, dass sich die Menge beruhigt.

«Meine Damen und Herren, sehr geehrtes Publikum. Ich begrüße sie heute Abend recht herzlich zur Theaterpremiere unserer Landjahrmädel.

Des Weiteren ist es mir eine große Ehre unsere geladenen Gäste zu begrüßen, die sie sicherlich bereits kennen. »

In der ersten Reihe, neben Fräulein Albrecht, sitzen die Regionalbeamten der Hitlerjugend, des Bundes Deutscher Mädel und des Landdienstes. Der ranghöchste Gast ist Karl Hanke, Gauleiter von Niederschlesien, unverkennbar an seiner SS-Uniform. [242] Zu ihm gesellen sich der Regionalleiter Herbert Hirsch und dessen Stabschef Hans Bänsch.[243] Daneben sitzen die Frauen, die den Bund Deutscher Mädel vertreten. Fräulein Suse Gent, die Leiterin des Unterbezirks, sitzt direkt neben dem Stabschef.[244] Neben ihr, ihre bereits avisierte Nachfolgerin, Fräulein Rosel Herrmann, die die Stelle im Juli übernehmen wird. Sie wird auch die große Wanderung der Mädchen leiten, die im August stattfinden wird.[245] Die Mädchen heißen ihre Ehrengäste ehrfürchtig willkommen.

Einige der Würdenträger waren bereits gestern eingetroffen, um die Verwaltung und Leitung des Lagers zu inspizieren. In einem privaten Treffen überprüften die Leiter die Akten eines jeden Mädchens, einschließlich der Finanzunterlagen.

Sie beginnen auch damit die große Wanderung im August zu planen, da alles der strengen Kontrolle des Regionalverwalters obliegt, der wiederum seinem Kommandanten auf nationaler Ebene Bericht erstattet.

Fräulein Dieter setzt ihre Einführung fort.

«Was ist unser Leben ohne Musik oder Kunst? Was wäre unser Erbe ohne unsere Traditionen? Wie können wir unser Erbe weitergeben, wenn wir unsere Kinder nicht darin unterrichten? »

Fräulein Dieter macht eine kurze Pause.

«Unsere vielversprechende Jugend ist unsere Zukunft. Wir müssen unsere Kinder mit einem starken Willen und dem Wunsch zur Arbeit erziehen. Durch einen starken Lebenszweck bilden wir eine Einheit mit unserer Nation. Das Ziel des Landjahres ist es, die Mädchen in den notwendigen Lebenskompetenzen auszubilden, die sie benötigen, um produktive Mitglieder der Gesellschaft zu sein. Sie müssen, und sie werden jederzeit bereit sein, ihrem Land zu dienen. Sie kommen zu uns um zu arbeiten. Das Landjahr stärkt und bildet den Charakter der Mädchen durch Treue, Disziplin und Gehorsam. Die Leistung der Mädchen heute Abend spiegelt ihre Liebe zu ihrem Land und ihre freudige Lebenseinstellung wider. [246] Ihren täglichen Ausdruck des Seins. Bitte heißen sie die Mädchen herzlich willkommen.»

---

[242] Karl Hanke

[243] Karl Hanke

[244] Horst Adler, Schweidnitz im Jahre 1937

[245] Horst Adler, Schweidnitz im Jahre - 1941

[246] Wir Mädel Singen, Vorwort von Maria Reiners

Die Truppenleiterin verbeugt sich, die Menge applaudiert und die Aufführung beginnt!

Hoch über der Mitte der Bühne dominiert das Porträt ihres Führers, in einem goldenen Rahmen und auf beiden Seiten durch das nationale Symbol der Partei akzentuiert. Blumensträuße, Girlanden und Bänder aus einheimischen Blumen schmücken die gesamte vordere Länge der Bühne. Kleine, in Töpfe gepflanzte Buchsbäume betonen die Bühne rechts und links. Die Mädchen sind in ihrer Uniform gekleidet. Der Chor steht stolz und aufrecht. Die auf Hochglanz polierten Schuhe spiegeln die Beleuchtung der Bühne wieder.

Die musikalische Begleitung hat sich rechts auf der Bühne postiert. Trudel sitzt auf einem Stuhl, ihre Zither auf dem Schoß. Steffi hält das Akkordeon, das sie auf dem Dachboden gefunden hat, in ihren Armen. Sie hat es sorgfältig gereinigt, gestimmt und es glänzt im Schein der Bühnenbeleuchtung. Nelli, Elli und Maria stehen mit ihren Flöten hinter den beiden Mädchen.

Die Mädchen eröffnen die Vorstellung mit einer lebhaften Melodie im 4/4 Takt. Das Publikum klatscht oder klopft im Rhythmus mit. Die nächsten dreißig Minuten werden mit einem Repertoire von Volksliedern über Kameradschaft, Natur und Heimat verbracht.

Sie schließen ihren ersten Akt mit dem hingebungsvollen Lied an ihr Land «Alle stehen wir verbunden» ab. Dieses in der Tonart e-Moll gesungene Lied beginnt mit einer einzelnen auf der Zither gezupften Note und die Vortragsweise der Landjahrmädel berührt das Publikum zutiefst.

> Alle stehen wir verbunden
> unter dem Banner der Solidarität
> gemeinsam sind wir ein Volk
> niemand ist allein
> Wir sind alle verpflichtet
> zu Gott, unserem Führer und unserem Blut
> aufgewachsen in unserem Glauben
> streben wir glücklich unserer Arbeit
> unserer Gemeinschaft
> Deutschland wir stehen freudig an deiner Seite
> wir sehen diese hohe Allianz in all seiner Herrlichkeit

Eine harmonische Doppelnoten Trittfrequenz beendet jeden Vers und die dadurch entstehende Pause vermittelt eine starke Ruhe.

Am Ende der musikalischen Vorstellung nehmen die Mädchen den wohlwollenden Beifall des Publikums mit strahlenden Lächeln entgegen.

Der Vorhang schließt sich und während die Mädchen hinter der Bühne ihre Kostüme anziehen, stellt Fräulein Dieter die nächste Aufführung vor.

«Unsere Mädchen haben die letzten Wochen über an einem Stück gearbeitet, das sie selbst geschrieben haben und im dem sie ihre Gefühle für Seidorf und das legendäre Schloss des Prinzen Heinrich zum Ausdruck bringen wollen. Unsere ehrgeizigen jungen Mädchen haben nicht nur ihre Kulisse selbst gebaut, sondern auch ihr eigenes Drehbuch geschrieben und ihre eigenen Kostüme genäht. Sie haben jeden Tag fleißig geprobt und... Naja, sie werden schon sehen. Mehr kann ich nicht verraten.»

Hinter der Bühne geht alles drunter und drüber. Die Mädchen beeilen sich in ihre Kostüme für den nächsten Akt zu steigen. In der Kleiderkammer herrscht Unordnung und Verwirrung. Überall liegen Kostüme und Uniformen herum, hängen über Stühlen oder auf dem Boden. Die Mädchen rempeln einander an, während sie sich für ihren Auftritt bereit machen. Von der allgemein herrschenden Nervosität ganz zu schweigen. Trudel kommen in dem ganzen Chaos ihre Schuhe abhanden. Sie bittet verzweifelt um Hilfe. Steffi und Nelli eilen ihr zur Seite, aber da ruft Fräulein Grüber schon zum Auftritt. Trudel hat keine andere Wahl als barfuß ihren Platz einzunehmen. Der Vorhang wird geöffnet und der zweite Akt beginnt.

Vor der gemalten Kulisse des Riesengebirgspanoramas befindet sich eine Familie von Hirschen, die friedlich im Gras äst, während der mächtige Hirsch aufmerksam an der Seite Wache steht. Das rechte Bühnenbild zeigt eine heruntergekommene Hütte aus verwitterten Brettern, die zum Bau der Kulisse von den örtlichen Bauern gespendet worden waren. Das Dach besteht aus Stroh und ein zerbrochener Fensterladen hängt an einem altem brüchigen Rahmen. Eine alte Decke dient als Tür der heruntergekommen Hütte. Die linke Seite zeigt den Wald und die Burgruine auf dem Grodno Hügel, sowie einen großen Wasserfall, von dem das heilende Quellwasser nach unten stürzt.

Trudel steht barfuß mit einem dicken Buch auf der Bühne. Sie ist in ihr schlichtes weißes Hauskleid mit weißem Kopftuch und grüner Schürze gekleidet und wird das Publikum durch die Aufführung führen. Einige im Publikum bemerken dass sie ohne Schuhe auf der Bühne steht und fangen an zu kichern, aber Trudel wird ihre Rolle so überzeugend spielen, dass der Eindruck entsteht dass ihre Barfüßigkeit beabsichtigt ist. Sie schlägt das Buch auf und beginnt die Geschichte von Prinz Heinrich zu erzählen.

«Es ist bereits viele Jahrhunderte her, dass ein junger Adliger namens Heinrich im dem Tal in der Nähe des alten Seidorf auf die Jagd ging.»

Kristin betritt die Bühne. Sie spielt die Rolle eines jungen, edlen Jägers. Sie trägt ein blaues langärmliges Hemd, Lederhosen, graue Wollsocken, einen Jagdhut und Stiefel. Um ihre Taille sind drei Rosetten geschnallt. Sie trägt ein Gewehr aus Holz, das sie selbst aus einem Ast geschnitzt hat, den sie im Wald gefunden hat. Während Trudel die Geschichte erzählt, spielt Kristin die Handlung nach.

«Während der Jagd folgt Heinrich dem Hirsch vom Wasserfall bis hin zum Fuß des Hügels, auf dem die alten Burgruinen sitzen."

Kristin streift auf der Bühne herum und deutet an dass sie einen großen Hirschbock verfolgt.

Die Hitze des Mittsommertages macht Heinrich jedoch sehr zu schaffen. Er verliert den Hirsch aus den Augen und sieht gerade noch wie dieser im Dickicht verschwindet. Doch der junge Adlige ist entschlossen, sein Preisgeld zu bekommen. Mit letzter Kraft klettert er die Seite des Grodno Hügels hinauf und schafft es tatsächlich den Gipfel zu erreichen. Müde und durstig setzt er sich in den Schatten und trinkt den letzten Schluck Wasser aus seinem Beutel und schläft dann fest unter der massiven Ruine des Steinturms ein. Während er schläft, träumt Heinrich von einem schönen Mädchen, das ein weißes Gewand aus Schwanenfedern trägt.

Elfie betritt die Bühne. Sie ist in ein langes, weißes Laken gekleidet und eine Blumengirlande ziert ihren Kopf.

Während Trudel weiter von den Geschehnissen berichtet, stellen die Mädchen die Handlung dar.

Die Jungfrau öffnet ihre Robe und überreicht dem jungen Jäger einen goldenen Kelch mit kühlem Labsal. Wasser aus ihrer magischen Heilquelle. Heinrich kann seinen Augen kaum trauen. Er ist sich sicher, dass er nicht träumt. Als er das Gefäß aus ihrer Hand nimmt bemerkt er ihr flachsfarbenes Haar und ihre blauen Augen, die wie leuchtende Saphire erstrahlen. Ihr Teint ist so zart wie die Blüten einer Rose. Ihre Augen dringen tief in seine Seele ein. Heinrich nimmt einen Schluck aus ihrem goldenen Becher. Das Wasser fließt durch seinen Körper und es dauert nicht lange bis die Liebe in seinem Herzen brennt.

«Wer bist du?» fragt er.

«Ich bin die Hüterin des heilenden Wassers, die Elfe der magischen Quelle, und ich habe deine Bitte gehört.»

Das Mädchen hatte sein Verlangen gespürt und war seiner Bitte gefolgt. Er reicht ihr den goldenen Kelch zurück und kommt ihr näher, um ihre goldenen Locken und ihre rosa Haut zu berühren, doch da wird das leidenschaftliche junge Paar durch einen schrecklichen Ruf aus der Ferne unterbrochen.

Hinter der Bühne ahmt Helli die zürnende Stimme einer bösen alten Hexe nach. Die Menge lacht entzückt. Trudel freut sich, dass das Publikum die Geschichte genießt.

«Ich muss jetzt gehen.» sagt die Jungfrau hastig.

Sie nimmt den Kelch aus Heinrichs Hand und steckt ihn zurück in ihr weißes Federgewand. Sprachs, dreht sich um und breitet ihre Flügel aus und gleitet von dannen.

Elfie läuft um Kristin herum, schießt dann zwischen den Kulissen durch und rennt hinter die Bühne.

Heinrich versucht sie zurück zu halten. Er greift nach ihr und stolpert und fällt und kann nur noch beobachten sie gen Himmel fliegt und in den Wolken verschwindet. Die Menge lacht als Kristin stolpert und sich zu Boden wirft. Trudel schaut zum Publikum hinüber und sieht, dass dieses sich amüsiert.

Heinrich steht auf und eilt ihr nach. Er ruft und ruft, aber sie fliegt weiter und weiter. Da drängt sich ein riesiger Adler durch den Wald, stürzt auf ihn herab und blockiert ihm dem Weg.

Barbara tritt von links auf die Bühne. Sie ist in eine dunkle Decke und einen riesigen Adlerkopf aus Papiermaché gehüllt. Die Menge applaudiert beim Anblick des Adlers. Schließlich ist der Adler das Symbol der deutschen Nation.

«Es ist dir verboten, die Prinzessin zu suchen!» befiehlt die Kreatur in ihrer tiefsten Stimme.

«Ich muss sie wiedersehen, Adler, ich muss.» fleht Heinrich.

«Nein! Ich bin der große Adler, der geflügelte Geist des Riesengebirges, und ich befehle Dir nach Hause zurückzukehren und niemals wieder zu kommen. Ich will, dass Du mein Land sofort verlässt!»

Der Adler schlägt wütend seine gewaltigen Flügel. Dabei schleudert er Heinrich den Hügel hinunter. Heinrich verliert das Bewusstsein und bleibt regungslos am Fuße des Hügels liegen. Als er wieder zu sich kommt ist er vor Schmerz und Trauer ganz benommen. Doch da hört er aus der Ferne die liebliche Stimme einer jungen Frau. Er glaubt, es könne sein geliebtes Mädchen sein. Er folgt der Stimme und versteckt sich hinter einem Felsen, als er plötzlich auf eine karge Hütte blickt.

Jetzt betritt Elfie die Bühne, kniet sich hin und tut so, als würde sie sich die Haare waschen.

Trudel fährt fort.

Eine wunderschöne Jungfrau kniet vor der Hütte und wäscht ihr langes, goldenes Haar im heilenden Quellwasser und singt dabei ein trauriges Lied.

Das ist Hellis Stichwort auf die Bühne zu treten.

Helli spielt die Rolle der Hexe. Sie schiebt die Decke beiseite und geht von der Hütte aus auf Elfie zu.

Trudel liest weiter.

Plötzlich kommt die hässliche Hexe aus der Hütte und stößt die schöne Jungfrau dreimal mit ihrem krummen Stab in ihre Seite.

«Höre ich dich schon wieder dieses schreckliche Lied singen?» schimpft die Hexe laut. Sie trägt ein schwarzes Gewand, einen krummen Hexenhut und eine große Nase aus Papiermaché. Sie nimmt ihren Stab und stößt Elfie dreimal sanft in die Seite.

«Du wirst mich niemals verlassen, hörst Du mich! Du wirst deinen Prinzen niemals finden, weil es ihn nicht gibt! Hör auf von einem Schloss zu träumen und geh und bereite mein Essen zu!» befiehlt die Hexe.

Die junge Frau steht widerwillig auf, wickelt ihr weißes Federgewand um sich und geht in die alte Hütte hinein, um der Hexe ihr Hexenmahl zuzubereiten.

«Das ist also ihr Geheimnis!» flüstert Heinrich zu sich selbst. «Um sie zu meiner Braut zu machen, muss ich ihr ein Schloss bauen!»

«Um sicherzustellen, dass sich die schöne Jungfrau nicht ein zweites Mal von dannen macht, schleicht sich Heinrich mitten in der Nacht in die Hütte und während die Hexe auf dem Besen über die Wälder jagt, stiehlt er das magische Gewand. Als die Morgensonne über dem Horizont aufgeht, steht Heinrich oben auf dem Hügel und baut die alten Burgruinen wieder auf. »

Heinrich hängt die Robe an einen Haken und beginnt ein Schloss zu bauen.

Er schaut jeden Tag auf das weiße Federgewand und träumt davon, das Mädchen zu seiner Braut zu machen. Als er endlich mit dem Bau des Schlosses fertig ist, nimmt er das magische Gewand und kehrt zu der Hütte zurück, um die böse Hexe zu konfrontieren

Hinter den Kulissen lassen die Mädchen eine weitere Kulisse an einem Seil auf die Bühne hinunter und ein Gemälde eines wunderschönen Schlosses verdeckt die Kulisse mit der Burgruine. Das Publikum klatscht.

«Wo bist Du, alte Hexe? » ruft Heinrich herausfordernd. «Ich bin Prinz Heinrich von Seidorf und habe meiner Jungfrau auf dem Grodno ein Schloss gebaut. Nun bin ich gekommen, um meine Braut einzufordern!»

Die alte Hexe schaut ihn angewidert an. «Du Narr!» kichert sie boshaft.« Als du ihr Gewand genommen hast, hast du auch ihr Leben genommen! Das Mädchen weinte und weinte, weil du sie ihrer magischen Kräfte beraubt hast! Als ihre Tränen ins Quellwasser fielen verwandelte sie sich in eine Statue! Überzeuge Dich doch selbst. Die zu Stein gewordene Schöne ziert die Heilquelle in Bad Warmbrunn. Du wirst sie niemals retten! Und mich hast Du meiner Magd beraubt!»

Die alte Hexe stampft ihren Stock wütend auf den Boden.

Der Prinz eilt mit dem Federgewand geschockt zu den heilenden Quellen. Er bahnt sich den Weg durch das Dickicht und findet seine Geliebte, zur Säule erstarrt, neben der Heilquelle stehend.

Elfie steht auf der Bühne, die rechte Hand über dem Kopf und den linken Arm in die Taille gestemmt. Sie hat einen verträumten Blick in ihren Augen.

Heinrich fällt auf die Knie und hält ihr das magische Gewand entgegen.

«Was habe ich nur getan? Meine schöne Jungfrau! Geliebtes Mädel! Du großer Adler, geflügelter Geist des Riesengebirges, so hilf mir doch!» fleht er.

Da stürzt der große Adler vom Himmel und landet neben dem jungen Prinzen.

Barbara kommt hinter dem Berg hervor und winkt mit den Armen als würde sie ihre Flügel schlagen. Das Publikum amüsiert sich über den Anblick.

«Was um alles in der Welt hast du getan?» fragt der Adler.

«Ich habe sie getötet! Ich habe meine schöne Jungfrau getötet. So hilf mir, großer Adler. Was muss ich nur tun, um sie wieder zum Leben zu erwecken?» fragt der Prinz verzweifelt.

«Ich habe über dich gewacht, Prinz Heinrich. Die Liebe hat dir die Kraft gegeben. Du hast der Jungfrau des heilenden Wassers auf Grodno ein Schloss gebaut. Du hast dich als würdig erwiesen in meinem Land zu leben! Aber ich warne Dich.» spricht der große Vogel wohlwollend. «Der Preis ist hoch, wenn du sie wieder zum Leben erwecken willst. Du wirst ihr etwas aus deinem Besitz überlassen müssen.»

«Aber was habe ich denn? Ich habe doch nichts.» stammelt der Prinz verwirrt.

«Doch hast Du. Du bist ein mutiger Kämpfer. Du fürchtest Dich nicht. Du hast drei große Schlachten gewonnen. Dein Vater, der König von Niederschlesien, hat Dir aus Stolz drei Rosetten verliehen. Erinnerst du dich, was der König zu dir darüber gesagt hat? »

«Die erste Rosette hat er mir für meine Stärke verliehen, die zweite für meinen Mut und die dritte für meine Liebe zu meinem Land.»

«Ja, genau das. Und diese drei Rosetten und die dazugehörigen Tugenden wirst Du jetzt aufgeben müssen, wenn Du deine Geliebte wieder zum Leben erwecken willst. Stecke die drei Rosetten in das Federgewand und lege es um ihre Schultern. »

Barbara verlässt die Bühne und flattert dabei mit ihrer braunen Decke.

Der Prinz steckt seine drei Rosetten in die Robe der Jungfrau und schlingt die Robe dann um ihre Schultern. «Und genau wie der Adler vorausgesagt hat, wird das Mädchen auf magische Weise wieder zum Leben erweckt! Stolz trägt der Prinz seine Jungfrau zurück zum Schloss, wo sie verheiratet werden und viele Kinder gebären.» Elfie taucht von hinter der Kulisse mit einer in eine Decke gewickelte Puppe auf. Sie geht zu ihrem

Ehemann, dem Prinzen, hinüber und die beiden bewundern gemeinsam das neugeborene Kind.

Trudel fährt mit ihrer Erzählung fort.

«Als Prinz Heinrichs Vater, der König, stirbt, tritt Heinrich selbst auf den Thron. Die beiden herrschen in Güte über ihr Reich und erfreuen sich vieler Enkelkinder. Eines Tages jedoch stirbt Heinrich und die Königin ist sehr traurig.»

Elfie dreht sich zu Kristin um. Zusammen halten sie sich an den Händen, drehen sich um und gehen außer Sichtweite. Elfie taucht am Wasserfall wieder auf.

Voller Trauer trägt die Königin ihr magisches Gewand mit den Rosetten. Sie kehrt zum Weinen an das heilende Wasser zurück. Sie hat nicht vergessen, was das letzte Mal passiert ist. Als ihre Tränen ins Wasser fallen, verwandelt sie sich wieder in die Statue, von der sie einst erweckt wurde. In gleichem Moment gibt es ein großes Beben und das Schloss fällt zu Boden und liegt in Trümmern. Hinter der Bühne rollen die Mädchen Steine in einem Radlauf herum um das Beben zu simulieren

Ein Bühnenarbeiter zieht an dem Seil und hebt das Gemälde des Schlosses außer Sichtweite und die zerfallene Ruine wird wieder sichtbar.

Die Statue in Bad Warmbrunn erinnert an die Königin, Hüterin der heilenden Gewässer. Sie ist für ewig in die Geschichte eingegangen. Das Ende.

Trudel schließt ihr Buch und verneigt sich. Sie geht Richtung Bühnenmitte und schließt sich Barbara, Kristin, Elfie und Helli an. Die fünf Mädchen reichen sich die Hände und verneigen sich. Sie rennen hinter den Vorhang, als er sich schließt. Erfreut über ihren Erfolg, umarmen sich die Mädchen. Es ist jetzt Zeit, sich auf ihre Abschlusspräsentation vorzubereiten.

Während die Gruppenführerin das Publikum adressiert, ziehen die Mädchen ihre neuen Kostüme an und nehmen kleine Veränderungen am Bühnenbild vor. Während Katharina und Dorothea Zweige und Geäst auf den Bühnenboden werfen, legen Louise und Sylvia Heuballen neben die Hütte und an den Berghang. Marta und Magdalena binden eine Esel an den Stallpfosten. Das Tier ist vor den Blicken des Publikums versteckt, da es hinter der dunkelbraunen Decke steht, die den Eingang zur der provisorischen Hütte bedeckt. Sobald alles vorbereitet ist, öffnet sich der Vorhang und der nächste Akt beginnt.

Wieder ist es Trudel die die Geschichte erzählt.

«Tief im Wald des Riesengebirges lebt der Riese Rübezahl.»

Das Publikum klatscht, weil es diese Geschichte gut kennt.

Barbara schiebt die Decke der Hütte zurück und geht auf die Bühne. Sie ist groß und für ihr Alter gut gebaut. Ihr zerzaustes Aussehen zeigt das eines

Bergmannes mit langen, braunen Haaren und einem Bart. Die Kissen unter ihrer Kleidung lassen sie schwerer und dicker erscheinen, als sie wirklich ist. Sie trägt eine braune Wollweste über einem großen, weißen Hemd, das in einer braunen Cordhose steckt. Ein einfaches Schnürband, an der Seite befestigt, hält die Weste geschlossen. Sie trägt einem großen Stock mit sich, auf dem sie sich beim Gehen stützt. Um ihre beiden Waden sind in weiße Leinentücher gewickelt, die mit braunen Lederriemen an Ort und Stelle gehalten werden. Sie hat sich von Herrn Torge ein Paar Bergschuhe ausgeliehen. Ein Rucksack hängt über ihrer Brust und sie hat einen vollen Leinensack über ihren Rücken geschlungen.

«Die Dorfbewohner kennen die Legende von Rübezahl sehr gut.» erklärt Trudel, als sie den Charakter vorstellt.

«Er ist der Herr der Riesengebirges. Er bestimmt das Wetter. Wenn er wütend wird, sendet er Blitze und Donner und Regenstürme oder bedeckt das Land mit dichtem Nebel oder Schnee. Wenn er in guter Stimmung ist, scheint die Sonne, der Himmel ist blau und das Wetter ist warm. Er ist im Allgemeinen ein freundlicher Riese und schenkt den Anwohnern die heilenden Eigenschaften der örtlichen Pflanzen. Alte Mütterlein suchen seine Führung und Männer fürchten seine Anwesenheit. Viele böse Männer wurden durch ihn in die Irre geführt, wenn sie auf dem Weg nach Hause waren. Doch wenn sich die Leute über ihn lustig machen, rächt er sich indem er schlechtes Wetter aufkommen lässt und wenn die Leute nett von ihm sprechen, fließt sogar der Wasserfall in Giersdorf.

Als Bauernkinder verkleidet, rennen Marta, Magdalena, Katarina, Dorota und Sylvia hinter der Hütte hervor und geben vor, den Riesen zu quälen, indem sie an seinen Kleidern ziehen und ihm gegen die Schienbeine treten. Marta klaut ihm seinen Spazierstock. Sie reißt ihn einfach aus seiner Hand! Der Riese schiebt die Mädchen beiseite und ergreift seinen Stock zurück.

Seit dem Jahr 999 hat er nie wieder unter den Dorfbewohnern gelebt. Verbittert über ungehörige Kinder und gierige Eltern hat er das Dorf verlassen und sich geschworen niemals zurückzukehren. Mit einem großen Sack in der Hand ist er in das Dorf gegangen und hat die kostbaren Juwelen an sich genommen und sie in seiner Berghöhle versteckt. Er hat sich zwar geschworen, eines Tages alles wieder zurückzugeben, aber nur dann, wenn die Menschen wieder lernen harmonisch zusammen zu arbeiten und zu leben.

Der Riese schiebt die Mädchen beiseite und sie verstecken sich hinter der Hütte. Barbara geht auf die Hütte zu, schiebt den Vorhang zur Seite und verschwindet im Inneren des Raumes. Der Riese taucht ohne Sack wieder auf und geht auf die Bühne, um die Stöcke und das Geäst einzusammeln.

«Rübezahl war eines Tages unterwegs um Feuerholz zu sammeln, als er auf einen kleinen Zwerg traf.»

Die kleine Liesel tanzt fröhlich hinter der Kulisse hervor. Sie trägt ein kleines Zwergenkostüm, das sie aus Fetzen von grünem und rotem Filz hergestellt hat, und ihr roter Hut sitzt schief auf ihrem Kopf.

«Oh, da bist du ja, Rübezahl!» sagt die kleine Liesel mit einem Kichern in ihrer Stimme. «Ich habe überall nach dir gesucht.»

«Warum suchst du mich, du Zwerg?» antwortet Barbara kaltherzig. «Ich habe weder mit dir oder irgendjemand anderem im Dorf zu tun.» Barbara versucht ernst zu klingen. «Geh jetzt und lass mich in Ruhe!»

«Doch das hast Du, du Riese! Du hast es jetzt mit mir zu tun.» kichert die kleine Liesel. «Es ist viele, viele Jahre her, seitdem Du das Dorf besucht hast. Ich habe gehört, wie der Müller über dich gesprochen hat, und er hat allen gesagt, dass es dich nicht mehr gibt!»

«Falschheit und Ungerechtigkeit haben sich unter den Menschen verbreitet. » erklärt Trudel dem Publikum. Als Rübezahl das hört, wird er sehr wütend und beginnt die aufgesammelten Stöcke über seinen Knien zu zerbrechen.

«Sie sollten mich respektieren und nicht herausfordern!» schreit der Riese erbost. «Ich existiere nicht mehr? Nun, ich werde es ihnen zeigen!»

«Rübezahl stürmt in seine Hütte und verwandelt sich auf magische Weise in einen ... »

Trudel macht eine Pause. Sie hat das Stichwort gegeben, aber nichts passiert. Während der längeren Stille hustet ein Mitglied des Publikums und andere rutschen auf ihren Sitzen hin und her. Hinter den Kulissen herrscht Aufregung. Trudel beschließt besorgt, dass sie das Stichwort besser wiederholen sollte.

« Rübezahl stürmt in seine Hütte und verwandelt sich auf magische Weise in einen… in einen…» Trudel steht hilflos auf der Bühne. Schließlich schreit sie lauthals «Esel!»

Die widerstrebende Kreatur wird auf die Bühne geschoben. Die amüsierte Menge bricht in Lachen aus und klatscht. Tosender Applaus. Die kleine Liesel packt die Zügel des Tieres und lächelt schüchtern.

«Das ist Rübezahl.»

Nachdem sich das Publikum beruhigt hat, benutzt Barbara ihre tiefe Stimme und projiziert diese in die Menge, wobei sie vorgibt, dass sie von dem Esel kommt. «Führe mich in die Stadt, Zwerg!»

Liesel führt den Esel auf der Bühne hin und her. Bald treten Dorfbewohner hinter der Hütte hervor und beginnen sich zu unterhalten.

«Der Esel weiß natürlich nicht was der Zwerg für Pläne für den Riesen hat.» erklärt Trudel weiter.

Erst gestern hat der alte Müller ihm zehn Geldstücke gestohlen und jetzt ist dies die perfekte Methode, sein gestohlenes Geld zurückzubekommen und noch mehr! Der Esel und der Zwerg kommen am Haus des Müllers an und klopfen an die Tür.

Sabine spielt die Rolle des Müllers. Sylvia, die dessen Frau spielt, steht neben Sabine. Sie trägt ein traditionelles Hauskleid. Wie Barbara, hat auch Sabine ein Kissen unter ihrem übergroßen, langärmeligen weißen Hemd und ihrer weiten Hose. Sie trägt einen weißen Bäckerhut, eine grüne Schürze und eine große Pappmaché-Nase, die hinter ihrem Kopf festgebunden ist. Der vordere Teil ihrer Kleidung ist mit Mehl bedeckt. Sie erweckt den Eindruck, als hätte sie gerade mühsam den Weizen gemahlen.

Trudel fährt fort.

«Der Müller und seine Frau leben sehr gut. Sie haben viel Geld und besitzen ein schönes großes Haus. Weil sie ausserdem noch die Bäckerei in der Stadt besitzen, steigt ihr Wohlstand von Jahr zu Jahr.»

«Wie kann ich dir helfen, Zwerg?» fragt der Müller.

«Gestern hast du mir gesagt, dass du mehr Hilfe brauchst.» antwortet der schlaue Zwerg. «Ich bin hier, um dir meinen Esel zu verkaufen. Er ist ein sehr treuer Esel und leistet gute harte Arbeit. Er wird deinen Weizen mahlen und in null komma nichts in Mehl verwandeln.»

«Und wie viel willst du für dieses Biest?» fragt der Müller.

«Ich will einen fairen Preis für dieses sehr hart arbeitende Tier. Ich will fünfundzwanzig Taler.»

«Was! Du bist verrückt! Das ist viel zu viel Geld. Ich werde dir zwanzig geben, mehr nicht!»

Der Zwerg zögert einen Moment, streichelt nachdenklich sein Kinn und stimmt dann zu. «Gut. Wir sind uns einig.»

Der Müller bezahlt den Zwerg und greift nach den Zügeln seines neuen Esels. Der Zwerg springt aufgeregt in die Luft, schlägt vor Freude dabei noch seine Hacken zusammen und rennt in den Wald zurück.

«Du liebe Güte. Der hatte es aber eilig.» stellt die Frau des Müllers kopfschüttelnd fest.

«Der Müller ist über seinen Kauf sehr erfreut. Ein so starkes, gesund aussehendes Tier und dazu noch unter Preis.» erzählt Trudel weiter.

«Zumindest muss ich ihn nicht für die Arbeit bezahlen.» lacht der Müller und stupst seiner Frau fröhlich in die Seite.

«Der Müller ruft nach seiner Magd.»

Trudel stellt den nächsten Charakter des Stücks vor.

Ingrid spielt die Magd des Müllers. Sie erscheint in einem schlichten weißen Hauskleid und trägt Hausschuhe. Ihr langes schwarzes Haar ist hinter ihrem Kopf zu einem einzigen Zopf geflochten.

Ihr Meister befiehlt ihr:

«Nimm diesen Esel und gib ihm etwas Heu! Ich möchte, dass er für die Arbeit morgen so stark wie ein Ochs ist. Er wird das ganze Getreide, das im Lagerraum steht, mahlen.»

Ingrid nimmt das Tier an den Zügeln und führt es weg. Nahe der Rückseite der Bühne nimmt sie etwas Heu vom Boden und hält es an das Maul des Esels. Doch dann quietscht sie abrupt, lässt die Zügel los und eilt zurück zum Müller und seiner Frau.

«Was willst du?» schimpft der Müller.

Die Magd zittert vor Schreck. «Herr! Der Esel ist verhext! Ich gab ihm etwas Heu und er fing an zu sprechen! Ich schwöre es! Er sagte mir, er wolle das Heu nicht essen! Er würde stattdessen einen großen Braten und einen Schokoladenkuchen bevorzugen! »

Das Publikum klatscht sich lachend auf die Schenkel.

«Spinn doch nicht. Esel können nicht sprechen!» erwidert der Müller.

Trudel erzählt. weiter.

«Nun, der Müller wollte die Geschichte nicht glauben, und ging in die Scheune um sich selbst zu überzeugen. Der Esel, voller Wut in seinem Herzen, schaut den Müller mit bohrenden Augen an. Der Müller nimmt eine Handvoll Heu, hält es dem Esel vor das Maul und streichelt dem Tier über den Kopf. In diesem Moment tritt der Esel den Müller zu Boden. »

Sabine gibt vor von dem Esel getreten zu werden und fällt zu Boden.

«Ich verlange Braten und einen Kuchen!» ruft Barbara von hinter der Bühne aus und tut so als könne der Esel sprechen.

Der Müller steht erschrocken auf, tritt einen Schritt zurück und versucht zu fliehen. Er muss entsetzt beobachten, wie sich der Esel auf magische Weise in den Riesen Rübezahl verwandelt! "

Während Trudel die Geschichte weiter erzählt, wird der Esel von der Bühne geführt und Barbara erscheint hinter dem Stall.

«Müller, du bist nicht nur geizig, sondern auch gierig! Du hast dem Zwerg gestern sein Geld gestohlen und ich möchte, dass es ihm jetzt zurückgegeben wird!»

Der Müller greift in seine Tasche und bietet dem Riesen sein ganzes Geld an.

«Hier, Rübezahl, nimm das Geld. Es ist alles was ich habe. Bitte tue mir nichts. Ich weiß jetzt, dass du existierst. Gib dem Zwerg sein Geld zurück, und sage ihm, dass es mir leid tut und ich nie wieder jemanden betrügen werde.»

Rübezahl nimmt das Geld. Der Müller, seine Frau und die Magd nehmen vor dem Riesen reiß aus und rennen von der Bühne

Nur Barbara geht noch auf der Bühne einher. Sie trifft auf die kleine Liesel und reicht ihr den Sack mit gestohlenem Geld.

«Woher hast du das ganze Geld?» fragt der Zwerg.

«Ich habe es dem Müller weggenommen! Er wird weder Dir oder irgend jemanden anderen etwas Unrechtes antun.» antwortet Rübezahl

Trudel erzählt weiter.

«Der Riese und der Zwerg geben sich die Hand. Der Zwerg hilft dem Riesen, die kostbaren Juwelen an die Dorfbewohner zurückzugeben, die sich wiederum bedanken und versprechen, nie wieder etwas falsch zu machen.

Und wenn sie nicht gestorben sind so leben sie noch heute.»

Der Vorhang schließt sich und das Publikum applaudiert. Der Vorhang öffnet sich und die Schauspieler stellen sich in einer Reihe auf und verneigen sich vor dem Publikum. Die Menge jubelt, die Schauspieler verneigen sich noch einmal und die Vorhänge schließen sich abermals.

Fräulein Albrecht betritt die Bühne und wartet bis das Publikum zu applaudieren aufhört.

«Danke, danke, alle zusammen.» Sie hält eine kurze Ansprache. Gerade lang genug damit die Mädchen wieder in ihre BDM-Uniformen schlüpfen können und um die Kulissen von der Bühne zu entfernen. Trudel hat inzwischen auch ihre Schuhe wieder gefunden. Sie stimmt ihre Zither an.

«Wir möchten   unser letztes Stück unserem Bürgermeister, Herrn Blasius, widmen.» verkündet Fräulein Albrecht stolz dem Publikum.

Der Vorhang öffnet sich und Trudel zupft die Einführung zur traditionellen Hymne des Riesengebirges. [247] Dieses originale revanchistische Stück wurde 1914 aus Andachtstexten über Niederschlesien geschrieben. Die überarbeiteten Texte sprechen von den Bergen, den Traditionen und der Natur.

> Blaue Berge, grüne Täler,
> mittendrin ein Häuschen klein.
> Herrlich ist dies Stückchen Erde
> und ich bin ja dort daheim.
> Als ich einst ins Land gezogen,
> hab´n die Berg mir nachgesehen,
> mit der Kindheit, mit der Jugend,
> wußt´ selbst nicht, wie mir geschehn:
>
> O mein liebes Riesengebirge,
> wo die Elbe so heimlich rinnt,
> wo der Rübezahl mit seinen Zwergen
> heute noch Sagen und Märchen spinnt.
> Riesengebirge, deutsches Gebirge,

---

[247] Das Riesengebirgslied

meine liebe Heimat du!
Ist mir gut und schlecht gegangen,
hab gesungen und gelacht,
doch in manchen bangen Stunden
hat mein Herz ganz still gepocht.
Und mich zog's nach Jahr und Stunde
wieder heim ins Elternhaus,
hielt's nicht mehr vor lauter Sehnsucht
bei den fremden Leuten aus.
O mein liebes Riesengebirge ...

Die Harmonien der Mädchen fügen sich so leicht in die Instrumente ein, dass sie die Seelen der Zuhörer berühren. Für einen Moment vergessen alle den Krieg, der im Osten tobt. Die Mädchen verkreuzen die Arme und das gesamte Publikum singt und schunkelt mit. Trudels Augen funkeln glücklich, ebenso wie all die ihrer Kameradinnen, Gäste und Würdenträger. Sie fühlt sich eins mit ihrem Land. Als das Stück vorbei ist, erhebt sich das Publikum voller Bewunderung von den Sitzen. Der Applaus donnert nur so. Arm in Arm verneigen sich die Mädchen, während Männer im hinteren Teil der Halle «Bravo! Bravo!» rufen.

Bürgermeister Blasius betritt die Bühne und hält eine kurze Dankesrede. Er dankt den Mädchen für den wundervollen Abend und die hervorragende Leistung. Er erinnert alle in Seidorf daran, stets nach sprechenden Eseln und Rübezahl Ausschau zu halten.

Das Publikum macht sich auf den nach Hause Weg. Sie gehen die Straßen entlang und kehren zu ihren Häusern zurück. Ein paar der Männer kehren noch auf einen Absacker in die örtliche Brauerei ein. Hinter der Bühne loben Bauer Torge und seine Frau die Mädchen für ihre schöne Aufführung und musikalische Darbietung, während im Foyer die Würdenträger allen drei Leiterinnen zu einer gelungenen Aufführung gratulieren. Sie versprechen, ihren Vorgesetzten die besten Berichte zu erteilen

Die Mädchen zerlegen die Kulissen und packen alles in Herrn Torges Wagen. Sie gehen neben dem Wagen her und singen den ganzen Weg zurück zum Lager. Nach dem Entladen der Kulissen und Einlagerung in die Werkstatt bedankt sich jedes Mädchen bei Herrn Torge, seiner Frau und den beiden Knechten. Sie legen ihre Kostüme weg, ziehen sich in ihre Zimmer zurück und fallen erschöpft in ihre Betten.

Die Jungfrau des heilenden Wassers– Cieplice, Polen

Wir lieben die weiten Felder,
die sich vor unseren Augen
erstrecken,
wir spüren das Glück.
Wir spüren die Kraft
die nie vergeht.

~ Gertrude Kerschner ~

Heumachen

DER MORGEN beginnt warm und schön. Die Sonne scheint bereits durch die Fenster des Speisesaals und hebt die Gemüter. Diesen Morgen verkündet Fräulein Albrecht, dass sie zwanzig Mädchen auswählen wird, die für die nächste Woche auf dem Hof der Torges beim Heu machen helfen sollen. Sie fragt, wer von den Mädchen bereits im Umgang mit Sense und Rechen geübt ist, obwohl Bauer Torge die Mädchen natürlich auch einweisen wird, wie man das Heu schneidet, dreht, trocknet und stapelt. Es ist unbedingt erforderlich, dass sie seinen Anweisungen genau folgen. Fräulein Albrecht ruft die ersten Namen auf und Trudel fragt sich, ob sie auch aufgerufen wird. Sie springt vor Freude in die Höhe, als sie ihren Namen hört und ruft: «Hurra! Ich gehe nach Oberseidorf!»

Sie läuft aus dem Esszimmer, schnappt sich Kopftuch und Schürze und eilt nach draußen, um ihre morgendlichen Gartenarbeiten zu erledigen. Trudel, Aloise, Sabine, Heidi, Helli und Erika haben 30 Minuten Zeit, um den Garten zu jäten, bevor sie sich auf den Weg zum Torge Hof machen müssen.

Die zwanzig Mädchen besorgen sich schwere Rechen aus ihrem Lagerschuppen. In Doppelreihe formiert wandern sie, die Rechen rechts über, hochkant an die Schulter gelegt, mit Fräulein Dieter nach Oberseidorf und singen dabei ihr Lagerlied.

Wir stehen stolz hoch auf dem Berg,
und unten im Tal steht unser Dorf,
der blaue Himmel lächelt
und die Sonne wenn wir marschieren.
Wir sind die Seidorfer-Mädchen, wir sind die Seidorfer-Mädchen.
Wir marschieren freudig zu unserer Arbeit und singen unser Lied
wir die Seidorfer Landjahrmädchen!
Und ist der Himmel voller Wolken
und beginnt es auch zu regnen,
die Berge legen ihre Arme um uns,
die Felder heißen uns willkommen.
Das Glück liegt in der aufgehenden Sonne
denn er kümmert sich um uns,
wir sind jetzt in Gottes Händen
und er wird niemals zulassen, dass uns etwas passiert.

Als sie auf dem Gutshof ankommen stellen sie fest, dass der größte Teil des Heus bereits geschnitten wurde und auf dem Feld zum Trocknen liegt. Nun ist der Einsatz der Mädchen gefordert. Die Mädchen haben über die letzten Monate ein besonderes Verhältnis zu Herrn Torge aufgebaut, der die Mädchen immer wohlwollend behandelt hat. Sie sprechen ihn jetzt als Onkel Bernhard an. Er zeigt Trudel, wie man eine Sense und eine Sichel benutzt, während er Nellis Gruppe die Kunst des Harkens und Drehens des Heus mit den schweren Rechen beibringt. Trudel notiert später in ihrem Tagebuch.

«Wie schön das Gras riecht, wenn es frisch geschnitten ist. Das Gras zu schneiden war für uns ein echtes Problem. Als Onkel Bernhard die Sense schwang, drehte sich sein Körper mit der gebogenen Klinge. Ich sage euch, es benötigt viel Kraft und einen guten Schwung, um das Gras zu schneiden, besonders am Morgen, wenn es durch den Tau noch feucht ist. Der Bogen der Klinge muss genau den richtigen Winkel treffen. Dann kann man das Gras knistern hören wenn es geschnitten wird. Mir ist manchmal die Klinge im Boden stecken geblieben, aber Onkel Bernhard hat nur gelacht und gemeint, ich schaffe das schon. Aber es dauerte bis zum zweiten Tag, bis ich den Bogen endlich raus hatte. Als Onkel Bernhard mich am zweiten Tag beobachtete, hat her mich gelobt und gesagt, ich habe schon einen schönen Schwung drauf. Ich könnte jetzt den ganzen Tag lang Gras schneiden, so viel Spaß macht es mir.»

Die Mädchen arbeiten viele Stunden auf den Feldern. Sie gehen systematisch vor, um das Heu zu schneiden, zu drehen und zu wenden. Es dauert einige Tage, bis die Sommersonne die überschüssige Feuchtigkeit aus dem Heu gezogen hat. Wenn sie das Heu zu oft oder zu unvorsichtig drehen, kann das trocknende Blattmaterial abfallen, wodurch der Nährwert als Tierfutter verringert wird. Auch kann das Heu verderben, wenn es nicht richtig getrocknet und geborgen wird. In diesem Fall bilden sich Giftstoffe und Schimmelpilze im Futter, die dazu führen können, dass die Tiere krank werden und vielleicht sogar sterben können. Die Mädchen müssen lernen, wie man das Heu richtig trocknet und in der Scheune einlagert, damit sich keine Feuchtigkeit ansammelt.

Obwohl die Mädchen stundenlang der gleißenden Sommerhitze ausgesetzt sind, beschweren sie sich nicht über die Hitze, die mühsame Arbeit oder die Blasen an ihren Händen. Im Gegensatz zu den weinerlichen Stadtmädchen, verstehen die Landmädchen die Bedeutung dieser landwirtschaftlichen Arbeit als ihren persönlichen Beitrag zum Wohle des deutschen Volkes. Diese Generation wird noch mit der Einstellung großgezogen, dass körperliche Arbeit etwas wertvolles ist und die damit verbundenen Erfolge etwas sind, auf das man stolz sein kann. Die Arbeit, die von dieser Generation erwartet wird, die Disziplin, die sie an den Tag legen und die Verantwortung die sie ohne Scheu übernehmen, wird sie ein ganzes Leben lang begleiten und sie getrost durch ihr Leben führen. [248]

Frau Torge, inzwischen Tante Else genannt, kümmert sich mitfühlend um die Blasen an den Händen der Mädchen, indem sie ihre hausgemachte Heilsalbe aufträgt. Sie verbindet ihre Finger vorsichtig mit Stoffstücken, deren Enden zusammengenäht sind. Tante Else schätzt es sehr, dass die Mädchen, ohne zu murren in der heißen Sommersonne arbeiten. Um ihre Dankbarkeit zu zeigen, bringt sie ihnen frische, kühle   Buttermilch. Ausserdem bereitet die Bäuerin jeden Tag ein großes Mittagessen vor. Sie achtet sehr darauf, dass die Mädchen, der schweren Arbeit entsprechend ernährt werden. Die Mädchen arbeiten bis zum Sonnenuntergang und kehren dann mit ihrer letzten Kraft ins Lager zurück. Es dauert eine ganze Woche des Drehens und Werfens, bevor die Mädchen das getrocknete Heu endlich in lange Reihen harken können.

Der Spaß beginnt am Ende der Woche, als Onkel Bernhard den Mädchen erlaubt, mit seinem von Pferden gezogenen Heuwagen selbst auf die Felder zu fahren. Sie halten gleich an der ersten Schwade an. Alle springen ab, außer Trudel, die auf der Ladefläche bleibt und dafür sorgen wird, dass das Heu ordentlich und gleichmäßig aufgeschichtet wird. Elli, Nelli, Steffi, Maria und Barbara stehen auf der einen Seite des Wagens, während Anna, Kristin, Charlotte und Helli sich auf der anderen Seite befinden. Onkel Bernhard fährt den Wagen langsam durch die Reihen, während die Mädchen von beiden Seiten das Heu auf den Wagen werfen. Der Stapel wird mit jedem Heuwurf höher, bis der Wagen schließlich überläuft! Dann springen die Mädchen wieder auf und fahren zum Gut zurück.

«Haltet Euch gut fest, Mädels. Der Wagen ist voll und wird jetzt nach rechts und nach links schaukeln. Das ihr mir nicht herunter fällt.» Onkel Bernhard zieht behutsam an den Zügeln, schnalzt mit der Zunge und die Pferde setzen sich langsam und behutsam in Bewegung. Die Mädchen stimmen hinten auf dem Wagen ein Lied an:

Dass die Feld ist weiß;

---

[248] Reinhold Sautter, Seite 187

vor ihrem Schöpfer
neigen
die Ähren sich,
ihm Ehre zu bezeigen.
Sie rufen: Kommet, laßt
die Sicheln klingen,
vergesst auch nicht, das
Lob des Herrn zu singen !
[249]

Trudel ist stolz darauf, die schwere Aufgabe erfüllt zu haben. Sie liebt es an der frischen Luft zu sein und zu arbeiten. Zusammen mit Elli, Nelli und Steffi sitzt sie oben auf dem Heuwagen, während Maria, Barbara, Anna, Kristin, Charlotte und Helli zusammen mit den anderen Landjahrmädchen hinter dem Wagen gehen. Onkel Bernhard lenkt in den Hof seines Gutes ein und bleibt vor der Scheune stehen.

Jedes der Mädchen beginnt im hinteren Teil des Wagens und schnappt sich einen großen Heuballen und lagert ihn vorsichtig in der Scheune ein. Onkel Bernhard ist beeindruckt von den natürlichen Fähigkeiten und dem Verständnis der Mädchen, die Heuballen korrekt zu stapeln, und lobt sie für ihre gute Arbeit. Doch die richtige Belohnung kommt, als Fräulein Dieter pro Mädchen einen Wochenlohn von 1 Reichsmark und acht Pfennige für ihre sechstägige Arbeitswoche erhält. Dieses Geld fließt in die Sammelkasse, die für den großen Ausflug im August angelegt wurde.

---

[249] Wilhelm Gortzitza – Das Feld ist weiß - Erntedanklied

Der grosse Ausflug
August 1941

von Niederschlesien ins Sudetenland
von Polen in die tschechische Republik

Der große Ausflug

DER HÖHEPUNKT des Landjahres kommt im August, wenn die Mädchen von Niederschlesien ins Sudetenland und wieder zurück wandern werden. Dazu müssen sie in ausgezeichneter körperlicher Verfassung sein, und bevor es los geht werden sie vom örtlichen Arzt untersucht, um sicher zu gehen, dass sie mit dieser langen Wanderung nicht überfordert werden.

Fräulein Albrecht bespricht den Ablauf und die Wanderroute, wann und wo sie eine Rast einlegen werden, wo sie übernachten werden, die Kleidung die sie tragen werden, das Gepäck das sie mit sich führen dürfen. Es wird von den Mädchen erwartet, dass sie sich während der kompletten Reise stets vorbildlich verhalten und sich ihrer Rolle als Landjahrmädchen immer bewusst sind. Während der Reise müssen die Mädchen jederzeit würdevoll handeln. Diese Reise wird ihren Gehorsam und ihre Disziplin auf die Probe stellen. Ihre Führerinnen werden ihre Bereitschaft, ihre Ausdauer und ihr Verhalten hinterfragen. Als sie in der Jungmädelschaft (JM) waren haben sie des öfteren an eintägigen Ausflügen teilgenommen. Daher verstehen sie das grundliegende Prinzip. Dies ist jedoch ihr allererster großer Ausflug im Bund Deutscher Mädel und sie werden eine Woche lang unterwegs sein.

Natürlich sind alle Mädchen sehr aufgeregt. Sie verlassen das Lager, das in einer Höhe von 1387 Metern liegt und beginnen ihre Wanderung durch das Hirschberger Becken (Jelenia Góra). Anhand ihrer Uniformen sind sie leicht als Landjahrmädchen zu erkennen. Die vierzig Mädchen marschieren Seite an Seite, in Dreierreihen, mit voll beladenen Rucksäcken, einer grauen Decke und ihrem Kochgeschirr. Trudel führt die Kolonne mit dem grün-weißen Banner an. Die erste Übernachtung ist im 20 Kilometer entfernten Schreiberhau (heute Szklarska Poręba, Polen).

Sie wandern entlang dem Seidorfer See, vorbei an den beiden aus Stein gehauenen alten Bußkreuzen, die den Eingang zum Weberdorf Märzdorf (Marczyce) markieren. Von dort aus geht es weiter durch die von Bäumen gesäumten Straßen von Giersdorf (Podgórzyn). Die Mädels marschieren frohen Mutes und singen dabei ein Wanderlied. Die Landschaft ist übersät mit Süßwasserteichen, die das ganze Gebiet mit Karpfen und Forellen versorgen. Die Baumkronen bieten viel Schatten vor der Morgensonne. Sie folgen dem Stadtrand von Bad Warmbrunn (Cieplice) und wandern entlang der Kamienna, wo sie anhalten und ihre erste Rast einlegen. Diese Mädchen sind nicht einmal müde, denn sie sind entschlossen, ihr Ziel zu erreichen. Sie haben Spaß, sie lachen und singen. Ihr Tempo beschleunigt sich, als sie den imposanten Kirchturm sehen, der ihr Ziel in Schreiberhau (Szklarska Poreba) kennzeichnet. Neben der Kirche befindet sich das Bauernhaus, in dem sie übernachten werden.

Der Bauer und seine Frau heißen die vierzig Mädchen mit offenen Armen willkommen. Die Bauersfrau geleitet die Mädchen in die Scheune, wo sie heute Nacht im Stroh schlafen werden. Die Mädchen lassen ihre Rucksäcke fallen und bauen sich ihre einzelnen Schlafstätten.

Der Reiz des sanft hügeligen Riesengebirges im Süden und des aus Granit bestehenden Iser Gebirges, das im Norden das Sudetenland bildet, dem Ziel der Mädchen, macht Schreiberhau zu einem beliebten Wanderziel. Zu Beginn des 14. Jahrhunderts ließen sich dort deutsche Kolonisten auf einem Grundstück der Ritter von Teplice, auf der Suche nach Gold und Edelsteinen, nieder.[250]

Die Mädchen besuchen die Sagenhalle, die ursprünglich 1903 als eine Künstlerkolonie erbaut wurde. Die Holzstruktur weist Schnitzereien mit nordischen Elementen wie Schlangen, Drachen und Runeninschriften auf. Im Inneren werden viele Exponate der germanischen Mythologie und alter heidnischer Überzeugungen gezeigt. Ein großes handgeschnitztes Bild, das mit der Legende des Berggeistes verbunden ist, ist sehenswert. Gemälde örtlicher Künstler sind ebenfalls ausgestellt. Die beiden Gemälde, die Trudel am meisten beeindrucken, sind «Rübezahl» und «Parsifal» des bekannten Künstlers Hermann Hendrich.

Die nächste Station ist die riesige Glasfabrik in Oberschreiberhau. Die Mädchen gehen an der Kamienna entlang zur «Josephinenhütte» und sehen sich die wunderschönen Kristall- und Glasstücke an, die dort von Hand gefertigt werden. Der böhmische Glasmacher Wolfgang Preußler baute 1617 die ursprünglich kleine Glasfabrik auf. Einige Generationen später überredete Franz Pohl, der Schwiegersohn des letzten Preußlers, Christian Benjamin Preußler, Graf Leopold von Schaffgotsch, an derselben Stelle eine neue, größere Glasfabrik zu errichten. 1842 wurde die massive Steinfabrik zu Ehren seiner Frau Josephine fertiggestellt, und entwickelte sich schnell zur größten Glasmanufaktur in Niederschlesien.[251]

Trudel und ihre Kameraden schlendern durch die Ausstellungsräume und bewundern die exquisiten handgefertigten Stücke. Trudel nimmt eine elegante Glas Vase in die Hand und bewundert die Schlichtheit des Designs. Sie ist fasziniert von den Regenbogenfarben, die durch das geschliffene Bleikristall gebrochen werden.

Fräulein Dieter sieht Trudel mit der Vase in der Hand und befiehlt ihr und allen anderen Mädchen die Ausstellungsstücke nicht zu berühren. Die

---

[250] Szklarska Poręba
[251] Szklarska Poręba - Geschichte

Anführerin verspricht den Mädchen, dass sie, wenn sie sich beeilen, zum Schwimmen zum Fluss hinuntergehen dürfen.

Die Gruppe kehrt zum Bauernhaus zurück und die Mädchen ziehen ihre schwarzen Badeanzüge an. Sie ziehen ihre Uniformen darüber, um nicht weiter aufzufallen. Mit ihren Decken und Handtüchern wandern sie einen Bergpfad entlang, der in den subalpinen Wald führt. Sie steigen den Hang hinauf zu einem niedrigen Gipfel, der ihnen einen wunderschönen Blick auf die Berge und das Tal bietet. Egal in welche Richtung sie auch schauen, sie sind von dem einmaligen Panorama begeistert, und dann, als sie nach unten schauen, sehen sie den Wasserfall und ein riesiges Wasserloch!

Überglücklich eilen sie den Feldweg zum steinigen Flussufer hinunter. Sie ziehen ihre Socken und Schuhe aus und legen sie ordentlich auf die Felsen neben ihre Kleider und Decken. Dann springen sie in das kalte Bergwasser hinein.

Ein, an einer seichten, jedoch felsigen Stelle gezogenes Seil fordert ihren Mut heraus. Der Fluss und was sich weiter stromaufwärts befinden könnte, zieht sie neugierig an. Die Strömung ist stark und sie halten sich gegenseitig an den Händen fest, um beim Überqueren nicht ihren Halt zu verlieren. Sie lachen und planschen und lassen sich das Wasser von den vielen kleinen Wasserfällen auf ihre Rücken fließen. Das Leben ist einfach. Das Leben ist schön.

Abends gehen sie ins Kino und schauen sich den Film «Über alles in der Welt» an.[252] Dieser dramatische Film schildert die Notlage des deutschen Volkes, vom Ausbruch des ersten Weltkrieges und der Stärke der deutschen Nation. Es ist ein Propagandafilm, der die Briten, Franzosen, Polen und Juden als Kriegstreiber, Profiteure und Feiglinge darstellt. Am Ende ist nur noch die Rückkehr ins Vaterland wichtig. Trudel mag den Film nicht, die ganze Zerstörung gefällt ihr nicht.

Wieder zurück in der Scheune, lassen sich die Mädchen für die Nacht nieder. Trudel legt sich in das Stroh, schiebt ihre Zweifel beiseite und schläft tief und fest ein.

Die Mädchen stehen früh auf, um der Bauersfrau bei den morgendlichen Arbeiten zu helfen. Sie helfen nicht nur bei der Zubereitung des Frühstücks, sondern melken die Kühe, säubern den Hühnerstall, füttern die Schweine und jäten den Gemüsegarten. Sie sind sehr bedacht darauf, sich bei den Bauersleuten für ihre Gastfreundschaft zu bedanken.

Danach setzen sie sich draußen auf die Wiese und frühstücken. Eine Scheibe Brot mit Butter und eine Tasse Kaffee ist alles, was diese Mädchen brauchen, um ihren Tag zu beginnen. Sie verabschieden sich von ihren Gastgebern und machen sich auf den Weg nach Tannwald (Tanvald, Tschechische Republik).

---

[252] Über alles in der Welt – Propagandafilm 1941

Sie verlassen Schreiberhau und wandern singend südwestlich die Straße hinunter, die über das Iser Gebirge (Jizera) führt. Sie überqueren die ehemalige Grenze, denn auch das Sudetenland wurde 1938 wieder an das Deutsche Reich angeschlossen.

In Harrachsdorf (Harrachov, Tschechische Republik) ruhen sie sich fünfzehn Minuten aus, bevor sie weiter wandern. Während die Mädchen den Berg hinauf wandern, blicken sie auf die Schwarze Desse. Massive Felsbrocken, die während der Eiszeit auf der Höhe niederschlugen, säumen den Fluß. Zwölftausend Jahre Witterung haben die rauen Kanten dieser riesigen Felsbrocken geglättet. Das Wasser fällt kontinuierlich in das wirbelnde Kristallbecken, das von dichtem, subalpinem Wald umgeben sind. Im Winter thronen die mit einer dicken Schneeschicht überzogenen Felsbrocken still über dem gurgelnden Gewässer, während die Bäume ihre Glieder nach unten hängen lassen und geduldig auf die Ankunft des Frühlings warten. Im Sommer wird der tiefgrüne Nadelwald lebendig. Zwitschernde Vögel und allerlei vierbeinige Lebewesen suchen dort nach ihrer nächsten Mahlzeit.

Die Wanderschaft überquert einen kleineren Flussarm und betritt das malerische Bergdorf Bad Wurzelsdorf (Kořenov, Tschechische Republik). Frau Holle, die örtliche Leinenweberin, wartet bereits gespannt auf die Ankunft der Mädchen, denn sie hat frisches Gebäck und Kaffee zubereitet, um diese willkommen zu heißen. Sie stellt sich den Mädchen vor, als diese ihren Kaffee und Kuchen genießen. Heute Nachmittag werden die Mädchen lernen wie man aus Flachs Leinen gewinnt. Eine altes, für diese Gegend traditionelles Gewerbe.

«Wusstet ihr, dass die Kleidung, die ihr tragt, aus Pflanzenfasern besteht?» fängt sie ihre Lehrstunde an. «Wenn ihr mit dem Essen fertig seid, nehmen wir uns einen Moment Zeit, um nach draußen zu gehen, und ich werde euch die Felder und die Flachspflanzen zeigen.» Die Mädchen folgen der Leinenweberin nach draußen in den Hinterhof, wo die Flachspflanzen wachsen. «Sie wachsen bis zu 1 Meter hoch und tragen während der Blütezeit blaue Blüten.»

«Das Leinen wird aus den Fasern gewonnen. Um möglichst lange Fasern zu erhalten, wird die gesamte Pflanze aus dem Boden gerissen.» Frau Holle zeigt stolz ihre Flachspflanzen.

«Die sehen fast aus wie Heu.» kommentiert Elli.

„Ja, Flachspflanzen ähneln Heu, aber die Stiele sind viel schlanker. Die Flachsfasern, aus denen wir das Leinen herstellen, befinden sich tatsächlich in den Stielen.»

«Wie kann man aus der Pflanze denn das Leinen machen?» fragt Trudel.

«Hier, ich werde es dir zeigen.» Frau Holle begleitet die Mädchen auf das Feld und zeigt ihnen die Pflanzen aus nächster Nähe. «Wir ernten diese

Pflanzen im August. Die Pflanzen werden, wie ich schon sagte, mit samt den Wurzeln aus dem Boden gezogen. Das nennt man Raufen. Nach der Ernte wird der getrocknete, reife Flachs in die Scheune gebracht. Um den Leinsamen zu gewinnen, müssen die Flachsstengel mit den Spitzen durch den Riffelkamm, auch Reepelkamm oder Streff genannt, gezogen werden. Dabei werden die runden Samenkapseln von den Stängeln abgestreift und fallen auf ein ausgebreitetes Tuch am Boden. Nach dem Dreschen werden die Samen ausgesiebt und als Nahrungs-, Futter- oder Heilmittel, zur Herstellung von Leinöl, sowie für die Aussaat im nächsten Jahr verwendet. Als nächstes werden die Stängel nach dem Riffeln auf einer Wiese oder einem Stoppelfeld ausgebreitet und der Witterung ausgesetzt (Tauröste) oder in eine Wassergrube gelegt (Wasserröste). Dabei wird in einem mindestens 10 Tage langen, oft aber mehrere Wochen dauernden Gär- oder Fäulnisprozess der Zusammenhalt zwischen der Holz- und Bastschicht, sowie zwischen den einzelnen Fasern aufgelöst. Das wird Rösten oder Rotten genannt. Im Anschluss an die Röste müssen die Flachsstengel getrocknet oder gedarrt werden. Dies erfolgt entweder indem man sie in der Sonne ausbreitet, die Restwärme des Backofens nutzt, oder auf Hürden über einem offenem Feuer in sogenannten Darrlöchern oder Brechkaulen legt. Dieser Vorgang wird Darren genannt. Die gedarrten, trockenen Flachsstengel werden bündelweise durch die Flachsbreche gezogen und gleichzeitig wird der bewegliche, obere Teil der Breche auf- und abgeschlagen. Dabei greifen die hölzernen Schienen der beiden Teile ineinander. Auf diese Weise werden die holzigen Teile der Stängel gebrochen und fallen zum Teil auf den Boden. Alternativ zur Flachsbreche kann auch ein Reibebock genutzt werden. Die Flachsstängel werden mit den Händen festgehalten und über das obere Ende gezogen, so dass die hölzernen Teile herunterfallen und die Flachsfasern übrig bleiben. Über das aufrecht stehende Brett des Schwingstockes wird ein Bündel gebrochenen Flachses gehängt und mit einer Hand festgehalten. Mit dem Schwingmesser in der anderen Hand wird der Flachs so lange bearbeitet, bis kurze Fasern und die restlichen Holzteilchen herausgefallen sind, und nur die längeren Fasern, der sogenannte Schwingflachs, übrig sind. Die kurzen Fasern, die beim Schwingen abfallen und Schwing Hede genannt werden, können zu gröberen Garnen versponnen werden. Die herausgefallenen Holzstückchen oder Schäben finden Verwendung als Brennmaterial, Mörtelzusatz oder heute auch zur Herstellung von Spanplatten. Der «Feinschliff» erfolgt beim Hecheln. Spitz zulaufende Eisenstifte sind in Form einer Eisenbürste auf einem Brett befestigt. Je nach Dicke, Anzahl und Dichte der Eisenstifte unterscheidet man Grob-, Mittel- und Feinhechel. Der Schwingflachs wird bündelweise, mehrmals nacheinander durch diese Hecheln gezogen und dabei weiter aufgefasert. Die kurzen Fasern, die herausgekämmt werden undHechel Hede oder Werg genannt werden, können wie die Schwing Hede

zu Hede Garn versponnen oder zum Abdichten von Holzgefäßen oder Leitungen verwendet werden.
Der wertvolle, gehechelte Langfaserflachs aus glänzenden, parallel gekämmten Fasern wird sorgfältig zu Zöpfen geflochten oder zu Puppen gedreht und so bis zur Weiterverarbeitung aufbewahrt. Nun sind die Fasern zum Spinnen bereit. »«Darf ich es mal versuchen?» fragt Maria.
Frau Holle reicht Maria das Kratzmesser und diese übt sich in der Hecheltechnik. «Es ist fast so, als würde man sich die eigenen Haare entwirren, man muß nur härter bürsten.» lacht Maria. «Das stimmt.» antwortet Frau Holle.
«Wir können die Fasern aber auch mit einem Zwischenrad hecheln.»«Wie geht das?» fragt Sabine.
Frau Holle legt die blonden Fasern über ein Brett und tritt auf das Fuß Pedal. Das Schaufelrad dreht sich und legt die einzelnen Fasern parallel zueinander aus. Die Fasern glänzend mit jedem Schlag mehr und werden auch weicher. Die Mädchen dürfen die Fasern fühlen. Sie fühlen sich fast wie Seide an.

«Dieser feinere Flachs wird wie Wolle kardiert und dann spinne ich ihn mit einem Spinnrad zu einem Faden. Hier ich zeige es euch.»

Frau Holle führt die Mädchen in ihre Werkstatt. Dort sind neben fertigen Kleidungsstücken auch Tischdecken, Servietten und Handtaschen ausgestellt. Der größte Teil des Raumes wird von drehenden Rädern, Webstühlen, Körben, Materialien und großen Tischen voller Stoffballen eingenommen.

Frau Holle geht zu den sich drehenden Rädern hinüber und zeigt, wie man die Fasern spinnt. Eine Spinnerin sitzt auf einem Hocker und tritt das Fußpedal in gleichmäßigem Takt, das wiederum ein großes hölzernes Antriebsrad über eine Kurbelwelle und eine Pleuelstange dreht. Dies lässt beide Hände frei, um die Fasern zu ziehen und sie zu Garnsträngen zu spinnen.
Die Mädchen hören erstaunt zu und fragen, ob sie sich am Spinnrad versuchen dürfen. Frau Holle unterhält sich kurz mit den Leiterinnen, bevor sie den Mädchen den letzten Abschnitt der Verarbeitung zeigt.

«Mädchen, bitte folgt mir zum Webstuhl hinüber. Mit diesem Gerät werden Stoffe gewebt.» erklärt sie und zeigt auf die komplexe Maschine.
«Der Rahmen wird mit einem Kettfaden bespannt und auf dem Rahmen gehalten. Dieser Faden, der sich auf dem Schiffchen befindet, wird als Schuss bezeichnet. Ich füge also das Schiffchen quer ein und trete dann auf das Fußpedal. Das hebt jeden zweiten Kettfaden an und ich schieße das Schiffchen hindurch. Daher der Name Schuss. Danach trete ich das Fußpedal erneut und es hebt die anderen Kettfäden an. So wird gewebt. Dabei ist besonders darauf zu achten, dass die Fäden nach dem durchschießen des Schiffchens nicht zu fest gezogen werden.» Sie zieht schnell eine Linie aus Flachsfaden durch die Kettfäden und demonstriert mit

Leichtigkeit, wie der Stoff gewebt wird, und das Leinen erstellt wird. «Wer möchte es denn versuchen?» fragt Frau Holle.

Die Mädchen stellen sich der Reihe nach auf, bestrebt sich am Weben zu versuchen. Sie helfen Frau Holle für den Rest des Nachmittages in ihrer Werkstatt. [253] Die Weberin beantwortet die Fragen der Mädchen. Sie demonstriert alle erforderlichen Verfahren erneut, bis die Mädchen den gesamten Prozess gut verstanden haben.

Am Ende ihres Arbeitstages mahnt Fräulein Albrecht zum Aufbruch. Sie legen schnell alle Werkzeuge und Materialien weg, nehmen ihre Rucksäcke und stellen sich draußen in Dreierreihe auf. Sie bedanken sich bei Frau Holle mit einem Lied. Sie spricht ihrerseits Dank für all die Hilfe aus. Sie weiß, dass sie die Mädchen nie wieder sehen wird.

Die Gruppe wandert von der Hauptstraße ab und folgt dem Wanderweg durch kleine Dörfer und Felder hinauf in die Wälder. Sie steigen die Hügel hinauf und hinunter, bis sie endlich in Tannwald (Tanvald, Tschechische Republik), ihrem nächsten Ziel ankommen.

Die Bäuerin dort begrüßt die Wanderinnen und führt sie auf den Dachboden der Scheune, wo sie übernachten werden. Als die Mädchen mit ihrer Schlafarrangements fertig sind, helfen sie der Frau des Bauern das Abendmahl zuzubereiten. Die Bauersfrau fühlt sich geehrt die Mädchen des Landjahres beherbergen zu dürfen, und hat ein großartiges Abendessen für alle zubereitet. Während die Stadtmädchen in der Küche arbeiten, kochen und den Tisch decken, helfen Trudel und ihre Kameradinnen die Ställe auszumisten, das Vieh zu füttern, die Tränken zu füllen und das Unkraut zu jäten.

Kostenloses Essen und Unterkunft sind nicht ohne Gegenleistung der Mädchen möglich. So werden sie verpflichtet auf dem Gehöft ihrer Gastgeber auszuhelfen. Arbeit gegen Unterkunft, so heißt der Handel. Für die Mädchen eine Selbstverständlichkeit. Sie sind stolz darauf sind, ihre hauswirtschaftlichen und landwirtschaftlichen Fähigkeiten unter Beweis stellen zu dürfen.

Nach dem Abendessen tragen die Mädchen den Bauersleuten verschiedene Lieder vor. Sie spielen Scharaden und Schattenspiele. Um neun Uhr lassen sich alle an ihren jeweiligen Plätzen nieder und legen sich zur Ruhe. Am nächsten Morgen stehen sie früh auf und beginnen ihre zweieinhalbstündige, zwölf Kilometer lange Wanderung nach Westen in die Stadt Gablonz (Jablonec, Tschechische Republik). Die Morgenroutine ist immer die gleiche. Sie wachen bei Sonnenaufgang auf, waschen sich draußen an der Handpumpe, führen ihren Fahnenappell durch und packen ihre Rucksäcke. Dann helfen sie bei der Zubereitung des Frühstücks. Nach dem morgendlichen Essen fassen helfen sie auf dem Bauernhof. Da ihr nächstes

---

[253] Malgorzata Jackiewicz

Ziel nicht sehr weit entfernt ist, verbringen die Mädchen den ganzen Morgen damit, dem Bauern mit seinem Vieh und seiner Ernte zu helfen, und zudem helfen sie auch noch seiner Frau, indem sie das Innere des Hauses reinigen und sich um die Kinder kümmern. Sobald ihre Aufgaben erledigt sind, verlassen sie die Bauersleute und marschieren los. Die Leute kommen aus ihren Häusern, um den wonnigen Mädchen zum Abschied zuzuwinken. Deutsche Soldaten unterbrechen ihre Unterhaltung mit ihren Offizierskollegen und lächeln als die jungen Mädchen an ihnen vorbeimarschieren.

Nach zwei Stunden Fußmarsch finden sie einen schönen Rastplatz und lassen sich nieder. Heute liegen die Rucksäcke schwer auf ihren Schultern.

Nach der Pause wandern sie noch eine weitere halbe Stunde bevor sie endlich den Stadtrand von Gablonz erblicken. Sie wandern den Hügel hinauf zu ihrem nächsten Ziel, im Gästehaus Nickelkoppe. Trudel findet, dass dies das schönste Gebäude ist, das sie je gesehen hat! Die Mädchen werden vom Gastwirt mit offenen Armen begrüßt. Überhaupt ist Trudel erstaunt, dass ihre Gruppe bei jeder Rast so freundlich begrüßt wird. Nach der Wanderung lässt sich Trudel in ihrem Zimmer nieder und nimmt sich einen Moment Zeit, um in ihr Tagebuch zu schreiben:

> Dies ist der dritter Tag unseres großen Ausflugs und wir übernachten in einem wunderschönen Gebäude mit Blick auf Gablonz. Wir sind sehr müde vom vielen Laufen und sind froh, endlich diesen «Klammeraffen» von unserem Rücken nehmen zu können. Unser Gebäude hier verfügt über viele Zimmer. Es bietet eine herrliche Aussicht und hat einen großen Turm mit Blick auf das Iser Gebirge. Wenn ich aus dem Fenster schaue, scheint es fast so, als würden mich die Berge persönlich begrüßen. Es gibt eine sehr große Eingangshalle und wir haben dort auf unsere Anweisungen gewartet. Die Zimmer sind wunderschön eingerichtet und die Besitzer hier sind sehr freundlich zu uns, wie überall. Sie geben uns alles, was wir wollen. Es gibt viel zu essen und bequeme Betten zum Schlafen. Wir haben heute den ganzen Tag damit verbracht zu lernen, wie wir Krankheiten bekämpfen können, indem wir uns richtig ernähren, Sport treiben und auf Reinlichkeit achten, indem wir die richtigen Hygienetechniken anwenden. Ich weiß bereits, wie das geht, aber ich wusste nichts über die Pflanzen, die gegen Krebs helfen. Sie sagten uns, dass das Essen von Leinsamen mit Hüttenkäse hilft, ebenso wie Knoblauch, Spinat, Karotten, die Samen der

Kirschen und Aprikosen, Holunder, Pilze, Himbeeren, Rosmarin und Tomaten. Die Bilder der Krebspatienten, die ich gesehen habe, haben mir nicht gefallen. Sie sahen sehr alt und gebrechlich aus. Sie tun mir sehr leid. Ich wünschte, ich könnte etwas tun, um ihnen zu helfen. Es gibt sogar kleine Kinder die Krebs haben. Nach dem Vortrag kam der Bürgermeister herein und erzählte uns eine Geschichte darüber, wie dieses gesamte Gebiet während des Dreißigjährigen Krieges verwüstet wurde. Die Stadtmädchen langweilten sich und wollten in die Stadt gehen und sich umschauen, aber aus irgendeinem Grund hinderten unsere Führerinnen sie daran. Nach dem Vortrag ging ich auf dem Gelände herum und stieg die Treppe zur Turmspitze hinauf. Dort träumte ich davon eine Prinzessin zu sein, und dass eines Tages mein Prinz kommen wird, mich in die Wolken heben und in ein weit entferntes Land bringen wird. Ich kann immer träumen, weil meine Träume wahr werden. Ich habe immer davon geträumt reisen zu dürfen und hier bin ich nun. Ich reise durch das Land!

Auch am vierten Tag stehen die Mädchen noch vor Tagesanbruch auf, waschen sich und ziehen sich an und bereiten sich dann auf den nächsten Ausflug vor. Trudel schwebt wie auf einer Wolke und genießt die Wanderung in Begleitung ihrer Kameradinnen durch das weite Land. Sie liebt es über andere Sitten und Kulturen zu lernen.

Die Mädchen verlassen die Herberge wie gehabt mit wehender Fahne, und marschieren in dreier Formation mit ihren Rucksäcken auf den Rücken los. Sie marschieren singend den Hügel hinunter zum Bahnhof Gablonz. Dort präsentieren die Gruppenleiterinnen die Fahrkarten, während einige Bahnbeamte die Rucksäcke inspizieren. Die Gruppe steigt in den Zug ein und unternimmt eine zweistündige Fahrt nach Hohenelbe (Vrchlabí, Tschechische Republik).

Die Zahnradbahn schlängelt sich langsam durch das bergige Gelände. Vorbei an malerischen Dörfern und Städten. Dampf quillt aus der schnaufenden Lokomotive, die zu beiden Seiten stolz den Reichsadler trägt. Der Zug bahnt sich den Weg durch einen langen Tunnel. Der Weg führt über beeindruckende Viadukte, über Bäche und Flüsse, durch dichte Wälder und über offene Wiesen und Felder.

Sie genießen diese Zeit zusammmen, in der sie einfach aus dem Fenster schauen und dabei fröhlich quatschen können. Steffi, Nelli, Ingrid, Elli und Maria und tauschen untereinander Geschichten aus, während Trudel es vorzieht aus dem Fenster zu schauen und die Hügel und Berge an sich vorbei rauschen zu lassen. Sie liebt es den Wind in ihren langen schwarzen Zöpfen zu fühlen und denkt bei sich «Wenn es doch nur einen Weg geben könnte, dass ich immer so Reisen darf.»

Am frühen Nachmittag steigt die Gruppe in Hohenelbe (Vrchlabí, Tschechische Republik) aus. Trudel fällt auf, dass diese Stadt genau wie auch ihr Bahnhof sehr einfach und schlicht ist. Der Bürgermeister heißt die Gruppe und ihre Anführerinnen willkommen. Sie folgen ihm in die Stadt. In einer großen Halle werden den Mädchen frische Vollmilch und Brote mit frischer Butter serviert, sowie echter Bohnenkaffee. Bis her hatten sie meistens Ersatzkaffe zu trinken bekommen. Während die Mädchen ihre Mahlzeit genießen, hält er einen Vortrag über die Stadt.

«Unsere schöne Stadt Hohenelbe ist bekannt für ihre Eisenhütte. Dank unserer Nähe und des einfachen Zugangs zur Elbe wurden wir während des Dreißigjährigen Krieges zu einem wichtigen Lieferanten von Schwertern und Schusswaffen. Ausser der Verarbeitung von Eisen ist ein weiter wichtiger Handwerkssektor die Textilindustrie. Zusätzlich zu den traditionellen städtischen Handwerkern stieg die Gilde der Weber damals sehr stark an, und die Flachsverarbeitung begann sich zu entwickeln und zu etablieren. Tatsächlich erlangte das hier gewebte Tuch im 18. Jahrhundert enorme Bekanntheit und wurde in die ganze Welt exportiert! Unser Dorf gedieh. Dies brachte immer mehr Handwerker in die Gegend und das Dorf wuchs schnell zu einer Stadt heran. Viele hochqualifizierte Handwerker, darunter Maurer, Schneider, Händler, Schuhmacher, Weber, Tuchmacher, Färber, Kürschner, Siegelstecher, Radmacher, Metzger, Strumpfmacher, Bandmacher, Kesselmacher, Töpfer, Hutmacher, Uhrmacher, Sattler, Büchsenmacher und Seilmacher machten Hohenelbe zu ihrem Zuhause. 1865 brachte Kaiserin Maria Theresia und ihren Sohn Joseph II. hierher. Der galt als König des Volkes und hat Hohenelbe mehrfach besucht.[254]

1938 wurde Hohenelbe Teil des Sudetenlandes und trat voller Stolz dem großen Deutschen Reich bei.

Nach seiner Rede lädt der Bürgermeister die Mädchen im örtlichen Stadtbad zum Schwimmen ein, während er sich mit Fräulein Albrecht um die Übernachtungsgelegenheit kümmert. Fräulein Grüber schließt sich den Mädchen im Freibad an.

Am fünften Tag der Reise wandern die Mädchen zurück zum Bahnhof und steigen in den Zug, um eine weitere zweistündige Fahrt durch die Berge anzutreten. Der Zug bringt sie nach Trautenau (Trutnov, Tschechische Republik). Nur wenn die täglichen Ausflüge mehr als 25 km überschreiten, wird den Mädchen Transport bereitgestellt. Ansonsten wandern sie.

---

[254] Hohenelbe

Der Bürgermeister von Trautenau empfängt die Gruppe der Reisenden am Bahnhof. Er freut sich, dass sie so pünktlich und ohne Zwischenfälle angekommen sind. Er nimmt sich den ganzen Tag Zeit für die Mädchen und führt sie stolz durch seine Stadt.

Die Mädchen gehen durch die Straßen der Stadt und bewundern die Architektur der Renaissance und des Barock. Als sie an einem großen Brunnen ankommen, beginnt der Bürgermeister seinen Vortrag.

«Der Legende nach stammt der Name Trautenau von einem mächtigen Ritter namens Trutz, der tapfer gegen einen riesigen Drachen kämpfte, der in einer Höhle dort oben gelebt haben soll.» erklärte er und zeigt auf die Berge. Die Mädchen lieben es, Geschichten zu hören. «Im Laufe der Jahrhunderte hat die Stadt in vielen Kriegen gekämpft. Wir wurden von den Hussiten angegriffen. Wir haben im Dreißigjährigen Krieg gekämpft. Wir haben während des Siebenjährigen Krieges im Jahre 1866 die blutige Schlacht von Trautenau gewonnen. Lass mich euch oben auf den Hügel bringen und euch dort die verlassenen militärischen Befestigungen zeigen.»

Die Mädchen wandern den Berghang hinauf und genießen die Aussicht. Wieder einmal ärgern sie sich darüber, dass sie mit den schweren „Klammeraffen" auf ihrem Rücken durch die Gegend marschieren. Auf dem Gipfel sind sie dann jedoch von den Ruinen und unterirdischen Katakomben ziemlich beeindruckt. Sie stellen dankbar ihre Rucksäcke ab und erkunden die dunklen Tunnels und deren Umgebung. Dieser ehemalige militärische Außenposten wurde erbaut, um die Stadt gegen den Feind des Landes zu verteidigen.[255]

Zurück in der Stadt, begleitet die Gruppe den Bürgermeister zu einer Vorführung des Films „Ohne Krieg". Danach bedankt sich der Bürgermeister für den Besuch und wünscht ihnen einen guten Tag.

Sie wandern 13 Kilometer durch einen Buchenwald mit seinen glatten grauen Stämmen. Diese Bäume flankieren die rechte Seite ihres Weges während sie auf der anderen Seite auf das karge Kalksteingebirge blicken. Sie wandern durch das idyllische und wenig besiedelte Erlitz Tal an der Upa entlang, nach Osten in Richtung Ober Wernersdorf (Horni Vernérovice, Tschechische Republik). Das Tal bietet Schutz, da die Bergkette die vorherrschenden Ostwinde blockiert. Die mäßige Strömung des Flusses schneidet tief in die Erde ein.

In der Nähe ihres Ausrichtungslagers öffnet sich das Tal zu einem großen landwirtschaftlichen Gebiet, auf dem hauptsächlich Flachs angebaut wird und das mit der Herstellung und Verarbeitung von Leinen beschäftigt

---

[255] Trutnov

ist. Sie tragen ihr Banner hoch und marschieren in Formation. So ziehen sie fröhlich in das Landjahrlager Ober Wernersdorf ein. [256]

Die aus Prag stammenden Gastgeberinnen eilen ihren Gästen mit offenen Händen am Tor entgegen. Nachdem sich die jungen Mädchen vorgestellt haben, werden die Gäste in die Schlafräume in der Scheune geführt. Sobald sie sich eingelebt haben, führen sie gemeinsam den Fahnenappel durch und helfen dann bei den verschiedenen Aufgaben rund um das Lager. Der Abend wird vergnüglich, als sie in ihren Nachtgewändern in Reih und Glied singend durch das Herrenhaus marschieren.

Die Jungen aus dem benachbarten Lager Nr. 638 in Trautenau haben bereits von den Neuankömmlingen gehört und beschließen, sich zu ihnen hinüberzuschleichen, um sich mit den Mädchen zu unterhalten.[257] Einige Mädchen schleichen sich nach draußen, um die Jungen zu treffen, andere necken sie durch die Fenster. Als die Lagerleiterin den Tumult hört, macht sie dem Geschehen sofort ein Ende. Die Jungen verschwinden in der Dunkelheit und verstecken sich im Wald. Fräulein Albrecht tadelt die Mädchen und befiehlt allen zurück ins Bett zu gehen. Etwas später schleichen sich die Jungen auf Zehenspitzen ins Lager zurück, um die Mädchen zu besuchen, die in der Scheune schlafen. Leise versuchen sie, die Aufmerksamkeit der Mädchen zu erregen, springen aber erschreckt auf, als es Fräulein Albrecht ist, die statt der Mädels die Scheunentür öffnet! Die erschrockenen Bengel rennen in den Wald zurück und tauchen in dieser Nacht nicht wieder auf. Trudel will gar nicht darüber nachdenken welche Strafen die Jungen erhalten werden, wenn sie in ihr Lager zurück kehren.

Doch die Mädchen kommen in dieser Nacht nicht zur Ruhe. Kurz nach Mitternacht werden sie durch ein Krachen hochgeschreckt. Ein Blitz hat in der Nähe der Scheune eingeschlagen. Der schreckliche Sturm hält die Mädchen die meiste Nacht wach. Sie drängen sich nahe beieinander und einige sind etwas verängstigt. Fräulein Albrecht tröstet die Mädchen, indem sie ihnen eine Geschichte darüber erzählt, wie die Engel mit Gott in den Wolken am Kegeln sind.

Früh am nächsten Morgen eilen die Mädchen zum Waschen, Anziehen und danach stellen sie sich zum morgendlichen Fahnenappell auf. Einhundert Mädchen marschieren in einer zweireihigen Formation über den Hof und nehmen auf dem Appellplatz Stellung an. Den morgendlichen Appell hinter sich, marschieren sie ins Lager zurück und frühstücken draußen in der warmem Sommersonne. Trudel genießt einen Mohnstrudel, der zur Feier des Tages gereicht wird, ein Brot mit Hüttenkäse und eine

---

[256] Ernst Birke
[257] Handbuch der Hitlerjugend Seite 76

Tasse Ersatzkaffee. Danach singen die Mädchen zusammen mit ihren Prager Kameradinnen noch ein paar Lieder. Der Abschied fällt schwer.

Trudel verschwendet keine weiteren Gedanken an die Jungen der letzten Nacht. Sie freut sich bereits auch ihr nächstes Ziel und konzentriert sich auf den Rückweg zum Bahnhof. Dort angekommen, werden die Mädchen bereits von dem Bürgermeister erwartet, der die Gruppe freudestrahlend informiert, das er Transport bis zur ehemaligen Niederschlesischen Grenze organisiert hat. Vor dem Bahnhof steht ein Opel Blitz. Die Mädchen springen aufgeregt auf die Ladefläche.

Die vierzig Mädchen und zwei der Anführerinnen machen es sich auf der Rückseite des Lastwagens bequem und sitzen dabei auf ihren Rucksäcken. Der Fahrer schließt die hölzerne Heckklappe, gibt dem Bürgermeister die Hand und springt in das aus Stahl gepresste Führerhaus. Der Bürgermeister winkt seinen Gästen zum Abschied freundlich nach. Der Fahrer drückt die Kupplung des Drei-Tonnen Lasters und los gehts. Die Mädchen winken zum Abschied und stimmen ein Lied an.

Der Wind weht ihnen im Haar, als sie durch die Wälder über den Okraj Gebirgspass zurück nach Niederschlesien fahren. Früher wurde diese Strecke oft von Schmugglern benutzt. 1937 bauten die Deutschen hier eine asphaltierte Straße, die ihnen den Zugang zu diesem malerischen Teil des Landes ermöglichte. Der Straßenrand wird vorwiegend von subalpinen Hölzern, wie Fichten, Kiefern, Moltebeeren und Flechten gesäumt. In der Nähe der Spitze des Gebirgspasses weicht das Gelände einer Wüste aus Fels, die mit Granitschutt bedeckt ist. An der Spitze des Kamms, in etwa 1300 Metern über dem Meeresspiegel, nehmen die Ostwinde zu. Sie überqueren den Gipfel, und bestaunen die alten Grenzanlagen, die das Sudetenland und Niederschlesien kennzeichnen.

Die Mädchen setzen ihre Rucksäcke auf und legen los. Sie winken dem Fahrer nach, als dieser mit seinem Lastwagen zurück nach Ober Wernersdorf fährt.

Es geht zu Fuß weiter nach Norden. Sie beginnen ihre zweieinhalbstündige Wanderung nach Landeshut (Kamienna Gora, Polen). Dort angekommen wartet ein zweiter Lastwagen auf sie und fährt sie nach Westen, nach Schmiedeberg (Kowary, Polen). Die Mädchen singen fröhlich auf der Ladefläche während sie sich einem weiteren Landjahrlager nähern.

Das Reichsministerium für Bildung, Wissenschaft und Kultur betrachtet die Stimmen der Mädchen als Musikinstrumente und das Singen wird als körperliche Tätigkeit angesehen. Singen entwickelt die Stimmmuskeln und erfordert wenig Kraft. Die Luft bewegt sich frei im Körper, wodurch die Lungenkapazität und die Gehirnfunktion verbessert werden. Wenn mehr Sauerstoff durch den Körper fließt, verbessert dies die Stimmung der Mädchen und verringert die Müdigkeit. Das Singen schärft nicht nur die

Sinne, sondern bringt die Mädchen auch als Kameradinnen näher zusammen.[258]

Das Gastlager hört den Gesang, als die Seidorfer Mädchen um die Ecke kommen. Sie kommen aufgeregt aus dem Haus heraus und mehr als 60 Mädchen begrüßen die Seidorfer-Mädchen im Landjahrlager Kowary (Ciszyca).[259] Dieses dreistöckige Gebäude ist wesentlich größer als das Heimatlager der Seidorferinnen. Hinten an das Gebäude schließt sich eine alte Burgruine an.

Die Mädchen beginnen ihren Abend im Lager Kowary mit dem gewohnten Fahnenappell. Danach genießen sie eine köstliche Mahlzeit. Während der abendlichen, geselligen Stunde singen die Besucherinnen zusammen mit ihren Gastgeberinnen, bevor sie sich in die angrenzende Scheune zurückziehen. Es ist die letzte Nacht bevor die Mädchen nach Seidorf zurückkehren.

Am nächsten Morgen, pünktlich um halb sieben, vollziehen die vierzig Seidorfer Mädchen und die sechzig Ruhberger Mädchen zusammen mit ihren Anführerinnen den morgendlichen Fahnenappell. Trudel ist begeistert. Noch nie hat sie in so einer großen Gruppe agiert. Noch nie hatte es in ihrem Leben so viele Erlebnisse gegeben, noch nie hat sie so viel über andere Menschen und Kulturen gelernt, wie in dieser Woche. Auch die Tiefe der Verbundenheit der Gemeinschaft hat sie sehr beeindruckt.

Die Mädchen frühstücken, packen ihre Rucksäcke und helfen ihren Gastgeberinnen bei deren alltäglichen Aufgaben. Sie versorgen die Tiere und helfen im Haushalt und im Garten. Um acht Uhr stellen sich hundert Landjahrmädchen in Reih und Glied auf, um die 10 Kilometer lange Wanderung Richtung Südwesten nach Krummehubel (Karpacz, Polen) zu beginnen, um dort die berühmte Kirche im norwegischen Stil, die oben auf dem Hügel steht, zu besichtigen.

Sie wandern, in jeweilige Gruppen aufgeteilt, zusammen mit ihren Anführerinnen über Felder und Wiesen. Die Seidorfer Mädchen tragen ihre weißen Kleider und grünen Schürzen, während die Ruhberger Mädchen ihre hellblauen handgefertigten Kleider tragen. Jedes Lager trägt unterschiedliche Farben, um sich von einen anderen Lager abzuheben.

Die Gruppe bricht die Formation, als sie den steilen, felsigen Feldweg hinaufsteigen, den schon so viele Wanderer vor ihnen zurückgelegt haben. Trudel hat sich einen Ast gesucht, den sie als Spazierstock benutzt und durchquert damit den Kiefernwald und das steile Gelände. Sie beugt sich vor, um das Gewicht ihres Rucksack zu verlagern und es hilft ihr den Hügel hinauf. Als sie sich dem abgelegenen Dorf Brückenberg (Karpacz Górny,

---

[258] Anita Leugner
[259] Landjahr Lager Ruhberg in Schmiedeberg

Polen) nähern, tritt die Gruppe auf eine Lichtung und stößt auf die dunkel gebeizte, hölzerne, einstöckige Stabkirche. Beeindruckt von ihrem Aussehen, wandern die Mädchen auf dem Gelände herum und erkunden dann zunächst den Friedhof hinter der Kirche.

Fräulein Grüber begleitet die Mädchen zum Friedhof, auf dem sich die Gräber einiger berühmter Persönlichkeiten befinden und beginnt ihren Vortrag. «Gräfin Friederike von Reden aus Buchwald gilt als Mutter des Hirschberg Tals. Zu ihren Lebzeiten kümmerte sie sich sehr um ihre verarmten Bauern und richtete ein Wohlfahrtsstelle für ihre Bürger ein. Sie wird auch heute noch an dieser Stelle geehrt. Sie wandte sich an Graf Christian Leopold von Schaffgotsch aus Bad Warmbrunn und bat ihn um die Errichtung einer Kirche. Der empfahl den Umzug der Kirche von Norwegen an diesen Ort. Ohne sie wäre dieses Gebäude nicht hier.»

«Ursprünglich im zwölften Jahrhundert am Wang See in Finnland erbaut, hinterließen die dort angesiedelten Wikinger viele ihrer Überzeugungen in dieser prächtigen Holzkonstruktion. Sie bauten diese Kirche, die einem Wikingerschiff ähnelt, unter Anwendung ihrer Schiffsbautechniken. Die Kirche wurde aus norwegischem Kiefernholz konstruiert. Nach vielen Jahren der Vernachlässigung geriet die Kirche in Verfall. 1842 kaufte der preußische König Friedrich Wilhelm IV. das Gebäude für 427 Mark und ließ es in Kisten nach Krummehubel (Karpacz, Polen) verschicken. Viele Flusskähne und Pferdewagen transportierten es Stück für Stück den Berg hoch, bis die Kisten schließlich ihr Ziel auf der Kuppe erreichten. Es brauchte 2 Jahre mühsamer Arbeit, bis gestandene Handwerker die Kirche wieder errichtet hatten.[260] Die Runeninschriften über dem Eingang sind ein wahres Symbol für den Glauben unseres Führers. Nehmen wir uns jetzt einen Moment Zeit, um das Gebäude zu betreten.»

Trudel schaut auf und bemerkt die langen Drachenhälse, die von oben auf sie herabstarren. Sie stellt sich vor, wie das Leben in Norwegen vor über siebenhundert Jahren gewesen sein könnte, und fragt sich, wie diese wunderbare Kirche überhaupt von Hand gebaut werden konnte. Majestätische Löwen stehen auf dem nach außen gerichteten Hauptportal, was bedeutet, dass sie die Tore bewachen.

Trudel geht durch den Eingang und bemerkt, dass die Säulen exquisit mit verschlungenen Schlangen und Pflanzen geschmückt sind. Geflügelte Drachen, geheime Runeninschriften und Gesichter mit gespaltenen Zungen begrüßen sie, als sie das Gebäude betritt. Ein Kreuzgang umgibt die Kirche und schützt die Innenwände vor dem strengen Winterwetter. Ein hoher Granitturm schützt das Gebäude von Norden her. In der Galerie befanden

---

[260] Malgorzata Jackiewicz

sich einst die Waffen der Wikinger. Diese dient jetzt als Ort der Buße. Trudel betritt den Vorraum, setzt sich auf eine der Holzbänke und bewundert das Innere des Gebäudes mit seinen dekorativen Schnitzereien. Über einhundertfünfundsiebzig Butzenfenster lassen Licht in das Innere des Gebäudes. Vier riesige handgefärbte nordische Kiefernsäulen tragen die Decke. Zwei große, dekorative Eisenleuchter halten jeweils acht Kerzen. In der Apsis hängt eine Jesusfigur an einem großen Holzkreuz, hinter einem einfachen Altar.

Trudel kniet nieder und spricht ein Gebet für diejenigen, die im Krieg kämpfen. Sie bittet Gott, auf ihre Familie und ihre Brüder aufzupassen und dass sie mit ihrer Gruppe sicher nach Hause kommt. Sie zündet eine Kerze an, um an ihre Lieben zu erinnern, die vor ihr gegangen sind. Sie verlässt den Kirchengang und geht durch die Holzkonstruktion, die zu dem massiven Steinturm der Kirche führt.

Am Fuße des Riesengebirges verabschieden sich die beiden Gruppen der Landjahrmädchen voneinander. Während die Ruhberger sich auf den Weg in ihr Lager machen, marschieren die Seidorfer-Mädchen die letzten 10 Kilometer in Richtung Heimat.

Trudel freut sich wieder zurück im Lager zu sein. So sehr ihr dieser Ausflug auch gefallen hat, ist sie auch froh, dass sie endlich ihren Rucksack los wird. Sie lässt ihn auf ihr Bett fallen und geht die Treppe hinunter zum schwarzen Brett, wo ihre Pflichten für die nächsten zwei Wochen veröffentlicht sind. Es stellt sich heraus, dass sie sich um den Garten kümmern wird. Es ist eine besonderer Feldtag geplant, wo sie den Gärtner des Schloss Arnsdorf (Schloss Miłków) und seine Mitarbeiter kennenlernen werden. Mit den Tieren darf sie jetzt nur in ihrer Freizeit spielen.

Diese einwöchige Wanderung wird nicht der letzte Ausflug sein, den sie unternehmen wird. Bevor sie Seidorf verlässt, wird sie noch die Umgebung erkunden. Sie wird die Stadt Bad Warmbrunn besuchen und dort die Epitaphien und Krypten in der katholischen Kirche St. Johannes der Täufer besichtigen. Sie wird die Berggipfelruinen der Burg Schaffgotsch in Kynast (Chojnik) besuchen und den steilen Weg zu St. Anna Kapelle hinaufwandern. Außerdem wird sie sich unter dem Wasserfall von Giersdorf vergnügen, auf den Felsen klettern und in das kristallklare Wasser springen. Es ist ein wunderbares Leben im Landjahr Lager Seidorf.

Das Reichsjugendsportabzeichen

IM SEPTEMBER dieses Jahres nehmen hunderte von Landjahrmädchen der umliegenden Gegenden am Reichssportjugendtag teil, der auf einem großen Feld in der Nähe von Hirschberg veranstaltet wird. Die Teilnahme an dieser Veranstaltung ist Pflicht. Die Zielsetzung ist es das Reichsjugendsportabzeichen zu erwerben. Das Abzeichen selber ist eine Anstecknadel mit einen Kranz aus Eichenlaub mit den Buchstaben RJA in der Mitte und dem Hakenkreuz darunter. Ausserdem geben diese Spiele den Mädchen die Gelegenheit sich mit anderen BDM Einheiten zu messen.[261]

Trudel vermerkt diese für sie unvergessliche Veranstaltung in ihrem Tagebuch mit folgendem Eintrag:

«Es wird Zeit, dass wir uns hier ein bisschen zusammen reißen wenn wir allen zeigen wollen was wir bis jetzt gelernt haben. Seit Wochen trainieren wir bereits für diesen Wettbewerb. Unsere Leiterinnen werden immer strenger und strenger. Natürlich erwarten sie gute Leistungen von uns. Besonders vor den anderen. Es reicht nicht mehr nur noch von dem Abzeichen zu träumen. Die Sache ist ernst. Als wir zu trainieren anfingen reichte der Gedanke «Wir schaffen das schon.» Aber so einfach ist das alles nicht. Der Hochsprung ist am schwierigsten. Ich mag es nicht, über die Latte zu springen, weil sie aus Holz ist und weh tut wenn man dagegen haut. Dann kommt der Weitsprung. Wir müssen mindestens drei Meter weit springen. Einige der Mädchen können weiter springen, aber wir haben auch Mädchen, die das niemals schaffen werden, oder so sieht es jedenfalls aus. Aber der gute Wille ist da und sie werden für ihre Versuche gelobt. Dann ist da noch der 50 m Lauf, den wir in mindestens 15 Sekunden zurücklegen müssen. Wir haben gelernt in den Starteisen zu stehen, mit den Fingerspitzen auf dem Boden und auf Kommando los zu laufen, ohne zu stolpern. Ausserdem müssen wir eine Eisenkugel werfen. Die wiegt drei Kilo. Das haben wir bisher noch nie gemacht. Aber der Sand ist weich. Wir müssen Schwung holen, in dem wir uns drehen und die Kugel dann mindestens fünf

---

[261] Reichsjugendsportsabzeichen

Meter weit schleudern, das ist nicht einfach. Aber das ganze Training macht uns stark und wir entwickeln unsere Muskeln. Ich habe gesehen, dass ein Mädchen die Kugel sogar sieben Meter werfen konnte und einige noch weiter! Doch bevor wir unser RJA Abzeichen bekommen, müssen wir auch noch beweisen dass wir fünfzehn Kilometer marschieren können, und zwar an einem Tag. Aber das haben wir ja bereits schon öfters gemacht. Außerdem müssen wir auch noch 25 Meter schwimmen. Im Schwimmbecken ist das eine Querlänge. »

Ein glückliches Herz und ein starker Wille,
damit fängt alles an.
Wir bleiben nicht lange am Boden,
denn unser Wille lässt das nicht zu.
Und auch der Herrgott lässt es nicht zu.
Wir werden für unsere harte Arbeit belohnt werden.

~ Gertrude Kerschner ~

Die Kartoffelernte

TRUDEL liebt es auf dem Bauernhof zu arbeiten. Zur anstehenden Kartoffelernte schreibt sie in ihr Tagebuch:

Die letzte Kartoffelernte der Saison beginnt an einem trockenen Tag im Oktober. Es wurde uns sehr deutlich gemacht, dass das Ernten von Kartoffeln sehr harte Arbeit ist und wir sollten vorsichtig sein, wenn wir uns bücken um die großen Holzkörbe auf den Wagen heben. Wir wissen, dass wir von früh am Morgen bis zum Einbruch der Dunkelheit auf dem Acker zubringen werden. Aber diesmal haben wir Glück, denn während wir die Kartoffeln vom Boden aufheben und die Erde abstreifen, geht jemand hinter uns her und hebt die kleinen Kartoffeln auf, die nächstes Jahr als Saatkartoffeln verwendet werden. Wir haben viel Spaß, weil wir direkt hinter dem Pflug hergehen und nur die großen Kartoffeln aufheben müssen. Ausserdem haben wir einen Wettbewerb gestartet, um zu sehen, wer seinen Korb zuerst mit Kartoffeln gefüllt hat. Das spornt uns alle an. Plötzlich hören wir, wie sie uns zum Mittagessen rufen! Draußen auf dem Picknicktisch ist alles wunderschön eingedeckt und «Junge» hatten wir Hunger! Fräulein Grüber und Fräulein Dieter haben Tante Else bei der Vorbereitung des Mittagessens geholfen. Jedoch während des Essens treiben uns unsere Leiterinnen zur Eile an weil wir nach dem Mittagessen wieder auf die Felder müssen, um weiterzuarbeiten.

Als wir auf das Felder zurückkehren, sehen wir die großen Körbe schon oben auf dem Wagen sitzen und unsere kleinen Sammelkörbe sind leer und stehen neben der frisch abgeernteten Reihe. Viele Bauern werden darauf bestehen, dass die Kartoffeln der Größe nach getrennt werden, aber Onkel Bernhard legt keinen besonderen Wert darauf, solange die Kartoffeln sauber in die Körbe gelegt werden. Wir haben die Kartoffeln dann später in der Scheune getrennt. In drei Gruppen, die großen, die mittelgroßen und die kleinen, die als Salatkartoffeln verwendet werden würden. Die kleinsten waren für die Hühner oder werden als Saatkartoffeln für nächstes Jahr zur Seite gelegt. Jeder Bauer hat andere Vorstellungen, wie er seine Kartoffeln geerntet haben möchte. Einige möchten, dass sie gereinigt und sortiert werden, bevor sie in die Körbe gelegt werden, andere möchten, dass die Reinigung und Sortierung auf dem Bauernhof erfolgt. Unsere Leiterinnen weisen uns an wie wir vorgehen sollen. Elli, Nelli, Steffi, Maria und Ingrid arbeiten in meiner Gruppe und es wird von uns erwartet, dass wir unsere Arbeit von Anfang an korrekt ausführen.

Wir alle freuen uns sehr den Bauern helfen zu dürfen, weil wir doch wissen, dass wir unserem Land und unseren Soldaten an vorderster Front dadurch helfen. Diese Erntetage vergehen schnell, weil es so viel zu tun gibt. Wir können miteinander quatschen und uns Geschichten erzählen oder unsere Erntelieder singen. Wir müssen nicht einmal denken! Wir machen uns um 6:00 Uhr auf den Weg und wandern spät abends in unser Lager zurück. Aber wir dürfen auch nicht zu spät nach Hause zurückkehren, haben wir doch vor dem Abendessen noch unsere abendlichen Aufgaben zu erledigen.

Als wir zurück im Lager ankommen, erwarten uns die anderen an der Tür und klatschen in die Hände. Sie begrüßen uns und loben unsere gute Arbeit, weil wir jungen Mädchen doch zum Wohle unseres Volkes arbeiten. Sogar Fräulein Albrecht hat uns ein Kompliment gemacht. Das Feld ist nach zwei Tagen abgeerntet und wir sind alle sehr stolz auf unsere Leistung.

Die Schweinetaufe

ALLERHEILIGEN, 1. NOVEMBER 1941. Die Mädchen werden in zwei Gruppen von jeweils 20 Mädchen aufgeteilt und begeben sich auf den örtlichen Friedhof, um dort die Gräber zu reinigen und mit Blumen zu versorgen. Schließlich ist am nächsten Tag «Aller Seelen». Ein Tag an dem allen Toten gedacht wird und die Gräber sollen zu diesem Anlass geschmückt werden. Es werden Grabsteine geschrubbt, Unkraut gejätet und Blumen, Kränze und aus Moos gesteckte Kreuze gelegt.

Für die Mädchen selber, wird es jedoch der zweite Sonntag des Monats sein, der eine sehr viel größere Bedeutung haben wird. Dieser Sonntag ist für die Taufe der beiden Ferkel reserviert, welche die Mädchen die letzten sieben Monate hochgepäppelt haben.

Bevor Fräulein Dieter am 2. November in Urlaub geht, stellt sie Trudel vor die Herausforderung die Schweinetaufe zu organisieren. Erfreut über die ihr zugewiesene Aufgabe kündigt Trudel an, dass sie die Hilfe einiger ihrer Kameradinnen benötigen wird, um die Veranstaltung zu organisieren. Die Mädchen waren das ganze Jahr über angehalten worden den Tieren keine Namen zu geben, also haben sie die beiden Tiere die ganze Zeit über mit «Schwein» angeredet.

Steffi, Nelli, Elli, Maria, Helli, Ingrid, Sabine, Erika, Elfie und Lotte haben sich gemeldet, um Trudel bei der Planung und Organisation dieser vorletzten Veranstaltung des Jahres zu helfen. Es ist ein gewaltiges Unterfangen und die Mädchen beraten ihr Vorgehen. Die Bedeutung einer Taufe ist einer Aufnahme gleichgesetzt und die Mädchen sind sich der kirchlichen Rituale, wie der Salbung mit Öl und Wasser durchaus bewusst. Ausserdem werden Schweine oft auch als Glücksbringer betrachtet. Also ist es eine wichtige Angelegenheit, der sie sich da zu widmen haben. Sie wissen von der Taufe Jesu Christi, die in Jordan stattfand, als Johannes der Täufer, Wasser über den Kopf Jesu goss und ihn zu Gottes Sohn proklamierte. Die Mädchen machen sich Sorgen darüber, wie sie zwei ausgewachsene, dreihundert Pfund schwere Schweine in den See tauchen sollen. Steffi spekuliert mit dem Gedanken über eine Taufe im Ententeich. Dann schlägt sie vor, den Rat des örtlichen Priesters einzuholen.

Begeistert von der Idee, besuchen die Mädchen die örtliche evangelische Kirche und bitten den Pfarrer, Hans Lobisch, um Hilfe. [262] Während Trudel

---

[262] Werner Samjeske

sich Notizen macht, erklärt der Pfarrer die Bedeutung der Zeichen und Symbole, und was von den Eltern und Paten, sowie den Zeugen und weiteren geladenen Gästen erwartet wird. Als der Priester erklärt, dass es wichtig ist, dass das Kind ein weißes Taufgewand träg, fangen die Mädchen zu kichern an. Er sieht sie verwirrt an und erinnert sich dann, dass ihm diese Fragen bereits schon einmal gestellt wurde. Von einer anderen Gruppe der Landjahrmädel, im vorigen Jahr. Er gibt einen kurzen Überblick über die vier Phasen der Taufe, die mit letzten Worten guten Willens enden.

Die Mädchen, zufrieden mit ihrer Detektivarbeit, eilen ins Lager zurück. Begeistert fangen sie an die Feierlichkeiten zu planen. Sie lassen ihren Gedanken freien Lauf und diskutieren darüber. Trudel hört aufmerksam zu und macht sich Notizen über die Ideen und Anliegen jeder ihrer Kameradinnen. Auch wenn bereits über den Zeitpunkt und den Ort der Veranstaltung entschieden wurde, gehen sie die ganze Planung mit großer Sorgfalt an. Sie entscheiden wer welche Aufgaben übernimmt und wer welche Rolle spielt. Sie kümmern sich gemeinsam um die Dekoration, verschicken Einladungen, legen den Ablauf fest und dichten sogar ein neues Lied!

Als der Tag der Taufe, Sonntag der 9. November 1941 endlich herangekommen ist befindet sich das ganze Lager in festlicher Stimmung. Die geladenen Gäste sind feierlich gekleidet. Sie werden Zeuge einer Prozession vom Haus aus durch den Hof und in den Schweinestall. Die vorher ernannten «Zeugen» haben sich in ihre grauen Reisedecken gehüllt, die ihre BDM-Uniform verdecken.

An der Spitze der Prozession Fräulein Albrecht, die die Rolle der Priesterin übernommen hat, und die heiligen Riten vornehmem wird. Sie ist in ein schwarzes Gewand gehüllt, dass dem eines Priesters ähnelt. Neben ihr steht Fräulein Grüber, die die Rolle der Patin spielt. Sie trägt einen Blumenstrauß und ein einfaches Hauskleid und eine Schürze. Als nächstes kommen Trudel und Helli, die weiße Bettlaken über den Schultern tragen und dekorativ geschnitzte Spazierstöcke in den Händen halten. Der Rest der geladenen Gäste wird von Steffi und Nelli in den Stall geführt.

Die Mädchen haben den Schweinestall zur Feier des Tages besonders herausgeputzt. Er ist mit neuem Stroh, Kiefernkränzen, Bändern und Blumen dekoriert. Blütenblätter schmücken den Eingang zum Stall und sollen auf das freudige Ereignis aufmerksam machen.

Trudel öffnet das Tor und betritt zusammen mit Helli, Steffi, Nelli und ihren beiden Lagerführerinnen den Stall. Sie schließt das Tor hinter sich, und die Zeremonie beginnt. Sie und Helli legen ihre Spazierstöcke ab und nehmen von Steffi und Nelli die Bänder entgegen. Die Mädchen bemühen sich, die Bänder über die Schweineköpfe zu legen. Alle müssen lachen.

Fräulein Albrecht beginnt die Taufe. «Im Namen des Vaters, des Sohnes und des Heiligen Geistes. Amen.» Alle bekreuzigen sich.

> Gütiger Gott,
> Quelle und Ursprung des Lebens,
> zu dir beten wir für die Kreaturen, die wir getauft haben,
> für unsere Patenkinder. –
> Du hast sie uns geschenkt.
> Du vertraust sie uns an als ein kostbares Gut.
> Sei bei uns in unserer Freude und unserem Danke.

Ihr kurzes Gebet wird durch alle Anwesenden mit einem «Amen» bestätigt.

Trudel und Helli halten die Schweine fest, als die Priesterin auf diese zugeht und ihnen ein wenig Salz auf den Rücken streut.

«Nimm dieses Salz damit du rein wirst.», predigt Fräulein Albrecht.

«Mögest du dein Leben freudig in Gottes Hände legen. Friede sei mit dir, Schwein.»

«Und auch mit dir.» antworten die Zeugen im Chor.

Fräulein Albrecht reicht das Salzgefäß an Steffi zurück und nimmt dann das Öl von Nelli entgegen. Danach wendet sich wieder den Schweinen zu und tupft ein paar Tropfen Öl auf deren Stirn.

«Ich salbe dich, Schwein und taufe dich auf den Namen «Dick».» erklärt sie, während sie das Öl auf die Stirn des Schweins tupft und sich dabei bekreuzigt. Dann geht sie zu dem zweiten Schwein hinüber. «Ich salbe dich, Schwein, und taufe dich auf den Namen «Dünn».», erklärt sie und wiederholt das Ritual. «Von nun an werdet ihr beiden als Dick und Dünn in die Annalen des Landjahrlagers Seidorf eingehen!»

Sie tritt einen Schritt zurück und bekreuzigt sich. «Möget ihr beide für den Rest eures Lebens gesegnet sein. Ihr habt uns mit Pflicht, Ehre und Treue gedient. Wir danken euch, dass ihr euer Leben hier bei uns auf dem Hof verbracht habt und dass wir uns um Euch kümmern durften.» Fräulein Albrecht gibt das Öl an Nelli zurück und bittet Elli um den Blecheimer, der bereits halb mit Wasser gefüllt ist. Sie wendet sich wieder den Schweinen zu und setzt das Ritual fort.

«Willst Du getauft werden?» fragt Fräulein Albrecht das Schwein.

«Ja, das will ich.», antwortet Fräulein Grüber in Dicks Namen.

Fräulein Albrecht schöpft eine Handvoll Wasser aus dem Eimer und tröpfelt es auf Dicks Stirn. Danach dreht sie sich zu Dünn.

«Willst Du getauft werden?» fragt sie.

«Ja, das will ich.» antwortet die Patin für Dünn.

Die Priesterin tröpfelt Wasser auf Dünns Stirn. «Ich taufe euch beide im Namen des Vaters, des Sohnes und des Heiligen Geistes. Amen.»

Die Menge antwortet «Amen».

«Geht jetzt in Frieden, Dick und Dünn und möge der Herr mit Euch sein.»

Trudel und Helli lassen die Schweine los, die im Stall herumlaufen. Freudig und zu Ehren von Dick und Dünn stimmen die Mädchen gemeinsam das neue «Schweinelied» an.

«Damit ist die Zeremonie beendet.» verkündet die Priesterin. «Lasst die Schweine jetzt den Rest des Tages genießen, denn morgen werden wir sie als die unseren genießen!»

Das Tor öffnet sich und die Schweine rennen in den Garten. Trudel und Helli rennen den Schweinen nach und passen auf sie auf. Als die Tiere im Gemüsegarten zu graben anfangen, führen sie die Tiere auf den Rasen. Trudel schaut mit einem lebhaften Lachen auf, und sieht gerade noch wie eine Fotografin ihr Bild für immer auf Film bannt.

Danach folgen die Mädchen den Schweinen zum Haus. Die Schweine rennen die Treppe hinauf, durch den Salon und in den Speisesaal. Sie drängen sich unter die Tische und werfen Stühle um. Viele der Gäste und Teilnehmer haben so etwas noch nie gesehen! Sie säumen die vordere Eingangstreppe und beobachten lachend das Treiben. Die Schweine rennen den Flur hinunter in die Büros des Leiterinnen, dann wieder in den Speisesaal zurück, durch den Salon und schließlich die Vordertreppe hinunter. Die Gäste applaudieren! Als Dick im Türrahmen erscheint, werfen die Mädchen Blütenblätter auf sie hinunter. Ihre Ohren bewegen sich auf und ab, während ihre kleinen Hufe die Treppe hinunter laufen. Dünn folgt ihr dicht auf den Fersen.

Trudel und Helli stürmen den Schweinen nach aus dem Haus. Trudels weißer Umhang fällt ab, als sie mit Dünn kämpft und versucht, diese an den Ohren festzuhalten. Maria, Ingrid, Sabine, Erika, Steffi, Ellie und Nelli helfen Trudel dabei das Schwein einzufangen. Elfie und Lotte schnappen sich einen großen Eimer voll Wasser und tun so, als würden sie ihn über das Schwein werfen. Stattdessen verfehlen sie absichtlich ihr Ziel und durchtränken die Mädchen bis auf die Haut! Alle lachen und die Schweine entwischen. Die Erwachsenen freuen sich über einen gelungenen Nachmittag. Die Mädchen bewirten ihre Gäste mit Kaffee und Kuchen und musikalischen Darbietungen. Am Ende des Tages bedanken sich die Gäste für den unterhaltsamen Nachmittag. Sie alle freuen sich bereits darauf am nächsten Abend zum Schlachtfest zurückkehren zu dürfen! Trudel und Helli fangen die Schweine ein und bringen sie in den Stall zurück. Trudel küsst die beiden auf die Stirn. Sie kniet sich nieder und nimmt Dicks Kopf in ihre Hände. «Ich liebe dich Dick.», sagt sie als das Schwein davon wackelt. Sie streichelt Dünn auf den Kopf und tätschelt ihr spielerisch auf den Schinken. «Ich liebe dich Dünn.» Sie spricht ein kurzes Gebet für die beiden, ihr liebsten Tiere auf dem Hof, und umarmt sie ein letztes Mal.

Morgen wird geschlachtet!

Das Schlachtfest

Als am nächsten Tag geschlachtet wird, macht Trudel folgenden Eintrag in ihr Tagebuch:

Wir sind heute alle etwas nervös, weil wir uns fragen, ob wir die Inspektion bestehen werden. Wir haben bereits seit letzter Woche wie die Verrückten geschrubbt, und uns daran gemacht diesen Schlachttag sorgfältig vorzubereiten. Wir haben das Waschhaus von oben bis unten gereinigt und nicht nur das, wir haben die Böden und Wände mit heißem Seifenwasser abgeschrubbt, weil der Raum einfach makellos sein muss. Der Metzger kam mit seinem Helfer und dem Inspektor und hat alles genauestens unter die Lupe genommen. Wir waren erleichtert, als wir erfuhren, dass wir die Inspektion bestanden haben. Dann kam jedoch der nächste Albtraum, als wir das Kreischen und Brüllen der Schweine hörten. Wir waren entsetzt, als wir zusehen mussten wie die Schweine an einer Schnur in den Waschraum geführt wurden, denn wir wussten ja nicht was als nächstes passieren würde. Plötzlich haben wir den ersten Schuss gehört. Als wir kein Quietschen mehr hören konnten fingen einige der Mädchen an zu weinen. Wir wussten dass dies das Ende von Dick war. Sie tat uns so leid, dass wir ein kleines Gebet gesprochen haben. Dann kam der Metzger heraus und befahl uns Dick von oben bis unten gut zu schrubben. Als wir fertig waren schlitzte er ihr den Magen auf nahm den Darm heraus und säuberte ihn. Danach wurde der Rest zerlegt.

Wir haben Wurst gemacht. Der Metzger hat den Darm über eine spezielle Maschine gestülpt und wir haben das Hackfleisch mit den Zutaten gemischt, die er uns empfohlen hat. Danach haben wir die Mischung in die Maschine gegeben und diese in den Darm gefüllt. An beiden Enden abgebunden, wurde die Wurst zum Kochen in einen großen Kessel gelegt. Als die Wurst an die Oberfläche des kochenden Wassers stieg, wurde sie noch etwa zehn Minuten weitergekocht und war dann fertig. Danach hat der Metzger uns gezeigt wie man aus Rücken, Speck, Schwarte und verschiedenen Gewürzen und dem Blut des Schweines Blutwurst herstellt. Der Rest des Schweines war draußen an der Teppichstange an einem sehr starken Seil angebunden. Der Metzger schnitt die verschiedenen Teile des Fleisches ab und wir legten es mit Salz, Wasser und Gewürzen in einen großen Topf. Pökeln nennt man das. Es lag in meiner Verantwortung, das Fleisch zu drehen. Nachdem es vollständig gekocht war, haben wir das Fleisch aus dem Topf genommen und in die Räucherkammer gebracht, wo es mindestens eine Woche lang räuchern wird. Wir haben viel Fleisch gepökelt, Braten, Schnitzel, Koteletten, Speck und Schinken zubereitet. Der Metzger hat Hirn, Lunge und Nieren entfernt und uns beigebracht wie man diese Innereinen reinigt. Dann haben wir das Gehirn über Nacht in leicht gesalzenem Wasser eingeweicht. Wir haben die Lungen und Nieren genommen und sie in großen Töpfen mit Kartoffeln und Zwiebeln gekocht. Als alles gekocht war, wurden die Stücke in Scheiben geschnitten, in Mehl getaucht und dann gebraten. Es war sehr lecker, alles hat so gut geschmeckt. Wenn Du heute bei uns im Haus gewesen wärst, hättest du deinen Augen nicht getraut. Ich habe noch niemals so viel Fleisch gesehen und gerochen und noch niemals so viel Wurst gemacht. Wir haben alle zusammen geschlachtet und uns ist dabei das Wasser im Mund zusammengelaufen. Gegen Mittag war das erste Schwein verarbeitet und wir mussten den gesamten Raum noch einmal mit heißem Wasser schrubben. Dann war Dünn an der Reihe. Ich musste weinen. Sie war schließlich mein Lieblingsschwein. Aber es gab keine Zeit, um traurig zu sein. Unsere geladenen Gäste würden pünktlich um vier Uhr zum Schlachtfest eintreffen und alles muss pünktlich fertig sein!

Nachdem alle Arbeiten erledigt waren, haben wir Kaffee getrunken und Kuchen gegessen. Dann haben wir angefangen Spiele zu spielen, denn wir hatten noch ein bisschen Zeit. Es war lustig, weil wir Doppelkopf gespielt haben. Danach haben wir, während wir auf unser Essen warteten, noch ein paar Lieder gesunden. Wir waren sehr hungrig, nachdem wir an diesem Tag so hart gearbeitet hatten und der Essensduft aus der Küche kommend, verstärkte meinen Hunger noch. Als es dann endlich so weit war, gab es so viele verschiedene Speisen, dass wir nicht wussten wo wir anfangen sollten. Wir hatten Wurst, gekochtes Fleisch, gebratenes Fleisch, Rippchen, Sauerkraut, Senf, Meerrettich, Brot, Hirn, Nieren, Lunge, Suppe, Salat und Kartoffeln vor uns stehen. Die Küche hat richtige Schlachterplatten aufgetischt. Ein echtes Fest! Wir durften nicht so viel essen, wie wir gerne gegessen hätten, aber unseren Gästen hat das Fest sehr gut gefallen.

Nach dem Abendessen sind wir durch das ganze Haus getanzt. Unsere Gäste, unsere Anführerinnen und überhaupt alle haben eine

Polonaise getanzt. Wir waren so heiß und verschwitzt von all dem Tanzen, dass wir uns setzen mussten. Der Abend ging schnell vorbei und um zehn Uhr tanzten wir in die Federn.

Unser letzter gemeinsamer Festabend war zu Ende. Wir gingen schweren Herzens in Bett. Eigentlich wollten wir, dass der Abend nicht vorüber geht. Ich schlug vor, dass wir zusammen noch ein paar Lieder singen sollten und dass taten wir dann auch. Bürgermeister Werner Blasius aus Hirschberg und die BDM-Bezirksleiterin Fräulein Elli Hubbe gaben uns die Hand und dankten uns für einen wunderschönen Abend. Alle unsere geladenen Gäste dankten uns für die schönen Stunden, die wir zusammen als eine große Familie verbringen durften. Dann wurde noch schnell aufgeräumt und es dauerte nicht lange bis wir tief und fest eingeschlafen waren.

Ein letzter Besuch auf dem Gutshof

«UNSERE ZEIT im Landjahrlager Seidorf geht zu Ende.» schreibt Trudel in ihr Tagebuch. «Bald werden wir unsere Koffer packen und zum letzten Mal unsere Betten machen. Ich frage unsere Leiterin Fräulein Dieter, ob wir noch ein letztes Mal die Torges besuchen dürfen. Sie sagte, sie würde sich erkundigen. Kurz darauf gab sie uns die Wahl entweder am kommenden Samstagabend die Torges für ein paar kurze Stunden zu besuchen oder den ganzen Sonntag mit ihnen zu verbringen. Wir entschlossen uns für den Sonntag. Ausserdem bekamen wir schnell das Gefühl, dass uns noch eine Überraschung erwarten würde, aber wir kamen nicht dahinter. Alle hielten dicht!

Als wir am frühen Sonntagmorgen aufstanden waren wir sehr aufgeregt! Nach dem Duschen schlüpften wir in unsere besten Kleider, putzten unsere Schuhe, machten unsere Betten und stellten sicher, dass unsere Zimmer die allmorgendliche Inspektion ohne Mängel bestehen würden. Alle wollten die ersten sein, aber wir mussten noch bis Mittag warten. Als es endlich Zeit war, warteten wir draussen auf der Treppe. Unsere Leiterinnen kamen heraus und inspizierten unsere Kleidung, unsere Fingernägel und die Sohlen unserer Schuhe. Ich konnte mein Herz schlagen spüren. Dann sagten sie uns, wir könnten los und wünschten uns viel Spaß!

Jetzt stellt euch das einmal vor. Wir sitzen in unseren Sonntagskleidern im Hinterhof des Bauernhauses, trinken Kaffee und essen Kuchen und wir durften unsere Schuhe ausziehen. Wir hätten es uns einfach nicht träumen lassen, dass wir dort ohne Schuhe in ihrem schönen Garten sitzen dürfen. Es war eine unvergessliche Erfahrung. Wir saßen einfach da und hörten ihren Geschichten zu. Sie erzählten uns von ihrer Heimat und ihrem Land. Ich war daran interessiert zu hören, wie ihre Vorfahren vor Hunderten von Jahren hierher gezogen waren, wie sie viele Jahre lang den Boden für die Adelsfamilie Schaffgotsch bearbeitet haben. Sie zeigten uns Bilder und erklärten uns viele Dinge, die wir nicht so recht verstanden. Natürlich waren auch wir aufgeregt und wollten unsere Geschichten erzählen, über unser Leben auf dem Land oder in der Stadt und was wir für den Rest unseres Lebens geplant haben. Als ich sprach, klang ich schon fast wie ein Erwachsener. Dann fing es an zu regnen und wir brachten alles ins Haus hinein.

Als wir im Wohnzimmer saßen, konnten wir das frische Aroma des aufgebrühten Kaffees und den Duft des gebackenen Kuchen riechen.
Alles hat wirklich gut geschmeckt!
Und dann kam die große Überraschung! Onkel Bernhard zog diese große Kiste hervor und stellte sie auf den Tisch. Wir fragten uns, was darin sein könnte. Tante Else nahm den Deckel ab, und wir alle beugten uns über die Kiste und schauten hinein. Es lagen eine Menge Umschläge darin. Auf jedem Umschlag stand der Name eines Mädchens und wir fragten uns, was in diesen Umschlägen stecken könnte. Wir wurden geheißen den Umschlag mit unserem Namen zu nehmen, durften ihn aber nicht öffnen, bis wir dazu angehalten wurden. Als es dann endlich so weit war, was für eine Überraschung! In jedem Umschlag befanden sich Fotos aus unserer Zeit im Lager! Ein schöneres Geschenk hätten wir nicht bekommen können. Wir schauten uns die Bilder an, tauschten sie untereinander aus und erinnerten uns an unsere schönsten Zeiten. Es war wunderbar so ein Andenken an unsere Zeit im Landjahrlager Seidorf zu bekommen.
Als die Sonne herauskam, sagte Tante Else, dass ihre Kinder gerne draußen ein bisschen spazieren gehen möchten. Sie fragte uns, ob wir mit den Kindern nach draußen gehen und mit ihnen im Gras spielen würden. Wir rannten über die Wiesen und Felder mit ihnen. Es war ein sehr schöner, warmer Tag. Wir gingen dem Bach entlang und tauchten unsere Füße ins Wasser. Wir waren alle sehr traurig, als es an der Zeit war uns zu verabschieden. Wir umarmten unsere Tante und unseren Onkel liebevoll und sagten noch ein Gedicht auf bevor wir uns verabschiedeten.

Es schlug mein Herz. Geschwind, zu Pferde!
Und fort, wild wie ein Held zur Schlacht.
Der Abend wiegte schon die Erde,
Und an den Bergen hing die Nacht.
Schon stand im Nebelkleid die Eiche
Wie ein getürmter Riese da,
Wo Finsternis aus dem Gesträuche
Mit hundert schwarzen Augen sah.

Der Mond von einem Wolkenhügel
Sah schläfrig aus dem Duft hervor,
Die Winde schwangen leise Flügel,
umsausten schauerlich mein Ohr.
Die Nacht schuf tausend Ungeheuer,
Doch tausendfacher war mein Mut,

Mein Geist war ein verzehrend Feuer,
Mein ganzes Herz zerfloss in Glut. [263]

Wir wünschten Bauer Torge und seiner Frau alles Gute und gingen mit unseren Bildern in den Händen und Liedern im Herzen zurück in unser Lager. Als wir nach Hause kamen unterhielten wir uns über unsere Erfahrungen. Wir waren glücklich wieder in unseren Betten zu sein und schliefen zufrieden ein.

---

[263] Johann Wolfgang von Goethe – Willkommen und Abschied

Der erste Schnee

TRUDELS Traum vom ersten Schnee des Jahres wurde endlich erfüllt. Es war als hätte sie schon seit Tagen geahnt was in der Luft liegt. An diesem Morgen wird sie früher als gewohnt wach und reibt die Eisblumen von der Glasscheibe. Sie freut sich, als sie sieht wie die ganze Gegend in ein strahlendes Weiß gehüllt ist. Noch bevor sie weiter darüber nachdenken kann hört sie die schrille Trillerpfeife und rast in den Waschraum hinunter. Heute Morgen ist die kalte Dusche besonders kalt. So fühlt es sich jedenfalls an.

Aber es gibt keine Zeit um sich im Schnee zu vergnügen. Es muss gepackt werden, das Lager winterfest gemacht und für die nächste Saison vorbereitet werden. Nicht verderbliche Vorräte werden gut verstaut, Bettdecken und Bettwäsche wird trocken und sicher in der Wäschekammer aufbewahrt und ausserdem muss eine letzte Bestandsaufnahme gemacht und an das zuständige Reichsministerium gesandt werden. Es gibt also viel zu tun.

Das Kleinvieh wurde bereits auf den Nachbarhöfen untergebracht, die Erträge aus dem Gemüsegarten sind entweder eingekocht oder an die Nachbarn verteilt. Die Lagerleiterinnen drehen stündlich die Runde, auf der Suche nach allem was noch erledigt werden muss, sei es aufräumen, flicken oder reparieren. Die Mädchen sind ausserdem noch fleißig dabei kleine Geschenke für die örtlichen Schulkinder, deren Eltern und alle Bauersleute zu basteln. Eine jede hat ihre Aufgabe und die müssen erledigt werden.

Trudel und Steffi machen sich auf den Weg zur Post um die letzte Postsendung abzuholen. Sie gehen an der örtlichen Eisenwarenhandlung vorbei und sehen einen Schlitten im Fenster stehen. Sie wünschen sich, dass sie genug Erspartes hätten, um den Schlitten kaufen zu können. Aber sie haben ja auch gar nicht genug Zeit, um im Schnee zu spielen. Sie können jedoch nicht anders als sich auf dem Rückweg mit Schneebällen zu bewerfen.

Als sie wieder in das Lager zurückkehren, spielen ihre Kameradinnen draussen im Schnee. Sie haben endlich die Erlaubnis zu einer Schneeballschlacht erhalten. Die Lagerleiterinnen zeigen ihnen ausserdem wo in der Scheune die Schlitten aufbewahrt werden. Die Mädels ziehen die Schlitten hinter dem Haus den Hügel hinauf und rodeln fröhlich wieder herunter. Trudel, Elli, Nelli, Steffi, und Maria rodeln vor Marta, Magdalena, Helli, Dorota, und Sylvia. Dann springt Nelli neben den Stadtmädchen hoch und zieht an einem Ast. Der mit Schnee schwer beladene Ast schüttelt seine weiße Pracht direkt über den Köpfen der Stadtmädchen ab. Die nehmen Rache, indem sie die Landmädchen nur so mit Schneebällen bombardieren. Alle lachen und sogar die Lagerleiterinnen machen mit.

Als Fräulein Albrecht versehentlich ausrutscht, stürzen die Mädchen sich auf sie und versuchen sie mit Schnee zu bedecken. Am Abend kehren alle kalt und nass ins Haus zurück. Sie sind hungrig und müde und können es kaum erwarten in ihre Betten zu fallen.

„Wenn die letzten Tage kommen,
wirst du dem Herrgott deine Hände
zeigen.

Diejenigen, die hart gearbeitet und
geschaffen haben, können im Himmel
ruhen.
Aber wer feine weiße Hände hat
muss Gott erst mal sein Herz zeigen.

~ Annemarie Leppien ~
Leiterin des Landjahr Lager
Schleswig - Holstein

Die letzten Tage

DIE ZEIT ist fast vorüber. Die Mädchen haben noch eine letzte Prüfung zu bestehen. Sie müssen jetzt unter Beweis stellen, was sie in den letzten Wochen und Monaten alles gelernt haben. Die Prüfung umfasst neben Fragen der politischen Bildung, auch Fragen zur Pflege und zur Ersten Hilfe. Fehler sind nicht erlaubt. Wer die Prüfung besteht, wird mit dem BDM Abzeichen in Silber belohnt. Das ganze Jahr lang haben die Lagerleiterinnen die Bedeutung des Lernens betont. Es war auch damals schon bekannt, dass die Mädchen, die die kleineren Hürden wie Lesen, Schreiben und den Erwerb allgemeiner praktischer Kenntnisse nicht meistern können, im späteren Leben nicht darauf vorbereitet sind, sich den schwierigeren Herausforderungen zu stellen. Die Lagerleiterinnen haben die volle Verantwortung für die Ausbildung der Mädchen übernommen, und die Ergebnisse der Abschlußprüfung spiegeln auch die Kompetenzen der Leiterinnen wider.

Im letzten Teil dieses Tests bittet Fräulein Albrecht die Mädchen ihre Zeit im Lager frei einzuschätzen und ihre Eindrücke in ihren Kladden festzuhalten, die sie während ihres Kunstunterrichts erstellt haben. Die Fotos, die sie zuvor beim letzten Besuch bei den Torges erhalten haben, werden dabei helfen, sich zu erinnern.

«Darauf ist Schwarz auf Weiß zu sehen was wir alles unternommen haben und wie. Die Fotos dürfen wir mit nach Hause nehmen und die Erinnerungen werden sowieso immer bleiben.» schreibt Trudel in ihr Tagebuch.

Trudel hat die Prüfung bestanden. Während einer feierlichen Zeremonie tritt sie vor ihre Kameradinnen, um ihr Befähigungsabzeichen zu erhalten. Sie erinnert sich später, dass es ein besonderes Gefühl war, als Fräulein Dieter das silberne, längliche, rotweißrote BDM Abzeichen an ihre Brust steckt. Trudel tritt einen Schritt zur Seite und sagt dann ein Gedicht auf, dass sie speziell für diesen Tag geschrieben hat.

> Ein freudiges Herz
> und ein starker Wille,
> so fangen wir in Demut an
> Wir bleiben nicht am Boden,
> wir streben hoch nach oben

Wir werden fröhlich Schaffen
und alle Last von uns weisen.

Die Führerinnen halten einen formellen Abschiedstag ab, bevor die Mädchen das Lager verlassen. Den ganzen Tag lang kommen Anwohner aus dem Dorf und der naheliegenden Stadt, um sich bei den Mädchen für ihre Arbeit und auch die geselligen Stunden, zu denen sie beigetragen haben, zu bedanken. Sie wohnen dem letzten Fahnenappell bei. Auch die Mädchen verspüren eine gewisse Trauer, als sie ihre Abschiedsgeschenke überreichen. Aber es geht nicht allen so. Marta, Magdalena, Helli, Dorothea und Sylvia können es kaum erwarten in die Stadt zurückzukehren. Das Landleben hat ihnen nicht besonders gefallen, und sie haben sich geschworen niemals zurückzukehren.

Nelli, Ellie, Steffi, Maria, Ingrid und Trudel jedoch reichen sich gegenseitig die Hände und legen einen Schwur ab, eines Tages zurückzukehren.

Die Landmädchen sitzen in einer Runde, ihre Auszeichnung stolz an die Brust geheftet und schauen sich gemeinsam noch einmal ihre Bilder an, sie lachen zusammen über die lustigsten Momente der letzten acht Monate und sprechen über ihre Zukunftspläne.

Trudel wird später in ihrem österreichisch-amerikanischen Akzent zu ihrer Tochter sagen:

> Als ich in Seidorf ankam war ich gerade Mal dreizehn. Meine Zeit in der Jungmädelschaft war zu Ende gekommen. Ich habe mich jeden Tag, den ich in Seidorf verbracht habe, als ein echtes «Mädel im Dienst» gefühlt. Es war eine Ehre. Ich habe dort sehr viel gelernt. Und ich hatte eine Wahl. Ich hätte eine Ausbildung als stellvertretende Leiterin machen können aber ich hätte auch als Hauswirtschafterin, Landarbeiterin, Hotelangestellte oder sogar als Bürokraft arbeiten können. Die Möglichkeiten waren unendlich. Als ich mein BDM Leistungsabzeichen erhielt, war ich sehr stolz. Als ich in Seidorf ankam war ich ein nichts, acht Monate später lag mir die Welt zu Füssen. Meine praktische Ausbildung hat mich nicht nur auf mein Arbeitsleben vorbereitet; sie hat auch die Grundlage meiner Lebenseinstellung geschaffen. Mir hat das Landjahr nicht geschadet.… Ich hoffe, dass ich etwas von dem was ich dort gelernt habe auch an Dich weitergeben konnte.

Die letzten acht Monate haben bei Trudel einen tiefen Eindruck hinterlassen. Sie war dankbar, dass sie die Gelegenheit erhalten hatte ins Landjahr zu gehen.

Diesen Abend sitzen die Mädchen zum letzten Mal zusammen. Sie singen und musizieren. Am Ende des Abends spielt Trudel noch einmal auf ihrer Zither. Sie spielt ihr Lieblingsstück. «Ave Maria».

Am nächsten Morgen steht Trudel mit gepackten Taschen auf dem Bahnsteig in Giersdorf. Sie verabschiedet sich traurig von Fräulein Dieter, Fräulein Grüber und ihren Kameradinnen. Tränen fließen, als sich die Mädchen voneinander verabschieden, als die elektrische Straßenbahn in die Station einfährt. Die Mädchen werden jetzt in ihre Ostmark zurückkehren und Fräulein Albrecht wird sie nach St. Pölten zurückbringen. Obwohl es draußen sehr kalt ist, öffnet Trudel das Fenster, streckt den Kopf hinaus und winkt den Kameradinnen, die sie zurücklässt zum Abschied noch einmal zu.

Als der Zug am nächsten Tag in Wien ankommt, ist es Zeit, dass sich Trudel, Elli, Nelli, Steffi und Maria voneinander verabschieden. Sie geloben jedoch in Kontakt zu bleiben, und sich so oft wie möglich zu besuchen. Sie geben sich gegenseitig das Versprechen, eines Tages gemeinsam in das Landjahrlager Seidorf zurückzukehren. Nach einem tränenreichen und herzlichen Abschied fahren Trudel und Ingrid mit dem Zug zurück nach Rohrbach.

Dort angekommen, steht Trudel mit Koffer und Zither auf dem Bahnsteig. Sie kann sich des Eindrucks nicht erwehren, dass die zweitägige Rückfahrt schneller vergangen ist als die Hinfahrt. Sie sieht wie ihre Mutter auf sie zustürmt und sie freudig begrüßt. Sie erstickt fast unter deren freudiger Umarmung. Es ist an der Zeit, dass Trudel und Ingrid sich voneinander verabschieden. Sie schwören, sich so oft wie möglich zu besuchen.

Erst nach ihrer Rückkehr in ihr Elternhaus in Kleinzell, erfährt Trudel vom dem Schicksal ihrer beiden älteren Brüder. Josefa hatte einen Brief vom Oberkommando der Wehrmacht erhalten, der besagt, dass ihre beiden Söhne an der Ostfront vermisst werden. Erst viele Jahre später bekommt die Familie Klarheit, dass Emmerich in Kiew und Hans in Stalingrad begraben liegen. Für Trudel jedoch, hat diese Vermisstenanzeige eine profane Wirkung. Sie beschließt sich dem Gesundheitsdienst anzuschließen und macht eine Ausbildung als Arzthelferin. Sie erhält ihre Papiere und das Gesundheitsabzeichen, eine rote Lebensrune auf einem weißen ovalen Tuch mit rot-weißem Rand. Sie wird dieses Abzeichen stolz am unteren linken Ärmel ihrer BDM-Jacke tragen.

Ein halbes Jahr später schreibt Trudel's Schwester Anita, um ihr mitzuteilen, dass in dem renommierten Hotel Schwarzer Adler in Mariazell, in dem Anita bereits arbeitet, eine Stelle als Kellnerin frei ist. Mariazell liegt im malerischen Salza-Tal und ist der wichtigste Wallfahrtsort Österreichs. Trudel schreibt zurück und teilt ihr mit, dass sie die Stelle gerne annehmen möchte und in Kürze eintreffen wird. Während der nächsten drei Jahre arbeiten Trudel und ihre Schwester zusammen mit ihrer neuen besten Freundin Hedwig (Hedi) Kraushofer als Serviererinnen im Restaurant des Hotels.

Teil 4

Meinen Eltern zum Gedenken

Erinnere dich an deine Mutter

HEDI hat ihre Erinnerungen auf Band gesprochen und diese kurz vor ihrem Tode an Trudel's Tochter, Cynthia gesandt. Hedi hält Trudel und deren gemeinsame Zeit in guter Erinnerung.

«Ich erinnere mich noch sehr genau an das erste Mal, als ich deine Mutter traf. Es war im Jahr 1942 und wir waren beide fünfzehn Jahre alt. Wir waren beide nach Mariazell gekommen, um in diesem großen Hotel zu arbeiten. Wir hatten solche Angst als wir ankamen. Schließlich war alles fremd und wir wussten nicht genau was von uns erwartet wurde. Trudel hatte ihre Schwester Anita dort. Diese war dort schon seit einiger Zeit beschäftigt und hat uns sehr geholfen. Wir haben dort insgesamt drei Jahre lang zusammen gearbeitet und es war eine schöne Zeit. Wir wurden die engsten Freundinnen. Wir haben zusammen gewohnt, zusammen gearbeitet und zusammen unsere freien Tage verbracht. Die Tage waren lang und die Arbeit war schwer. Aber wir haben uns nicht beklagt. Wir haben sechs Tage die Woche von früh morgens bis spät abends geschuftet. Und das oft mit schmerzenden Füßen. Manchmal haben wir an einem einzigen Tag über fünfhundert Leute bedient. Das Hotel war sehr berühmt. Es kamen Gäste aus aller Welt.

Wir hatten normalerweise Dienstags frei, da wir das ganze Wochenende arbeiten mussten. Aber selbst an unserem freien Tag hatten wir immer noch genug zu tun. Wir mussten unsere Kleider waschen und flicken, unsere Schuhe putzen und unser Zimmer in Ordnung bringen. Nachmittags gingen wir dann zum See hinunter und mieteten uns ein Ruderboot. Wir ruderten auf den See hinaus und saßen einfach dort und unterhielten uns. Wie das Mädchen so tun. Wir haben uns über alle möglichen Dinge unterhalten. Dass wir heiraten wollten und Kinder haben würden. Naja, was junge Mädchen eben alles bereden.» kichert Hedi.

«Fast drei Jahre haben wir dort zusammen gearbeitet. Der Krieg wurde immer schlimmer, die Gäste blieben aus und statt dessen wurden Studenten aus Oberösterreich dort einquartiert. Wir mussten bei der Bewirtung helfen. Nach den Studenten wurde das Hotel von der SS beschlagnahmt und Soldaten dort einquartiert. Wir hatten solche Angst.

Wir haben nachts unsere Türen verrammelt und verriegelt, aus Angst vor nächtlichen Besuchern. Eines Nachts hat dann tatsächlich jemand versucht in unser Zimmer einzudringen! Trudy und ich beschlossen wegzulaufen und haben das Hotel noch in der gleichen Nacht verlassen. Anita blieb zurück. Sie konnte nicht mitkommen, weil sie bereits nach Bamberg abkommandiert worden war, in ihrer neuen Eigenschaft als Luftwaffenhelferin, und auf ihren Marschbefehl warten musste. Sie reiste einige Tage später ab.

Mittlerweile rückte der Krieg immer näher. Die Russen waren nur noch einen Katzensprung von uns entfernt. Sie trafen Mitte März in Wien ein. Ich kann mich noch an die Berichte erinnern. Es gab jeden Tag Schüsse und Bombenanschläge. Es war fürchterlich.

Dann erhielt ich einen Brief von Trudel indem sie schrieb, dass sie und ihr Bruder Franzl mich besuchen kommen würden. Sie legten die 50 Kilometer von Kleinzell nach Annaberg, wo ich lebte, zu Fuß und per Anhalter zurück. Sie waren sehr hungrig, weil sie nichts zu essen hatten. Wir hatten damals noch einen kleinen Garten, Gemüse und Kartoffeln. Mama sagte, sie sollten hereinkommen und sich ihre Mägen füllen. Sie blieben ein paar Tage.

Ich beschloss zusammen mit ihnen zu ihrem Haus zurückzukehren. Ich erinnere mich gut daran. Wir gingen um sechs Uhr morgens los und kamen erst um sieben Uhr abends in Kleinzell an! Es war ein schrecklicher, langer Weg. Wir hatten Blasen an den Füßen, wir konnten nicht einmal mehr richtig laufen. Trudys Mutter freute sich sehr uns zu sehen. Dann wurde ich krank und musste etwa zwei Wochen in Kleinzell bleiben. Sobald es mir besser ging, begleiteten sie mich den halben Weg zurück nach Hause und den Rest des Weges schaffte ich allein.

Erst sechs Monate später habe ich wieder etwas von Trudy gehört. Ich erhielt einen Brief von ihr, in dem sie mir erzählte, dass sie mit ihrer Mutter nach Linz gekommen sei, hatte ihren Bruder Franzl jedoch zurück lassen müssen. Er war eingezogen worden und sollte gegen die Russen kämpfen. Sie fragte mich, ob ich zu ihr kommen wolle, da sie von einer Arbeit wüsste, falls ich Interesse hätte.

Ich schrieb ihr zurück und sagte ihr, dass ich kommen würde, sobald ich alle meine Papiere in Ordnung habe. Die Arbeit befand sich nämlich im amerikanischen Sektor und ich wohnte im russischen Sektor. Ein paar Wochen später konnte ich den russischen Sektor verlassen und es über die Grenze nach Linz schaffen. Die neue Arbeit befand sich wenige Minuten von Trudels Unterkunft entfernt, in einem Restaurant. Es war fast wieder wie in alten Zeiten! Wir haben zusammen gearbeitet, zusammen gewohnt und ich war so glücklich, nicht mehr im russischen, sondern im amerikanischen Sektor zu sein. Es war 1946 als Trudy ihren Robert traf und ich seinen Freund Willis kennen lernte. Beide dienten in der US-Armee. Wir fingen an gemeinsam zu Verabredungen zu gehen. »[264]

---

[264] Hedwig Kraushofer-McLeod

Trudel in Salzburg. Hinter ihr die Berge des Salzkammerguts.

Die Feuertaufe

Nachdem er seine Grundausbildung im Camp McCain in Grenada, Mississippi absolviert hatte, wurde Private First Class Robert Sandor von der 87th Infantry Division, Spitzname «Golden Acorn», mit dem Truppenschiff Queen Elizabeth nach Europa verschifft. Das Schiff selbst, unter dem Kommando von Kapitän Bisset, war mit seinen 11,891 Mann und 1,061 Besatzung zum Bersten voll, aber nicht überladen. Doppelbesetzungen waren nicht erlaubt.[265]

Das Schiff selbst ist in drei Zonen unterteilt: Rot, Weiß und Blau. Jedem Soldaten wurde mittels eines farbigen Etiketts eine der Zonen als Quartier zugeordnet. Das Etikett ist während der gesamten Überfahrt sichtbar an der Uniform zu tragen und das Betreten der anderen Zonen ist strengstens verboten.[266]

Die Queen Elisabeth legt am 17. Oktober 1944 um 06:30 Uhr vom Pier des New Yorker Hafen ab und richtet ihren Bug auf den fernen Horizont. Das Meer ist ruhig, das Wetter ist klar und die Reise verläuft ohne besondere Ereignisse. Niemand weiß, ob das Schiff je seinen Kurs ändert, um einem feindlichen U-Boot auszuweichen. Viele kommentieren jedoch die Tatsache dass das Schiff den Atlantik ohne die sonst übliche Begleitung überfährt.

Kurz nach Sonnenaufgang, am fünften Tag ertönt der Ruf «Land in Sicht!» Alle die, die zu einem Aussichtspunkt eilen können, blicken auf die Südspitze Irlands. Die Aussicht ist klar als die QE durch die Irische See in den Norden Schottlands pflügt. Ferngläser machen die Runde als die jungen Soldaten versuchen einen Blick von der Insel zu erhaschen, von der sie schon so viel gehört haben

Am frühen Abend fällt dann endlich der Anker. Auf halbem Weg zwischen Gourock und Greenrock in der Clyde. Da auf dem Schiff bereits Verdunkelung angeordnet ist, ist ein Landgang nicht mehr möglich, aber in den abgedunkelten Kabinen öffnet sich so manches Bullauge, um von dort aus einen Blick auf die, an der Küste flackernden Lichter zu werfen.

Die Morgendämmerung gibt einen Blick auf den Hafen preis, der vor Kriegsgerät nur so wimmelt, darunter viele Flugzeugträger, Zerstörer, U-

---

[265] WWII Truppenschiffe
[266] Alan Chanter

Boote, Frachter, Schlachtschiffe und Transporter. Scheinwerfer beleuchten das Geschehen und es dauert nicht lange bis das Entladen der QE und ihrer fast zwölftausend Mann und Ausrüstung beginnt.

Der dreiundzwanzig Jahre alte PFC Robert Sandor aus Glenville, Connecticut, dient im 345t.h Infantrie Regiment, 1. Battalion, Stabskompanie. Seine Division ist an General George Pattons 3. Armee angegliedert. Nachdem er zusammen mit seinen Kameraden schottischen Boden betreten hat, geht es mit dem Zug weiter. Mit Kaffee und Doughnut in der Hand, einer Gabe des scheinbar überall anwesenden Amerikanischen Roten Kreuzes, beginnt er seinen aktiven Kriegsdienst.

Durch Tagesreisen haben die Männer die Möglichkeit, Teile Schottlands und Englands zu besichtigen. Am Ende ihrer Reise ist das Regiment auf einer Fläche von 30 Quadratkilometern in den englischen Midlands verstreut, besonders in dem berühmten Töpfergebiet rund um Stoke-on-Trent. Der Regimentsstab, die Versorgungskompanie und das erste Bataillon liegen in der Ortschaft Biddulph. Die Ausrüstung wird entladen, ausgepackt und überprüft.

Vom 23. Oktober bis 30. November ist Biddulph die neue Heimat der jungen Soldaten. Sie erhalten neue Ausrüstung und ihre militärische Aktivitäten beschränken sich auf das Vorbereiten ihrer Waffen, sowie des körperlichen Trainings. Sie marschieren durch die umliegende Landschaft, lernen Deutsch aus ihrem Sprachführer, machen sich mit deutschen Waffen vertraut und dem identifizieren feindlicher Flugzeugsilouetten. Das sind vorerst die Hauptaufgaben der Einheit «Golden Acorn».

Die 345. wartet geduldig auf ihren Marschbefehl. Mittlerweile veranstaltet das amerikanische Rote Kreuz Tänze, Filmvorführungen und Ausflüge zu den nahe gelegenen Sehenswürdigkeiten. Jedes Bataillon hat eine eigene Poststelle und die örtlichen Ladenbesitzer entdecken den Verkauf von Sehenswürdigkeiten als lukratives Nebengeschäft. Die örtlichen "Pubs" gewöhnen die amerikanischen Soldaten an nicht gekühltes Bier und einige glückliche Männer ziehen drei Tageskarten nach London, während andere Liverpool, Glasgow und Edinburgh besuchen.

Bei herrschender Urlaubsatmosphäre wird am 23. November 1944 um 12.00 Uhr mittags das Thanksgiving-Mahl serviert. Truthahn und Beilagen. Fast wie zu Hause. Doch als an diesem Abend die Befehle zum Abrücken eingehen, springen die Regimenter in Aktion und bereiten sich darauf vor, sich von England zu verabschieden.

In der Nacht des 25. November und am folgenden Morgen marschiert die 345. durch die Straßen von Southampton in Richtung Docks. Wieder steht das amerikanische Rote Kreuz mit Kaffee und Doughnuts bereit. Die Männer steigen an Bord der Landungsschiffe «Empire Lance» und «Invictus» und setzen in der einbrechenden Dunkelheit über den Ärmelkanal über.

Nach fünfstündiger Überfahrt laufen die Schiffe im Hafen von Le Havre ein. Die Stadt, von Hitler ehemals als Festung erklärt, war bereits im September in amerikanische Hände gefallen.

Motorisierte Konvois warten darauf, die Regimenter in ein Biwak Gebiet zu bringen. PFC Sandor verlässt das Schiff in seiner schweren Kampfausrüstung und fährt mit seinem Bataillon direkt zu einem Apfelhain in der Nähe von Rouen. Hier befindet sich der Versammlungspunkt der europäischen alliierten Streitkräfte. Hier läuft alles zusammen. Ein feiner Regen fällt stetig vom Himmel, und die Soldaten sind kalt, müde und hungrig. Sandor übernimmt die erste Wache, während sein Kameraden provisorische Zelte aufschlagen, um sich vor den Elementen zu schützen.

Am nächsten Tag treffen Lastwagen ein und transportieren die Männer in einen Obsthain bei St. Saens. Der Regen, die Kälte, der Schlamm und Nebel bereiten ein miserables Dasein. Die Monotonie ist erdrückend. Wenn er einen trockenen Fleck findet, schreibt er einen Brief an seine Mutter. Als es zu regnen aufhört, zünden die jungen Soldaten ein Lagerfeuer an und wärmen sich auf. Die Gespräche wechseln zwischen Kommentaren über Pin-up Girls aus den letzten Esquire Zeitschriften und wie man seine Waffe am besten trocken und sauber hält. Es konnte wenig getan werden, um die Monotonie zu lindern. Jemand spielt die Gitarre am Lagerfeuer und alle stimmen ein.

PFC Sandor und sein Regiment werden langsam ungeduldig. Sie haben viel trainiert im Camp McCain und lange darauf gewartet die Kampfzone zu erreichen. Sie sind ein gut organisierter, reibungslos funktionierender Haufen und jederzeit bereit ihr Regimentsmotto «Invictus» in die Realität umzusetzen und sich als unbesiegbar erweisen.

Am 4. Dezember 1944 treffen endlich die Marschbefehle ein und Sandors Division besteigt französische Eisenbahnwaggons in Richtung Metz. Dort treffen sie unter den Augen der Deutschen, die auf den umliegenden Hügeln liegen, ein, schlagen ihr Verpflegungszelt auf und planen am nächsten Tag den Rest des Regiments zu empfangen.

Bis zum 6. Dezember entlasten die Kompanien A und B zusammen mit der 345. Infanterie, die Kompanien E und F der zweiten Infanterie und nehmen eine Verteidigungsposition um Fort de Plappeville außerhalb von Metz ein. Fünf Kilometer südwestlich entfachen schwere Kämpfe. Sandor beobachtet Blitze über den Hügeln um Ft. Driant, gefolgt vom dumpfen Dröhnen der Artillerie. Die Amerikaner hatten einen Kessel um Metz gebildet. Das schwere Feuer geht weiter, während die 87. Infanteriedivision darum kämpft ihren Standort zu sichern.

Das erste der wichtigsten feindlichen Forts, das kapituliert, ist Ft. St. Quentin, gefolgt von Ft. Plappeville am 7. und Ft. Driant am 8. Dezember. Die vierte und mächtigste Festung, Ft. Jeanne D'Arc bleibt weiterhin unter der Kontrolle der Axis Mächte. Die Kämpfe, die meist nachts stattfinden, zeichnen sich dadurch aus, dass das intermittierende Artilleriefeuer nur durch deutsches Kleinwaffenfeuer beantwortet wird. Die 345. patrouilliert die Gegend und sucht nach Deutschen, die sich absetzen wollen, anstatt sich den Amerikanern zu ergeben. Am nächsten Morgen, um 03:00 Uhr bewegt sich die Infanterie in Richtung Ft. Jeanne d'Arc. Zwei Deutsche, gerade aus der Festung kommend, passieren erfolgreich die Linie des 2.Bataillons, gehen auf die Wachen am Kommandoposten zu und ergeben sich bedingungslos.

Die Bombardierung des Feindes in Ft. Jeanne D'Arc beginnt, als das 334. Feldartillerie-Bataillon, Teil der Kampfeinheit der 345., sich in der Nähe der regimentseigenen Kanonen positioniert. Bis zum 10. Dezember greifen die massiven Mörser des Bataillons immer wieder an und das Sperrfeuer geht weiter, bis das 101. Infanterieregiment der 26. Division eintrifft, um am 12. Dezember dann die 345. zu entlasten.

Dies ist die Feuertaufe für das 345. Infanterieregiment, die erste Einheit der 87. Division, die aktive Feindhandlung sieht. Fort Jeanne D'Arc ergibt sich einige Tage nach dem Abzug des Regiments und die Schlacht von Metz geht in die Geschichte ein.

Die schweren Kämpfe gehen weiter, als sich die Männer in Großredingen nahe der saarländischen Grenze eingraben und Rimling, Obergailbach und Guiderkirch innerhalb von wenigen Tagen einnehmen. Kurz darauf sichert die 345. mit Medelsheim, einem Dorf im Tal südlich der Front, auch die erste deutsche Gemeinde. Am 23. Dezember geht der Befehl ein, dass die 44. Infanteriedivision die 345. ablösen soll und diese sich etwa 40 Kilometer nach Cutting in Frankreich zurückziehen soll.

An diesem Heiligabend bieten Scheunen und auch Häuser den Männern ein gewisses Maß an Wärme und Komfort. Post von zu Hause wird verteilt und einige wenige erhalten pünktlich ihre Weihnachtspakete.

Es ist ein heller, klarer Weihnachtstag und Regimentsköche und Bäcker arbeiten auf Hochtouren, um zu Mittag ein Festmahl zu servieren. Die Soldaten sind sich einig, dass es wohl doch einen Weihnachtsmann gibt, und vergessen für einen Moment die Kälte und Feuchte der Fuchslöcher, in denen sie sich vergraben haben. Es herrscht sogar etwas Weihnachtsstimmung. Jedenfalls so lange, bis die großen Lastwagen der Armee eintreffen und das Regiment erneut abziehen muss. Immer noch in Hochstimmung, gehen die Offiziere und Männer den Tag mit dem Gedanken an dass «Friede auf Erden» herrschen soll. Wenigstens für einen Tag, bevor sie mit ihrem düsteren Geschäft des Krieges fortfahren.

PFC Sandor erinnert sich gut an seine erste Weihnachtsnacht dieses Kriegsjahres, denn er und die gesamte Division sind in Bewegung - Ziel unbekannt. Die Temperatur sinkt auf einen neuen Tiefststand und alle wundern sich, wie sie sich für die nächsten zweihundert Kilometer warm halten sollen.

Sein Konvoi schlängelt sich die ganze Nacht lang durch die dunklen Straßen Frankreichs, unter Vermeidung von großen Städte und Autobahnen.

Am 16. Dezember 1944 startet der deutsche Feldmarschall Von Rundstedt seine Offensive in den Ardennen, und die 87. greift ab Ende Dezember in die Schlacht ein. Dabei wurden Moircy am 30. Dezember, Remagen am 31. Dezember und Anfang Januar 1945 Gérimont und Tillet besetzt. Am 15. Januar kam die Division nach Luxemburg, um dort die 4. Infanterie Division zu ersetzen. Dort wurde am 23. Januar Wasserbillig befreit. Danach war man an der Befreiung der Stadt Sankt Vith beteiligt. Nach weiteren Einsätzen in derselben Region wurde mit der Besetzung von Neuendorf am 9. Februar das Reichsgebiet erreicht. Ende Februar wurden bei nächtlichen Angriffen Ormont und Hallschlag eingenommen. Nach der Überschreitung der Kyll, einem Nebenfluss der Mosel, am 6. März, wurde am 8. März Dollendorf erobert. Am 18. und 19. März eroberte die 87th Infantry Division Koblenz und überquerte wenig später, über eine Pontonbrücke, den Rhein. Danach wurden Großenlinden und Langgöns erobert. In Langgöns wurde ein Polizist von Soldaten der Division verhaftet, da dieser zuvor drei abgeschossene Mitglieder der USAF erschossen hatte. Anfang April rückte man weiter in den Osten nach Sachsen vor. Am 16. April wurde Plauen, das zuvor Ziel mehrerer Luftangriffe der Alliierten war, kampflos an die Division übergeben.

Am 6. Mai nimmt die 87. schließlich Falkenstein ein und hält ihre Stellung bis zum Tag der Kapitulation. [267]

Von Metz nach Plauen, über die deutsche Saargrenze... Die Siegfried-Linie knacken... Über die Mosel und weiter nach Koblenz... Über den Rhein... Mit wilder Wut direkt in das Herz Nazideutschlands bis zur tschechoslowakischen Grenze. Dies ist der Schlachtweg von PFC Robert Sandor und der 87. Infanteriedivision, während der 154 Einsatztage auf europäischem Boden.

154 Tage beginnend am 6. Dezember 1944, als das 1. Bataillon des 345. Infanterieregiment der 87. Infanteriedivision seinen Feldzug in Metz begann, bis zum 8. Mai 1945, als sich die deutschen Streitkräfte bedingungslos ergeben. [268]

---

[267] 87th Infantry Division Seiten 57 – 67

[268] Stalwart and Strong: The story of the 87th Infantry Division

Im Juli 1945 besteigt PFC Sandor zusammen mit den Männern der 345. und 347. Infanterieregimenter ein Schiff in La Havre und kommt am 11. mit der USS West Point (SS America) in New York an. Seine Mutter Emily wartet an den Docks auf ihn. Am 14. gruppiert sich Sandor mit seiner Infanterieeinheit erneut und gemeinsam fahren sie nach Ft. Benning, Georgia, um sich dort auf den Einsatz in Japan vorzubereiten.

Am 6. August 1945 wird die erste Atombombe auf Hiroshima abgeworfen.

Am 9. August wird eine zweite Atombombe auf Nagasaki abgeworfen. Am 14. August 1945 ergibt sich Japan bedingungslos den Alliierten und der Zweite Weltkrieg ist endgültig beendet.

Sandor will seinem Land jedoch noch weiter dienen und meldet sich erneut bei den United States Forces - Austria zum Dienst. Nach seiner Demobilisierung von Ft. Devens, Massachusetts, am 13. November 1945 bekommt Sandor nun die Aufgabe, die amerikanische Seite der Nibelungenbrücke in Linz, Österreich, zu schützen, die als Checkpoint zwischen der amerikanischen und russischen Zone liegt. Die Donau wird zur Grenzlinie zwischen dem, mit Amerikanern besetzten Linz und von Russen besetzten Urfahr in Oberösterreich. Die Brücke darf nur mit vorheriger Genehmigung der Besatzungsmächte passiert werden.

Man kann alles erreichen, wenn man nur will.

~ Gertrude Kerschner ~

Nachkriegszeit in Linz

DIE ATMOSPHÄRE ist eine von stetigem Lärm, Staub und Arbeit. Die Stadt, die im Krieg oft bis zu dreimal am Tag bombardiert wurde, wird wieder aufgebaut. Die Wunden des Krieges machen die Frauen stärker. Zu wissen, dass sie überlebt haben, gibt ihnen die Kraft, von vorne zu beginnen. Trudel und ihre Mutter Josefa werden von den Alliierten Mächten angewiesen, sich am Wiederaufbau zu beteiligen. Für ihre mühsamen Bemühungen erhalten sie jeden Tag eine Schüssel Suppe. Ihre Hauptaufgabe besteht darin, die Ziegel mit blossen Händen aus den bombardierten Gebäuden zu entfernen und sie an andere Trümmerfrauen weiterzureichen, die den Mörtel entfernen, damit die Ziegel wieder verbaut werden können. Holz- und Stahlträger, Kamine, Waschbecken, Toiletten, Rohre und andere Haushaltsgegenstände werden gesammelt, gestapelt und wiederverwendet. Die Frauen bewegen die Trümmer mit einfachen Leiterwagen. Sie füllen und flicken die klaffenden Löcher in den Straßen, bauen Häuser, und reparieren alles was ihnen in die Hände kommt. Männer gibt es kaum, viele waren im Krieg gefallen und andere werden vermisst oder sind in Gefangenschaft. Hunderte von Frauen erledigten Arbeiten, die sie vorher nie gemacht hätten. Bei Wind und Wetter. [269]

Trudels Schwester Anita kam in amerikanische Gefangenschaft. Sie befand sich in einem Kriegsgefangenenlager für Frauen in Bamberg. Sie verbrachte die Zeit dort unter schlechtesten Bedingungen. Sie schläft im Freien, im Schlamm und ernährt sich von Rationen, die gerade mal ausreichen um eine Maus zu füttern. Um sich von Läusen zu befreien wird sie, genauso wie die anderen Frauen, regelmäßig mit DDT besprüht. Drei Monate später gelingt es Anita den Amerikanern zu beweisen dass sie Österreicherin ist. Erst dann wird sie freigelassen und schließlich mit Hilfe des Internationalen Roten Kreuzes wieder mit ihrer Familie in Linz in Kontakt gebracht. [270]

Österreich steht langsam aus den Trümmern auf. Der Wiederaufbau beginnt mit der Wiedereröffnung einiger bekannter Unternehmen, des Linzer Radiosenders und des oberösterreichischen Postsystems.

Robert legt gerade eine Dienstpause ein. Er überquert den ehemaligen Adolf-Hitler-Hauptplatz in Linz und betritt das Café St. Moritz. Er setzt sich

---

[269] Trümmerfrauen
[270] Anita Leugner

auf einen leeren Stuhl in der hintersten Ecke des Raumes. Die Gäste starren ihn schüchtern an, als er in seiner olivgrünen Armeeuniform das Café betritt, sein M1903 Springfield Standard Infanteriegewehr auf dem Rücken. Aber sie betrachten die amerikanischen Soldaten auch als ihre Befreier und Beschützer, also nicken sie ihm freundlich zu. PFC Sandor lehnt sein Gewehr an die Wand, in der Ecke des Raumes und wartet darauf bedient zu werden.

Trudel trägt ein schwarzes Kleid und hat eine weiße Servierschürze vorgesteckt. Sie geht auf Robert zu und fragt: «Was darf ich bringen?»

«I dont speak German.» antwortet Robert.

Trudel kann sich an seinen haselnussbraunen Augen und seinem warmen Lächeln kaum sattsehen.

«Drink?» fragt Trudel und gestikuliert mit ihrer Hand als würde sie etwas trinken.

«Coffee, cream and 2 sugar.» antwortet Robert. Seine haselnussbraunen Augen blicken ihr nach, als sie sich umdreht um sich um seine Bestellung zu kümmern. Wenige Minuten später kehrt sie mit seinem Kaffee zurück.

Robert und Trudel fühlen sich zu einander hingezogen und fangen an miteinander auszugehen. Sie verbringen ihre Zeit mit Bootsfahrten auf dem See in Gmunden, wandern durch die Berge und geben sich gegenseitig Sprachunterricht. Mit der Zeit vertieft sich die Beziehung. Robert verwandelt Trudel von einem jungen Serviermädchen in eine Frau. Zum ersten Mal in ihrem Leben trägt sie Wimperntusche und Lippenstift. Sie färbt ihre schwarzen Haare blond und trägt ihre neuen zweiteiligen Kostüme mit den Nylonstrümpfen, die Robert im Quartiermeisterhaus in Linz für sie erstanden hat.

Trudels Bruder Franzl und auch ihre Schwester Anita begleiten sie überall hin, wenn sie mit Robert zusammen ist. Sie übersetzen jedes Wort, das er zu ihr sagt, sogar seinen Heiratsantrag.

Am 8. Mai 1948 wird Robert zum Obergefreiten befördert. Der amerikanische Militärpfarrer Henry L. Durand, US-Armee, traut Robert und Trudel in der teilweise ausgebombten Kathedrale der Unbefleckten Empfängnis in Linz. Die Trauung wird in Anwesenheit der Zeugen Donald L. Smith und Heinrich Barth vorgenommen.

1950 ziehen die Jungvermählten dann an den Stadtrand von Linz nach Langholzfeld, um in der Nähe von Trudels Schwester und deren jungen Ehemann Lorenz zu sein. Robert, der bei der Befreiung Österreichs mit gewirkt hat und jetzt offiziell zur amerikanischen Besatzungsmacht gehört, der United States Forces Austria (USFA) hat seitdem auch einige Auszeichnungen erhalten. Seine US Army Combat Infantryman Medaille, einen Verdienstorden, den Siegerorden des 2. Weltkriegs und die European-African Middle Eastern Campaign Medaille mit zwei Sternen.

Er wird für die nächsten sechs Jahre in Linz stationiert bleiben, wo er daran arbeitet, die Infrastruktur der Stadt wieder aufzubauen. Als die Besetzung Österreichs 1955 beendet wird, ziehen Robert und Trudel in die malerische Stadt Gmunden. Robert genießt das Angeln, während Trudel sich ausruht. Nachmittags unternehmen sie zusammen mit ihrem kleinen Hund Max lange Spaziergänge auf dem Traunstein.

Heimkehr in die Staaten

AM 3. MAI 1956 machen sich Herr und Frau Sandor mit dem Luxusliner SS United States von La Havre, nach New York auf. Trudel trägt ein schwarzes Kostüm, Stöckelschuhe und einen langen Pelzmantel aus Fuchs, den sie lose über ihre Schulter gehängt hat. Robert begleitet seine feine Dame in Anzug und Krawatte, und einem handgewebten Wollmantel mit Fischgrätmuster. Ein passender Homburger und eine dunkle Ray-Ban Sonnenbrille ergänzen seine Kleidung. In einer Holzkiste führen die beiden ihren wertvollsten Besitz mit. Einen Satz Gläser mit Goldrand aus feinstem österreichischen Bleikristall. In der Nähe der Gangway steht ein Schild «This Way to the United States».

Das Paar macht sich auf den Weg zu ihrer Kabine, als Kapitän L. H. Alexanderson das Schiff zum Ablegen vorbereitet. Die großen Dampfpfeifen aus poliertem Messing kündigen die Abreise an. Robert und Gertrude stehen an der Reiling und winken hunderten von fremden Menschen zu, die sich am Kai versammelt haben, um dem Schiff eine gute Reise zu wünschen. Luftschlangen fliegen und Konfetti fällt. Die Band spielt auf. Das Schiff ist Inhaberin des blauen Bandes für die schnellste Transatlantikfahrt. Auf gehts in das gelobte Land, das Land, in dem Träume wahr werden. Als das Schiff langsam aus dem Hafen läuft, geben sich Robert und Gertrude einen innigen Kuss. Das Versprechen, das Gertrude vor langen Jahren ihrem sterbenden Vater gegeben hatte, ist endlich wahr geworden.

Auf halber Strecke gerät das 53.330 Tonnen schwere, 300 Meter lange Schiff in einen schrecklichen Sturm. Das Schiff kracht durch zehn Meter hohe Wellen. Doch selbst als Welle um Welle über den Bug rollt hält der Kapitän sein Schiff ruhig.

Am nächsten Abend hat sich die See wieder beruhigt. Robert und Gertrude nehmen an dem offiziellen Galadinner teil. In feinster Kleidung genießen sie geräucherten Lachs, Pilze à la Française und eine gekühlte Schale frische Maraschinokirschen. Die Vorspeise besteht aus gebratenen Hummerschwänzen in Sauce Remoulade und Salat. Als Hauptgericht wird gebratene englische Lammkeule von den South Downs serviert, mit Minzsauce, Maiskolben, Erbsen und feine Bohnen aus Frankreich, Rosenkohl, Kartoffeln und Salat a la Chef. Sie beenden ihr Bankett mit

Wiener Mokkatorte, französischer Eiscreme und einer Käseplatte mit Stilton, Roquefort oder Brie auf gerösteten Crackern.[271]

Robert und Trudel genießen zusammen mit den anderen Passagieren an ihrem Tisch die Abendgala. Den Rest der Nacht sind sie nur eines von zwei Paaren, die in dem großen Ballsaal das Tanzbein schwingen. Während die Meere weiterhin ruhig bleiben, schlendern sie über das Deck und unterhalten sich bis in die frühen Morgenstunden.

Gertrude ist entschlossen ihr Leben in Amerika wie eine vollwertige Amerikanerin zu leben. Nachdem sie eingebürgert und ihre volle US Staatsbürgerschaft erhalten hat, sichert sie sich einen Arbeitsplatz bei Homelite in Norwalk, CT, wo sie am Fließband arbeitet. Sie spart ihren ganzen Verdienst und zusammen mit ihrem Ehemann kauft sie fünf Morgen Land in den Wäldern von Greenwich, CT, direkt am 14. Loch des Tamarack Country Club.

1960 kauft Robert eine Zugseil. Zusammen mit der Hilfe seiner Brüder und Trudels Mitarbeitern von Homelite wird ein Teil des Landes gerodet und ein zwei Hektar großer See ausgegraben.

Über die nächsten vier Jahre bauen Robert und Gertrude ihr neues Zuhause. Am 31. Dezember 1964 zieht die Familie Sandor aus ihrer winzigen Wohnung in der Arthur Street in Pemberwick in ihr schönes neues Zuhause. Familie und Freunde besuchen das Paar und bringen Glückwünsche zum neuen Heim und zum neuen Jahr.

Gertrude wird schnell in die Gemeinde aufgenommen. Ihre optimistische Persönlichkeit, ihre mütterliche Zuneigung und ihr Engagement für ihre Familie eilen ihrem guten Ruf voraus. Während der Wintermonate nimmt Robert die Kinder mit nach draußen und geht mit ihnen im Wald spazieren, läuft mit ihnen auf dem Teich Schlittschuh oder fährt mit ihnen mit dem Schlitten die Hügel hinunter bis zum Golfplatz. Trudel wird sicherstellen, dass der Kamin angeheizt ist und dass es viel heißen Kakao zum Aufwärmen gibt.

Im Sommer kommen Familienmitglieder, Freunde und deren Kinder zu Besuch und fischen stundenlang im See. Es wird nach Barsch oder Regenbogenforelle geangelt. Andere rudern oder schwimmen. Robert und Gertrude veranstalten jedes Jahr einen Grillabend zu Ehren der « Improved Order of Red Men – Mayn Mayano Tribe No. 46.»

Trudel teilte die Erträge aus ihren Gemüsegarten mit ihren Nachbarn und kümmerte sich um ihre vielen Enten, Gänse, Hühner, Perlhühner und zwei Schwäne. Trudels Mutter Josefa kommt oft nach Amerika, um ihre Tochter und deren Familie zu besuchen. Josefas besondere Art die Enten zu rufen,

---

[271] SS United States Speisekarte

«Wollig, wollig, wollig, wollig, wollig!» würde zu einem vertrauten Ruf werden, an den sich die Familienmitglieder bis heute noch gerne erinnern.

Die Familie fährt oft entlang der malerischen Aussichtsstraße, dem Mohawk Trail, nach Vermont und verbringt dort Zeit mit ihren Kindern beim Skifahren.

In den Ferien lädt Gertrude jedes Jahr ihre ältere verwitwete Freundin Edna Flynn aus Port Chester, NY zum traditionellen Truthahnessen ein.

Gertrude ist eine hingebungsvolle Mutter, die ihre Kinder ständig ermutigt. Sie fährt sie zu Klavierstunden, Konzerten und Pfadfindertreffen. Robert, ihr ältester, wird Mitglied der Civil Air Patrol und nimmt Flugstunden. Cynthia und ihre Mutter sitzen oft auf der Motorhaube ihres 1970er Oldsmobile-Kombis und sehen zu wie Robert am Flughafen Westchester County startet und landet.

In den 1970er Jahren sichert sich Gertrude eine Stellung als Serviererin in der Kantine der American Can Company. Ihre herausragende Arbeitsmoral wird von deren CEO William May schnell zur Kenntnis genommen, und ihre Beförderung zur Oberkellnerin im Executive Dining Room von ihm persönlich befürwortet. Innerhalb der nächsten zwölf Monate wird Trudel erneut befördert, indem sie eine Stelle als Oberkellnerinnen für den Verwaltungsrat antritt. Sie bedient ausschließlich den CEO May, seinen Stellvertreter William Woodside und dessen stellvertretenden Vorsitzenden Gerald Tsai, vor allem auch bei deren privaten Veranstaltungen.

Im gleichen Jahr erhält Trudel Wort von ihrer Mutter, dass ihre beiden älteren Brüder Emmerich und Hans jetzt offiziell in Russland vermisst werden. Ihre Gräber werden zu Josefas Lebzeiten nicht mehr gefunden. Sie schickt ihrer Mutter ein Flugticket und Josefa bleibt für ein ganzes Jahr bei ihrer Familie in Amerika.

Kurz nachdem Josefa nach Österreich zurückkehrt, erhält Trudel einen Anruf, dass ihre Mutter einen schrecklichen Unfall erlitten hat. Josefa war von dem Heuboden der Scheune der Bauer Familie gefallen, als sie am Heu stapeln war. Trudel fliegt sofort nach Österreich und verbringt einen ganzen Monat am Bett ihrer Mutter. Sie kehrt nur widerwillig nach Hause zurück, aber die Arbeit ruft.

Am 16. August 1974 bekommt Trudel einen Anruf von ihrer Schwester Anita, in dem ihr mitgeteilt wird, dass ihre Mutter verstorben sei. Sie fliegt zurück nach Österreich um an der Beerdigung teilzunehmen.

Sechs Monate später erkrankt Trudel an Brustkrebs. Sie erhält Chemotherapie und Bestrahlung und glaubte sich als geheilt, bis sich fünfzehn Jahre später herausstellt, dass die Krankheit zu Knochenkrebs metastasiert ist. Vier Monate vor Trudels Tod entdeckt Cynthia das persönliche Tagebuch ihrer Mutter aus dem Landjahrlager Seidorf. Trudel hat keinen Grund mehr ihre Lebensgeschichte zurückzuhalten und verbringt ihre letzten Momente damit, ihre persönlichen Erinnerungen aus ihrer Zeit im Bund Deutscher Mädel mit ihrer Tochter zu teilen.

In der Nacht des 20. November 1989 schläft Trudel friedlich im Greenwich Hospital ein.

Im nächsten Jahr fliegt ihre Tochter Cynthia die eingeäscherten Überreste ihrer Mutter nach Linz, wo sie zusammen mit der gesamten Familie Kerschner und unter Begleitung einer 12-köpfigen Blaskapelle zur letzten Ruhe gebettet wird. Über dreihundertfünfzig Dorfbewohner zollen dieser bemerkenswerten Frau ihren letzten Respekt. Trudels Asche ruht auf der Kerschner Grabstätte des Friedhofs Kleinzell.

Robert verstirbt 18 Monate später am 22. März 1991 an Magenkrebs.

Im Sommer 1999 kehrten die Seidorf-Mädchen ein letztes Mal in ihr Lager zurück. Sie sind jetzt Mitte achtzig. Steffi, Elli und Maria leben in Deutschland und Nelli lebt in Österreich.

Trudels Schwester Anita verstirbt am 10. November 2011, während der Erstellung dieses Buches. Trudels Bruder Franzl erleidet am 20. Juli 2013 beim Fahrradfahren unerwartet einem schweren Herzinfarkt. Sein Tod ist ein großer Verlust für die Gemeinden Rohrbach und Kleinzell. Sein Körper wurde der Universität Wien für medizinische Forschungszwecke zur Verfügung gestellt.

Das Landjahrlager Seidorf wurde zwischenzeitlich von Malgorzata Jackiewicz gekauft und renoviert. Sie führt es als Pension unter dem Namen Monte Cassino in dem jetzigen Sosnówka, Polen.

Literaturverzeichnis

87th Infantry Division" © 1946 By Special Troops – 87th Infantry Division – Army & Navy Publishing Company, Baton Rouge, Louisiana

Adler, Horst. "Schweidnitz im Jahre 1937—Materialien zu einer Stadtgeschichte. http://www.horst-adler.de/Schweidnitz%20 1937. pdf. S. 9.

Adler, Horst. "Schweidnitz im Jahre 1941—Materialien zu einer Stadtgeschichte." http://www.horst-adler.de/Schweidnitz%20 1941.pdf. S. 8.

Anderson, Rachael Jane. "Songs, totalitarianism, and the Bund Deutscher Mädel: girls' political coercion through song." © 2002 Rachael Jane Anderson. Fakultät für Musik, McGill University, Montreal, Canada.

"Anschluss." Verschiedene Beiträge. Wikipedia.org. http://en.wikipedia.org/wiki/Anschluss.

"Ariosophy." Verschiedene Beiträge. Wikipedia.org. http://en.wikipedia.org/wiki/Ariosophy.

"Artamanen." Verschiedene Beiträge, Metapedia, Quelle: http://fr.metapedia.org/wiki/Artamanen.

"August 12, 1941." History.com. © 1996-2012, A&E Television Networks, LLC. All Rights Reserved. http://www.history.com/this-day-in- history/hitlerinstitutes-the-mothers-cross.

"Aus Grauer Städte Mauern" Österreichisches Volkslied

Badener Zeitung. "Die Eröffnung des Schutzhaues auf der Reisalpe." Okt. 15, 1898, Nr. 83, S. 3.

Bailey, George. Germans: The Biography of an Obsession. Avon, ©1978.

"Beer Hall Putsch." Verschiedene Beiträge. Wikipedia.org. http://en.wikipedia.org/wiki-/Beer_Hall_Putsch. Aufgerufen: August 1, 2011.

Bendersky, Joseph W. "A History of Nazi Germany: 1919 – 1945." 2nd ed. Burnham Publishers, 2000. Sn. 24, 30. Aufgerufen über: Nazism.

Cynthia A. Sandor

http://en.wikipedia.org/wiki/Nazism#cite_note- 11 October 13, 2011.

Birke, Ernst. Persönliche Email vom 24. Juni 2012.

Bouhler, Philipp. Verschiedene Beiträge. Wikipedia. http://en.wikipedia.org/wiki/Phillip_Bouhler Aufgerufen 15 Januar, 2012

Brachmann, Helga. "Personal Narratives—Why We Need Oral History."© 2003–2008 Chris Crawford and Stephan Hansen. Bund Deutscher Mädel: A Historical Research Page and Online Archive. (2003–2008) http://BDMhistory.com –

Bytwerk, Randall L. "Das danken wir dem Führer! (1938)." "We Owe it to the Führer." German Propaganda Archive. Calvin—Minds in the Making. © 1998 Randall Bytwerk. http://www.calvin.edu – Aufgerufen 17 .März. Alle Rechte vorbehalten. Mit Erlaubnis verwendet.

Bytwerk, Randall L. "Der Führer an das deutsche Volk Juni 1941." "The Führer to the German People: 22 June 1941." German Propaganda Archive. Calvin – Minds in the Making. © 2005 Randal Bytwerk. Alle Rechte vorbehalten. Mit Erlaubnis verwendet.

Bytwerk, Randall L. "Youth Ceremonies – Rites of Passage for the Youth" German Propaganda Archive. Calvin – Minds in the Making. © Copyright 1999 Randall L. Bytwerk. http://research.calvin.edu/german-propaganda-archive/jufeier.htm - Alle Rechte vorbehalten. Mit Erlaubnis verwendet.

Bytwerk, Randall L. "Worldview Education for Winter 1938/39," German Propaganda Archive. Calvin—Minds in the Making. © 2006 Randall Bytwerk. http://www. calvin.edu

Buffington, Lina and Tamara Martinez, et. al. "The Educational Theory of Adolph Hitler: Hitler's Theory of Human Nature." New Foundation—2001—http://www.newfoundations.com/GALLERY/ Hitler.html.

Bund Deutscher Mädel: A Historical Research Page & Online Archive. © 2003–2008 Chris Crawford and Stephan Hansen. http:// BDMhistory.com.

Camper, Casey. "87th Infantry Division Monuments" © 2017 Casey Camper - https://www.youtube.com/watch?v=dL2jktiiglk&t=23s

Carr, Adam. "Jutta Rüdiger." Wikipedia. http://en.wikipdia.org/wiki/ Jutta_R%C3%BCdiger.

"Ceres (mythology)." Various contributors. Wikipedia. http://en.wikipedia.org/wiki/Ceres_(mythology).

Chanter, Alan "The Magnificent Queens." © 2004 – 2017 Lava Development, LLC. http://ww2db.com/other.php?other_id=44.

Crawford, Chris. Persönliche Email vom 16 Dezember 2011.

Crawford, Chris. "History." Nicht veröffentlicht. 20 Dezember 2011.

Crawford, Chris. "Jungmädelbund." http://www.en.wikipdia.org/wiki/Jungmadel – Aufgerufen 27 Juli 2011.

"Cross of Honor of the German Mother." Verschiedene Beiträge. Wikimedia Foundation.   http://en.wikipdia.org/wiki/Cross_of_Honor_of_the_German_Mother.

"Das Lied der Getreuen—Verse ungenannter Österreichischer Hitler Jugend aus den Jahren der Verfolgung 1933-1937." Baldur von Schirach. Added by: Dudeman5685@yahoo.com http://archive.org/dettails/DasLiedderGetreuen.

"Das Mecklenburgische Landmädel im BDM—Werk 'Glaube und Schönheit." Arbeitsrichtlinien für alle Mädel in der Arbeitsgemeinschaft— Bäuerliche Berufsertüchtigung. Obergau und Landesbauernschaft Mecklenburg. Verantwortlich Untergauführerin Elli Hübbe, Jugendwart der Landesbauernschaft Mecklenburg. © 1941 Auflage 3000 Druck Bever / Lange, Güstrow-Meckl.

Der Bannerträger (The Standard Bearer)—"Portrait of Adolf Hitler" by Hubert Lanzinger, circa 1935—oil painting on wood panel—US Army Center of Military History, German War Art Collection. Washington, D.C. http://www.ushmm.org-/propanganda/archie/ painting-the-standardbearer/ -

Der Hoheitsträger—#1/1939. "Jungendfeier—Lebenswende der Jugend." "Youth Celebration—Life Change for the Youth." Translator: Irma Nagengast Rosich. 29 February 2012. Oldsmar, FL. Library of Congress. Sn. 23–28.

Der Stürmer – Verschiedene Beiträge. http://en.wikipedia.org/wiki/Der_St%C3BCrmer).

"Deutschlandlied" Wikipedia. https://en.wikipedia.org/Wiki/Deutsch landlied -

Dict.cc. English-German Dictionary. "Heil." http://www.dict.cc/german-english/heil.htm.

"Donnerbüchse." Verschiedene Beiträge. Wikipedia.org. http://wikipedia.org/wiki/DonnerbC3%BCchse.

Dorson, Richard M. "Folklore and Folklife: An Introduction." The University of Chicago Press. Chicago, Ill. 1972. S. 16.

Douglas, Susan. "Bund Deutscher Mädel—Website Review." Roy Rosenzweig Center for History and New Media at George Mason University and the University of Missouri-Kansas City. © 2008.

DRGClass E 91. Various Contributors. Wikipedia.org. http://en.wikipedia.org/wiki/DRG_Class_E_91.

DRB Class 50 steam locomotive at the CFV3V, Treignes, Belgium. "Whistle." Trainfleet. http://www.youtube.com/watch?v=C0kOc-EnVmM – DRB Class 50. Verschiedene Beiträge. Wikipedia. http://en.wikipedia.org/wiki/DRG_Class_50.

Dubiel, Peter. Persönlicher Brief vom 2 April 2012. Berlin.

"Eichgraben." Marktgemeinde Eichgraben. Wienerwald Museum and Carriage House Eichgraben. © FW Eichgraben. http://www.eichgraben.at/ - Aufgerufen 28 März 2012.

"Empress Elisabeth Railway." Verschiedene Beiträge. http://en.wikipedia.org/wiki/Empress_Elisabeth_Railway.

"Ermordung von Franz Ferdinand von Österreich." Verschiedene Beiträge Quelle:http://en.wikipedia.org/wiki/Assassintion_of_Archduke_Franz_Ferdinand_of_Austria

"Esker." Wikipedia.org. Verschiedene Beiträge.

Europeana. "Brief von Werner Blasius Bürgermeister von Hirschberg an Gerhart Hauptmann | Hirschberg / Bürgermeister." http://www.europeana.eu/portal/record/2048611/data_item_sbb_kpe_DE_1a_8535_DE_611_HS_1909968.htm l.

"European Green Woodpecker." Verschiedene Beiträge. Wikipedia.org. http://en.wikipedia.org/wiki/European_Green_Woodpecker -

Evans, Diane. Diane Evans Suite 101. "Hitler Youth: Thought-Control and Brainwashing in Nazi Germany." http://diane-evans.suite101. com/hitleryouth-thought-control-and-brainwashing-in-nazi-germany-a334644 –

"First Republic of Austria." Various Contributors. http:// en.wikipedia.org/wiki/Republic_of_Austria_%2819195E2%80%931934%29

Foderà Serio, G.; Manara, A.; Sicoli, P. (2002). "Giuseppe Piazzi and the Discovery of Ceres". In W. F. Bottke Jr., A. Cellino, P. Paolicchi, and R. P. Binzel (PDF). Asteroids III. Tucson, Arizona: University of Arizona Press. pp. 1724. http://www.lpi.usra.edu/books/ AsteroidsIII/pdf/3027.pdf.
"Franks." Verschiedene Beiträge. Wikipedia. http://en.wikipedia.org/wiki/ Franks.

"Frederick II, Duke of Austria." Verschiedene Beiträge. Wikipedia. http:// www.en.eikipedia.org/wiki/Frederick_II,_Duke_of_Austria Accessed

"Führer Proclamation to the German People: 22 June 1941." Translator: Professor Randall Bytwerk. "Der Führer an das deutsche Volk 22 Juni 1941," in Philipp Bouhler (ed.), Der großdeutsche Freiheitskampf. Reden Adolf Hitlers, vol. 3 (München: FranzEher, 1942), pp. 51 – 61.

"Gentiana verna." Verschiedene Beiträge. Wikipedia.org. http://en.wikipedia. org/wiki/Gentiana_verna.

"German Austria." Verschiedene Beiträge. Wikipedia. http://en.wikipedia. org-/wiki/German_Austria.

German Militaria. "HJ Sleeve Insignia – N0002265 HJ Clothing Diamond." http://www.germanmilitaria.com/Political/photos/N002265.html -

"German Revolution 1918-1919." Verschiedene Beiträge. http://en.wi-pedia.org/Germa_Revolution_of_1918%E2%80%931919 –

"Gutenstein Verschiedene Beiträge Alps.". Wikipedia. http://www.en.wikipedia.org/wiki/Gutenstein_Alps -

"Hanke, Karl." Verschiedene Beiträge. Wikipedia.org. http://en.wikipedia. org/wiki-/Karl_Hanke.

Henle, Raymond, Director. "Oral History Interview with Clarence M. Young. July 19, 1971 at Sedona, Arizona." For the Herbert Hoover Presidential Library West

Cynthia A. Sandor

Branch, Iowa and the Hoover Institution on War, Revolution and Peace, Stanford, California. 1972, Herbert Hoover Presidential Library Association, Inc. S. 3.
"Hirschberger Talbahn." Wikipedia.org. http://de.wikipedia.org/wiki/ Hirschberger Talbahn.

Hitler Jugend, The —The Hitler Youth Organization – Basic Handbook Supreme Headquarters Allied Expeditionary Force—Evaluation and Dissemination Section G-2. (Counter Intelligence Sub-Division). Declassified April 23, 1973. Complied by MIRS (London Branch). Achive.org. http://www.archive.org/details/TheHitlerYouthdieHitlerjugendBasic-Handbook. Accessed July 28, 2011

"History of Austria." Verschiedene Beiträge. Wikipedia. http://en.wikipedia. org/wiki/History_of_Austria.

History Place, The. – Hitler Youth – Demise of Democracy. http://www.historyplace.com/worldwar2/hitleryouth/hj-road.htm

Hödlmaier, Gertrude. Persönlices Interview im November 2011. Linz, Austria.

"Hohenelbe." "Vrchlabi. History of the Town." © 2008, Městský úřad VRCHLABÍ http://www.muvrchlabi.cz/en/history/

Holocaust Education and Archive Research Team. "Baldur von Schirach– Reich Youth Leader (Reichsjugendführer)" http://www. holocaustresearchproject.org/-holoprelude/bvs.html Aufgerufen 18 August 2011.

Holocaust Education and Archive Research Team. "The Hitler Youth; Jungsturm Adolf Hitler." http://www.holocaustresearchproject.org/ holoprelude/hitleryouth.html.

"Holy Roman Empire." Verschiedene Beiträge. Wikipedia.org. http:// en.wikipedia.org/wiki/Holy_Roman_Empire.

"Horst-Wessel-Lied." Englische Version übersetzt von Irma Nagengast Rosich. Hinweis: Dieses Lied ist in Deutschland und in Österreich nach §86 und §86a StGB verboten, sofern es nicht für Bildungszwecke verwendet wird -
"House of Babenberg." Verschiedene Beiträge. Wikipedia. http://www. en.wikipedia.org/wiki/Babenberg.

Hüsken, André. Photo of Dr. Jutta Rüdiger (1910-2001), deutsche

434

Psychologin, Reichreferentin des Bund Deutscher Mädel (BDM). Anonyme Portraitaufnahme mit Autograph, ca. 1937, wahrscheinlich http://en.wikipedia.org/wiki/Jutta_R%C3%BCdiger#/media/File:Jutta_Ruediger.jpg

"Hyperinflation in the Weimar Republic." Verschiedene Beiträge. Wikipedia.org. http://en.wikipedia.org-/wiki/Hyperinflation_in_ the_Weimar_Republic.

"Interpretatio graeca." Verschiedene Beiträge. Wikipedia. http://en.wikipedia.org/wiki/Interpretatio_graeca#Roman_version.

Jackiewicz, Malgorzata. Besitzer des Hauses Landjahr Lager Seidorf, jetzt Monte Casino, in Sosnówka, Polen befindet. Persönlicher Reiseleiter und Interviews vom 3 – 9 November 2011.

"Jungmädel-Dienst im Monat Mai 1939." Bayerische Ostmark. Aus einer privaten Sammlung von Stephan Hansen. Übersetzt von Irma M. Nagengast-Rosich.
© 2003-2008 http://www.bdmhistory.com

"Jungmädel-Dienst im Juni 1939." Bayrische Ostmark. Aus einer privaten Sammlung von Stephan Hansen. Übersetzt von Irma M. Nagengast-Rosich.
2003-2008 http://www.bdmhistory.com

"Jungmädeldienst." Reichsjugendführung, Berlin, Februar 1940. Aus einer privaten Sammlung von Stephan Hansen. Übersetzt von Irma M. Nagengast-Rosich. © 2003-2008 http://www.bdmhistory.com

Jungmädel Führerinnen Dienst—January 1941. Gauverlag Bayerische Ostmark, Bayreuth, Germany. Aus einer privaten Sammlung von Stephan Hansen. Übersetzt von Irma M. Nagengast-Rosich. 4 Januar 2012. © 2003 – 2008 bdmhistory.com

Kerschner, Franz. Onkel der Autorin

Kershaw, Ian, "Hitler: A Biography," New York: W. W. Norton & Company, (2008) ISBN 0-393-06757-2.

"Landjahralbum." Jugend! Deutschland 1918-1945. http://www. jugend1918-1945.de/thema.aspx?s=3450&m=&v=4180.

Landl, Lotte. "12th Out of 13" ©Lotte Landl. Published by Book Pal.

Cynthia A. Sandor

Lanzinger, Hubert. Der Bannerträger (The Standard Bearer)—Portrait of Adolf Hitler. Circa 1935 – oil painting on wood panel – U.S. Army Center of Military History, German War Art Collection. Washington, D.C. http://www.ushmm.org/propanganda/archie/painting-thestandardbearer/

"League of German Girls." Verschiedene Beiträge. Wikipedia. http://en.wikipedia.org/wiki/League_of_German_Girls.
Leugner, Anita. Tante der Autorin

"Leopold I, Margrave of Austria.". Verschiedene Beiträge http://en.wikipedia.org/wiki/Leopold_I,_Margrave_of_Austria -

Leppien, Annemarie únd Jörn-Peter Leppien. Mädel-Landjahr in Schleswig-Holstein: Einblicke in ein Kapitel nationalsozialistischer Mädchenerziehung 1936–1940. Schleswig-Holstein, Germany, Karl Wachholtz Verlag Neumünster GmbH. © 1989.

Lippenberger, Gertrude. Interview am 24 Dezember 2012, Spring Hill, Fl.

Littlejohn, David. The Hitler Youth. © Agincourt Publishers, 1988.

"Mädel im Dienst—BDM-Sport." Reichsjugendführung. © 1934, Ludwig Voggenreiter Verlag Potsdam, Germany. Übersetzunz von Irma M. Nagengast-Rosich.

"Mädel im Dienst—Ein Handbuch." Reichsjugendführung. © 1934, Ludwig Voggenreiter Verlag Potsdam, Germany. Aus der Privatsammlung Chris Crawford. Übersetzung Irma M. Nagengast-Rosich © 2003-2008 bdmhistory.com

McLeod, Hedwig. Persönliche Aufzeichnung von Erinnerungen über Gertrude Sandor

"Migration Period." Verschiedene Beiträge. Wikipedia.org. http://en.wikipedia.org/wiki/Migration_Period.

Morgenstern, Christian. The Lovely Earth. 1871–1914. Siehe: Leppien, Annemarie and Jörn-Peter Leppien.

"Mostviertel." Verschiedene Beiträge. http://www.mostviertel.info/d/default.asp?id=81806&tt=MOST4_R46.

Natural History Museum. "Elder." http://www.nhm.ac.uk/nature-online/ british-natural-history/urban-tree-survey/identify-trees/tree-factsheets/cto-e/elder/index.html.

"Nazi Germany Timeline." Spartacus Educational. http://www.spartacus. schoolnet.co.uk/GERchron.htm.

"Nazi Party." Verschiedene Beiträge. http://en.wikipedia.org/wiki/ Nazi_Party.

"Nazism." Verschiedene Beiträge. Wikipedia. http://www.en.wikipedia.org/ wiki/Nazism#cite_note-11. Accessed October 13, 2011

Niederhuber, Gertrude –Persönliches interview, November 2011

New World Encyclopaedia Contributors. "Anschluss," New World Encyclopaedia. Page ID: 690646, letzte Revision: 10 April 2008. http://www.newworldencyclopedia.org/entry/Aschluss?oldid=690646 –

"Odal Rune." Delendaestziobot. Siddharreich—Loyalty is our Honor. © 2011. http://delendaestziobot.wordpress.com/2011/07/31/odal-rune.

"Odin.". Verschiedene Beiträge Wikipedia.org. http://en.wikipedia.org/ wiki/Odin

"Österreich." Verschiedene Beiträge. Wikipedia.org. http://en.wikipedia.org/ wiki/Republic-_of_Austria.

"Opel Blitz—A Type—Mittlerer Geländegängiger Lastkraftwagen offen." StrategyPlant.com. - ©1996-2009 IGN Entertainment, Inc. http:// www.strategyplanet.com/commandos/truck.html

Onuska, Jeanne M. Persönliche Interviews June 2012.

"Ötscher.". http://www.en.wikipedia.org/ wiki/%C3%96tscher.

Overy, Richard. Verschiedene Beiträge "The Dictators: Hitler's Germany, Stalin's Russia." London: W. W. Norton. ISBN 0393020304.

Pannik, Maria. "Der Kleinzeller" Chronik. http://kleinzell.gv.at

Pine, Lisa. Education in Nazi Germany. The League of German Girls. Berg Publishers, New York, NY. © 2010, pg. 117.

Cynthia A. Sandor

Pine, Lisa. Nazi Family Policy—1933–1945. Berg Publishers, Oxford, New York. © 1997–1999.

"Protectorate of Bohemia and Moravia. Various Contributors." Wikipedia. org. http://en.wikipedia.org/wiki/Protectorate_of_Bohemia_ and_Moravia. Accessed March 29, 2012.

Proctor, Bob. "It's Not About the Money." CD. © 2009 BurmanBooks, Inc. Ontario, Canada.
"Queen Luise League." http://en.wikipedia.org/wiki/Queen_ Louise_League. Accessed December 27, 2011.

Randel, Mr. "How Fast Can A Little Boy/Girl Run." Yahoo answers. https://answers.yahoo.com/question/index?qid=20101113221556AAvg2jF

Reece, Dagmar. "Growing Up Female in Nazi Germany." Ann Arbor University of Michigan Press. © 2006

"Reisalpe Gedicht."

Reisinger, Gretel. Persönliches Interview November 2011. Pöstlingberg, Austria.
"Republic of Austria (1919–1934)." Verschiedene Beiträge. Wikipedia. http://en.wikipedia.org/wiki/First_Austrian_Republic - Accessed February 21, 2012.

"Republic of German-Austria – History." Verschiedene Beiträge. Wikipedia.org. http://en.wikipedia.org/-wiki/German_Austria -

"Riesengebirgslied, Das." (The Riesengebirge Song—The Giant Mountain Song. Worte von Othmar Fiebinger. Melodie von Vinzenz Hampel.

Rosich, Irmgard M. Nagengast, Persönlicher Gedankenaustausch – 2011 - 2012

Rotheneder, Mitzi. Persönlicher Gedankenaustausch. 1989 - 2011

"Sagenhalle." Szklarska Poręba. "History—Kingdom of the Mountain Spirit." © 2008 Szklarska Poręba. http://www.szklarskaporeba.pl/ en/aboutszklarska/history/the-kingdom-of-the-mountain-spirit. html

"Sambucus nigra." Verschiedene Beiträge. http://en.wikipedia. org/wiki/Sambucus_nigra.

Samjeske, Werner. Persönliche Email 28 Juni 2012.

Sandor, Cynthia A. "Europe to New York City on the United States—July 6, 1957" as contained in Braynard, Frank, and Robert Hudson Westover. 50th Anniversary Maiden Voyage Edition. S.S. United States—Fastest Ship in the World. ©2002 SS United States Foundation. Turner Publishing Company, Paducah, Kentucky. Sn. 156–157.

Sandor Sr., Robert. Vater der Autorin

Santrock, John W. "Socioemotional Development in Middle and Late Childhood: Friends." Life-Span Development, 7th Edition. McGraw- Hill College, Pgs. 247, 279, 307, 314, (1999).

Sautter, Reinhold. Hitler Jugend – Das Erlebnis einer großen Kameradschaft. Herausgegeben mit Genehmigung der Reichsjugendführung von Gustav Memminger. © 1942. Carl Röhrig—Verlag, Kom.-Ges., München 8.

Schirach, Baldur von. Wikipedia. "Vorwärts! Vorwärts! schmettern die hellen Fanfaren" Deutschland, 1933
http://en.wikipedia.org/wiki/Vorw%C3%A4rts!_
Vorw%C3%A4rts!_schmettern_die_hellen_Fanfaren.

Schneeberg (Alpen)." Verschiedene Beiträge. Wikipedia. http://www. en.wikipedia.org/wiki/Schneeberg_(Alps).

Scholtz-Klink, Gertrud. Wikipedia. http://en.wikipedia.org/wiki/ Gertrud_Scholtz-Klink.

Schön, Winfried. "Schlesische Heimatforschung—Bewohner vor 1945 aus Seidorf, Kreis Hirschberg." http://www.wimawabu.de/Bergwacht/ Seidorf_Inter.pdf.

"Schuschnigg, Kurt." Verschiedene Beiträge. http:// en.wikipedia.org/wiki/Kurt_Schuschnigg.

Shea, J. "The Psychology of Uniforms." http://www.exploringbelieveability. blogspot.com/2010/12/psychology-of-uniforms.html

Shears, Magdalena. Persönliches Interview Juni 2012.

Shirer, William L. *"The Rise and Fall of the Third Reich"* (Touchstone Edition) (New York: Simon & Schuster, 1990)

Cynthia A. Sandor

"Sommerlage und Heimabendmaterial für die Schulungs- und Kulturarbeit, Sommer 1941, Jungmädel," © Jungmädel, Schulungs-dienst der Jungmädel, (1941), p. 6 – 7.

"Sommersonnenwende." Lied geschrieben von Heinrich Gutberlet und Paul Dorscht. Public Domain. Inhalt aus "Die Gestaltung der Feste im Jahres und Lebenslauf in der SS Family." 1933. Verantwortlich für den Inhalt: SS Abschnitt XXXIX, Prag. Pg. 55.

"Stalwart and Strong: The Story of the 87th Infantry Division" © 1944-1945 Stars and Stripes. Paris, France. Lone Sentry – Photos, Articles, & Research on the European Theatre in World War II. © 2003-2007 LoneSentry.com.

"Szklarska Poręba." "Stadtgeschichte." © 2008 Szklarska Poręba. http://www.szklarskaporeba.pl/en/about-szklarska/history/history-of-thetown.html

Thomason, M.F.A., Barbara. Persönliche Diskussionen.

"Thor." Verschiedene Beiträge. Wikipedia.org. http://en.wikipedia.org/wiki/Thor.

"Treaty of Versailles." Verschiedene Beiträge. Wikipedia.org. http://en.wikipedia.org/wiki/Treaty_of_Versailles.

Triumph of the Will. The documentary of the Reich Party Congress, 1934. Produced by the order of the Führer. Created by Leni Riefenstahl. September 5, 1934.

Trueman, Chris. History Learning Site. "Nazi Education." (2000–2011) http://www.historylearningsite.co.uk/Nazi_Education.html -

"Trutnov." City of Trutnov—Official Website. © 2005–2010 Město Trutnov. http://www.trutnov.cz.

"Über alles in der Welt.". Verschiedene Beiträge Metapedia—the Alternative Encyclopaedia. http://de.metapedia.org/wiki/ %C3%9Cber_alles_ in_der_Welt.

Vercamer, Arvo. "Organizational Structure" bdmhistory.com

"Völkisch Movement." Verschiedene Beiträge. Wikipedia. http://en.wikipedia.org/wiki/V%C3%B6lkisch_movement. Accessed May 9, 2012.

"Walpurgis Night." Verschiedene Beiträge. Wikipedia.org. http://en.wikipedia.org/wiki/Walpurgis Night

Weidner, Dennis. "Hitler Youth Activities: Landjahr." Historical Boys' Clothing. 1999, http://histclo.com/youth/youth/org/nat/hitler/act/ha-jahr-html

Weidner, Dennis. "Hitler Youth: Principles and Ideology." Historical Boys' Clothing.1999. http://histclo.com/youth/youth/org/nat/hitler/prin/hjprin.htm -

Weitzel, Fritz. "Die Gestaltung der Feste im Jahres und Lebenslauf in der SS Family." 1933. Verantwortlich für den Inhalt: SS Abschnitt XXXIX, Prag.
"Weimar Constitution – Provisions and Organizations of the Weimar Constitution – Section 1: The Reich and its States." Verschiedene Beiträge. Wikipedia.org.

Weyrather, Irmgard (PD Dr). "Muttertag und Mutterkreuz: der Kult um die "deutsche Mutter" im Nationalsozialismus." © 1993 Frankfurt am Main: Fischer Taschenbuch Verlag, ISBN 978-596-11517-4.

"Wir Mädel Singen. Liederbuch des Bundes Deutscher Mädel." Herausgegeben von der Reichsjugendführung. 2 erweiterte Ausgabe, 1938. Georg Kallmeyer Verlag/Wolfenbüttel und Berlin.

Wolf, Christa. "A Model Childhood." Übersetzunh: Ursula Molinaro & Hedwig Rappolt, New York: Farrar, Straus and Giroux, ©1980. Pg. 135.

WWII Troop Ships (c) 2007 Shayne E. Wallesch & Wendy J. Hochnadel. http://ww2troopships.com/ships/q/queenmary/cruiserecord1944.htm

Von Renteln, Adrian. Wikipedia. "Adrian von Renteln." http:wwen.wikipedia.org/wiki/Adrian_von_Renteln.

"Xufanc." Wikipedia. "National Socialist Schoolchildren's League." http://en.wikipedia.org/wiki/National_Socialist_Schoolchildren%27s_ League –

"Yggdrasil." Verschiedene Beiträge. Wikipedia.org. http://en.wikipedia.org/wiki/Yggdrasil.

Zither Melodies—Welcome to Zither Melodies with Lotte Landl. True Austrian Zither and Songs CD. http://www.Lotte Landl.com.

"Zwergenkönig, der." Österreichische Folklore. Diese Version ist frei nach Cynthia A. Sandor © 2011 Cynthia A. Sandor